U0949281

《律师实务研究》编辑委员会

主　任 唐国华

委　员（按姓氏笔画为序）

王　进 田　玮 史建兵 陆云良

李国刚 吴勇敏 张晟杰 金迎春

胡明远 蒋朝镖 程　岚 虞军红

戴和平

浙江省省直律师协会 主办

◆ 唐国华 主编

律师实务研究

第三卷

ZHEJIANG UNIVERSITY PRESS
浙江大学出版社

图书在版编目(CIP)数据

律师实务研究．第3卷／唐国华主编．—杭州：浙江大学出版社，2009.1
ISBN 978-7-308-06521-4

Ⅰ．律… Ⅱ．唐… Ⅲ．律师业务－中国－文集
Ⅳ．D926.5－53

中国版本图书馆CIP数据核字(2009)第006114号

律师实务研究(第三卷)

唐国华 主编

责任编辑	周卫群
封面设计	刘依群
出版发行	浙江大学出版社
	(杭州市天目山路148号 邮政编码310028)
	(E-mail：zupress@mail.hz.zj.cn)
	(网址：http://www.zjupress.com
	http://www.press.zju.edu.cn)
	电话：0571—88925592 88273066(传真)
排　　版	杭州中大图文设计有限公司
印　　刷	富阳市育才印刷有限公司
开　　本	787mm×960mm 1/16
印　　张	24.25
字　　数	410千
版 印 次	2009年1月第1版 2009年1月第1次印刷
书　　号	ISBN 978-7-308-06521-4
定　　价	42.00元

版权所有 翻印必究 印装差错 负责调换

浙江大学出版社发行部邮购电话(0571)88925591

前　言

中国社会正在进入一个追求变革、竞争与向往财富的法治时代。随着人们的民主观念和法律意识的日益增强，一般的法律基础知识越来越普及，因此社会对法律服务的需求也日益提高，律师业务已由过去"欠钱还钱"式简单的法律服务扩展到金融、房地产、证券、知识产权、项目投融资等市场经济的诉讼和非诉讼领域，社会需求使律师的专业要求越来越高，专业细分越来越明显。可以说，律师专业业务的细分必将是今后一段时期律师业的发展趋势。这就要求律师不断地学习，汲取新知识，在工作中不断总结经验，努力提高律师的专业水平，以便为社会大众提供更好的法律服务，为创建和谐社会而尽一份力量。

为此，浙江省省直律师协会召开了2008年度的律师实务理论研讨会，各省直律师积极投稿，经本书编委会集体评议，选了其中部分优秀论文出版，论文归类为民事专业、刑事专业、建筑与房地产专业、公司与证券专业、知识产权、劳动和社会保障专业、律师行业管理专业七个律师实务专业和综合方面的文章。文章具有很好的质量，充分反映出广大律师的实务和理论成果。

本书论文均为律师工作实务理论文章，为第三卷。若对律师同行、其他法律职业共同体、法律职业兴趣爱好者及其他社会人士有一定借鉴和帮助，我们会备感欣慰。不足之处，真诚地欢迎广大读者提出批评意见。

本书编委会

2008年7月于杭州

目　录

民事篇

刑事篇

建筑与房地产篇

公司与证券篇

知识产权篇

劳动与社会保障篇

律师行业管理篇

民 事 篇

“拒签”事件与医疗侵权责任的现实碰撞

——论手术同意书的法律内涵

金其飞*

【摘　要】 在肖志军事件中,医院为了避免可能的民事责任,在“守法”与“救死扶伤”的两难选择之间轻易放弃了病人生命,由此引发了的社会大讨论。但是相当多的法律界人士并不了解手术同意书的法律内涵,对我国相关的法律规定也没有全面把握,导致大众认为我国关于患者知情同意权的法律规定存在严重问题。本文试对我国有关手术同意的相关法律作相对全面的初步的分析。

【关键词】 手术同意书　知情同意权　侵权责任

引　言

2007年11月21日,由于肖志军拒绝签署手术同意书,北京一区医院为避免法律风险而一直不愿主动进行急诊手术,最后导致孕妇李丽云不幸死亡。时隔仅一周,在浙江金华的孕妇吴女士又发生了类似事件。事件发生后,好多人站在敬畏生命的道德高度同声谴责医院、现行关于手术知情同意的医疗制度和法律。

但是,在之前的一些案例中,医生在未取得患者及家属同意的情况下,超越手术同意书中的手术范围,出于善意为病人切除病变组织,却无一例外地被法院认定为侵权,承担了侵权责任。

现在,医生与医疗机构都很迷茫,做善事却被认为侵权,连道义上都没

---

* 金其飞:男,浙江大学医学院与法学院毕业,医学和法律双硕士,擅长人身损害赔偿等法律业务。

人支持;依法办事却被认为不作为,要承担巨大的道德压力,还要面临诉讼的风险。笔者认为出现这种情况的最主要根源是医院和社会对相关法律把握的不全面。

一、知情同意权的来历

现代意义的知情同意是鉴于第二次世界大战后对纳粹暴行的审判而出现的。在审判期间,发现纳粹医生残忍地强迫受试者接受野蛮的不人道的人体试验,如用俘虏做活体高空试验、冷冻试验和克隆人试验等。1964 年第 18 届世界医学大会公布的《赫尔辛基宣言》规定了知情同意权,但这里的知情同意权仅是针对医学实验和科学研究。

在传统的医患关系中,医务人员始终处于这一关系的中心,形成了所谓的"家长主义"。现代医疗活动具有很高的专业性,患者很难作为平等主体进入医患关系中,以平等的地位接受治疗,医疗信息不对称将导致对民法平等精神的背离。随着医学的发展和人权观念的深入人心,知情同意权利内容扩张,由人体实验扩大到治疗,并包括在病人的权利之中。同时为了矫正信息不对称所导致的对民法平等精神的背离,在民事法律中对处于强势的一方加以特殊的告知义务,已成为各国立法通例。

1973 年美国医院联合会通过的《病人权利法案》和 1974 年美国卫生、教育、福利部以法律形式颁布的《病人权利》中,都明确规定了病人的知情同意权利。

在我国,目前对患方知情同意权有以下相关法律规定:

1.《中华人民共和国执业医师法》第二十六条:医师应当如实向患者或者其家属介绍病情,但应注意避免对患者产生不利后果。医师进行实验性临床医疗,应当经医院批准并征得患者本人或其家属同意。

2.《医疗机构管理条例》第三十三条:医疗机构实施手术、特殊检查或者特殊治疗时,必须征得患者同意,并应当取得其家属或者关系人同意并签字;无法取得患者意见时,应当取得家属或者关系人同意并签字;无法取得患者意见又无家属或关系人在场,或者遇到其他特殊情况时,主治医师应当提出医疗处理方案,在取得医疗机构负责人或者被授权负责人员的批准后实施。

3.《医疗机构管理条例实施细则》第六十二条:医疗机构应当尊重患者对自己的病情、诊断、治疗的知情权利。在实施手术、特殊检查、特殊治疗时，应当向患者作必要的解释。因实施保护性医疗措施不宜向患者说明情况的，应当将有关情况通知患者家属。

4.《医疗事故处理条例》第十一条规定：在医疗活动中，医疗机构及其医务人员应当将患者的病情、医疗措施、医疗风险等如实告知患者，及时解答其咨询。但是，应当避免对患者产生不利后果。

5.《病历书写基本规范（试行）》第十条：对按照有关规定需取得患者书面同意方可进行的医疗活动（如特殊检查、特殊治疗、手术、实验性临床医疗等），应当由患者本人签署同意书。患者不具备完全民事行为能力时，应当由其法定代理人签字；患者因病无法签字时，应当由其近亲属签字，没有近亲属的，由其关系人签字；为抢救患者，在法定代理人或近亲属、关系人无法及时签字的情况下，可由医疗机构负责人或者被授权的负责人签字。

因实施保护性医疗措施不宜向患者说明情况的，应当将有关情况通知患者近亲属，由患者近亲属签署同意书，并及时记录。患者无近亲属的或者患者近亲属无法签署同意书的，由患者的法定代理人或者关系人签署同意书。

上述法律法规虽未明确使用“知情同意”这一名词，但其实质是确立了患方的这一权利。司法实践中，法院也是依据这一法理原则进行判案，知情同意权这一患者权利正在被我国法律界认可。

二、手术同意书的初步含义

手术作为一种医疗行为，是利用物理或化学的方法对人体产生一定危害的侵袭性行为，其特殊性在于它以损害患者现实的健康权来实现治病救人的目的。而自然人的健康权是受法律严格保护的人格利益。就民法理论而言，损害他人人身健康的行为是违法侵权行为，但目前世界各国对手术行为普通许可，是源于它行为的正当性。治疗由形式的不合法转化为实质上的合法要同时具备三个要件：国家法律的许可和保障、具有治疗目的、患方的承诺。三个要件必须同时具备，缺一不可。

患者的承诺体现在手术同意书上，所以手术同意书作为一种医疗文书，是医院履行风险告知义务并得到患方承诺的法定形式；也是患者支配健康权、行使知情选择权的一种外部表现形式。

它包含两层意思：医师的告知和患者的承诺。医师在向患方告知时，应告知：病人目前的诊断；该疾病目前的治疗方法；医师拟施方法的评价；若进行手术时手术名称、目的、效果、危险及并发症,同时医师应当告知患方本院对术中危险的把握及预处理方案,经过上述说明取得患方书面同意。告知对象为患者本人、家属或者关系人,他人无权予以承诺。在医师已尽充分告知义务的前提下,患方的承诺产生以下法律效力:使医疗侵袭行为合法和医师在一定程度上免责。

掌握专业知识的医师的医疗行为要取得没有专业知识的患方的同意,因为知情同意权才是保证生命权第一的关键,医生如果享有过大的强制医疗权会导致滥用,生命健康权就没有办法保障,病人的自主权必须得到尊重。

按照我国相关法规,在通常情况下,没有病人或家属签字,医生无权进行手术,而一旦强行进行手术,将会给医院带来巨大的风险。

三、医患双方对手术同意书效力认识的偏差

1.医生通常认为签了手术同意书等于尽了告知义务。

医院履行告知义务,应该是全面的。包括:患者目前的诊断,这是保证其知情权的前提;可以选择的治疗方案;不动手术的后果及会导致的后遗症;手术过程中的风险;动完手术之后可能出现的并发症。

但现在的手术同意书更像危险告知书,危险性的告知占了很大的部分,将手术过程中及手术后所有可能导致的不良结果悉数列出,无限扩大患者的风险和责任,甚至要求患者苟同知情同意书内所列的风险和不利后果,并要求其承担医疗的一切风险和责任。

对患者所患疾病的性质、该疾病对健康的影响,只是以诊断的形式一笔带过,对患者可以权衡的治疗方案通常只字不提。这种手术同意书是不符合法律规定的,无法给患者一个明确的判断提示,像一些无限扩大风险的告知反而会干扰患者的正确判断。

2.有患者认为手术同意书等于“生死状”。

患者通常认为,医生已经告诉病人如此多的危险,手术中或者手术后出现的不利后果都将由病人承担。特别是一些医院的手术同意书中写上“如出现以上问题,医院概不负责”或“医院不承担任何责任”等免责条款。

实际上,手术同意书不具有免责效力,它主要是医院完成告知义务的一个医疗文书。按我国《合同法》第五十三条规定,合同中有关造成对方人身伤害的免责条款无效。因此,上述手术同意书中“医院概不负责”或“医院不

承担任何责任”部分因违反了法律禁止性规定而归于无效。如果医务人员在为患者手术过程中存在医疗过错并造成了患者人身损害的后果，那么医疗机构仍应承担相应的民事责任。手术同意书不具有免除因医务人员医疗过错而给患者造成损害后果应承担的民事责任的法律效力。

3.在手术同意书未写明某种并发症，如果术后出现了并发症就要承担责任。

这或许是现在的手术同意书更像危险告知书的原因，医生将手术过程中及手术后所有可能导致的不良结果悉数列出，甚至做一个简单的无菌手术，也要写上伤口感染、发生败血症、死亡。笔者代理医疗纠纷也多次发现在出现罕见并发症后，医生在手术同意书中添加该并发症，由此还引起不必要的纠纷。

医生将手术的风险，包括各种并发症告知患者，是让患者权衡手术的利弊，依法赋予患者选择权。某种并发症是否必须告知患者，其判断依据为该并发症是否会影响患者对手术的选择，最主要的依据应当是该并发症的发生率和严重后果。一般来说，经常发生的并发症和一些致命的、致残的或者会带来严重痛苦的并发症应当告知患者。

如果患者已经愿意承受发生高概率发生的致命并发症或重度致残并发症，那么一般就推定对低概率的轻度致残并发症或极低概率的严重并发症他也愿意承受，因为这些并发症不会影响他是否选择手术的判断，所以是否告知患者这些并发症不应当成为医生完成告知义务的判断标准。

所以，笔者认为医院实在没有必要把手术同意书写成血淋淋的，让患者及其家属心惊肉跳。这样不仅达不到告知的目的和沟通的效果，反而使患者认为医生在利用专业知识优势恐吓他，迫使其丧失判断力，还认为医生已经预谋不负责任地推卸责任。这常常让患方的“知情同意权”失去意义。

四、谁应该在手术同意书上签字，患者还是家属？

《医疗机构管理条例》第三十三条规定：“必须征得患者同意，并应当取得其家属或者关系人同意并签字”，由于该法律没有规定患者本人必须签字，由此医生和医院认为患者本人的签名是无足轻重的，取得家属的签字就合法了，甚至还包含征得了患者同意，所以现实中在手术同意书中签名的几乎都是患者家属。

出现这种由家属包揽签字的另一个重要原因是，《中华人民共和国执业医师法》第二十六条规定和《医疗事故处理条例》第十一条规定,医师在如实向患者或者其家属介绍病情时,“应注意避免对患者产生不利后果”,所以医生为避免患者不能接受噩耗而影响治疗,更为了避免由此产生的民事责任,就干脆不告诉患者病情,继而就让家属来行使知情同意权。

笔者认为,医院利用法律的模糊规定而采取的这种投机取巧的方式,实际上已经违反了《民法通则》的相关规定,侵害了患者的知情同意权。

首先,根据《民法通则》的相关规定,手术是患者对自己生命和健康权利的处分,如果他是一个完全民事行为能力的人,是否需要手术完全取决于自己的意志,在手术知情同意书上签字的应该是患者,而不是家属。家属如果不是患者的监护人或者委托人,是无权代表患者的意志的,所以家属代替患者签名缺乏民法的支持。《医疗机构管理条例》授权家属在手术同意书上签字实际上已经侵犯了患者自身的知情同意权,作为一部行政法规,其无权改变民法通则的规定。

其次,家属有可能侵犯患者的利益。通常情况下,患者与家属的利益和意见是一致的,家属会考虑患者的利益,也会积极听从医生的建议;但有一些家属出于认知的原因,他们并不同意医生的观点,从而错失抢救的时机;有时出于利益和环境的不同,家属的选择并不一定是患者本人认为的最佳选择;甚至不排除一些家属有置患者于死地的故意。笔者曾接到过这样一个咨询,一位工人右食指在工作中受伤,没有经过他本人同意,一家医院仅凭作为他的“关系人”出现的老板的签名,就将他的一节手指给截掉了,而没有给他做接指手术。原因是前者手术费200元,后者的手术费6000元。

五、手术同意权不可以变相强迫委托

卫生部或许也觉得《医疗机构管理条例》第三十三条的规定存在一定问题,于是在2002年9月1日施行的《病历书写基本规范(试行)》第十条第一款和第二十四条规定:手术同意书应当由患者本人签署。

但是,《医疗事故处理条例》第十一条规定在告知患者时应当避免对患者产生不利后果,《病历书写基本规范(试行)》第十条第二款规定:“因实施保护性医疗措施不宜向患者说明情况的,应当将有关情况通知患者近亲属,由患者近亲属签署同意书,并及时记录。”这要求医生在特殊情况下不应将全部病情如实告诉患者本人,而应将病情通知患者近亲属并由他们签署手术同意书。

为了规避《病历书写基本规范(试行)》明确规定的必须由患者本人签名,更为了避免因不适当告知患者病情而承担民事责任,目前绝大多数医疗机构通过自愿或强迫的方式让所有患者在入院时就签署知情同意授权委托书,让其委托家属代替他接受医生的告知并决定手术。

笔者认为除了法律规定的实施保护性医疗措施(如患绝症)不宜向患者说明情况的外,手术同意权不可以委托。理由如下:

第一,强迫患者将知情同意权委托,是以合法形式掩盖非法目的的,应当无效。

知情同意权的立法本意是尊重患者的独立人格,所以应将告知患者本人作为常态,而将告知家属作为例外。特别是在涉及个人生活方式和观念方面的问题时应尊重患者的意愿,如果由家属签字,患者往往会失去对自己生命、健康的处分权。如果医院为了患者利益实施保护性医疗措施时,根本就不需要患者签署知情同意权委托书就可以直接要求患者亲属签名。如果患者主动提出将知情同意权委托家属,也是不明显违背法律规定的。

但现实是知情同意权委托书不是患者主动书写的,而是应医院的要求被动填写的。患者刚刚入院,连病情都不清楚,更不知治疗方案的选择,委托签名不能表示患者同意手术方案的真实意思。医院全面实行知情同意权委托,其目的不是为了保护患者的利益,尊重患者的人格独立,其目的是用一种看似合法的手段剥夺患者的知情同意权。这种做法不仅有悖于医学伦理的知情同意原则,且不符合《民法通则》和《合同法》的有关规定,根据《民法通则》第五十八条第(七)项的规定:以合法形式掩盖非法目的的,应当无效。

第二,这种方式带有很明显的强迫意思,按照合同法属于可以撤销的。

好不容易才住进医院病房,医生拿过来一叠纸让患者签,没人敢得罪将要给自己开刀的医生;这不明摆着不签字就不安排手术。

第三,这是医院单方制作的,是格式合同,按照《合同法》第四十条的规定,排除了患者的主要权利,应属无效。

六、家属无故拒绝手术,应承担不作为的侵权责任

如果患者病重,而家属不帮助其前往医院治疗,患者完全可以以家属不履行救助义务要求其承担侵权责任。那么在家属将患者送往医院后,如果患者丧失了认知能力,根据《医疗机构管理条例》的规定,代替患者履行知情同意权既是家属的权利也是家属的义务。权利也意味着责任,法律、法规既

然赋予了家属如此之大的权力,可以通过签字与否来决定患者的生死,那么家属就应当承担相应的责任。对于明显的必须进行抢救并且经过医生阐明情况后,家属仍然不履行或不积极履行知情同意权,甚至出于某种目的故意不救治患者的,导致患者因丧失手术时机而使生命或健康受损,家属就应当因不作为而承担侵权责任。如此,家属在签字问题上才会更加慎重。

七、在危急情况下,即使家属拒绝手术,医疗机构也可以手术抢救

根据我国目前的法律,如果患者无法签字,且家属也拒绝签字,法律也没有强制性要求医院必须手术,但是同时也没有禁止医院手术。根据《医疗机构管理条例》第三十三条规定:"……无法取得患者意见又无家属或关系人在场,或者遇到其他特殊情况时,经治医师应当提出医疗处理方案,在取得医疗机构负责人或者被授权负责人员的批准后实施",将家属拒绝手术理解为"特殊情况"也未尝不可。毕竟生命是无价的,医生在这种情况下主动手术更符合公序良俗。

但是,根据我国目前医疗制度现状,法律没有必要强制规定在家属拒绝手术的情况下医院必须给患者强制治疗。借鉴美国的主动治疗制度是不符合我国国情的。美国对患者生命的保护是以雄厚的国力和有效的医疗保障体系为基础,而我国的大多数民众还没有充足有效的医疗保障,医生主动治疗极可能会给患者家庭和国家财政带来沉重的经济负担,给患者与医院之间增加不必要的经济纠纷。

医生和医院更关心的是医生主动手术会不会构成医疗事故或构成民事侵权,还有有法律依据向病人收治疗费吗?

对于第一个问题,笔者认为在危急情况下的抢救行为不会构成医疗事故。根据医疗事故的定义"医疗机构及其医务人员在医疗活动中,违反医疗卫生管理法律、行政法规、部门规章和诊疗护理规范、常规,过失造成患者人身损害的事故",首先医院没有违反法律法规和诊疗常规,其次医生没有过错,再次没有造成患者人身损害,所以不会构成医疗事故,也不会构成民事侵权。

至于手术费,笔者认为可以根据《民法通则》第九十三条的规定:"没有法定的或者约定的义务,为避免他人利益受损失进行管理或者服务的,有权要求受益人偿付由此而支付的必要费用",医院可以依据无因管理向患者收取治疗费用,不必担心患者赖账。

八、反思北京肖志军案件的医院的过错

在社会大讨论时，大众包括律师、法律专家的观点几乎都集中在肖志军的拒签与医院的不主动手术，很少有人去关注孕妇李丽云的知情同意权。根据各方的报道，李丽云是步行走进医院的，到医院所说的病危丧失意识大约有半个多小时，在这段时间内，医院似乎没有依法征求过李丽云自己的意见，至少没有证据表明。所以如果医院在患者昏迷前没有告知其病情并征求其本人意见，而在等到患者昏迷后才去征求家属意见，那么在履行告知程序上就存在瑕疵，这也许是李丽云家属能追究医院责任的一个突破口。

结　语

2008 年 1 月 11 日，德清县人民医院又发生了产妇的家属一直不肯签署手术同意书，不过这一次医院并没有就此放弃抢救生命。医院作出决定，由两名主治医生联合签字进行手术，产妇顺利产下一名男婴，母子平安。但是，之后高达十几万元的巨额继续抢救费用并没有给贫穷的家庭带来欢乐，家属包括患者本人并没有丝毫感谢医院的意思。毕竟，仅凭法律本身，不管其多完善，并不能解决所有社会问题。

【参考文献】

[1] [日]植木哲著．冷罗生等译．医疗法律学．北京：法律出版社，2006.

[2] Brendann Greene. Essential Medical Law．武汉：武汉大学出版社，2004.

[3] 唐德华．医疗事故处理条例的理解与适用．北京：中国社会科学出版社，2002.

[4] 施卫星．生物医学伦理学．杭州：浙江教育出版社，2001.

[5] 男子拒绝手术签字致孕妇死亡. http://news. qq. com/zt/2007/zfjqzqs/，2007-11-21.

[6] 刘伟等．医院等签字延误受伤孕妇手术，婴儿出生后死亡．http://news.qq.com/a/20071130/001494.htm，2007-11-30.

[7] 张丹丹等．医生联合签名救了产妇．浙江日报，2008-01-28.

对赠与合同任意撤销权的立法探讨

陈　淦　刘　珂*

【摘　要】 我国《合同法》赠与合同的一些规定颇具特色，特别是任意撤销权问题值得深入研究和探讨。为更好体现该制度的价值，笔者对现行规定提出了两点质疑，并提出使之更加完善的建议，即设立任意撤销权的除斥期间和引入缔约过失制度。

【关键词】 赠与合同　任意撤销权　除斥期间　缔约过失

一、关于赠与合同的概述

赠与合同是赠与人将自己的财产无偿给予受赠人，受赠人表示接受赠与的合同。赠与合同是各国合同制度中普遍规定的一类有名合同。其中转让财产的一方为赠与人，接受财产的一方为受赠人。赠与合同中，赠与人向受赠人移转的一般是财产的所有权。赠与合同不同于赠与行为，因为赠与是赠与人的单方法律行为，而赠与合同是以赠与为内容的协议，是双方法律行为，如果仅有赠与人的意思表示，而没有受赠人接受赠与的意思表示，赠与合同就无法成立。

赠与合同的法律特征：

(一)赠与合同是无偿合同

无偿性是赠与合同最突出的一个特征。受赠人在取得赠与物所有权的

---

* 陈　淦：男，毕业于浙江大学，法学学士，专职律师，擅长公司法律顾问服务、合同等经济纠纷、民事案件、房地产案件。

刘　珂：男，法学学士，专职律师，主要从事经济合同、建筑与房地产、收购兼并、投资融资等法律业务。

同时，不需要向赠与人给付任何对价，即受赠人纯获利益。而赠与人向受赠人给付财产，也不从受赠人那里获得任何补偿或者回报。

（二）赠与合同是单务合同

一般情况下，赠与人负有给付的义务而不享有权利，受赠人享有接受财产的权利而不承担任何给付义务。在附义务的赠与合同中，受赠人要承担一定的义务，并以此作为取得赠与物所有权的一个条件，但这一义务对受赠人所产生的负担是远远低于其所获得的利益的。

（三）关于赠与合同为诺成合同还是实践合同，学界也存在着一些分歧

持诺成合同说的学者认为，我国《合同法》规定的赠与合同为诺成合同，与传统观念和司法实务作为实践合同有质的差别。其理由大致为，合同法没有像保管合同那样将赠与合同明文规定为实践合同，也没有将以赠与物的交付为准的司法解释精神纳入。依据《合同法》第25条"承诺生效时合同成立"及第44条"依法成立的合同，自成立时生效"的规定，赠与合同采纳了诺成合同说。

而持折衷说的学者认为，我国立法采用了赠与合同为诺成合同的主张其实是一个误解。"我国合同法对于赠与合同性质的规定，既不同于德国、日本民法的有关规定，也不同于前苏联东欧国家民法典的有关规定，而是采取了一种新的折衷方式以平衡赠与人与受赠人之间的利益。"同时，这一观点进一步认为《合同法》第186条对赠与合同的实践性或诺成性采用了两分的方法加以规定。有人认为，目前一些人将我国赠与合同解释为实践合同，是受到了德国民法典的影响，而又没有考虑立法者在赠与合同上的划分。德国民法非（"非"字为笔者所加，因为根据上下行文，原文前后出现矛盾）将合同划分为书面赠与合同与口头赠与合同，而是将赠与合同划分为：1.普通赠与合同（包括一般书面赠与合同和口头赠与合同）；2.具有社会公益、道德义务性质的赠与合同；3.经过公证的赠与合同。将普通赠与合同规定为实践合同，将后两者规定为诺成合同 。可以说，在《合同法》制定之前，以司法实践与司法解释的精神来看，是把赠与定位为实践性合同，须以赠与物的交付，赠与关系方成立。而《合同法》显然对此作了重大突破。纯粹地从立法技术来看，其似乎是把赠与合同定位为诺成合同，但同时为了平衡赠与人与受赠人之间利益，规定赠与人在赠与财产的权利转移之前可行使任意撤销权，而有别于德、法、日等国家的立法规定。所以笔者认为，关于赠与合同的

性质,以折衷说较为妥当。但是,这正是笔者所将讨论的赠与合同上任意撤销权问题的症结所在。

二、对我国赠与合同任意撤销权一些问题的质疑

根据我国合同法的规定,赠与合同的撤销有两种,即法定撤销和任意撤销。赠与的法定撤销,是指在法定事由出现时享有撤销权的人撤销赠与。它与任意撤销的区别在于它需要具备法定的事由,只要具备了法定事由,不论赠与采何种形式,交付或登记与否,撤销权人均可撤销之。(1)受赠人严重侵害赠与人或者赠与人的近亲属;(2)受赠人对赠与人负有扶养义务而不履行;(3)受赠人不履行赠与合同约定的义务。而赠与人的任意撤销权,是指在赠与合同成立后,赠与物交付之前,赠与人基于自己的意思表示撤销赠与的权利。《合同法》第 186 条规定了赠与人享有任意撤销权,即赠与人在赠与财产的权利转移之前可以撤销赠与。

对于赠与合同的任意撤销权,笔者认为有以下两点不妥之处:

(一)赠与合同的任意撤销权没有除斥期间所谓撤销,指撤销权人溯及地消灭民事行为效力的权利行使行为

而撤销权是法律行为的享有撤销权的当事人,通过自己单方面的意思表示使法律行为的效力归于消灭的权利。由于撤销权是依照权利人单方面意思表示,而无须相对人的同意即可使原来的法律行为效力发生变更,因此它是一种形成权。

民事法律在撤销权的规定上,大致有四种情形。(1)民事行为上的一般撤销权,主要是《民法通则》第 59 条的规定。(2)破产法上的撤销权制度。(3)在债的关系中存在的撤销权。如《合同法》第 54、74 条等的规定。(4)赠与合同的撤销权。虽然赠与合同也是由《合同法》所规定,但比较债的关系中所存在的撤销权与赠与关系中所存在的撤销权,两者的区别是非常明显的,如设定撤销权的目的、对象、行使方式及法律效果不同,笔者将其单列出来。

通过比较可发现,除了赠与合同的任意撤销权外,其他形式的撤销权一般都有行使的除斥期间,而且它们的行使都有比较严格的条件限制。而依梁慧星先生的观点,撤销权既属形成权,有溯及地使可撤销的民事行为归于消灭的效力,则应有除斥期间的限制。除斥期间的作用在于促使撤销权人尽快地行使权利,并保护相对人利益,有利于交易安全,因而笔者赞成对撤

销权应加以除斥期间进行限制。

(二)未对赠与人的任意撤销权加以适当限制且立法有所冲突

《合同法》第186条规定:“赠与人在赠与财产的权利转移之前可以撤销赠与。具有救灾、扶贫等社会公益、道德义务性质的赠与合同或者经过公证的赠与合同,不适用前款规定。”仅从这一条文来看,可以说第二款的规定是对赠与人行使任意撤销权作了一定的限制。但笔者认为,仅作此限制是明显不够的,并且其中存在不少问题。

首先,《合同法》第189条规定:“因赠与人故意或者重大过失致使赠与的财产毁损、灭失的,赠与人应当承担损害赔偿责任。”从这一规定来看,显然是与第186条的规定有冲突的。因为,既然存在赠与财产的权利转移前可以撤销赠与的可能性,那么,在财产权利转移之前,因赠与人故意或者重大过失以致赠与的财产遭受毁损、灭失,是否意味着赠与人仍应当承担损害赔偿责任?这在立法上是很模糊的。

其次,依德国民法典第534条(道义和礼仪上的赠与)的规定:“符合道义上的义务或者从礼仪上考虑而为的赠与,不得要求返还和撤销。”而依我国台湾地区民法典第408条(赠与的撤销及例外):“赠与物未交付前,赠与人可撤销其赠与。其一部分已交付者,可就其未交付之部分撤销之。前项规定,于立有字据之赠与或为履行道德上之义务而为赠与者,不适用之。”那么,何谓道德上之义务呢?根据台湾学者史尚宽先生的解释,于灾难之际以慈善或为公益之目的而为施舍是一种道德义务,迫于人类边带责任感的给予亦包括在内。而所谓报酬的(谢礼的或礼仪的)赠与或相互的赠与,在礼俗认为的必要范围内,也应解释为道德上义务的履行。依此解释可见,即使是日常生活中最常见的,属于礼仪考虑而为的赠与,也是不得要求返还和撤销的。除非发生了受赠人对赠与人或者其近亲属有重大侵害行为或者重大忘恩负义行为时,赠与人可以撤销其赠与。或者赠与人在赠与不能维持与自己身份相当的生计,或者对其亲属、配偶或者前配偶不能履行法定抚养义务的,赠与人可以根据关于返还不当得利的规定,要求受赠人返还赠与物。由此可见,德国民法典是通过限制赠与人的撤销权来让赠与人仅就故意或者重大过失负其责任的。而我国台湾地区对于立有字据的赠与,也是列入不得撤销的范围。我国《合同法》在法定撤销权的规定上与其他国家并无太大差异。唯就经过公证部门公证的赠与合同不得任意撤销仍有所差别。因为我国合同的公证一般须交由公证部门公证,而我们日常交易中,大部分是以口头或立字据即书面形式来订立合同的,所以,经过公证的赠与合同不适用任意撤销,其范围略嫌过窄,难以弥合《合同法》第 186 条与第 189 条之间的冲突。

再次,赠与合同本身是一种契约,须双方达成合意才可成立,符合双方当事人的意思自治,尊重双方当事人的自主选择。即合意达成是选择的结果,其成立要件一旦满足,就应该发生契约对当事人双方的拘束力。否则,其也就失去了作为合同存在的意义,而无必要列入《合同法》的调整范围了。笔者认为选择就是一种责任,既然赠与人选择了赠与的行为,为自己设定了义务,那么,在受赠人没有过错的情况下,他就不能仅仅因后悔而行使撤销权来消灭合同的拘束力,消除自己的责任,以致破坏因合同而建立的稳定的法律关系,削弱受赠人对赠与合同所产生的预期。况且,如果在赠与人与受赠人建立了赠与合同关系后,受赠人为了接受赠与而作了一些必要的准备工作,并支出了必要的费用,那么,如果赠与人行使撤销权,这些费用应由谁来承担呢?考虑另外一种情况,即在赠与合同成立后,受赠人基于对赠与人的一种人身信赖,在赠与人不反对的情况下,以此赠与物为基础,与第三人订立了其他形式的契约。那么,如果赠与人在赠与财产的权利转移之前反悔了,其行使撤销权后导致的受赠人对第三人的违约,其后果又由谁来承担呢?确实,赠与人原本不负担任何义务,但其订立了赠与合同后,为自己设立了不必要的义务,为了平衡赠与人与受赠人之间的利益,立法者考虑设定任意撤销权来保护赠与人的利益,以减轻其负担。但是,换一个角度,赠与人为赠与行为,受赠人允受。在这个法律关系不存在障碍的情况下,受赠人是纯粹的利益既得者。如果赠与人撤销赠与,使赠与合同失效,那么,赠与人可以说是毫无利益损失的。而受赠人因赠与被撤销而无利益可得,相反,为了接受赠与所发生的行为及损失,为自己增加了负担,而这种负担对其来说原本是毫无必要去承担的。这样看来,赠与人与受赠人之间的利益又怎能达到平衡呢?这种结果对受赠人来说,显然是不公平的。综合以上观点,笔者认为有必要对赠与人的任意撤销权加以适当限制。

三、对完善赠与合同任意撤销权相关立法的建议

根据上文的分析,笔者认为,应对赠与人所行使的任意撤销权加以适度限制,以更适当地平衡双方当事人的利益。为此,有必要从以下几方面来完善立法。

(一)规定任意撤销权的除斥期间

赠与合同上的任意撤销权既然可产生使已发生的民事行为的效力归于消灭的效果,那么,其也应与其他撤销权一样,规定一定时间作为除斥期间来加以限制,以促使权利人尽快地行使权利,保护相对人的利益。对于除斥期间的起算时间,笔者认为不妨从赠与合同成立之日起计算。而且在这任意撤销权行使的预定期间,不存在中止、中断及延长的问题,撤销权人没有在除斥期间内行使撤销权,期间一过其撤销权即归于消灭。而赠与合同从成立之时起,自始有效。除非出现法定事由,否则赠与人在任意撤销权效力消灭后必须履行赠与合同的义务。

另外对于除斥期间的规定可以一分为二:(1)若当事人在赠与合同中明确规定了赠与物交付时间的,在财产转移之前的任何时间赠与人都可以撤销赠与。(2)若当事人在赠与合同中没有明确规定赠与物交付时间的,为使合同关系得到尽快明确,促进民事关系的流转,应对赠与人的任意撤销权规定一个除斥期间,赠与人若没有撤销的法定事由,过了这个除斥期间,视为放弃任意撤销权,赠与人必须履行赠与合同。当然,这个除斥期间应当为一个较长期限。笔者认为以 2 - 3 年为宜。这样对除斥期间的分别规定,在充分保护受赠人合法权益的同时,也很好地保护了赠与人的利益。

(二)引入缔约过失制度

所谓缔约过失,是指当事人于缔约之际具有过失,从而导致合同不成立、无效或被撤销,使他方当事人受到损害或者因当事人违反对他人的照顾和保护义务,使他方当事人受到人身或财产损害的情形。缔约过失是由德国法学家耶林于 1861 年提出。在他看来,从事契约缔结的人是从契约交易外的消极范畴进入契约上的积极范畴,其因此而承担的首要义务是于缔约时须善尽必要的注意。同时,他进一步指出契约的缔结产生了一种履行义务,若此种效力因法律上的障碍而被排除时,则会产生一种损害赔偿义务。因此,所谓契约无效,仅指不发生履行效力,非谓不发生任何效力。我国立法上早已引入缔约过失制度。《民法通则》第 61 条第一款规定,民事行为被确认无效或者被撤销后,当事人因该行为取得的财产,应当返还给受损失的一方,有过错的一方应当赔偿对方因此所受的损失,对方都有过错的,应当各自承担相应的责任。由此可见,缔约上过失制度在我国的适用是有着一定的基础的。且这种以诚信原则作为理论基础的缔约过失制度,本质在于追求当事人利益、社会一般公众利益的平衡,比较符合在社会本位的思潮下的立法精神。笔者建议在赠与合同的任意撤销权的行使中引入缔约过失制度,正是基于诚信原则而考虑,同时,也是尽可能地把赠与人的责任减至最低。引入缔约过失制度在赠与人行使任意撤销权使赠与合同被撤销后,承担缔约过失的责任化,责任范围应是受赠人信其合同有效所受的损失,包括订约费用、履行准备费用。当受赠人以赠与物为基础与第三人订立合同时,其责任还应包括受赠人履约不能所必须承担的损失。成立要件应包括以下几方面:第一,缔约人一方具有过错,这种过错包括故意或过失。当然,这里的过错方一般指赠与人,而受赠人不包括在内。因为如果受赠人有过错,则赠与人行使的将是法定撤销权,而非任意撤销权,由此将不产生缔约过失的问题。第二,因赠与人的行为而使赠与合同无效或被撤销。从《合同法》的规定可看出,在赠与合同关系中,当事人双方的地位是不平衡的,赠与人一直是处于主动地位,起主导作用:而受赠人除了表示接受赠与的行为是主动的以外,其他时候一直是处于被动的地位,引入缔约过失制度的意义就在于给赠与人的行为予以适度限制,保护相对人的正当利益。第三,有损害事实的实际发生。从平衡赠与双方的利益考虑,在没有损害事实发生的情况下,在赠与人使赠与合同无效或被撤销时,不发生损害赔偿的问题,受赠人无权请求因赠与合同的履行所获得的利益。

综合上述,通过设立除斥期间与缔约过失制度,既可以避免因任意撤销权的存在而使赠与合同效力未定的状况,能消除立法上的前后冲突,又可较好地平衡赠与双方当事人的利益,保护双方当事人的利益,具有一定的可取性和可行性。

【参考文献】

[1] 史尚宽.债法各论.北京:中国政法大学出版社,1999.

[2] 唐明.试论赠与合同的立法及司法实践.中国法学,1999(5):20.

[3] 李盾.我国赠与合同的实践性与诺成性探讨.法学评论,1999(5):32-33.

[4] 梁慧星.民法总论.北京:法律出版社,1996.

论我国婚姻法精神损害赔偿制度的完善

商金玉　王旭东*

【摘　要】　我国修正后的《婚姻法》第四十六条规定了离婚损害赔偿制度,根据这一制度,夫妻离婚时,一方具有法律规定的重婚、与他人同居、实施家庭暴力或虐待、遗弃家庭成员情形时,另一方可以提出损害赔偿请求。该请求包括物质损害赔偿和精神损害赔偿两项,该规定对保障婚姻当事人合法权益具有重大意义,特别是可以提出精神损害赔偿的规定,对抚慰受害人的精神、维护社会的安定和法律的公正具有重要作用。但同时我们也应看到关于精神损害赔偿的规定过于简单,在婚内精神损害赔偿、精神损害赔偿请求事由及赔偿数额确定依据等方面尚不够完善,有待进一步改进,对此,笔者提出了一些自己的想法。

【关键词】　婚姻法　精神损害赔偿　完善

我国新《婚姻法》第四十六条规定,因重婚、有配偶与他人同居、实施家庭暴力或虐待、遗弃家庭成员导致离婚的,无过错方有权请求损害赔偿。同时《最高人民法院关于适用〈中华人民共和国婚姻法〉若干问题的解释(一)》第二十八条规定,《婚姻法》第十六条的“损害赔偿”,包括物质损害赔偿和精神损害赔偿。涉及精神损害赔偿的,适用最高人民法院《关于确定民事侵权精神损害赔偿责任若干问题的解释》的有关规定。以上两条规定和最高人民法院《关于确定民事侵权精神损害赔偿责任若干问题的解释》共同构筑起我国婚姻法精神损害赔偿制度的基础,这对完善我国婚姻立法制度、保障婚姻当事人合法权益、抚慰受害人的精神、制裁与预防违法行为、维持社会的

---

* 商金玉:男,内蒙古大学法学院毕业,法学硕士,专职律师,擅长民商法领域法律服务业务。
王旭东:男,毕业于西南政法大学,法律硕士,浙江六和律师事务所专职律师,擅长民商法、劳动法领域的法律服务业务。

安定及维护法律的公正均具有重要意义。但由于关于人身损害精神损害赔偿制度的建设在我国尚处于起步阶段,而婚姻法对精神损害赔偿是第一次规定,缺乏实践经验,难免有许多不够完善的地方,本文对此欲作简单探讨。

一、婚内精神损害赔偿的完善

《最高人民法院关于适用〈中华人民共和国婚姻法〉若干问题的解释(一)》第二十九条第三款明确规定:“在婚姻关系存续期间,当事人不起诉离婚而单独依据该条规定提起损害赔偿请求的,人民法院不予受理。”该解释确立了婚内不得因配偶一方的重婚、同居、家庭暴力和遗弃而提起精神损害赔偿的原则,高院作出如此解释,一是为了有利于家庭和好,有利于家庭稳定;二是认为婚姻存续期间的财产是共同的,赔偿毫无意义。但笔者认为,这样的规定并不能很好地保护受害人的合法权益。

首先,新婚姻法已明确规定了夫妻财产约定制和婚前个人财产制,这使得婚姻关系存续期间双方拥有各自的财产成为可能。实践中,夫妻在婚姻存续期间,除了夫妻共同财产以外,还有个人的特有财产,如一方的婚前财产,因继承、受赠所得的指明为夫妻一方所有的财产。

其次,即使夫妻双方无个人财产,赋予受害人一方婚内精神损害赔偿诉权同样具有作用。承担侵权责任的形式并不局限于赔偿损失,还包括停止侵害、恢复名誉、消除影响和赔礼道歉,采用这些责任形式同样对受害人精神损害具有抚慰作用,对其合法权益具有保护作用,同时也能起到判明是非、伸张正义、教育和预防的作用。

再次,现行婚姻法规定的婚内精神损害接济方式过于单一,效果并不好。《婚姻法》第四十三条、第四十四条规定,实施家庭暴力、虐待或遗弃家庭成员,受害人有权提出请求,居民委员会、村民委员会以及所在单位应当予以劝阻、调解。这里虽规定居民委员会、村民委员会及所在单位应当予以劝阻、调解,但这些组织或单位不履行劝阻或调解义务法律并没有规定其应当承担的责任,法律也很难要求其承担什么责任,而事实上,基于传统思想“清官难断家务事”的影响,居民委员会、村民委员会事实上对这些家庭矛盾往往无法管、不愿管,或是劝阻、调解一次无效后不再管,导致受害人的合法权益无法得到及时有效的救济。

最后,从侵权法的理论看,婚内侵权行为造成受害人精神损害的行为同样是一种侵权行为,法律强制剥夺受害人民事救济手段缺乏足够的理由,无理论依据。或赋予其救济手段必须以离婚为条件,违背受害人的意志。

综上,笔者认为,婚姻法没有确立婚内精神损害赔偿缺乏依据,确立婚内精神损害赔偿完全是必要和可行的。在现实中,很多受害人在主观上基于各种考虑,并不必然想要离婚,而只想制止侵害行为,婚姻法如赋予受害人婚内精神损害赔偿权,则受害人就多了一条司法救济途径。因此,法律应当确认受害人的这种婚内请求权,受害人基于各种现实情况的考虑是否行使该权利是受害人的权利,法律不应当强迫当事人选择或剥夺受害人的这种选择的权利。

二、精神损害赔偿法定事由的完善

(一)通奸精神损害赔偿请求权的确立

通奸是指有配偶的一方秘密与配偶以外的其他人发生不稳定性关系的行为。根据《婚姻法》第四十六条的规定,通奸不属于可以提起离婚损害赔偿的法定情形。同时,对于通奸行为,受害人也很难根据《最高人民法院关于确定民事侵权精神赔偿责任若干问题的解释》(以下简称《解释》)的规定取得法律的支持。有专家认为,通奸是违反夫妻忠实义务的行为,即侵犯了配偶权,而配偶权可以包括在"其他人格利益"中,① 根据《解释》第一条第(二)款的规定,即"违反社会公共利益、社会公德侵害他人隐私或者其他人格利益,受害人以侵权为由向人民法院起诉请求赔偿精神损害的,人民法院应当依法予以受理"。但笔者认为,该观点并不正确,配偶权是合法夫妻间互为配偶关系的基本身份权,② 配偶权为身份权而非人格权。人格权为权利主体支配自身的一般主体要素的权利,包括生命权、健康权、身体权、人身自由权、婚姻自主权、姓名权、名称权、肖像权、名誉权、隐私权、荣誉权,身份权是权利主体基于主体的特殊要素——身份而享有的权利,身份权包括配偶权、亲权、亲属权。③ 这些是民法的基本理论,而《解释》第一条第(二)款指的是"其他人格利益",而非"身份利益",有的人甚至认为,身份权受侵害

---

① 陈灿平:《对精神损害赔偿最新司法解释的一点反思》,《法学杂志》2002 年第 4 期,第 35 页。

② 曲直,杨学明:《聚焦精神损害赔偿》,群众出版社 2003 年版,第 221 页。

③ 江平:《民法学》,中国政法大学出版社 2000 年版,第 278 - 310 页。

是不能根据《解释》提起精神损害赔偿的,[①] 这种看法虽然不对(《解释》第二条规定的关于侵害亲权的精神损害赔偿即为对身份权受侵害的精神赔偿),但根据《解释》的规定,配偶一方有通奸行为,另一方是无法根据《解释》的规定要求获取精神损害赔偿的。因此,不论是《婚姻法》还是《解释》均无法对通奸行为的受害人提供法律救济途径。[②]

另外,从新婚姻法颁布后的司法实践看,也没有出现因配偶一方通奸而给予另一方精神损害赔偿的案例。因此,可以认为,从现行法律和司法实践看,配偶一方有通奸行为,另一方是无法获取精神损害赔偿的。而笔者认为,婚姻法确立通奸的精神损害赔偿是必要和可行的。

《中华人民共和国婚姻法》第四条规定:“夫妻应当相互忠实,互相尊重。”也就是说,配偶之间具有相互忠实的义务,而通奸行为显然是对该忠实义务的违背。夫妻忠实义务是配偶权的重要内容之一,[③] 杨立新教授认为,“在现代民法理论中,侵害配偶权的侵权行为,主要是指对配偶权中的忠实义务的侵害,即第三人与配偶一方通奸或者重婚,而使对方配偶的身份利益受到侵害的行为。”[④] 我国《民法通则》在总体上也确认了配偶身份权的存在。[⑤] 因此,通奸行为的实质是侵犯了夫妻另一方的配偶权,受害人要求获取精神损害赔偿完全符合法理和《民法通则》的精神。但婚姻法对夫妻忠实义务的规定过于模糊,更没有将配偶一方的通奸行为作为提起离婚损害赔偿的法定理由。而且《最高人民法院关于适用〈中华人民共和国婚姻法〉若干问题的解释(一)》第三条规定:“当事人仅以《婚姻法》第四条为依据提起诉讼的,人民法院不予受理;已经受理的,裁定驳回起诉。”虽然不能直接根据该条的解释否定配偶一方违背夫妻忠实义务时另一方配偶在离婚时的赔偿请求权,但该条体现的精神是对违背夫妻忠实义务诉讼的限制。因此,笔者认为,婚姻法应当对夫妻忠实义务的内容作列举式和概括式相结合的陈述,并明确将通奸行为作为另一方配偶提起精神损害赔偿的理由。

从现实情况看,通奸行为对另一方配偶的精神伤害并不比同居或重婚小。配偶一方长期通奸、与多人通奸,或与人通奸生养了小孩等情形,给另一方配偶所造成的精神创伤在很多时候有可能会大于重婚和同居。通奸与

---

① 陈传海:《略论离婚精神损害赔偿》,《法学杂志》2002 年第 2 期,第 61 页。

② 陈传海:《略论离婚精神损害赔偿》,《法学杂志》2002 年第 2 期,第 61 页。

③ 曲直,杨学明著:《聚焦精神损害赔偿》,群众出版社 2003 年版,第 221 页。

④ 杨立新:《论侵害配偶权的精神损害赔偿责任》,《法学》2002 年第 7 期,第 55 页。

⑤ 杨立新:《论侵害配偶权的精神损害赔偿责任》,《法学》2002 年第 7 期,第 57 页。

同居在事实上有时候也往往难以区分，受害人在举证时要证明配偶与第三者长期、稳定居住通常比较困难，而法律对通奸又没有规定可以请求损害赔偿，这样在事实上就会造成很多时候受害人的精神损害得不到赔偿，对受害人而言有失公平。

此外，有人可能会认为，即使婚姻法没有直接规定通奸行为是提起精神损害赔偿的法定事由，也同样可以借用名誉权受到侵害为由提出精神损害赔偿。台湾学者认为："配偶与第三人通奸，受害配偶感到悲愤、羞辱、沮丧，其情形严重者，可谓名誉权受到侵害，虽非财产上之损害，亦得请求相当之抚慰金。"①笔者认为，该观点并不全对，通奸行为虽有造成另一方配偶名誉受到损害之可能，但非必然，如该通奸行为只为第三者及另一方配偶知晓，而不为其他人所知，要认定另一方配偶名誉权受到损害会比较困难。因此，借用名誉权受损的间接救济方式也并不完美，对受害人的保护尚不够充分。

在意大利、德国、西班牙、奥地利、印度和我国台湾等国家和地区，在刑法上也均有通奸罪的规定，我国香港地区明确规定了在离婚诉讼中的通奸损害赔偿。通奸作为一种严重伤害对方感情的行为，对另一方配偶造成的精神损失是显而易见的，现行法律对通奸行为受害人的保护是不足的。因此，笔者认为有必要直接将通奸规定为提起精神损害赔偿的事由，法官可以根据造成损害的大小判定精神抚慰金的多少，这样对行为人和受害人而言应当是公平合理的，也不会出现滥诉的情形，能更好地起到保护受害人合法权益的作用。

(二)受欺骗抚养非亲生子女

实践中经常会遇到这样的情形，在离婚时或婚姻关系存续期间，男方由于偶然的事情发现自己抚养多年的子女并非自己的骨肉，自己多年来对子女的感情付出突然付之东流，面对这样的打击男方往往会愤而提出离婚，要求女方返还抚育费并给予精神损害赔偿。对于这样的情形如何处理，法律没有明确的规定，1992年最高人民法院发布《关于夫妻关系存续期间男方受欺骗抚养非亲生子女离婚后可否向女方追索抚育费的复函》，指出离婚后给付的抚育费可以酌情返还，婚姻关系存续期间支出的抚育费如何处理须进一步研究，根据该解释，显然感情受到欺骗的男方要求给予精神损害赔偿的要求缺乏法律依据，法院即使想支持其诉请也找不到可以依据的准绳。笔者认为，对于这样的情形，不给予受欺骗的男方适当的精神赔偿显然有失公平，受欺骗者不仅无端支出的抚育费有去无回，受到欺骗后心中的郁闷、愤怒、伤痛是可想而知的,法律对其伤害视而不见,有失公正。或许有人会指出,这样的情况可以归入女方与人通奸的事由而得到赔偿,但对于女方在与他人怀孕后始与受害人结婚的情形并不构成通奸。因此,笔者认为,婚姻法应当将受欺骗抚养非亲生子女的情形作为受害人请求精神损害赔偿的法定事由,以维护法律的公正。

(三)配偶一方有卖淫嫖娼行为

配偶一方在婚姻关系存续期间有事实卖淫嫖娼行为,显然与通奸一样,违背了“夫妻忠实义务”,其应当作为提出精神损害赔偿请求的法定事由的理由与通奸相同,笔者不再重复。

(四)婚前隐瞒患有精神病

对于有精神病史或患有间歇性精神病的配偶,在婚后发作,而另一方在婚前基于一般的接触又是无法发现的,并且患病一方具有故意隐瞒情形的,受害人因此受到精神损害,应当赋予其赔偿请求权。

(五)一方骗取结婚证导致婚姻被撤销或无效的

一方在结婚时隐瞒对方,弄虚作假,如未到法定结婚年龄而虚构,或隐瞒患有法定禁止结婚的疾病,最后导致婚姻被撤销或无效的,另一方在这个过程中势必有可能身心受到打击,特别是对于女方而言,在农村结过一次婚会影响其再次择偶,或错误的婚姻浪费了其宝贵的青春,使其失去许多择偶的机会,这样往往会使其精神受到伤害,法律赋予其精神损害赔偿权方显法律的公正。

(六)一方在婚姻关系存续期间有重大犯罪行为

配偶一方犯罪,势必会使另一方感到在公众面前无法“抬头”,影响其正常的社交、生活,特别在农村,另一方配偶将面临巨大的舆论压力。而某些重大犯罪行为,如手段恶劣、后果严重的犯罪,会使另一方配偶同样产生蒙羞感,使其身心受到伤害,在这样的情况下,法律赋予其精神损害赔偿的请求权并不为过。

(七)其他造成受害人精神损害的情形

婚姻法在列举若干受害人可以提起精神损害赔偿的法定事由后,最后应当概括性地规定“其他造成一方精神损害的情形”。并且对婚姻精神损害侵权进行定义,该定义则应当涵盖精神损害侵权的构成要件,如定义为“婚姻精神损害侵权行为是指配偶一方违反法律规定,造成另一方精神受到损害的过错行为”。[①]

三、精神损害赔偿数额确定依据的完善

根据《最高人民法院关于确定民事侵权精神赔偿责任若干问题的解释》第十条的规定,精神损害赔偿数额的确定根据以下六项因素确定:(1)侵权人的过错程度,法律另有规定的除外;(2)侵害的手段、场合、行为方式等具体情节;(3)侵权行为所造成的后果;(4)侵权人的获利情况;(5)侵权人承担责任的经济能力;(6)受诉法院所在地平均生活水平。

笔者认为以上规定过于粗糙,并且也不完全适用于婚姻精神损害赔偿。由于“精神损害系受害人痛苦之感受,然而受害人痛苦之有无、大小、长短,因人而异。精神损害既不具有金钱价值,又没有为人们易于辨识的物理特征,因此,受害人之精神损害金钱赔偿须衡量受害人对痛苦的主观感受”[②]。因此,应当明确规定,精神损害赔偿数额的确定应当围绕受害人所受痛苦的深浅而定,即侵害所造成的后果应作为主要衡量依据,其次才考虑其他因素,而不像《解释》那样将侵权人的过错程度放在第一位。侵权人的过错程度在侵权损害赔偿中只是划分责任大小的依据,而非确定损害大小的依据,应当先确定损害大小再划分责任大小,否则顺序颠倒、本末倒置。《解释》将侵害的手段、场合、行为方式等具体情节作为一项独立的因素,并且放在第二位,也是不科学的。考虑侵害的手段、场合、行为方式等只具有推测损害大小、确定侵权人主观过错程度的作用,其本身并不能独立成为一项确定数额的因素,即使将其列为一项独立的考虑因素,也不能将其置于“侵权行为所造成的后果”之上。另外,侵权人的获利情形这一因素在婚姻精神损害赔偿中并不适用,侵害人并不存在获利的情形。同时也应当明确,“侵权人承担责任的经济能力”只能作为酌定考虑因素,明确其在各因素中地位的低下。“受诉法院所在地平均生活水平”这一因素应当去除,精神损害赔偿与物质损害赔偿存在区别,物质损害赔偿的某些标准与受诉法院平均生活水

---

① 马原:《新婚姻法条文释义》,人民法院出版社 2002 年版,第 391 - 392 页。

② 胡平:《精神损害赔偿制度研究》,中国政法大学出版社 2003 年版,第 268 页。

平挂钩有一定的道理,如残疾赔偿金,因不同地方的劳动力价格不同,消费水平不同,赔偿金作为劳动力丧失的替补形式,其标准与当地生活水平挂钩具有一定的合理性。但精神损害赔偿是对精神受到伤害的抚慰,其伤害本就不是用金钱多少可以衡量的,如果同样的伤害因受诉法院的不同而不同,往往会使受害人感到不公平,起不到抚慰作用。

综上,笔者认为,婚姻精神损害赔偿数额的确定应当有独自的确定因素,并且明确"损害赔偿数额确定以受害人造成伤害的程度及侵害人的过错程度为依据,同时适当考虑侵害人的经济承受能力"。只有这样,才能准确合理地确定每一起婚姻精神损害赔偿的数额。

【参考文献】

[1] 马原.新婚姻法条文释义.北京:人民法院出版社,2002.

[2] 曲直,杨学明.聚焦精神损害赔偿.北京:群众出版社,2003.

[3] 胡平.精神损害赔偿制度研究.北京:中国政法大学出版社,2003.

[4] 江平.民法学.北京:中国政法大学出版社,2000.

[5] 常用法律手册编辑组编.婚姻家庭法律手册.北京:法律出版社,2002.

[6] 杨立新.论侵害配偶权的精神损害赔偿责任.法学,2002(7).

[7] 陈传海.略论离婚精神损害赔偿.法学杂志,2002(2).

[8] 陈灿平.对精神损害赔偿最新司法解释的一点反思.法学杂志,2002(4).

配偶忠实义务与隐私权保护的冲突与协调

李　明*

【摘　要】 虽然我国现行立法对配偶权没有作出明确规定,但已有相关法律条文规定了配偶的忠实义务。对配偶忠实请求权的保护,离婚损害赔偿的实现,都会涉及配偶隐私权、第三人隐私权的保护。不可否认的是配偶忠实义务与隐私权保护存在一定的冲突,而在利益冲突时如何取舍、协调与平衡一直是法学理论界和司法实践探讨的话题。本文将提出一些意见和建议,供同仁参考。

【关键词】 配偶忠实义务　配偶权　隐私权　立法冲突　协调

一、配偶忠实义务是否为法律所规范的争议

配偶忠实义务,又称配偶性生活排他专属义务,是指配偶专一性生活的义务,它要求配偶双方互负贞操忠实义务,不为婚外性生活。其名虽然是"义务",但实际也包含着权利。配偶双方都负有不为婚外性行为的义务,互为的义务就必然意味着夫妻双方都享有要求对方不为婚外性行为的权利。也就是说,就义务而言,夫妻忠实义务为法定义务;就权利而言,夫妻忠实义务可称作夫妻忠实请求权。

忠实义务是男女因结婚成为配偶,具有配偶身份后享有的权利和承担的义务。配偶忠实义务是配偶权的一项核心内容,然而,我国学术界关于配偶权能否成为民事权利仍然存在较大的争议。因此,在对论题进行探讨之前,有必要先行讨论配偶忠实义务应否为法律所规范的问题。

---

* 李　明:男,专职律师,主要从事民商法领域的法律业务。

(一)肯定观点

肯定观点认为,忠实义务与配偶权属于相同的权利体系,是基于双方成为配偶的前提产生,缔结婚姻从而产生配偶权,必定负有对配偶忠实的义务,忠实义务是最能体现配偶权根本属性的一项内容。我国自1950年颁布《婚姻法》以来,立法没有对配偶权作出规范,忽视了婚姻内部关系的调整,认为社会主义靠感情来维系婚姻,不必规定夫妻间的权利义务,使得故意拒绝履行忠实义务的当事人缺乏相应的法律制裁措施。改革开放以来,立法应当为配偶权正名,明确规定夫妻忠实义务。

(二)否定观点

有学者认为,忠实义务不是法律意义上的义务,而是道德层面上的义务,更有学者认为这是一项非公认的道德义务。“恋情是一种感情,完全受控于本人的主观意志,基本不为他人或外界所控制,它可以通过一定的行为表现出来,也可以深埋在内心,因此对法律难于取证和无法涉及的领域,只能依靠道德自律来解决问题。”[①] 所以,忠实义务不是法律调整的范畴,立法强行规定同居义务、忠实义务会导致婚内强奸合法化,即使规定了这些内容,法律也无法强制执行,实属历史的倒退。

(三)笔者观点

持反对观点的学者认为忠实义务属于夫妻思想精神领域范围,然而,有配偶者与他人同居的行为却是人的行为,此一行为产生的后果是侵害了对方配偶的身份利益。这需要法律进行干涉和调整,维护受害方的合法利益。仅靠伦理道德和社会舆论的力量往往无能为力。实际上,我国2001年修订的《婚姻法》虽然没有明确采用配偶权概念,但规定了若干项夫妻间特有的身份权利和义务的内容,如“禁止有配偶者与他人同居”、“夫妻应当互相忠实、互相尊重”,还设立了离婚损害赔偿责任制度。因配偶一方违反忠实义务,侵害对方配偶权益引发的侵权诉讼不在少数。我国《刑法》第258条规定:有配偶而重婚的,或者明知他人有配偶而与之结婚的,处二年以下有期徒刑或者拘役。重婚罪确定的前提必然是立法有关于配偶权、配偶忠实义务与同居义务的规定,民事法律规范如果对此法定义务不加以确定,存在逻

① 谢育敏:《质疑夫妻忠实义务》,《赣南医学院学报》2004年第6期。

辑上的矛盾。

感情只是婚姻关系的一部分内容,除此之外还有性关系、身份关系、财产关系和家庭责任等,配偶忠实义务的规定不是在调整和规范人的主观感情,而是确定夫妻间的基本权利义务。法律规定同居义务、忠实义务并不会导致婚内强奸合法化,如果婚姻当事人一方或双方不愿意继续婚姻生活,可以离婚,但不应在婚姻关系存续期间有通奸、姘居、重婚等违反一夫一妻制的行为。

综上,笔者认为,我国《婚姻法》应明确规定配偶权及其相关内容,确定忠实义务为一项法定的义务,配偶间的身份利益受法律的保障。配偶一方与婚外第三人有姘居、重婚等行为,是对配偶忠实义务的违反,侵害了对方配偶的忠实请求权。无过错方要追究有过错方配偶的侵权责任,主张离婚损害赔偿,这就涉及对方配偶及第三人的隐私权保护问题。

二、配偶间隐私权的特殊性

所谓隐私,是指当事人不愿为他人所知的个人私生活秘密,包括个人私生活、个人日记、储蓄及财产状况、生活习惯及通讯秘密等。隐私权亦称个人生活秘密权或生活秘密权,是指自然人不愿公开或让他人知悉个人秘密的权利。[①] 配偶隐私权是公民享有隐私权在婚姻关系中的体现,是夫(或妻)享有的个人信息不被配偶他方非法获悉和公开,个人生活不受对方非法干扰,个人私事的决定不受对方的非法干涉的一种人格权利。内容“主要包括个人婚姻状况的隐私权、夫妻之间各自私生活的隐私权、夫妻共同生活的隐私权、子女及其他家庭成员生活的隐私权”[②]。

有观点认为配偶双方共同生活,相互间应该没有隐私权保护可言。然而,随着社会的进步,配偶间身份和经济的依赖关系日益弱化,个人逐渐崇尚独立、自由、平等的观念。配偶隐私权的确认和保护,将有利于维护夫妻人格尊严和人格独立。配偶之间有一定自由的空间,也有利于家庭关系的和谐。过度强调夫妻相互间的约束,缺乏交流和自由,反而会抹杀婚姻家庭的幸福。所以配偶自身隐私权的确立和保障相当必要。

但是,配偶隐私权利也要受婚姻家庭关系特性的限制,夫妻双方共同生

① 彭万林:《民法学》(2007 年修订版),中国政法大学出版社 2007 年版,第 176 页。

② 曹秀谦:《婚姻当事人的隐私权和第三人的知情权》,《嘉兴学院学报》2004 年第 4 期。

活,个人的信息、生活和私事是很难加以明确的,这很大程度受制于婚姻当事人的思想意识。一般的,配偶双方均予以认可的隐私,才能顺利地成为配偶隐私权保护的范围,如果配偶双方明显不能接受,或者有过类似的生活经历,双方没有把其作为个人的隐私,就很难为法律所保护。所以,配偶间隐私范围要比一般公民的隐私范围小。

三、配偶忠实义务与隐私权保护立法冲突的情形

(一)配偶忠实义务与配偶隐私权保护的冲突

如前所述,配偶隐私权具有特殊性,配偶间的隐私范围比一般公民的隐私范围窄。正是配偶关系的特殊性,忠实请求权赋予了配偶一方对另一方涉及夫妻生活内容的知情权,配偶一方有权知晓配偶另一方是否具有婚外性行为、重婚行为或婚外同居等违反忠实义务的行为。这就引发配偶忠实义务与配偶隐私权保护的冲突。

(二)离婚损害赔偿诉讼取证与第三人隐私权保护的冲突

根据我国《婚姻法》第 46 条的规定,配偶一方或双方有重婚或与他人同居的行为,导致离婚的,在离婚诉讼中,无过错方有权向有过错方提出离婚损害赔偿。根据侵权行为法原理,无过错一方负有举证责任,这就涉及与有过错配偶一方重婚或同居的第三人的隐私权保护问题。

婚姻关系以外的第三人负有不得侵犯他人配偶权益的义务,但其不受婚姻关系的约束,因此作为普通公民,该第三人享有法律保护的隐私权。然而,在明知他人有配偶的情况下,与他人有重婚或同居行为,导致他人婚姻关系破裂,按照我国现行立法,该第三人虽然不承担离婚损害赔偿责任,但在无过错方配偶收集证据以追究有过错方配偶的损害赔偿责任时,必然涉及该第三人隐私权的保护问题,进而引起离婚损害赔偿诉讼取证与第三人隐私权保护的冲突。

四、配偶忠实义务与隐私权保护的协调

配偶忠实义务与隐私权保护立法的冲突,归根到底是配偶身份利益与隐私权人格利益的冲突。法律协调利益冲突时,需衡量各类利益的轻重,在个人利益与他人利益、个人利益与社会利益的冲突中寻求平衡点。

有的观点认为婚外性行为不属于隐私权的保护范围,应当将隐私和隐私权区分开来。隐私是事实或利益,隐私权才是符合法律保护要求的权利。"只有作为法律权利而非自然权利意义的隐私权才会受到法律的保护",[①]隐私未必都符合法律保护要求而成为法律保护的隐私权范畴。婚姻是法律承认和保护的男女两性的结合,配偶间则具有排他的、特定的身份利益,他人对婚姻关系负有不作为的义务。重婚、姘居等行为是对法律保护的配偶身份利益的侵犯,配偶相互忠实的身份利益应当优先于婚外性行为的隐私,得到法律的保护。

另有观点认为,婚姻并不排斥配偶隐私权的保护,也不排除婚外性行为涉及的第三人隐私权的保护。按权利的位阶先后,隐私权属于人格权,应该优先于配偶权这一身份权利得到法律的保护。隐私权的主体是自然人,享有保有自己秘密的权利。隐私权是自然人与生俱来的权利,与身份无关。配偶间相互忠实的义务不能对抗配偶作为自然人个体享有的隐私权。婚外性行为有悖于社会善良风俗和性道德观念,也可能损害特定他人的利益,影响特定范围内的人们的正常生活,但是其影响范围毕竟有限,不会与社会公共秩序发生冲突。既然婚外性行为与公共利益无关,其当然是行为人的私生活秘密,受到法律的保护。

上述两个观点都只侧重于其中的某一方面,并没有从根本上解决冲突。权利有等级层次之分,当权利的保护发生冲突时,下位权利应让位于上位权利。对权利等级与序列的划分要依照权利本身的性质来确定,一般认为生命权最高,人身权高于财产权,人格权高于身份权,固有权高于派生权。由此属于人格权范畴的隐私权应优先于属于身份权的忠实义务获得法律保护。

但是,对于权利等级的划分丨分微妙,不可能形成完美、严密的权利等级层次。司法实践中,不可能用权利等级划分的方法解决所有权益冲突问题,故很有必要综合使用其他的协调方法。具体到配偶忠实义务与隐私权保护冲突的协调问题,可以从以下两个方面着手探讨:

其一,任何个人隐私保护都应限于合乎法律、公共道德和社会秩序的范围内,对于违反法律和社会公序良俗的行为,他人有权加以揭露和干预。如果行为人先行侵犯了他人的合法权益,受害方为维护其权益,在不得已的情

① 孙振栋:《论医院教学中患者隐私权的保护——兼谈我国隐私权立法》,《法学》,2001年第2期。

况下侵犯该侵权人的隐私,根据私力救济的原理,受害方可因此免责或减轻责任。有过错配偶一方及第三人的姘居、重婚等行为先行侵犯了另一方配偶的身份权益,受害的配偶方不得以采取揭露其私生活秘密的手段,以救济其合法权益,应认定为私力救济,不负侵犯他人隐私权的责任。

但受害方配偶的取证手段应受一定的限制,取得的证据只能用于对过错方追究责任的活动,不能将证据向亲朋好友公开,更不能提供给网络、报刊、广播电视等媒体,否则其取证活动应认定为侵害了他人的隐私权。

其二,划分权利的过程中对各个权利进行利益衡量。利益可分为个体利益、群体利益、制度利益和社会公共利益四种。利益衡量要遵循的规则是:以当事人的具体利益为起点,在社会公共利益的基础上,联系群体利益和制度利益,特别是对制度利益进行衡量,从而得出妥当的结论,即对当事人的利益是否需要加以保护。也就是说,不光要考虑具体的个体利益,还要考虑到抽象的群体利益乃至社会公共利益。在对这些利益进行充分的衡量之后,作出的决定应该是最能体现效益原则的,也是损害最小的。法律既规定配偶忠实义务,也要保护公民的隐私权,对两项利益产生的冲突,在具体判案时,法律工作者需要视案件的影响、情况,进行利益衡量,找出冲突的平衡点,以对当事人和社会造成负面影响最小的结论作为最终的解决方案。

【参考文献】

[1] 范莉莉.婚姻中隐私权的内涵特点及其保护.青岛行政学院学报,2005(3).

[2] 申静梅.论隐私权与配偶权的法律冲突.烟台师范学院学报(哲学社会科学版),2005(2).

[3] 周悦丽.配偶权、忠实义务与隐私权保护——承认配偶权前提下的分析.政法论丛,2005(6).

[4] 董晓波,孙茂华.忠实义务与配偶权的保护——兼谈新婚姻法的忠实义务原则.南京人口管理干部学院学报,2003(2).

[5] 张婷婷.婚姻法中配偶权的界定.法制与社会,2007(2).

[6] 杨立新.人身权法论.北京:人民法院出版社,2002.

[7] 蒋月.夫妻的权利和义务.北京:法律出版社,2001.

[8] 赵学林.感悟婚姻——当代婚姻报告.呼和浩特:内蒙古人民出版社,1999.

论我国人身损害赔偿标准的完善

毛宝伦*

【摘　要】 针对我国人身损害赔偿中存在的标准不统一，违反平等原则、公平原则、全面赔偿原则，精神损害赔偿缺乏可操作性等问题，提出统一赔偿标准；废除户籍作为计算死亡赔偿金、残疾赔偿金、被扶养人生活费的依据，代之以城乡居民人均纯收入、城乡居民人均消费性支出结合受害人收支状况的综合标准；确定潜在被扶养期、明确无生活来源标准、延长年轻受害人残疾赔偿年限；坚持全面赔偿原则，完善配套措施；工伤事故中用人单位承担民事补充责任；明确精神损害抚慰金的计算标准等观点，以使人身损害赔偿标准在各部门法之间相协调、权利义务相适应，真正体现尊重和保障人权的宪法原则。

【关键词】 人身损害　赔偿　标准　完善

人身损害赔偿标准涉及赔偿项目的确定与赔偿金的计算标准两大方面。建立科学合理的人身损害赔偿标准，对于赔偿权利人及时得到充分有效的救济，惩戒加害人，教育社会，减少人身侵权案件的发生，维护社会公平正义，稳定社会秩序具有重要的作用，是贯彻"国家尊重和保障人权"的宪法原则，树立以人为本理念，落实科学发展观，构建和谐社会的重要举措。本文就我国人身损害赔偿中存在的标准不统一、有违平等原则、公平原则、全面赔偿原则，精神损害赔偿缺乏可操作性等几个问题进行探讨，并提出相应的改进建议。

* 毛宝伦：男，毕业于宁波大学，法学学士，实习律师，擅长民商法领域。

一、我国人身损害赔偿标准的法律渊源

人身权是自然人最基本的民事权利,是人享有其他权利的基础。我国《宪法》第33条规定:"中华人民共和国公民在法律面前一律平等。国家尊重和保障人权。"

人身损害既有精神损害又有财产损失。财产损失又分财产的积极减少和财产的消极不增加。未来收入损失属于财产消极不增加,其计算依据受害人的收入状况、年限与精神损害一样,具有很大的不确定性,成为制定赔偿标准的难点。

我国人身损害的赔偿以损失填补为原则,关于人身损害赔偿标准的法律渊源繁多。本文把适用《关于审理人身损害赔偿案件适用法律若干问题的解释》(以下简称《人身损害解释》)的人身损害称为一般人身损害,不适用该解释的称为特殊人身损害。

(一)一般人身损害赔偿标准

《民法通则》第119条规定:"侵害公民身体造成伤害的,应当赔偿医疗费、因误工减少的收入、残废者生活补助费等费用;造成死亡的,并应支付丧葬费、死者生前扶养的人必要的生活费等费用。"《产品质量法》对因产品存在缺陷造成受害人人身伤害的、《消费者权益保护法》对因经营者提供商品或者服务,造成消费者或者其他受害人人身伤害的,都规定:侵害人应当赔偿医疗费、治疗期间的护理费、因误工减少的收入等费用;造成残疾的,还应当支付残疾者生活自助费、生活补助费、残疾赔偿金以及由其扶养的人所必需的生活费等费用;造成受害人死亡的,并应当支付丧葬费、死亡赔偿金以及由死者生前扶养的人所必需的生活费等费用。

这些规定都比较原则,不能适应审判实践的需要。为此,最高人民法院于2003年12月4日通过了《人身损害解释》,2004年5月1日开始实施。

《人身损害解释》的实施,对及时确定人身损害案件的赔偿数额,具有重要作用。首先,它明确了权利保护的范围,列举了生命权、健康权、身体权三项具体人格权。其次,它明确了直接受害人、被扶养人、近亲属属于赔偿权利人的范围。再次,它把人身损害赔偿金分解为精神损害和财产损失两部分,规定请求赔偿精神损害抚慰金适用《最高人民法院关于确定民事侵权精神损害赔偿责任若干问题的解释》(以下简称《精神损害解释》),对财产损失

则从积极损失和消极损失两个方面进行界定,具体分为因治疗损伤支出的费用:如医疗费、护理费、交通费、营养费、后续治疗费、康复费、整容费等;因增加生活上需要支出的费用:如配制残疾用具、长期护理依赖支出的费用等;因误工导致的收入损失以及因全部或者部分丧失劳动能力导致收入丧失或减少,或者因死亡导致未来收入损失等三个方面,详细规定了各项目的具体计算标准和方法,具有很强的可操作性。最后,它明确了自身的效力范围,排除了对法律、行政法规有专门规定的一些特殊侵权案件的适用。

(二)特殊人身损害赔偿标准

对不适用《人身损害解释》的特殊侵权案件,比较重要、经常要适用的专门规定有:

《国家赔偿法》规定:侵犯公民生命健康权,造成身体伤害的,应当支付医疗费、误工费、残疾赔偿金、死亡赔偿金、丧葬费、被扶养人生活费,其标准明确,便于操作。国家赔偿对被扶养人生活费采定期金形式,无精神损害抚慰金。

《劳动法》规定:劳动者有获得劳动安全卫生保护的权利。《安全生产法》、《职业病防治法》规定:因生产安全事故受到损害的从业人员或者职业病人除依法享有工伤社会保险外,依照有关民事法律尚有获得赔偿的权利的,有权向本单位提出赔偿要求。《工伤保险条例》规定:工伤保险费由用人单位缴纳,实行无过错责任原则,伤残津贴、供养亲属抚恤金采定期金形式,但工亡补偿金较少,无精神损害抚慰金项目。

《最高人民法院关于审理触电人身损害赔偿案件若干问题的解释》规定的对老年残疾人生活补助费与老年死亡补偿费的计算期限,与《人身损害解释》的规定有所差别,其他赔偿项目、赔偿标准与《人身损害解释》大体相同。

《医疗事故处理条例》规定了医疗费、误工费、住院伙食补助费、陪护费、残疾生活补助费、残疾用具费、丧葬费、被扶养人生活费、交通费、住宿费、精神损害抚慰金等 11 个项目的计算标准及参加医疗事故处理的近亲属费用。但没有死亡赔偿金、残疾赔偿金项目。

经国务院批准,《国内航空运输承运人赔偿责任限额规定》于 2006 年 3 月 28 日施行,将承运人对每名旅客的赔偿责任限额从 7 万元提高到了 40 万元人民币。

《铁路交通事故应急救援和调查处理条例》自 2007 年 9 月 1 日起施行,铁路运输企业对每名旅客人身伤害的赔偿责任限额从 4 万元提高到 15 万元人民币。

《海商法》规定人身损害赔偿限额为每位旅客 46666 计算单位,1 计算单位为 1 特别提款权。但国内港口之间海上旅客运输的人身伤亡赔偿限额授权国务院交通主管部门制定,报国务院批准后施行,据此,《中华人民共和国港口之间海上旅客运输赔偿责任限额规定》规定的国内海上运输旅客人身损害赔偿限额为 4 万元人民币。

《刑事诉讼法》规定:被害人由于被告人的犯罪行为而遭受物质损失的,有权提起附带民事诉讼。有关司法解释规定,对于被害人因犯罪行为遭受精神损失而提起附带民事诉讼的,或者在该刑事案件审结以后,被害人另行提起精神损害赔偿民事诉讼的,人民法院不予受理。

二、我国人身损害赔偿标准存在的问题

(一)赔偿标准不统一,部门保护主义严重

我国人身损害赔偿标准的现状是法律形式繁多,缺乏系统性,赔偿标准不统一,使审判实践操作困难,给公正司法带来损害。

适用不同标准,赔偿差额悬殊。

如深圳城镇居民 2007 年人均可支配收入为 32009 元,根据《人身损害解释》和《广东省 2007 年度道路交通事故人身损害赔偿计算标准》,从 2007 年 5 月 30 日零时起至 2008 年 5 月 29 日 24 时发生的道路交通事故,60 周岁内的深圳城镇居民道路交通事故的死亡赔偿金一项最高就达 64 万多元。

而一些部门经国务院批准制定的赔偿标准,部门保护主义现象突出,如《中华人民共和国港口之间海上旅客运输赔偿责任限额规定》的国内海上运输旅客人身损害 4 万元人民币的赔偿限额,与国民经济和社会发展状况明显不相适应,严重损害了赔偿权利人的正当利益。

(二)一些规定有违平等原则和公平原则

《人身损害解释》采差额赔偿与定型化赔偿相结合的原则。差额赔偿就是以受害人发生损害前后费用增加或者财产减少的算术差额作为依据的赔偿原则。定型化则不考虑具体受害人个人财产损失的算术差额,而是以损

害赔偿的社会妥当性和社会公正性出发，为损害确定固定标准的赔偿原则。[①] 对死亡赔偿金、残疾赔偿金、被扶养人生活费等采定型化赔偿：死亡赔偿金按照受诉法院所在地上一年度城镇居民人均可支配收入[②] 或者农村居民人均纯收入[③] 标准计算；残疾赔偿金自定残之日起，根据受害人丧失劳动能力程度或者伤残等级按以上标准作相应调整；被扶养人生活费根据扶养人丧失劳动能力程度，按照受诉法院所在地上一年度城镇居民人均消费性支出[④] 和农村居民人均年生活消费支出[⑤] 标准计算。

死亡赔偿金、残疾赔偿金、被扶养人生活费根据受害人户籍性质计算的定型化赔偿标准，与我国城乡居民收入水平和生活水平总体上的差异相符合，便于法院审理。但在实践中出现了大量有违平等原则和公平原则的问题：

1.户籍标准违反平等原则和公平原则

(1)户籍标准违反平等原则。

我国《宪法》、《民法通则》、三大诉讼法等均规定了公民在法律面前一律平等的原则。王威认为：将死亡赔偿金区别为农村居民和城镇居民，实行差别对待，违反了《宪法》的规定，也违反了《民法通则》的规定，更与当前的国际做法不相符。[⑥] 以户籍为依据的赔偿标准在实践中出现了大量不合理的同命不同价现象，容易引发矛盾与冲突。[⑦]

(2)户籍标准违反公平原则。

虽然在总体上，我国城镇居民收入水平、生活水平高于农村居民，但总体不能代表具体个案，户籍与之并没有一一对应的关系。例如，一个浙江农

---

① 陈现杰：《〈关于审理人身损害赔偿案件适用法律若干问题的解释〉的理解与适用》，《人民司法》2004 年第 2 期。

② 人均可支配收入即用家庭可支配收入除以家庭人口。可支配收入，指居民家庭在支付个人所得税之后，所余下的全部实际现金收入(不包括借贷收入)。可支配收入 = 实际收入 - 家庭副业生产支出 - 记账补贴 - 个人所得税。

③ 国家统计局规定的农民纯收入指标，是指农村居民家庭全年总收入中，扣除从事生产和非生产经营费用支出、缴纳税款和上交承包集体任务金额以后剩余的，可直接用于进行生产性、非生产性建设投资、生活消费和积蓄的那一部分收入。

④ 城镇居民人均消费性支出 = 城镇居民平均收入 - 城镇居民人均可支配收入。平均收入 = 城镇居民人均可支配收入或农村居民人均收入 × 平均负担系数。

⑤ 农村居民人均年生活消费支出 = 农村居民平均收入 - 农村居民人均纯收入。

⑥ 王威：《户籍作为赔偿的"依据"违宪违法》，《学习月刊》2005 年第 6 期。

⑦ 梁永建：《深圳城乡车祸赔付相差 83 万 死者亲属围大巴》，搜狐新闻网，2006 年 6 月 23 日，见 http://news.go2map.com/20060623/n243896664.shtml。

村居民,有每月3000元的稳定收入,另一浙江城镇居民,其月收入1000元,在同一起车祸事故中死亡。按《人身损害解释》,以全省农村居民人均纯收入8265元,城镇居民人均可支配收入20574元[①] 计算,前者死亡赔偿金为165300元,后者为411480元,收入低的反而比收入高的多赔246180元,这种结果,严重违反公平原则。

户籍性质具有易变性,农村户口可因城市化、高校招生、购房入户等原因转为城镇户口。假如一住在郊区的浙江农村被扶养人,60岁,扶养费以农村居民人均生活消费支出6442元[②] 计算20年,为128840元。一年后,因城市化,被扶养人转为城镇居民,则按户籍标准计算的被扶养人生活费理论值为1年6442元与19年城镇居民人均消费支出14091元[③] 之和,合计274171元,少得145331元的被扶养人生活费赔偿。

针对社会反响强烈的户籍标准问题。最高人民法院民一庭给云南省高级人民法院的(2005)民他字第25号关于《经常居住地在城镇的农村居民因交通事故伤亡如何计算赔偿费用的复函》指出:受害人为农村户口,其经常居住地和主要收入来源地均为城市的,应适用城镇居民赔偿标准。一些省的高级人民法院为农村居民受害人适用城镇居民赔偿标准确定了具体条件。但均未能消除户籍歧视。

2.确定被扶养人的条件不够合理

《人身损害解释》规定:被扶养人是指受害人依法应当承担扶养义务的未成年人或者丧失劳动能力又无其他生活来源的成年近亲属。《工伤保险条例》规定:享受供养亲属抚恤金的对象为因工死亡职工生前提供主要生活来源、无劳动能力的亲属。《医疗事故处理条例》规定:以死者生前或者残疾者丧失劳动能力前实际扶养且没有劳动能力为限。后两部条例明确规定了认定被扶养人无劳动能力无生活来源的时间界限,前者在适用中常发生争议,对被扶养人设定了过分严格的限制条件,有失公平。因为:

(1)未考虑年龄变大的影响。通常,59岁以下的男性被认为有劳动能力,而60岁以上的男性被认为无劳动能力。一个59岁男性,预期由子女在其满60岁后赡养,若子女被害死残,可能会因被认定有劳动能力而老无所养。

---

① 参见:《2007年浙江省国民经济和社会发展公报》。

② 参见:《2007年浙江省国民经济和社会发展公报》。

③ 参见:《2007年浙江省国民经济和社会发展公报》。

(2)无其他生活来源太绝对。如果被害人亲属有少量的生活来源,即使未达到当地最低生活标准,也可能会丧失取得被扶养人生活费的资格。

3.年轻受害人残疾赔偿年限过短

《人身损害解释》规定残疾赔偿金按20年计算,并允许追加5-10年。对年轻受害人,期满后离平均期望寿命仍有很大差距,届时将失去生活依靠,赔偿年限明显偏短。

(三)一些规定有违全面赔偿原则

国内港口间海上旅客运输人身损害赔偿的4万元限额、医疗事故无死亡赔偿金、残疾赔偿金等规定违反《消费者权益保护法》,国家赔偿无精神损害抚慰金、附带民事诉讼限制精神损害赔偿请求等规定,违背全面赔偿原则,既不能使赔偿权利人得到应有的补偿,也不能使侵权人受到应有的惩戒,有违社会公平正义理念,不利于预防人身损害案件的发生。这也是催生"医闹"[①]等新行当的原因之一。

(四)工伤事故用人单位责任不够明确

《安全生产法》和《职业病防治法》虽规定职工因生产安全事故伤亡或患职业病依法享受工伤保险待遇外,有权要求用人单位承担相应的民事责任。但《人身损害解释》规定属于《工伤保险条例》调整的劳动关系和工伤保险范围的,不适用解释,这实际上剥夺了劳动者获得完全赔偿的权利。在工亡事故中,即使按最高60个月工亡补偿金支付,仍比全额民事死亡赔偿金低很多,且无精神损害抚慰金。劳动者亲属可能得不到应有的补偿,事故成本过低,不利于减少事故发生,影响社会稳定。

为此,一些省规定,煤矿事故每位遇难者的赔偿标准,大体上不低于20万元,[②]但与民事赔偿标准尚有差距。

---

① 徐浩然:《医患不对等催生"医闹"新行当》,新华网,2006年7月11日,见 http://news3.xinhuanet.com/politics/2006-07/11/content_4818917.htm.

② 刘铮,雷敏:《安监局:赞成煤矿事故赔偿标准不低于20万元》,新华网,2005年4月5日,见 http://news3.xinhuanet.com/newscenter/2005-04/05/content_2789612.htm.

(五)精神损害赔偿缺乏可操作性

1.概念不够明确

依《人身损害解释》,人身损害分为财产损失和精神损害两大块,财产损失用死亡赔偿金、残疾赔偿金等量化,而请求精神损害抚慰金的适用《精神损害解释》。但后者规定精神损害抚慰金的方式:致人残疾的,为残疾赔偿金;致人死亡的,为死亡赔偿金。结果,出现两个死亡赔偿金、残疾赔偿金的循环,容易使赔偿权利人得不到精神损害抚慰金。

2.缺乏具体的标准

依《精神损害解释》,精神损害的赔偿数额根据以下因素确定:侵权人的过错程度,法律另有规定的除外;侵害的手段、场合、行为方式等具体情节;侵权行为所造成的后果;侵权人的获利情况;侵权人承担责任的经济能力;受诉法院所在地平均生活水平。法律、行政法规对残疾赔偿金、死亡赔偿金等有明确规定的,适用法律、行政法规的规定。由于没有明确量化标准,法官自由裁量权过大,实践中经常出现类似情况下精神损害抚慰金判决结果相差悬殊的情形。

三、我国人身损害赔偿标准的完善

从现行人身损害赔偿标准中存在的问题可以看出,完善我国人身损害赔偿标准,对于正确审理人身损害赔偿案件,维护当事人的正当利益非常必要。在此,笔者提出如下建议:

(一)统一赔偿标准

统一赔偿标准乃当务之急。人身损害赔偿制度作为民事基本制度,依《立法法》规定的立法权限,只能以法律形式出现,尚未制定法律的,全国人民代表大会及其常务委员会有权作出决定,授权国务院可以根据实际需要,对其中的部分事项先制定行政法规,被授权机关不得将该项权力转授给其他机关。

制定一部内容和谐一致、体系完整合理、与国民经济和社会发展相适应的、具有较强可操作性的人身损害赔偿法,是统一赔偿标准的理想途径。在统一的人身损害赔偿法出台前,进行必要的立法解释与司法解释,审查清理现行各种人身损害赔偿标准规范,对符合保障人权原则、适合国情的,加以沿用;与上位法相冲突的、存在部门保护主义的,立即废止;不恰当的,予以修改,尽快建立一套过渡性的人身损害赔偿标准体系,以维护国家法制的统一。

(二)坚持平等原则,废除户籍标准,建立综合标准

由于我国户籍制度不会马上全部取消,[①] 因此,必须制定出一个合理标准,既能适应城乡居民收支情况,又不使城乡居民的利益受到不合理的损害。徐毅建议统一死亡标准分同命同价的生命赔偿金和生活差异调整额、收入差异调整额三个层次。[②]

以下是笔者设计的一种综合标准:

1.把城镇居民人均可支配收入与农村居民人均纯收入加权平均,得出一个新指标,暂名为城乡居民人均纯收入,不论对城镇居民还是对农村居民,均以此作为计算死亡赔偿金、残疾赔偿金的基本依据。

2.把城镇居民人均消费性支出与农村居民人均年生活费支出加权平均,得出另一新指标,暂名城乡居民人均消费性支出,同样不分户籍性质,均以此作为计算被扶养人生活费的基本依据。

3.纳税凭证、社保凭证等能证明死残者相对稳定的实际收入高于平均收入的,按比例相应增加个人纯收入、个人消费性支出,作相应的计算依据,但以平均数的3倍为限。故意侵权者丧失责任限额资格。

该标准有以下优点:首先坚持了平等原则,消除了户籍歧视。平均的结果,使农村居民的计算标准会有较大提高。其次,城镇居民的合法权益基本不会受损。城镇居民多以工资作为主要收入来源,较易得到证明,从而以高于平均数的个人纯收入、个人消费性支出作为计算依据,总体上不会低于原来标准。再次,除故意侵权者外,赔偿义务人的负担不会大幅度提高。我国农村居民多于城市居民,3倍的城乡居民人均纯收入、城乡居民人均消费性支出不会高出原来的城镇居民人均可支配收入、城镇居民人均消费性支出很多。第四,有利于提高人们的纳税意识、社保意识。纳税凭证、社保凭证是证明个人收入最有力的证据,该办法能保护纳税人的合法利益,使偷漏税者失去机会利益。最后,实现了实质的公平。死亡赔偿金、残疾赔偿金、被扶养人生活费是对人身损害物质损失的量化,使损害与赔偿相适应。

---

① 韩洁,刘鹤:《户籍制度改革是渐进过程 不会马上全部取消》,新华网,2006年3月20日,见 http://news3.xinhuanet.com/politics/2006-03/20/content_4323016.htm。

② 徐毅:《如何为生命定价》,载《重庆工商大学学报》(社会科学版)2006年第2期。

(三)坚持公平原则,合理确定被扶养人条件、赔偿年限

1.合理确定被扶养人的条件

(1)确定潜在被扶养期。年龄的自然增大是不可抗拒的规律,具有可确定性。认定无劳动能力时考虑年龄变量,对男不足60周岁、女不足55周岁的有劳动能力的潜在被扶养人,确定合理被扶养期,公式如下:

男性潜在被扶养期=20-(60-实际年龄);

女性潜在被扶养期=20-(55-实际年龄)。

潜在被扶养期1—19年,与劳动能力反向对应,与《人身损害解释》相协调。

(2)明确无生活来源标准。要把握好无生活来源认定中的度,不低于当地最低生活保障线,宜以城乡居民平均消费性支出作为认定标准。不足的,给予补足。

2.延长年轻受害人的残疾赔偿年限

林苇主张:以人均期望寿命为标准,赔偿年限为人均期望寿命减去受害人定残时的实际年龄,最低不少于5年。认为这符合公平原则,受害人能得到应得的赔偿,致害人所承担的责任与实际损害相当。[①]

上述主张与《工伤保险条例》规定的伤残津贴相似,比较合理,但以给付定期金、责任人能提供足够担保为宜,供被害方选择。

(四)坚持全面赔偿原则,完善配套措施

人身损害既有财产损失又有精神损害。目前有些规定完全不能体现全面赔偿原则。如医疗事故无死亡赔偿金、残疾赔偿金,患者因医疗事故死亡的,未来收入损失完全得不到补偿,对患方极度不公,必须予以纠正,以保护患方权益,压缩“医闹”行当生存空间。医疗机构的正常运行与健康发展应通过加强管理、提高服务质量、预防医疗事故的发生而不是靠减轻应负的责任损害患方利益的途径来实现。医疗行业风险高,一些医疗机构无力承担全面赔偿责任,建立差别费率的职业责任保险制度是比较可行的办法。

国家赔偿责任无精神损害抚慰金项目,与“国家尊重和保障人权”的原则相违背。刘莘认为职务侵权的后果一般都比其他公民、法人对受害人造成的精神损害严重,应当给予精神抚慰金,做到过罚相当。[②]

---

① 林苇:《残疾赔偿金的赔偿年限之我见》,《贵州警官职业学院学报》2005年第5期。

② 刘莘:《国家赔偿中的精神损害赔偿》,《人民公安》2001年第9期。

刑事附带民事诉讼限制请求精神损害赔偿,违背诉讼效率原则、过责相当原则,不利于保护受害方、制裁犯罪,应予纠正。因犯罪行为遭受精神损害而提起诉讼的,苏运来主张:首选刑事附带民事诉讼方式,以避免另行提起民事诉讼而给受害人心理上造成新的伤害,并保障受害人民事赔偿优先权的实现。[①]

(五)工伤事故用人单位承担民事补充责任

李理建议借鉴多数国家立法和理论所采用的补充模式,分散工伤事故风险,减轻用人单位的负担;同时保证受害人获得完全赔偿,制裁侵权责任人,有利于预防和减少工伤事故;又避免了受害人获得双重补偿而导致的社会资源浪费;用人单位还可通过责任保险制度来转移其民事赔偿责任。[②]

保护劳动者权益,正确实施《安全生产法》、《职业病防治法》,删除《人身损害解释》的剥夺性条款,使遭受工伤事故、患职业病的劳动者依法享受工伤保险待遇外,由用人单位承担民事补充责任,既很必要,也符合法理。依《工伤保险条例》的规定,工伤保险费由用人单位缴纳;用人单位未为劳动者办理工伤保险的,按工伤保险的规定承担赔偿责任。这种强制性责任险,超过责任限额部分,理应由责任人补足,避免因劳动者身份而得不到全面赔偿。

(六)提高精神损害赔偿可操作性

1. 明确精神损害抚慰金概念

物质损失的死亡赔偿金、残疾赔偿金与精神损害的死亡赔偿金、残疾赔偿金名称相同,内涵不一,极易混淆。宜将精神损害抚慰金的死亡赔偿金、残疾赔偿金分别改为死亡精神损害抚慰金、残疾精神损害抚慰金。

2. 明确精神损害抚慰金的计算标准

精神损害无法用金钱来精确计量,确定精神损害抚慰金标准的难度很大。唐玉国等提出抚慰为主补偿为辅、赔偿数额适当限制、法官酌定三项原则[③],赵珑等提出赔偿额限制原则、区分不同损害原则和法官酌情原则[④]。

由于人身损害的财产损失根据差额赔偿和定型化赔偿相结合的原则能

---

① 苏运来:《我国刑事侵害的精神损害赔偿问题》,《集美大学学报》(哲学社会科学版)2006年第1期。

② 李理:《论工伤事故多种补偿机制的适用关系》,《中国劳动关系学院学报》2005年第4期。

③ 唐玉国,王伯钊:《精神损害赔偿若干法律问题研究》,《山东审判》2003年第3期。

④ 赵珑,孙凌云:《精神损害赔偿研究》,《中州大学学报》2004年第3期。

得到较合理的赔偿,根据平等公平理念,精神损害应采用定型化标准。安徽省高院的指导标准,如公民死亡的,精神损害抚慰金一般不低于5万元,但不得高于8万元,[①] 可以借鉴。将《精神损害解释》规定的确定精神损害赔偿数额应考虑的因素结合城乡居民人均纯收入或者城乡居民人均消费性支出标准,引入一定的惩罚性变量,予以公式化、表格化,限制法官过大的自由裁量权,以实现社会正义。

制定科学合理的人身损害赔偿标准体系,统一赔偿标准,坚持平等原则、公平原则、全面赔偿原则,增加侵权成本,完善配套措施,提高可操作性是落实"国家尊重和保障人权"原则的基本要求。应尽快建立部门法之间相协调、权利义务相适应的人身损害赔偿标准,发挥其应有的救济作用、惩戒作用、预防作用。

【参考文献】

[1] 陈现杰.关于审理人身损害赔偿案件适用法律若干问题的解释的理解与适用.人民司法杂志,2004(2).

[2] 王威.户籍作为赔偿的"依据"违宪违法.学习月刊,2005(6).

[3] 徐毅.如何为生命定价.重庆工商大学学报(社会科学版),2006(2).

[4] 林苇.残疾赔偿金的赔偿年限之我见.贵州警官职业学院学报,2005(5).

[5] 刘莘.国家赔偿中的精神损害赔偿.人民公安,2001(9).

[6] 苏运来.我国刑事侵害的精神损害赔偿问题.集美大学学报(哲学社会科学版),2006(1).

[7] 李理.论工伤事故多种补偿机制的适用关系.中国劳动关系学院学报,2005(4).

[8] 唐玉国,王伯钊.精神损害赔偿若干法律问题研究.山东审判,2003(3).

[9] 赵珑,孙凌云.精神损害赔偿研究.中州大学学报,2004(3).

① 参见:《安徽省高级人民法院审理人身损害赔偿案件若干问题的指导意见》第25条第4项规定:按照最高人民法院《关于确定民事侵权精神损害赔偿责任若干问题的解释》第10条的规定确定精神抚慰金的数额时,可以参考下列标准:(四)造成公民死亡的,精神抚慰金的数额一般不低于50000元,但不得高于80000元。

论学校与未成年学生之间的法律关系

金外荣*

【摘　要】长期以来,学校与未成年学生之间存在什么性质的法律关系,在法律层面上未作出明确的界定,而学校与未成年学生之间的法律关系是妥善处理学生伤害事故、确定学校事故责任的法律基础。笔者拟对理论界有关学校与未成年学生之间法律关系的主要观点进行分析与探讨,以期为校园伤害事故的妥善处理提供正确的理论支持。

【关键词】 法律关系　委托监护关系　特别权力关系

一、前　　言

近年来,未成年学生在学校期间受到损害或者致人损害的事故时有发生。而在处理校园伤害事故中,争议较大的往往不是损害事实、侵权主体,而是对法律关系的正确理解。正确处理校园伤害事故,分清各种法律关系则是解决问题的前提和关键。所谓法律关系是指在法律规范调整社会关系的过程中所形成的人们之间的权利和义务关系。学校与未成年学生之间的法律关系,是指在法律规范调整社会关系的过程中所形成的学校与未成年学生之间的权利和义务关系。对学校与未成年学生之间的关系,尤其是他们之间的法律关系的研究与分析,对指导处理学生伤害事故、确定学校事故责任尤为重要。同时理论界对于学校与未成年学生之间的法律关系众说纷纭,争议颇大。本文试对各种观点进行初步分析,以明确学校与未成年学生之间的法律关系。

---

* 金外荣:男,专职律师。

二、理论界关于学校与未成年学生之间法律关系的各种观点

(一)委托监护关系说

这种观点认为,当家长把孩子送到学校上学时,即意味着家长把本应由自己行使的监护权委托给了学校,由学校代理本该由未成年学生的家长行使的监护权,于是在学校与学生家长之间形成了一种委托代理关系。其法律依据《关于贯彻执行〈中华人民共和国民法通则〉若干问题的意见(试行)》第二十二条作了这样的规定:"监护人可以将监护职责部分或全部委托给他人。因被监护人的侵权行为需要承担民事责任的,应当由监护人承担,但另有约定的除外;被委托人确有过错的,负连带责任。"这就是说,监护权是可以委托、由他人代理的。

(二)特别权力关系说

这种观点认为,为了提高公共服务的效率并满足社会的需要,大陆法系国家的国、公立学校通常都被界定为行政组织的一种,它们既不是企业法人,也不是单一的民事主体,而是负担特定目的、提供专门服务的机构。这种主体的性质决定了学校与学生之间的关系不仅限于平等主体之间的法律关系,而且还应该是一种公务法人与其利用者之间的公法关系。这种关系根据是否出于公务法人的利用方式可将其分为任意利用关系和强制利用关系,根据权力的内容又可以分为一般权力关系和特别权力关系。在我国,学校等事业单位法人与其利用者之间的关系与大陆法系国家公务法人与其利用者的关系非常相似,因此在理论上应属于特别权力关系。

(三)契约关系说

这种观点认为未成年人父母根据义务教育法规定的义务将子女送入学校,学校依据该法接受学生,他们都是在履行各自的义务,但是在履行法定义务的同时,他们之间也产生了一种关系,这种关系既不是行政管理关系,也不是一般民事关系,而是一种以特定权利义务为内容的契约关系,教育管理为其主要内容。义务教育法、契约和教育管理之间构成了这样一种相互关系:义务教育法引致契约关系的产生,契约又是教育管理的基础,而教育管理又是其内容。这大致如企业之间根据国家下达的指令性任务或者国家

订货任务签订合同而产生的企业权利义务的关系。学校与学生之间的这种契约关系不是行政契约关系，不是身份契约关系，也不是物权契约关系，而是一种以债权债务为内容的契约关系。

（四）教育、管理和保护关系说

这种观点认为依照《教育法》和《未成年人保护法》的有关规定，在教育教学活动期间，学校对未成年学生负有进行安全教育、通过约束指导进行管理、保障其安全健康成长的职责。

三、对各种观点的分析与探讨

笔者认为，第一种观点把父母将未成年学生送入学校，即表明其与学校之间产生了委托监护关系缺乏法律依据。最高人民法院《关于贯彻执行〈中华人民共和国民法通则〉若干问题的意见（试行）》第二十二条明确规定："监护人可以将监护职责部分或全部委托给他人。"但监护具有法定性和人身属性，故父母不得随意委托监护，即使委托监护，也需要对委托的条件、形式及程序作出明确的规定。可见，仅凭父母将未成年学生送入学校的这一行为，就推断学校是委托监护人，是缺乏法律依据的，同时也有悖学校实际情况。学校承担的主要职能是向学生传授知识、发展智力、培养能力，进行教育教学活动。如委以学校监护人职责，正常的教学活动也无法开展。同时我国法律明确了监护人的产生资格，根据《民法通则》第十六条的规定，只有父母、祖父母、外祖父母、成年兄姐、关系密切的其他亲戚、朋友、居委会、村委会、民政部门可以成为未成年人的监护人，其他任何组织和个人不能成为监护人，学校显然不在此列。又根据 2002 年 6 月 25 日教育部发布的《学生伤害事故处理办法》第七条第二款的规定，学校对未成年学生不承担监护职责，但法律有规定的或学校依法接受委托承担相应监护职责的情形除外。根据此规定，学校不是未成年学生在校期间的监护人。

笔者认为，第二种观点在当前学校体制改革发展中引发了许多问题，因为在当前教育改革中，政府与学校的权力关系已经有了许多根本性的变化，经过一个权力的再分配过程，学校已经逐步获得了较大的自主权，并且确定了学校的民事法律地位，学校在许多情况下已经不再以行政权力行使者的身份出现。然而特别权力关系的存在却使学校与学生之间产生了严重的不平等。把学校与学生之间的关系确定为特别权力关系，显然与当前教育体制改革的发展趋势相悖。并且，从实践看，由于不能保证学校在行使权力时得到必要的制约，不能明确地界定特别权力强制利用的界限，其结果不仅不能有效地调节学校与学生之间的关系，反而导致一系列纠纷的发生。从司法实践看，把学校与学生之间的关系确定为特别权力关系也会产生司法上的一系列问题，如学校特别权力的合法性、任意利用和强制利用的适用标准、非公立学校机构能否适用“特别权力理论”等等。

笔者认为，第三种观点把学校简单地等同于企业，没有认清教育作为公益性事业的基本特征。学校属于公益性机构，因此，在独立自主办学的同时，一般都会对其权能做出必要的限制。在制度安排上，不把学校这种社会组织与企业简单地相等同。政府对学校的作用也不会因市场的介入而弱化甚至退出。对营利性组织举办的教育都要制定明确的法律规范，使教育这种公共物品在严格的条件下经过转化，进入市场，实现市场运作。营利性组织在进入教育市场时，其所具有的资格和能力与进入其他市场是不同的，因而所享有的权利也是不同的。特别是对寻求私益的行为都会做出必要的限制并保持有效的法律监督。所有这些特点都在通过一种确定性，即法律的形式而逐步地实现。

当然这并不是完全否定契约关系在学校领域中的存在。事实上，在某些情况中，学校与学生或其家长之间确实存在着契约行为。学校实施的某些国家教育标准之外的项目，诸如提供膳食、寄宿、后勤，以及业余时间开展的特长培养、学习辅导活动等，就可看成是一种服务，因为国家规定的教育标准中没有把这些内容规定为法定的教育教学的一部分，因此学校向学生所提供的这些项目应视为一种有偿服务，所构成的关系应视为一种基于自由交易的契约关系。但是这种观点不宜推而广之，把学校与学生或其家长之间在特定条件下形成的契约关系推广为学校领域中的一种普遍关系。

笔者赞同第四种观点，认为学校对学生有教育、管理和保护的义务。学校与学生之间的法律关系的性质是教育法律关系。教育法律关系是指由教育法律规范所确认和调整的、表现为特定教育主体之间权利和义务关系的一种特殊社会关系；它是教育法律规范发生作用的结果，是由国家保证执行的强制性社会关系，它的产生以相应的教育法律、法规的存在或出台为前提，是一种独立存在的、全新的法律关系。我国《教师法》、《教育法》、《义务教育法》和《未成年人保护法》都对学校的保护职责作了规定。《未成年人保护法》“将教育与保护相结合”规定为未成年人保护的一项基本原则，保护职责的一个重要方面就是保护学生的人身安全。《未成年人保护法》第十六条第一款规定:“学校不得使未成年学生在危及人身安全、健康的校舍和其他教育教学设施中活动。”第十七条规定:“学校和幼儿园安排未成年学生和儿童参加集会、文化娱乐、社会实践等集体活动,应当有利于未成年人的健康成长,防止发生人身安全事故。”《教育法》第四十四条规定:“教育、体育、卫生行政部门和学校及其他教育机构应当完善体育、卫生保健设施、保护学生的身体健康。”

四、结　语

综上,笔者认为,学校与学生之间既不是一种行政法上的特别权利关系,也不是民法意义上的契约关系,更不是基于民法基础上的监护法律关系。学校与学生之间其实就是一种体现着教育本质特征的教育法律关系。这种关系是由国家颁布的教育法律、法规进行规范和调整的,学校和学生作为独立的法律关系主体,依教育法律规范享有权利、承担义务,尤其是强调对学生的权利加以保护,一旦学生的权利受到侵害,可以通过必要手段,包括司法程序手段来进行救济保护。既然学校与学生之间的法律关系的性质是教育法律关系,那么学校为未成年人学生的人身伤害以及造成他人伤害承担民事责任的法律基础,就是学校依据教育法取得的对学生的教育、管理和保护的权利与义务,只要学校履行了这一义务,就不应当再对学生伤害事故承担法律责任。

【参考文献】

[1] 杨立新.侵权行为法案例教程.北京:中国政法大学出版社,1996.

[2] 佟丽华.未成年人法学.北京:中国民主法制出版社,2001.

[3] 马怀德.公务法人问题研究.

[4] 劳凯声.中国教育法制评论(第1辑).北京:教育科学出版社,2002.

[5] 劳凯声.中小学学生伤害事故及责任归结问题研究.北京师范大学学报,2004(2).

[6] 孙平.学校与学生之间的法律关系研究.教育与职业,2007(9).

执行申请人能否对保全财产优先受偿

黄卫红*

【摘　要】在诉讼过程中，债权人依法向人民法院对债务人的财产申请财产保全，对债务人的房产予以了查封。案件判决后，债务人未履行生效判决，债权人依法向人民法院申请强制执行。在执行过程中，有多名其他债权人以债务人为被执行人向人民法院申请强制执行。法院查明被执行人包括已保全的财产不足以清偿全部债务。在法院对保全财产进行拍卖后，各债权人对拍卖所得的执行款如何分配出现了争议，申请财产保全的债权人认为，该房屋拍卖所得偿还银行抵押贷款后，对剩余价款具有优先受偿权，而其他债权人认为执行款在偿还银行抵押贷款后应当平均分配。

【关键词】保全财产　强制执行　执行款　分配　优先权

案情介绍

某公司因向刘某借款40万元到期未还，刘某多次催讨后向人民法院起诉要求某公司立即偿还借款。在诉讼过程中，刘某得知某公司已经人去楼空，但在市区有一商铺，为防止公司将房产转移，刘某依法申请人民法院对商铺进行财产保全，法院查封了公司的房产。案件判决后，公司并未履行生效判决，刘某只能向法院申请强制执行并主张将公司房产拍卖后偿还其借款。在执行过程中，陈某和何某也依法向该法院对某公司申请强制执行，某公司应支付陈某24万元货款，某公司应偿还何某10万元货款。经法院查明，该房屋存在抵押，尚欠银行48万元贷款及利息，而商铺拍卖所得的执行款为105万元，不足以清偿银行、刘某、陈某和何某的债务。

---

* 黄卫红：男，专职律师。

一、对本案的不同意见

刘某认为是其向法院申请财产保全,而其他申请人并没有申请采取保全,按照法律规定,即使他们申请财产保全也只能轮候保全,那么105万元执行款偿还48万元贷款后应优先偿还其40万元借款,剩余的17万元执行款由陈某和何某分配。而陈某和何某认为,除了应先还银行48万元贷款外,剩余执行款应由三人按比例分配。在发生争议后,申请执行人刘某向法院提出就法院依其申请保全的财产优先受偿的请求,关于能否向刘某支付保全的款项这一问题,形成了不同的观点。

第一种观点认为刘某无权就保全的财产优先受偿,应与其他债权人共同按比例参与分配。

按照现行民事诉讼法律的精神及公平原则,当债务人的财产不足以清偿所有债务且无法进入破产程序时,应采用参与分配的方法,使债权人按比例受偿。在参与分配的过程中,还要考虑受偿顺序的问题,有优先权的债权人,应优先受偿。财产保全措施只是防止财产的流失,并未赋予申请保全人优先权,所以申请保全人的受偿顺序不能先于其他债权人,而只能按比例受偿。

第二种观点认为刘某可以就保全的财产优先受偿。但这种观点有两种不同的理由。第一种理由是本案不适用参与分配的程序,刘某可就保全的财产直接受偿。因为被执行人的性质为企业法人,而我国参与分配制度适用的范围为公民和其他组织为被执行人的情况,并且在债权人和债务人都未提出破产申请的情况下,法院不能直接适用破产程序。因此,申请人可以就保全的财产优先受偿。第二种理由是本案适用参与分配的程序,但因采取了财产保全措施而使保全申请人的受偿顺序先于其他债权人,保全申请人获得了保全物上的优先权。

二、评析及作者意见

本案涉及两个焦点问题:一是本案其他申请人能否参与分配;二是申请人能否对保全财产享有优先权。下面分别论述。

(一)本案保全财产能否适用参与分配制度的规定

我国民事诉讼中的参与分配制度,直接法律依据是《最高人民法院关于人民法院执行工作若干问题的规定(试行)》(以下简称《执行规定》)第 90 条规定:"被执行人为公民或其他组织,其全部或主要财产已被一个人民法院因执行确定金钱给付的生效法律文书而查封、扣押或冻结,无其他财产可供执行或其他财产不足清偿全部债务的,在被执行人的财产被执行完毕前,对该被执行人已经取得金钱债权执行依据的其他债权人可以申请对该被执行人的财产参与分配。"由此看出,适用参与分配制度应符合两个法律条件:一是债务人(即被执行人)必须是公民或其他组织,即非独立法人;二是债务人的财产不足以清偿所有债权。

本案被执行人某公司是企业法人,并不符合第一个条件,按照《执行规定》第 91 条"被执行人为企业法人,其财产不足清偿全部债务的,可告知当事人依法申请被执行人破产"的规定,应通过破产程序解决偿债问题,不能适用参与分配的制度。我国现行破产制度采取有限破产主义,即仅法人可适用破产制度,公民和其他组织不适用破产制度。我国现行参与分配制度旨在弥补有限破产主义的缺陷,即在公民和其他组织不能清偿所有债务时,为各债权人提供公平受偿的途径。

从理论上说,企业法人不能清偿所有债务就可进入破产程序,但在实践中大量企业资不抵债却无法破产还债。因为目前法院受理破产案件有较为严格的要求,特别是要求破产企业财务账册完整无缺,否则无法进行清算,破产程序无法进行。如果债务人采取不配合甚至对抗的态度,法院根本无法取得债务人的全部财务账目,破产根本无法实现。为弥补上述的漏洞,《执行规定》第 96 条规定:"被执行人为企业法人,未经清理或清算而撤销、注销或歇业,其财产不足清偿全部债务的,应当参照本规定 90 条至 95 条的规定,对各债权人的债权按比例清偿。"此条规定为企业法人只能破产还债而不能以参与分配的方式还债设置了一个例外,体现了平等保护所有债权人的立法精神。但条件仍较为严格,只有债务人被撤销、注销或歇业才能适用此条。

就本案而言,被执行人虽然人去楼空,停止经营,但既未被撤销、注销,也不符合歇业的条件(《中华人民共和国企业法人登记管理条例》第 22 条规定"企业法人领取《企业法人营业执照》后,满六个月尚未开展经营活动或者停止经营活动满一年的,视同歇业"),严格来讲不符合《执行规定》第 96 条规定的条件,不能适用参与分配的制度。但是由于被执行人的财务账目已无法找到,无法进入破产程序,如不允许债权人参与分配,债权人就无法受到平等保护。当然,如果案件暂不执行,等被执行人停止经营满一年后,其就可被视为歇业,到时再进入参与分配的程序就顺理成章了。但这样将大大延长债权人受偿的期限,加重债权人的损失,毕竟效率应是执行工作优先追求的价值。而且这样做也无必要,因为被执行人已不可能再恢复经营,即使又恢复经营,有了新的可供执行的财产,法院仍可继续执行或继续按比例分配,这对于债权人也是公平的。

因此,虽然本案被执行人是独立法人,但考虑到具体情况,为平等保护债权人的权利,通过对我国破产制度和参与分配制度的深入分析,可以看出,在本案中适用参与分配的制度更加符合立法本意,平等保护债权人的利益。

参与分配的第二个条件是被执行人的财产不足以清偿所有债务。法律明确规定债权人在申请参与分配时,须附有执行依据并写明被执行人不能清偿所欠债务的事实和理由。该规定虽符合“谁主张、谁举证”的民事举证责任分配原则,但事实上,一些债务人想方设法逃避债务,有时甚至连法院都难以查清债务人的财产状况,债权人仅凭一己之力了解债务人的财产状况的难度是可想而知的,而债权人根本无法获知债务人经营状况。债权人作为执行申请人要证明被执行人的财产不足以清偿所有债务根本无法完成,只有人民法院在强制执行过程中通过查证方可弄清真伪。所以,不能简单地将举证责任推给申请人。在本案执行过程中,按照法院查明的情况,被执行人的财产不足以清偿全部债务,所以本案可以按照参与分配的规定处理。

通过以上的评析,笔者认为本案适用参与分配的制度应当是合法的。

(二)申请人能否对保全财产享有优先权

保全申请人对保全的财产是否享有优先权的问题,理论界一直有不同见解。依据我国现行的法律及司法解释,采取财产保全的债权与其他债权相比并无多少区别,没有优先性可言。

《民事诉讼法》第 92 条规定:“人民法院对于可能因当事人一方的行为或者其他原因,使判决不能执行或者难以执行的案件,可以根据对方当事人的申请,作出财产保全的裁定;当事人没有提出申请的,人民法院在必要时也可以裁定采取财产保全措施。”从这条规定中可以看出,保全的目的是为防止财产流失,避免执行落空,但并没有赋予保全申请人优先权,而且在法院依职权采取保全措施的情况下,债权人更不可能因法院的主动行为而取得优先权。

另外,在一些涉及债务清偿及清偿顺序的法律及司法解释中,也明确了保全不具优先权的原则。《破产法》及最高人民法院《关于适用〈中华人民共和国民事诉讼法〉若干问题的意见》中均规定,人民法院受理破产案件后,对债务人财产的其他民事执行程序、财产保全程序均应中止。最高人民法院在1993年《关于人民法院受理破产案件后对以破产案件的债务人为被执行人的执行案件均应中止执行的批复》中也明确指出,采取了保全措施的财产仍属于未执行财产,债权人可凭生效的法律文书向受理破产案件的人民法院申报债权,其权利与其他无担保物的债权在受偿上是一样的。

有关优先权的规定,《执行规定》第93条规定:"对人民法院查封、扣押或冻结的财产有优先权、担保物权的债权人,可以申请参加分配程序,主张优先受偿权。"本条中规定的可以主张优先受偿权的情形没有已实施财产保全措施。但此处的优先权的范围指的是什么,《执行规定》虽没有作出解释,但根据民事法律的规定,优先权又称先取特权,是指特定债权人基于法律的直接规定而享有的就债务人的总财产或特定动产、不动产的价值优先受偿的权利。如《海商法》确立了船舶优先权制度,《担保法》担保物权优先权和《民用航空法》确立了民用航空器优先权,《合同法》第286条又确立了不动产工程承包人的优先受偿权制度。除了这些法律规定的优先权外,其他普通债权,包括先行采取查封、扣押或冻结措施的债权,在参与分配的情况下均未被法律赋予优先性。因此,《执行规定》第93条中的优先权不包括财产保全。

综上所述,申请执行人刘某不能因申请保全而享有优先受偿权,本案应通过参与分配的方式来分配执行款,但法律规定的优先权先于普通债权受偿,即银行抵押物权先得到执行,然后普通债权的债权人按比例受偿。当前,涉及同一被执行主体的群体性案件日益增多,在执行中如何正确适用司法程序、准确掌握清偿顺序、平等保护债权人的利益,是一个值得认真研究和具有实践意义的问题。

刍议物权法中的更正登记制度

谢源远*

【摘　要】《物权法》第19条首次以法律的形式确立了更正登记这一旨在保护真正权利人利益和维护静态的财产安全的制度，但由于该规定过于简单，缺乏可操作性。本文结合新颁布的《土地登记办法》和《房屋登记办法》，尝试对该制度的相关问题作初步解析，并提出修改建议。

【关键词】 更正登记　物权法　登记错误　异议登记

《物权法》已于2007年10月1日正式施行，其首次以法律的形式对不动产登记中的更正登记制度进行了规定，国土资源部、建设部也相继颁布了《土地登记办法》[①] 和《房屋登记办法》[②] 对相应的登记行为进行了规范。但是由于《物权法》第十九条规定得较为简单，导致实践中对更正登记的主体、条件及程序等问题产生了不同理解，特别是前述两部规章的规定也不尽相同。因此，有必要对更正制度的相关问题进行深入研究，待时机成熟后再对有关条文进行修改，或出台立法解释或司法解释作出具体规定。

一、更正登记的概念辨析

《物权法》第十九条第一款[③] 规定："权利人、利害关系人认为不动产登记簿记载的事项错误的，可以申请更正登记。不动产登记簿记载的权利人

---

* 谢源远：男，毕业于中南财经政法大学，学士学位，专职律师，擅长办理人身损害赔偿、房地产、婚姻等民商事案件。

① 《土地登记办法》于2007年12月30日公布，自2008年2月1日起施行。

② 《房屋登记办法》于2008年2月15日公布，自2008年7月1日起施行。

③ 该条第二款规定了异议登记制度，更正登记与异议登记都是保护真正权利人、利害关系人以及真正权利状态的法律措施，但异议登记只是暂时性保障手段，必须配合诉讼进行。

书面同意更正或者有证据证明登记确有错误的,登记机构应当予以更正。”根据该规定,笔者认为可以给“更正登记”作出如下定义:更正登记是指因不动产登记簿记载的事项确有错误[①],登记机构依据权利人或利害关系人的申请或依职权对错误予以更正的登记行为。具体理由下文会有详细叙述。

更正登记的目的在于为错误的登记提供救济途径,保护真正权利人和利害关系人的利益权利,维护秩序安定与交易安全。更正登记是为了彻底地消除登记权利与真正权利不一致的状态,避免第三人依据不动产登记簿取得不动产登记簿上记载的物权。因此,也可以认为更正登记是对原登记权利的涂销登记,同时是对真正权利的初始登记。

就具体登记类型而言,更正登记与变更登记最为接近,有区分之必要。根据《土地登记办法》与《房屋登记办法》的相关规定,变更登记是因权利人的姓名或者名称、地址、面积等内容发生变更而进行的登记[②]。更正登记是为了纠正登记簿上的登记错误或者遗漏使之与登记之时的真实状态相一致,是“知错就改”;而变更登记则是对登记之后有关登记内容发生改变的事实进行相应登记使之与改变之后的真实状态相符,是“与时俱进”。

二、提起更正登记的主体

并不是所有的人都可以提起更正登记,否则登记机构会不胜其烦,也会促使某些与不动产没有任何关系的人恶意提起更正,妨碍不动产交易的正常进行。根据《物权法》第十九条的规定,权利人、利害关系人认为不动产登记簿记载的事项错误的,可以申请更正登记。可见,权利人和利害关系人有权提起更正登记当无疑义。在这里,有必要对该条规定中的“权利人”、“利害关系人”和“不动产登记簿记载的权利人”进行区分。权利人包括不动产登记簿记载的权利人(即登记权利人)和事实上的权利人(即真正权利人,又称实际权利人),事实上的权利人是指自己的权利未被登记或未被正确登记的人,比如本来应该是夫妻共有的房屋可登记簿上只登记了丈夫的名字,妻子有权提起更正;利害关系人是指其他的与错误登记有利害关系的第三人,

---

① “遗漏”也属于“错误”应无疑义。

② 两《办法》的规定有所不同,《土地登记办法》采用了广义的“变更登记”概念,即包含了“权利人发生改变”的情形,而《房屋登记办法》采用了狭义的“变更登记”概念,对“转移登记”单独进行了规定。

包括因登记本不存在的负担或限制而受损害的人，如房屋的所有权人甲为了向乙贷款而将房屋作了抵押，贷款还清后未及时提出涂销抵押登记，如后来甲又将房屋抵押给丙贷款，则丙有权提出更正。

那么，登记机构能否依职权提起更正登记呢？对于这个问题，物权法规定得不是很明确，仅仅规定："不动产登记簿记载的权利人书面同意更正或者有证据证明登记确有错误的，登记机构应当予以更正"。对此存在两种不同的理解。一种意见认为，登记确定的是不动产物权变动事项，涉及的是民事权益问题，在登记发生错误的情况下，应当按照私法自治的原则，由当事人提出请求，如果当事人发现登记错误后不愿意更正，表明其已经自愿放弃了其权益，登记机构没有必要主动更改；如果登记机构确实发现自己的行为存在错误，登记机构应当通知登记申请人由其提出更改；另一种意见认为，更正登记有两种方式，除了经权利人以及利害关系人申请的更正登记外，还包括登记机构自己发现错误后作出的更正登记；登记制度含有一定的国家管理目的，登记机构也具备一定的管理性质，从而登记机构未经当事人允许，在一定的情形下，主动地依职权进行更正登记也为法律所支持。

笔者同意第二种意见，登记机构依职权进行更正登记不仅是必要的，而且也是有法律依据的。理由是：(1)《物权法》第十九条规定"有证据证明登记确有错误的，登记机构应当予以更正"，实际上赋予了登记机构在"有证据证明登记确有错误"情形下依职权进行更正登记的权力。全国人大常委会法工委组织编写的条文释义也持相同观点，认为"更正登记有两种方式：一是经权利人（包括登记上的权利人和事实上的权利人）以及利害关系人申请的登记，另一种是登记机关自己发现错误后作出的更正登记"[①]。但由于该条文行文上的原因，才产生了"权利人、利害关系人因认为不动产登记簿记载的事项错误而申请更正登记，如有证据证明登记确有错误的，登记机构应当予以更正"的理解；(2)我国原《土地登记规则》第七十一条、新颁布的《土地登记办法》第五十八条和《房屋登记办法》第七十五条都对登记机构依职权更正登记有明确规定，原《城市房屋权属登记管理办法》第二十五条实际上也规定了登记机构可以依职权进行更正登记，一些地方的地方性法规或是根据该《办法》制定的规范性文件更是明确规定了登记机构有权依职权进行更正登记，如《上海市房地产登记条例》第十八条[②] 和《杭州市城市房屋

① 胡康生：《中华人民共和国物权法释义》，法律出版社2007年版，第58页。

② 《上海市房地产登记条例》由上海人大常委会制定，属于地方性法规。

权属登记管理办法》第十七条;(3)德国、瑞士、日本和我国台湾地区立法都明确规定登记机构可以依职权进行更正登记;(4)物权法规定:因登记错误给他人造成损害的,登记机构应当承担赔偿责任[①],因此,赋予登记机构主动纠错的权力,有利于避免或减轻因登记错误给他人造成的损害,降低登记机构承担赔偿责任的风险。

笔者同时认为,在肯定登记机构有权依职权进行更正登记的同时,有必要对其依职权更正登记的具体条件作出规定。首先,我们需要对“登记错误”作一个合理的界定。笔者认为,按照错误产生的原因,登记错误可以分为因登记机构过错导致的登记错误和因当事人过错导致的登记错误[②],前者是指因登记机构未尽《物权法》第十二条规定的职责[③] 而导致的登记事项与事实情况不符的情形,后者是指因当事人提供虚假材料申请登记或者其他过错导致的登记事项与事实情况不符的情形,当然也会存在两者交叉的情形,即当事人弄虚作假或其他过错而登记机构未尽相应职责导致的登记错误,登记机构和有关当事人应按照其过错程度承担相应的赔偿责任[④]。登记机构有权依职权进行更正登记的情形仅限于前述“因登记机构过错导致的登记错误”[⑤],纯粹因当事人弄虚作假或者其他过错而登记机构已尽职责导致的登记错误,登记机构无权依职权进行更正登记。理由在于:(1)允许登记机构对因其过错导致的登记错误主动予以更正登记、及时纠错,可以避免或减轻损害,否则就可能造成登记机构明知有错却不能纠正、而非要等到权利人和利害关系人发现错误并申请更正登记时才去纠正、导致损害持续或扩大的后果;(2)鉴于不动产登记制度是以保护私权为主的制度,要防止公权对私权的过分干预,在登记机构已尽职责而当事人存在弄虚作假等过错的情况下,应当尊重“私权自治”,允许相关当事人[⑥] 自己选择,是否申

① 见《物权法》第二十一条。

② 也有人将登记错误与错误登记予以区分,认为错误登记外延大于登记错误,只要登记机构存在未尽审查职责的情形所导致的错误就属登记错误,而错误登记还包括当事人弄虚作假而登记机构已尽审查职责所导致的错误。详见王效贤《我国不动产登记制度研究》一文,载中国法院网。

③ 《物权法》并未明确不动产登记是实行形式审查还是实质审查,而是在听取各方面意见的基础上,针对我国不动产登记的实际情况,对登记机构应当履行的职责作出了原则性规定。

④ 也有人认为“从我国《物权法》第二十一条第二款的规定来看,我国关于登记机关的赔偿责任采纳的是无过错责任原则”。详见王效贤《我国不动产登记制度研究》一文,载中国法院网。

⑤ 包括同时存在登记机构过错和当事人过错的情形。

⑥ 包括“良心发现”后主动申请更正登记的存在弄虚作假等过错的当事人,也包括发现弄虚作假等情形而申请更正登记或提起确权之诉的真正权利人或利害关系人。《物权法》第三十三条已经对利害关系人有权提起确权之诉作出了明确规定。

请更正登记或者提起确权之诉，登记机构不应干预，这实际上是在司法最终解决原则[1] 下行政权与司法权如何分配的问题。

三、更正登记的条件与程序

更正登记提起的主体不同，其条件与程序亦不同。但笔者认为，有一个条件应是共同的，即“有证据证明登记确有错误”，如果没有证据证明登记确有错误，即便不动产登记簿记载的权利人书面同意更正，登记机构也不能予以更正，以防相关当事人恶意串通、借更正之名行买卖之实以逃避国家税费[2]，建议《物权法》第十九条进行相应修改。

登记机构依职权更正登记的条件前已叙及，即应当符合“有证据证明登记确有错误”和“因登记机构过错导致的登记错误”两个条件，具体程序如审批、通知、公告等在相关登记办法中已有规定，见《土地登记办法》第五十八条和《房屋登记办法》第七十五条[3]。

依申请更正登记应当符合以下三大条件：(1)权利人、利害关系人认为不动产登记簿记载的事项有错误，并向登记机关申请更正登记；(2)有证据证明登记确有错误；(3)不动产登记簿记载的权利人书面同意更正。也就是说，如果不动产登记簿记载的权利人不同意更正登记，即使申请人有足够的证据证明登记确有错误，只要不属于“登记机构依职权更正登记”的范围即登记机构不存在过错，登记机构也不能为其办理更正登记，而应由申请人申请异议登记或者直接提起确权之诉；如果权利人、利害关系人申请更正登记后，登记机构发现系因其未尽相应职责导致的登记错误的，不论不动产登记簿记载的权利人是否同意，均应依职权予以更正。具体的更正登记程序以及登记权利人不同意更正后异议登记的申请与注销，在《土地登记办法》第五十九条至第六十一条和《房屋登记办法》第七十四条、第七十六条至第七十九条已有规定，在此不再赘述。

---

① 司法最终解决原则是指以法院的审判作为解决民事纠纷最终手段的原则。

② 见张茂荣《〈物权法〉更正登记制度或将沦为交易双方合法避税手段》一文，载深圳张茂荣律师博客。

③ 该条以是否涉及房屋权利归属和内容为标准分别进行了规定。如不涉及则登记机构可在履行相关程序后依职权予以更正；如有涉及则不能依职权更正，而应书面通知权利人申请更正登记，且没有规定权利人逾期不办理更正登记的救济途径和法律责任。笔者认为该规定不合理，应予修改。

四、不能办理更正登记的救济途径

如果因登记权利人不同意更正或者登记机构对符合更正条件的申请拒不办理而不能进行更正登记的,权利人、利害关系人可以通过以下途径进行救济:

1.申请异议登记

如果不动产登记簿记载的权利人不同意更正、登记机构又不能依职权办理更正登记的,其他权利人、利害关系人可以申请异议登记[①]。登记机构予以异议登记的,申请人在异议登记之日起十五日内不起诉,异议登记失效。异议登记不当,造成他人损害的,申请人应当承担赔偿责任。异议登记的法律效力在于使登记簿上所记载的权利暂时失去正确性推定的效力,避免存在产权争议的不动产为第三人善意取得;但由于它同时也给不动产物权交易造成了一种不稳定的状态,为使其早日恢复正常,法律必须对异议登记的有效期间作出限制,以督促申请人及时起诉。应当说明的是,这并不是起诉之前的必经程序,权利人、利害关系人可以直接提起诉讼。异议登记与诉前财产保全在功能上虽具有相似性,但两者在启动方式、启动原因、法律效果、价值理念以及是否需要提供担保等方面均有差异,不应互相替代。

2.提起确权之诉

如果不动产登记簿记载的权利人不同意更正,登记机构也因不能确定登记确有错误而不予更正的,真实权利人或者利害关系人有权向人民法院起诉要求确权,也有权决定是否先申请异议登记。笔者认为,《物权法》第十九条也并没有把申请更正登记作为起诉的前置程序,只是赋予权利人、利害关系人申请更正登记的权利,尽可能在更正登记程序中解决争议、使权利被正确登记,而不必把所有争议都推向较为繁琐的司法程序[②]。

3.提起行政诉讼

如果登记机构对符合更正条件的申请拒不办理更正登记,或者违反《物权法》第十二条规定导致登记错误而不予更正的,权利人或者利害关系人有

---

① 《物权法》第十九条使用了“权利人”和“不动产登记簿记载的权利人”(即登记权利人)两个概念,申请异议登记也没有排除登记机构依职权更正登记的情形,笔者认为,权利人应包括登记权利人和真正权利人,因此,应对该条予以修改。

② 详细讨论见法治论坛《专帖请教〈物权法〉第十九条》http://bbs.chinacourt.org/index.php?showtopic=208627

权向人民法院提起行政诉讼，撤销错误的登记或者要求登记机构履行更正登记的职责。笔者认为，《物权法》第十九条第二款规定的“起诉”应为民事确权之诉，而非行政诉讼，有关当事人可以依据行政诉讼法的有关规定提起行政诉讼。

五、对有关条款的修改建议与理由

笔者尝试对《物权法》有关条款提出修改建议并说明如下：

将第十九条修改为：“登记机构发现因其违反本法第十二条规定导致不动产登记簿记载的事项确有错误的，应当予以更正。

“权利人、利害关系人认为不动产登记簿记载的事项错误的，可以申请更正登记。有证据证明登记确有错误且不动产登记簿记载的权利人书面同意更正的，登记机构应当予以更正。”

“不动产登记簿记载的权利人不同意更正的，其他权利人、利害关系人可以申请异议登记。登记机构予以异议登记的，申请人在异议登记之日起十五日内不起诉，异议登记失效。异议登记不当，造成他人损害的，申请人应当承担赔偿责任。”

说明：(1)登记机构有权依职权更正登记的理由与条件前文已述，这既是登记机构的权力也是其职责所在，其“发现”错误既可以是自己发现也可以是在申请人申请更正登记后发现，只要是因其违反物权法第十二条规定导致的登记错误，都应当予以更正；(2)权利人包括登记权利人和真正权利人，异议登记不当也可能造成权利人之外其他主体的损害，故对有关用语进行了调整。

将第二十一条修改为：“当事人提供虚假材料申请登记或者存在其他过错，给他人造成损害的，应当承担与其过错相应的赔偿责任。

“登记机构违反本法第十二条规定导致登记错误，给他人造成损害的，应当承担与其过错相应的赔偿责任。登记机构赔偿后，可以向造成登记错误的人追偿。”

说明：(1)当事人除了提供虚假材料申请登记之外还可能存在其他过错；(2)登记机构仅在违反《物权法》第十二条规定导致登记错误的情形下承担责任；(3)前文已述，登记机构赔偿责任的归责原则应为过错责任。

【参考文献】

[1] 胡康生.中华人民共和国物权法释义.北京:法律出版社,2007.

[2] 陈龙业.物权法常见问题(物权法百问通).北京:中国法制出版社,2007.

[3] 朱程.刍议《物权法》中的“更正登记”.中国房地产,2007(9).

[4] 魏海,张慧鹏.物权法更正登记制度解析.载中外民商裁判网.

[5] 王效贤.我国不动产登记制度研究.载中国法院网.

[6] 孙宪忠.中国物权法总则建议稿.载正义网.

[7] 彭丹.论房产证办理中的法律问题.载湖南天地人律师事务所网站.

[8] 任国华.我国不动产登记制度若干问题的立法思考.载中国律师网.

[9] 建设部政策研究中心课题组.《物权法》对房地产领域影响初探.中国建设报,2007-11-02.

[10] 刘保玉.异议登记与财产保全关系的处理模式及其选择.法商研究,2007(5).

[11] 任江.少缴的税费谁来补——评《物权法》第十九条缺失.载北大法律信息网.

[12] 谭红艳.论不动产登记机构的赔偿责任.载株洲市中级人民法院网站.

[13] 王凌松.登记机构错误登记赔偿责任归责原则问题研究——谈《物权法》第21条.载当代法学论坛网.

刑事篇

新《律师法》视野下侦查阶段律师会见若干问题与对策

田　晫　管瑞哲[*]

【摘　要】 本文以《刑事诉讼法》和2008年6月1日开始实施的新《律师法》的相关规定，以及部分司法解释、部分规定的相关内容为依据，对刑事案件侦查阶段的律师会见问题，包括会见的启动、会见的程序、会见的时间、侦查人员的在场与监听和会见的主体等问题展开论述，并提出了一些对策。

【关键词】 律师　会见　侦查　刑事诉讼

侦查阶段律师会见是指在侦查阶段，接受委托或指定的律师，自犯罪嫌疑人被侦查机关第一次讯问或者采取强制措施之日起，依法与犯罪嫌疑人会见并了解有关案件情况。律师会见，主要涉及会见的启动、会见的程序、会见的场所与环境、会见的行为约束，会见人数、时间、次数，会见活动的记录固定；以及羁押机关在会见过程中的职责、特殊情况下的会见、会见同案犯问题、救济问题，等等。

我国关于律师会见主要散见于《刑事诉讼法》、《律师法》等有关法律条款，以及部分司法解释、部颁规章之中。其中《刑事诉讼法》第九十六条第一款、《刑事诉讼法》第三十条第一款、第二款分别规定了在侦查阶段、检察院审查起诉阶段和法院受理阶段律师会见犯罪嫌疑人、被告人的权利。《刑事诉讼法》第九十六条第二款则规定了律师会见犯罪嫌疑人，侦查机关可以派员在场，涉及国家秘密的案件应经侦查机关批准等内容。最高人民法院、最高人民检察院、公安部、国家安全部、司法部、全国人大常委会法制工作委员会联合发布的《关于〈刑事诉讼法〉实施中若干问题的规定》（以下简称六部委《规定》）第十一条，最高人民检察院《人民检察院实施〈中华人民共和国刑事诉讼法〉规则》第一百三十二条，《人民检察院刑事诉讼规则》第一百五十

---

* 田晫：男，专职律师，主要从事刑事辩护法律业务。

三条第一款,公安部《关于律师在侦查阶段参与刑事诉讼活动的规定》第十条和第十一条也对律师会见的案件范围、时间、地点作出了补充规定。

新《律师法》第三十三条则规定:“犯罪嫌疑人被侦查机关第一次讯问或者采取强制措施之日起,受委托的律师凭律师执业证书、律师事务所证明和委托书或者法律援助公函,有权会见犯罪嫌疑人、被告人并了解有关案件情况。律师会见犯罪嫌疑人、被告人,不被监听。”对此,实务部门将其归纳为“不受监听、不限次数、不需批准”,被认为是强化律师执业权益、解决律师会见难题的一大举措。但实践中法律的实施仍然存在诸多问题。

一、会见的启动问题

我国现行法律和司法解释对于刑事诉讼中律师与犯罪嫌疑人之间的会见如何启动缺乏明确的规定。律师会见难问题首先就体现在启动难上。

《刑事诉讼法》在辩护与代理一节及第九十六条对委托律师作了规定,但并没有规定犯罪嫌疑人家属进行委托律师。部分侦查机关认为犯罪嫌疑人家属代为委托律师无效,也就不能会见犯罪嫌疑人。虽然依据六部委《规定》第十条对第九十六条的扩张解释以及《公安部关于律师在侦查阶段参与刑事诉讼活动的规定》第七条,侦查阶段可以由犯罪嫌疑人亲属代为聘请律师。但新《律师法》仍然只规定律师可以接受刑事案件犯罪嫌疑人的委托,对于律师接受犯罪嫌疑人亲属的委托没有规定。

笔者认为,赋予家属委托律师的权利,旨在保障刑事诉讼中会见的顺利启动,是维护犯罪嫌疑人辩护权利的需要。侦查阶段犯罪嫌疑人通常被采取强制措施,无法与外界接触,同意其亲属代为委托律师能够在第一时间为其提供法律帮助,维护其合法权益。

如果要求必须是犯罪嫌疑人本人委托,势必需要侦查人员或羁押机关从中协助转达、推荐等等。而侦查机关在犯罪嫌疑人被首次讯问及采取强制措施之时很可能侦查尚处于前期工作,客观上侦查任务繁重,主观上也很容易存在抵触律师的想法,有可能使犯罪嫌疑人不能及时委托律师并获得律师法律帮助。因此,坚持贯彻六部委《规定》,并在《刑事诉讼法》修改中予以落实确定,才能使新《律师法》得以充分贯彻,切实解决会见启动难问题。

与此同时,侦查机关及羁押机关应建立起向委托律师、律师协会及时转达犯罪嫌疑人会见要求的机制,并通过一定的备案制度予以监督。

二、会见的程序问题

依据新《律师法》规定，受委托的律师凭律师执业证书、律师事务所证明和委托书或者法律援助公函(以下简称"三证")，有权会见犯罪嫌疑人，即律师会见无须经过侦查机关批准。实际上《刑事诉讼法》对于侦查阶段非涉密案件的会见本来没有加以限制，但司法实践却普遍异化执行，侦查机关安排成为侦查机关批准。本款规定实质上是将司法实践中异化了的规定回归现行立法的本意和原貌。

但实践中仍然存在难点：一是律师会见犯罪嫌疑人仍需经过侦查机关的批准或者变相批准。在新《律师法》已经出台，但没有新的实施细则指导的情况下，实践部门如看守所在刑事案件侦查阶段仍然不认可律师凭"三证"会见，仍然要求侦查人员批准、认同或者"通知"。二是不同部门的不同要求导致会见不能。在看守所坚持要执行老规定的前提下，侦查机关普遍坚持实施新《律师法》之规定，即在侦查阶段拒绝继续对会见进行批准、认同、通知，致使律师在要求会见时两头受堵，侦查阶段会见权无法保障，甚至处境比新《律师法》出台前48小时内得以安排会见的现状更为不利。

除了涉密案件外，律师的委托不受侦查机关约束，但对于律师委托的审核依然是必要的。该工作原来一直由侦查机关承担，经过侦查机关把关，看守所只需要形式上审查。但律师凭"三证"即可会见，侦查机关不出具任何形式的书面材料，看守所要审查律师委托是否合法难度和工作量均大大增加，不符合司法实际。而且如果不经过侦查机关审核，家属多次委托多个律师，撤销再委托现象可能会增加，是否每次委托都合法，看守所难以审核。因此要求看守所仅凭"三证"予以放行似乎缺乏可操作性和现实性。

笔者认为，应赋予侦查机关备案监督的权利，在备案监督之时对委托的合法性进行审核。经过备案的委托为有效合法委托，看守所可以安排会见。但这种备案、审核不能成为变相的批准程序。

对于涉密案件依据《刑事诉讼法》第九十六条规定，"涉及国家秘密的案件，犯罪嫌疑人聘请律师，应当经侦查机关批准。""涉及国家秘密的案件，律师会见在押的犯罪嫌疑人，应当经侦查机关批准。"在律师会见过程中，如果是涉及国家秘密的案件，未经批准的委托无效；未经批准不能会见。

在律师法修改之前，律师会见均需与侦查机关联系，或由侦查机关安排或由侦查机关批准。在司法实践中侦查机关也往往出具《安排律师会见非涉密案件在押犯罪嫌疑人通知书》,并普遍安排侦查人员陪同会见。在此情况下,侦查机关同时已对案件是否属涉密案件作出评判。

在律师法修改之后,律师会见凭“三证”即可会见,律师会见相对自由。对于涉密案件的处理仍然要依据《刑事诉讼法》的规定。但是,律师凭“三证”直接到看守所要求会见的,看守所没有甄别案件是否涉密的能力,也没有甄别案件是否涉密的法律责任。在此情况下,其也无法判断律师的委托是否有效以及会见是否需要批准,需要侦查机关的介入。

实践中,侦查将案件是否为涉密的判断置于律师接受委托与要求会见之时。这一做法在新《律师法》体制下,必然造成一个结果,即对于普通非涉密案件,如果侦查机关不予以明确界定并出具依据,律师无法正常地接受委托和会见,从而使侦查机关仍然获得不该有的限制律师接受委托和会见的权利。

笔者认为,侦查机关在犯罪嫌疑人第一次接受讯问或者采取强制措施之日起就应该首先界定案件是否涉密。如果犯罪嫌疑人羁押的,侦查机关应通知羁押管理部门案件涉密情况。如此,对普通非涉密案件,律师接受委托及会见将不会受限制。如果侦查机关在后续的侦查过程中发现案件涉密的,可以及时更改并通知有关部门。

对于涉密案件的委托及会见限制,则可依据原有的批准程序进行。依据《人民检察院刑事诉讼规则》第一百四十八条规定,犯罪嫌疑人已经聘请律师,但人民检察院在侦查过程中发现案件涉及国家秘密的,应当及时告知犯罪嫌疑人所聘请的律师暂时停止参与诉讼活动,并且通知犯罪嫌疑人。

三、会见的时间问题

新《律师法》规定在犯罪嫌疑人被侦查机关第一次讯问或采取强制措施之日起律师可以会见犯罪嫌疑人。《刑事诉讼法》规定“被第一次讯问后或采取强制措施之日起”律师可以会见犯罪嫌疑人。两者比较,新《律师法》与《刑事诉讼法》“第一次讯问后”少了一个“后”字。据此,有观点认为,该处修改使律师会见犯罪嫌疑人时间得以提前,即在犯罪嫌疑人被侦查机关讯问之时就可以会见犯罪嫌疑人,为今后侦查讯问的律师在场作了铺垫。但是,如果有关部门不对此有进一步的细化规定,既使新《律师法》包含该层会见时间提前的含义,也必将无法得到落实。而更为紧迫的,应该是律师会见与侦查讯问的时间冲突问题。

犯罪嫌疑人被第一次讯问或采取强制措施后，委托律师即有权会见犯罪嫌疑人。而此时尚属侦查初期，犯罪嫌疑人可能没有进行供述、供述内容不够具体清楚或供述不够稳定、次数不多。侦查机关往往通过加强讯问力度、改变讯问方法、更换讯问人员等等途径继续对犯罪嫌疑人进行提讯，稳定相关供述、补强有关证据。侦查人员的这种连续讯问，势必导致依法前来会见犯罪嫌疑人的律师无法行使会见权，实际上变相限制了犯罪嫌疑人的诉讼权利与律师的执业权利，其结果是律师无法在 2 天内、5 天内会见犯罪嫌疑人。

通过不断提讯制造侦查讯问与律师会见的时间冲突以限制律师会见，是规避新《律师法》的不正当程序性行为，应当予以严格禁止；但是，鉴于侦查阶段律师会见无须侦查机关批准的规定，侦查机关往往也不再安排律师的会见，导致其无法仅仅通过单方面给律师会见预留时间。实践中有侦查机关通过出具某时间段不讯问的通知给看守所以使律师会见得以插入安排，但似乎又有侦查机关变相安排之嫌。

笔者认为，关于律师会见的时间冲突，必须由看守所安排解决。如律师提出会见要求与侦查讯问产生冲突的，要求看守所与侦查机关协调安排律师在 2 天内会见，因为通常情况下，侦查阶段侦查机关讯问强度较律师要大。对于组织、领导、参加黑社会性质组织罪，组织、领导、参加恐怖活动组织罪或者走私犯罪、毒品犯罪、贪污贿赂犯罪等重大复杂的两人以上的共同犯罪案件，看守所则应与侦查机关协调安排律师在 5 天内会见。

律师会见通常在看守所正常的工作时间之内，但目前看守所的接待制度中，侦查机关的提讯看守所必须 24 小时随时接待，即侦查机关未有时间局限。对于律师会见，甚至除了限制在正常的 8 小时范围之内以外，还有诸如政治学习时间、节假日时间不予安排会见的规定。因此，律师难以通过“抢先”的形式达到会见的目的。比较实际的是，如遇冲突，侦查机关告知律师本次讯问完成的时间与可能持续的时间，使律师能够选择是否等待讯问结束后进行会见，同时要求侦查机关不得无故拖延讯问时间妨碍律师会见犯罪嫌疑人。而律师会见时恰逢侦查机关至羁押场所提讯的，侦查机关也不应影响律师行使会见权，不得要求律师停止会见、催促律师加快会见节奏。

能否赋予律师随时会见犯罪嫌疑人的权利？从现实的理性的角度分析，除非案情特别紧急或者有非常的情况发生，律师会见一般是在正常的工作时间范围之内的。规定随时会见实质上是对律师会见权的保障，也是充分保障律师侦查阶段得以会见的法律手段。

另外,时间冲突问题延伸出相关问题。旧模式下,侦查人员可以在场,该规定实践中延伸出律师会见的潜规则:侦查阶段会见通常限于1次(因为侦查人员要求在场但又无充分时间而不予安排)、时间因侦查人员而异但通常应侦查人员要求而较短;新《律师法》情况下,理论上上述潜规则均能够得到破解。但实际上,侦查讯问与律师会见在时间上存在的冲突导致律师要想做到侦查阶段多次会见且时间较长,必须得到侦查机关的协助和配合。因为律师会见与侦查讯问在时间点上是存在冲突的。在法律上没有规定哪一活动优先的情况下,侦查机关往往基于自身地位获得优先,等于使侦查机关获得限制律师会见权的机会。但从侦查角度来讲,讯问突破犯罪分子,往往有其特定的有利时间段,如果让律师毫无限制地以会见为由挤占办案人员讯问时间,势必造成非常不利的侦查局面。因此,律师亦不得通过连续会见的方式妨碍侦查机关开展讯问工作,律师不能通过会见协助犯罪嫌疑人对抗侦查活动,必须严格遵守提供法律帮助的法律职责界限。从这个角度来看,律师一次会见可持续的时长和可以会见次数,应当限于合理的范围。对于律师是否超出合理范围,侦查机关可以提出异议,但应确保律师对案情的准确了解,确保维护犯罪嫌疑人的合法权益,否则难以有效地提供法律帮助工作、发挥律师对于侦查机关的监督和制约作用。

四、侦查人员在场及监听问题

新《律师法》增加了第三十三条,明确规定"律师会见不被监听"。该规定主要力图解决过去实践中存在的律师会见时由于侦查人员的在场而干预律师与犯罪嫌疑人充分交流的弊端。但"会见不被监听"的表述却由于用语过于简洁而产生了明显的歧义,从而直接影响到了新《律师法》的实施以及改善律师会见权的努力。

律师会见不被监听的规定,有人将其理解为不使用监听设备对律师会见犯罪嫌疑人的过程进行秘密窃听;也有人将其理解为不得对会见过程的谈话进行秘密地监控、听取。

"监听"尚不能算是一个法学专业术语,因此有学者求助于相关词典的解释探求该语词的含义。其得出结论认为词典对于"监听"一词的界定将其归为秘密监控、秘密侦查领域中的一种专有名词,排除了"公开监督、听取他人之间谈话"或"不利用相应设备而是直接使用人耳对他人之间的谈话进行听取”等含义。因此，许多侦查机关倾向于认为，不得监听的规定与《刑事诉讼法》中的侦查人员在场并无冲突，进而得出侦查人员仍然可以在场并可以公开监督听取律师的会见谈话的结论。

但从立法原意上讲，立法者使用这一词语当然不仅仅是禁止对律师会见犯罪嫌疑人时的秘密窃听，更重要的是要求执法人员不得听取律师与犯罪嫌疑人之间在会见时的谈话。律师执业保障的国际准则要求，通常情况下律师会见犯罪嫌疑人时，为了保障律师与犯罪嫌疑人秘密交流的特权，执法人员只能在“看得见但听不见”的范围内对二者的交流进行监控，强调通常情况下执法人员不能听取律师会见犯罪嫌疑人时的谈话。从这一角度来讲，或许直接规定“单独会见”、“会见内容保密”、“没有见证人的情况下会见”等立法语言来解决律师与犯罪嫌疑人会见时侦查人员在旁听取的问题更为妥当。但目前更为现实的解决路径是，通过立法解释或司法解释恢复其本意。笔者认为，以《刑事诉讼法》和新《律师法》相比较，《刑事诉讼法》规定，律师会见时，侦查机关可以派员在场；新《律师法》规定，律师会见不被监听。“派员在场”并未赋予侦查机关监听权，因此二者规定并不矛盾。其较恰当的解释是，侦查机关可以派员在场，但应处在看得见、听不到的位置。

另外，不受监听，是说不受侦查机关的监听，但若是保障办案合法的中立部门，应该是可以的。同时，“不受监听”也从某种程度增加了律师在侦查阶段的办案风险。笔者建议考虑对律师会见犯罪嫌疑人的过程进行同步录音录像，在必要的时候予以出示。如果有关部门对律师所做笔录提出疑问、对律师会见时是否合法提出质疑，则可以公布同步录音录像，看律师会见犯罪嫌疑人是否有违法违规行为。在操作层面上，可以考虑成立一个独立机构，专门负责同步录音录像的实施和保管。

五、会见的主体问题

《刑事诉讼法》对犯罪嫌疑人委托律师的人数作了规定，对会见时律师的人数问题没有涉及。而在司法实践中，各地普遍借鉴对侦查等办案部门的要求来要求律师会见时也在2人以上。还有侦查机关认为，新《律师法》明确界定了律师的概念，因此，实习律师并非律师，不能行使新《律师法》规定律师的会见权。

但实际上上述要求均是没有法律依据的。在司法实践中单人讯问取得供述的客观性、合法性难以保证而必然受到质疑。一名侦查人员讯问情况下,对侦查人员的自我保护也不利。在讯问过程中如果发生冲突,万一诬陷侦查人员刑讯逼供,由于是一对一,侦查人员有口难辩。律师会见过程中如果需要获取犯罪嫌疑人供述作为证据使用,确保2人询问必然能提高证据的客观性和证明力。但律师通常在会见过程中向犯罪嫌疑人提供法律帮助,或者内容涉及与案件无关的如生活上需要、身体健康方面等内容时,并没有必要要求2人。对于实习律师不得参与会见的做法应当属于对律师概念的误读。依据新《律师法》对律师的界定,律师"是指依法取得律师执业证书,接受委托或者指定,为犯罪嫌疑人提供法律服务的执业人员"。因此,如果僵化地理解律师的定义,把实习律师,甚至未受委托、指定的律师都排除在律师之外,认为不接受委托或者指定的律师也不能参与会见,那么势必要求每一刑事案件均要求委托2位律师(基于要求2人会见的理解前提下),这显然是不合理的,也是与"可以委托1至2位律师"的精神是相冲突的。

上述对人数以及实习律师的限制做法,给律师的工作带来了不便,造成律师资源的分配不均和浪费,同时也增加了诉讼成本,加重了委托人的经济负担。目前上海、北京均已出台相关规定允许律师单独会见,也没有明文限制实习律师参与会见,在现在法治状况下宜由有关部门在全国范围内统一规定统一实施。

律师在会见过程中同样会遇到需要翻译人员协助会见问题。我国《宪法》第一百三十四条规定:"各民族公民都有用本民族语言文字进行诉讼的权利。人民法院和人民检察院对于不通晓当地通用的语言文字的诉讼参与人,应当为他们翻译。在少数民族聚居或者多民族共同居住的地区,应当用当地通用的语言进行审理;"《刑事诉讼法》第九条:"各民族公民都有用本民族语言文字进行诉讼的权利。人民法院、人民检察院和公安机关对于不通晓当地通用的语言文字的诉讼参与人,应当为他们翻译。"实践中,这种情况还在办理聋哑犯罪嫌疑人案件中存在。目前法律和司法解释对于翻译人员参与律师会见的程序缺乏规定和操作性。需要明确对翻译人员参加会见的,应由律师向看守所提交翻译人员的身份证件及侦查机关准许翻译人员参加的证明。由侦查机关对翻译人员的身份进行审核。

综上而言,随着新《律师法》的出台,律师会见难的问题有望缓解,但却并非能够因此一劳永逸。律师会见问题规定的具体化、程序化、可操作化,甚至律师权利救济规定的完备和渠道的通畅,都是今后解决律师会见难的重要方向。

刑事追赃制度法律探讨

——从附带民事诉讼看追赃问题

胡燕林*

【摘 要】 公权力与私权利的维护属于两种不同的法律救济,正如追赃和民事索赔分属于刑事案件中两种不同的法律保障体系,在刑事案件引起的伴随物质损失的案件处理时,通常因为司法机关认为的属于追赃部分而使受害人不能通过刑事附带民事或者单独的民事诉讼获得追偿。因而如何正确把握法条的精神,成为问题的关键。笔者认为,不应当以追赃代替民事赔偿而剥夺被害人民事诉讼的权利,这不利于私权利的保护,会带来严重利益失衡的问题。如何正确运用刑、民事诉讼原理来维护被害人合法民事权利成为本文展开讨论的一条线索。笔者在刑事附带民事诉讼中存在的现实问题分析论证之后,提出在刑事责任背后产生的民事赔偿问题的一些制度上的想法。

【关键词】 公法价值 私法价值 诉讼救济 应然状态

引 言

哪些刑事案件伴随有物质损失时可以附带民事诉讼或者可以另行起诉?哪些又属于追赃范围而不能寻求诉讼救济?这些是我们在办案过程中经常会遇到的问题。我国法律对刑事附带民事诉讼只有简单而基本的条款规定,缺乏系统性的规定,在实践中引起了不少争议,各司法机关在实践操作中对这些相关条文也出现了不同的理解,很多情况下,侦查机关认为可以向法院提起民事诉讼或者附带民事诉讼,而法院则认为属于追赃的范围不

---

* 胡燕林:女,华东政法大学硕士,专职律师。

予受理,很多办案律师因此陷入困境。笔者认为原因在于最高法院司法解释对《刑事诉讼法》第七十七条的规定进行了限制性解释,将附带民事诉讼的赔偿请求范围仅限于被害人的人身权利因犯罪行为遭受损失或财物被毁而遭受的损失,被害人因财物被犯罪分子非法占有、处置的损失,只能由法院责令犯罪分子退赔,或者在退赔不足弥补被害人损失时,由其向民庭另行独立起诉。这就意味着不是所有的刑事案件都可以提起附带民事诉讼,允许提起附带民事诉讼的只有两类:一是人身权利受到犯罪行为侵犯而致物质损失的;二是财物被犯罪分子毁坏而遭受物质损失的。对于财物被非法占有、处置的损失则须通过追缴、责令退赔等方式救济而不在直接请求民事赔偿之列。这一解释限制了被害人获得救济的范围,不利于充分保护被害人的民事权利。从法理上讲最高法院的这一司法解释是否存在下位法与刑事诉讼法上位法效力冲突问题?本文主要针对立法和司法实践中存在的一些问题,结合比较各国对于因刑事责任而产生的民事赔偿制度的不同处理方式,提出我国应当对附带民事诉讼相关立法及司法制度的改革,建议采用民事权利独立的做法,更好地保护当事人的正当权利。

一、刑事追赃制度存在的问题

(一)追赃范围界定是对民事诉讼权利的限制

《关于刑事附带民事诉讼范围问题的规定》第一条第一款规定:"因人身权利受到犯罪侵犯而遭受物质损失或者财物被犯罪分子毁坏而遭受物质损失的,可以提起附带民事诉讼。"第五条规定:"犯罪分子非法占有、处置被害人财产而使其遭受物质损失的,人民法院应当依法予以追缴或者责令退赔。被追缴、退赔的情况,人民法院可以作为量刑情节予以考虑。经过追缴或者退赔仍不能弥补损失,被害人向人民法院民事审判庭另行提起民事诉讼的,人民法院可以受理。"也就是说除了上述两类情形外,其他情形下物质损失只能通过追缴或责令退赔来获得解决。司法解释给出的是一种信号:法院并非不管刑事案件中的经济损失问题,只是以不同的方式来管。却不知道这样的规制正导致了民事诉讼权利的缺失,无疑限制了被害人因受犯罪行为侵害致使物质受损而提起索赔的救济途径。

当同一个行为涉及了刑事犯罪和民事侵权的时候,就有两种权利同时被侵害了。一种体现的是刑法要严厉打击犯罪的并用以保障社会秩序的公法价值，一种是民法通过切实保障公民正常生活、生产经营并获得利益的基本民事权利的私法价值。刑事优先处理的原则似乎早已习惯性地忽悠了我们民事权利的独立性。笔者认为两种不同的权利，应当通过不同的法律程序来保障，两者并不矛盾，也不应存在谁替代谁的问题。区分犯罪侵害人身权利造成的物质损失、还是犯罪直接侵害的客体就是财产所有权本身的损失以及是否毁损的事实状态这些情形，用不同的方式去处理本为一体的物质损失问题，这样做并没有给我们带来任何好处，只会使实践操作面临更多复杂的问题。追赃从另一个角度讲，属于刑事案件中追查赃物下落，是查明案件的延续，而非对民事权利的切实保障，笔者认为不应以追缴方式直接代替民事诉讼的救济。追缴仅是对于民事诉权实现的一种待定可能，追赃结果有种不确定性，追缴成功便一并完成了维护被害人民事权利的愿望，但如果追缴不成，实际上以追缴代替诉权则剥夺和限制了被害人通过诉讼途径在法律程序上实现民事权利的权利。在法律的状态上分析，民事程序的启动能从使法律权利在应然状态上达到确定性，民事诉权如能与追赃同时保障同步进行则在程序上才是更完美的。

（二）追赃操作中的缺陷

从司法实践情况来看，被害人因犯罪行为的侵害而造成物质损失的情形是比较复杂的。因人身权利受到侵犯造成物质损失和财物遭受毁坏而遭受损失只是其中两种而已。只对这两种情形赋予附带民事诉讼的权利，将其他情形全部列入“追赃”范围则不利于保护民事权利所体现的私法价值。虽在司法解释中提到经过追缴或者退赔仍不能弥补损失，被害人向人民法院民事审判庭另行提起民事诉讼的，人民法院可以受理。可以视为被害人可以寻求民事救济的法律依据，但因为该法条的笼统性，给实践操作带来了很大的复杂性。各司法机关往往因为对法条理解的不同，而有不同的操作方法。再者，什么情况下才可以认为是通过追缴仍不能弥补损失，得以提起民事诉讼，就又涉及一个追缴的期限问题，这是很难去实际把握的。结果就出现了法院认为属于追赃范围而不予受理，而侦查机关认为属于可以提起民事诉讼的范围而追缴已基本无望的尴尬局面。但被害人要想回来寻求附带民事诉讼的帮助，又因为司法解释业已对其大门紧闭，明确界定了只有两类情况可以附带民事诉讼。在四面碰壁的情况下，被害人的权利如何得到保障？当事人困惑，律师也困惑，保不准司法检察机关的同志们比我们还困惑。

事实上,很多涉财类犯罪中,财物被犯罪分子占有、处置的情形大有存在,而远不能达到毁坏的程度。如果赃物被罪犯通过交易的方式或者消费的方式进行处分或者消耗完毕,很多情况下都是很难追回的。如果一味地将其局限于非毁坏的,统统经过追缴来完成,追缴期限可以是遥遥无期的。再加上对于由谁行使追缴、责令退赔、返还,法律未明确。法律对于追缴方式、追缴责任单位都未明确界定的情况,给实际操作带来一定的模糊性,此时,作为弱势群体的被害人,更加茫然也无从得知赃物追缴进展如何了,具体该向哪个部门询问,自己的权利到底该去哪里争取。在实践中经常会遇到的一类情形也是极度不合理的,比如说笔者曾经办到的几个案子,被害人因为犯罪分子的诈骗行为而遭受了经济上的损失,但由于货币的特殊属性,不同于特定的物品,不带有任何区分的记号,当资金并入犯罪分子原有资产,哪部分属于赃物哪部分又属于其合法财产?这是实践部门较难区分把握的。很多时候罪犯通过犯罪行为获得的金钱往往已通过各种方法转化成其他形式的资产,而这整个过程并不是每一环节都能查出来龙去脉的,如果还一味地将物质损失都归入追赃范围,那么被害人只有眼睁睁看着罪犯住好的吃好的,罪犯的房子摆在那里,罪犯的车子也摆在那里,只是罪犯在里面比外面的人少了点自由,日子过得还舒坦,可就是因为那些不叫"赃物"。法院不立案认为应当继续追赃,公安则告知应向法院起诉,认为那些财产不是赃物不能追缴。所以没法将被害人的损失追回来,那也是件极其郁闷的事情。在此时,笔者认为如果能够赋予被害人独立提起民事诉讼的权利是十分必要的。

此外,最典型的要数盗窃、抢劫、诈骗类案件中赃物进入流通领域的例子,此时赃物具有双重属性:"第一重属性在于对赃物应予以追回所体现的以刑事法为代表的打击犯罪、维护社会公共秩序的公法价值;第二重属性在于赃物作为一般财产当被公开交易时为保护市场交易公信力所代表的私法价值。按照公法优于私法的一般原则,无论该赃物此时在何人手里本都应予以追回,但如果单一贯彻追赃制度,无视赃物在特定情况下所体现的私法价值,就可能会侵犯其他人的一些合法利益,不利于市场交易安全。"[①]

① 参见陈西岚:《浅议追赃制度中的利益平衡》,天津人民检察院,2007。

二、对我国刑事追赃法律制度解读和分析

(一)下位法与上位法冲突的实际问题

《刑事诉讼法》第七十七条第一款规定:"被害人由于被告人的犯罪行为遭受物质损失的,在刑事诉讼过程中,有权提起附带民事诉讼。"很显然,此款只是强调提起附带民事诉讼必须以被告人的行为构成犯罪为前提,对于被告人行为的具体种类和案件所属种类并未加以限制。笔者认为,根据该条规定能够获得的信息是,不论被告人的犯罪属于何种性质,只要给被害人造成了物质损失,都有权提起附带民事诉讼。这一规定是体现了保护民事权利的精神实质的。2002 年 12 月 4 日,最高人民法院审判委员会通过了《关于刑事附带民事诉讼范围问题的规定》。其第一条第一款就直接规定:"因人身权利受到犯罪侵犯而遭受物质损失或者财物被犯罪分子毁坏而遭受物质损失的,可以提起附带民事诉讼。"无疑地缩小和限制了附带民事诉讼的范围,在基本法律对附带民事诉讼的案件范围未作限制的情况下,司法解释却对其进行限制,架空了基本法律的规定,这是不适当的。

(二)刑法中关于经济赔偿的规定本身内容系统性不强

《关于刑事附带民事诉讼范围问题的规定》中提出是根据《刑法》第三十六条、第三十七条、第六十四条和《刑事诉讼法》第七十七条的有关规定而作出的。《刑法》第三十六条规定:"由于犯罪行为而使被害人遭受经济损失的,对犯罪分子除依法给予刑事处罚外,并应根据情况判处赔偿经济损失。"第三十七条规定:"对于犯罪情节轻微不需要判处刑罚的,可以免予刑事处罚,但是可以根据案件的不同情况,予以训诫或者责令具结悔过、赔礼道歉、赔偿损失,或者由主管部门予以行政处罚或者行政处分。"第六十四条规定:"犯罪分子违法所得的一切财物,应当予以追缴或者责令退赔;对被害人的合法财产,应当及时返还;违禁品和供犯罪所用的本人财物,应当予以没收。没收的财物和罚金,一律上缴国库,不得挪用和自行处理。"《刑事诉讼法》第七十七条第一款规定:"被害人由于被告人的犯罪行为遭受物质损失的,在刑事诉讼过程中,有权提起附带民事诉讼。"从中不难看出,在《刑法》第三十六条和第三十七条中均提到经济损失的赔偿,而在第六十四条中,提到的是对于犯罪分子的追缴和退赔,而《刑事诉讼法》第七十七条提出的则是物

质损失可以提起附带民事诉讼。损失的弥补具体应该依据的是民事侵权的理论进行附带民事诉讼赔偿还是具体落实到赃物追缴问题是法条中一下子都很难判断出来的。有的学者认为刑法本身内容界限存在立法思想模糊,立法内容笼统的问题。[①] 而我国刑事附带民事诉讼制度,主要存在于刑法及刑事诉讼法之中,但这两部法律均未明确地界定刑事附带民事诉讼的性质、特征,没有制定相应的程序规范,造成理解和适用上的混乱。

(三)法律规定不顾实际操作性的弊端问题

《关于刑事附带民事诉讼范围问题的规定》第五条规定了犯罪分子非法占有、处置被害人财产而使其遭受物质损失的,人民法院应当依法予以追缴或者责令退赔。经过追缴或者退赔仍不能弥补损失,被害人向人民法院民事审判庭另行提起民事诉讼的,人民法院可以受理。该司法解释不仅区分了犯罪的性质,还区分了财产法律状况。"经过追缴或者退赔仍不能弥补损失"是给提起民事诉讼立下的大前提。在这样的立法规定下,只有经过追缴或者退赔的程序的救济已经穷尽时才能提起民事诉讼,但往往反而增加了法院的工作量。这在前述追赃制度的缺陷中笔者也已提到过对于经过追缴或者退赔仍不能弥补损失的界定的困难。这实际是由于该条的规定的不具有实际操作性的缘故引起。并未考虑到追缴后仍不能弥补的追缴期限问题,追缴多久算是追缴行动的终结?是不是追缴不到就一直追缴下去?所谓追缴后仍不能弥补是指追回来后不足部分可以提起民事诉讼?还是一点都没追缴到可以全额起诉?因而该条文本身就可以有多种解释,存在歧义。并且,从实践的情况看,追缴或责令退赔并非易事,尤其是当犯罪分子占有、处置被害人财产数量大、次数多、时间长的情况下,追缴或责令退赔都面临诸多困难。笔者认为给提起民事诉讼设定这样的限制条件,是极不顾实际操作性的做法。

三、对我国刑事案件涉及民事赔偿的制度性建议

笔者在分析了存在于我国刑事诉讼中涉及的民事赔偿问题,又对各国

---

① 例如:《刑法》第六十四条规定"犯罪分子违法所得的一切财物,应当予以追缴或责令退赔,对被害人的合法财产应当及时返还"。但究竟由谁行使追缴、责令退赔、返还,法律未明确,立法较笼统。

立法例的优缺点进行了比照后，发现刑事附带民事诉讼不是必然的或者必须的诉讼制度，无论是英美模式还是法国模式，其体现出的共性是刑事诉讼与民事诉讼相对独立的关系。他们的制度有值得我们学习的意义所在：

1.保持法庭上控辩的对抗性和平衡性

刑事诉讼要追求被告人的辩护权与公诉机关公诉权的均衡，同时也要保障被告人的民事权利和被害人的民事权利的均衡。但是，刑事附带民事的过程中，公诉方无形地与被害人一同在控诉被告人，势必进一步造成诉讼结构的偏倚，也不利于被告人的民事诉讼权利的维护。由被害人另行提起民事诉讼，可以保持控辩双方进行法律应然状态下应该体现出的较量和对抗，同时也保证了双方力量的平衡。

2.体现案件处理的专业化进程

刑事法官精于对刑事案件的定性、量刑，但缺乏民事审判经验，对处理民事赔偿问题时会因不熟悉民事程序和理论而产生刑、民法律原则的交叉和混淆，如民事诉讼中的归责原则、证明标准等对他们而言或许是陌生的，或许觉得似曾相识，很容易就将刑事性思维习惯带入民事审判中去，且审理附带民事纠纷要增加许多工作量，“分而治之”，不仅使刑事、民事案件都可以得到专业化的处理，而且可以利用民事诉讼程序对赔偿的专业性和周到性。

3.有利于确立不同的证明规则

这样才有可能出现在刑事诉讼中不足以认定有罪的行为，在民事诉讼中未必不能构成侵权的情形。例如著名的辛普森案件，在认定他无罪的同时却不免除其民事赔偿的责任，笔者认为这正是得益于刑事证明规则与民事证明规则的不同，这才是真正实现程序正义的体现。①

从长远看，可以考虑取消刑事附带民事诉讼制度。但考虑我国目前的立法和司法实际，直接取消刑事附带民事诉讼制度而直接将其从刑事诉讼中分离出去，还显得过于突兀。我国《刑事诉讼法》第七十七条的规定也是授权性的法律规范，被害人有权自己决定是否提起附带民事诉讼。只是各下位法应当依据上位法予以修正，不应作出限制性的解释。因此，按照正确

① 美国著名的O.J.Simpson案，对于辛普森最终被确定无罪，可能很多人持不同意见，但从程序正义的角度说，是一个较好的典范。笔者认为刑事获刑与民事赔偿适用两种不同的标准，因而有不同的裁判结果，其实并不存在程序上的矛盾，相反，还非常值得我们借鉴。只有程序首先正义了，才能最大限度保障实体的正义。

的立法精神,去修改和完善我国对于附带民事诉讼的规定显得迫在眉睫,使附带民事诉讼制度并不限制被害人选择其他途径寻求司法保护,不排斥法院单独受理民事请求,赋予当事人自主选择救济程序的权利显得尤为重要。让追赃等刑事保障措施与民事诉讼权利救济分开独立实施,切实保障被害人的公法上的权利和私法上的权利。

【参考文献】

[1] 陈卫东.刑事诉讼法教学参考书.北京:中国人民大学出版社,2004.

[2] 刘文,刘磊.刑事诉讼原理研究.厦门:厦门大学出版社,2007.

[3] 孙洁冰.附带民事诉讼制度研究.重庆:重庆大学出版社,1990.

[4] 王福华,王琦.刑事附带民事诉讼制度与民事权利保护.中国法学,2002(2).

[5] 邵世星,刘远.刑事附带民事诉讼疑难问题研究.北京:中国检察出版社,2002.

[6] 崔锋.敞开司法之门——民事起诉制度研究.北京:中国政法大学出版社,2005.

论刑事附带民事诉讼之精神损害赔偿

王忠涨　谢　贞*

【摘　要】 目前我国法律规定了刑事附带民事诉讼不支持精神损害赔偿，损害了司法的公平，造成法律适用的弊端和畸形。笔者认为刑事附带民事诉讼应当支持精神损害赔偿有法律依据和现行民事诉讼制度的保障，具有可行性，且对刑事立法也无须进行大量的修改，具备操作的条件。

【关键词】 刑事附带民事诉讼　精神损害赔偿　刑事责任　民事责任　可行性

前　言

在民事诉讼领域，精神损害赔偿制度已纳入我国民事法律的调整范围，被害人在自己的权利遭受损害时，有权提起精神损害赔偿的民事诉讼，但当被告人的侵权行为转化为犯罪行为时，我国现行刑事立法却禁止在刑事附带民事诉讼中对犯罪行为造成的精神损害要求赔偿，这有悖于"刑事附带民事诉讼"实质是"民事诉讼"这一本质。将精神损害纳入刑事附带民事诉讼赔偿范围，是法律公正精神与效率原则的要求和体现，具有必要性和可行性，因而现行司法解释中不允许刑事案件受害人请求精神损害赔偿的规定是不合理的，应予废止。

* 王忠涨：男，专职律师，主要从事刑法、民商等领域法律业务。
谢　贞：女，毕业于浙江工商大学法学院，检察院工作。

一、目前法律对刑事附带民事诉讼之规定

《刑法》第36条规定:"由于犯罪行为而使被害人遭受经济损失的,对犯罪分子除依法给予刑事处罚外,并应根据情况判处赔偿经济损失"。《刑事诉讼法》第77条第一款规定:"被害人由于被告人的犯罪行为而遭受物质损失的,在刑事诉讼过程中,有权提起附带民事诉讼"。上述两个法律规定,并未言及精神损害赔偿,因而在过去很长一段时间中都认为对刑事案件不用精神损害赔偿。

但随着民事法律中有关精神损害规定的出现,对刑事附带民事诉讼是否应给予精神损害赔偿也逐渐有了争议。1986年《民法通则》第120条首次规定了精神损害赔偿问题。最高人民法院的几个司法解释,尤其是2001年3月10日公布的《关于确定侵权精神损害赔偿责任若干问题的解释》,更是理论界认为被害人因被告人的犯罪行为而遭受精神损失可以提起精神损害赔偿是上述解释中的应有之义。但是,2002年7月11日最高人民法院通过的《关于人民法院是否受理刑事案件被害人提起精神损害民事诉讼问题的批复》(以下简称《批复》)则明确规定:"对于被害人因犯罪行为遭受精神损失而提起附带民事诉讼的,人民法院不予受理",又重新回到了2000年12月4日通过的《关于刑事附带民事诉讼范围问题的规定》(法释[2000]47号)的老路,而且越走越远。该《批复》同时规定:"对于刑事案件被害人由于被告人的犯罪行为而遭受精神损失提起的附带民事诉讼,或者在该刑事案件审结以后,被害人另行提起精神损害赔偿民事诉讼的,人民法院不予受理",进一步剥夺了刑事被害人另行提起精神损害赔偿的诉权。

二、刑事附带民事诉讼不支持精神损害赔偿之弊

(一)造成法律公平的缺失和法律适用的畸形

由于刑事法律与民事法律对精神损害赔偿不同的规定,实践中造成了同一侵权事实却因为适用不同的诉讼程序导致不同的判决结果,甚至造成侵权行为越严重,侵权人的赔偿责任越轻、被害人所获得的赔偿越少的怪现象。这一弊端在交通事故赔偿案件中更是突出。撞死人或构成交通肇事罪的反而承担比一般侵权责任更轻的赔偿责任,也即是所谓的"撞伤不如撞

死”这一误读的来源,造成对同一法律事实,因为进入不同的诉讼途径而造成不同的赔偿结果,导致法律公平的缺失和法律适用的畸形。

(二)刑事责任吞并了部分民事责任

刑事附带民事诉讼不支持精神损害赔偿,实质是以刑事责任吞并了部分民事责任。但刑事责任和民事责任是来源于两个不同程序下产生的责任。因此,两者并不具备替代性。若两者内容性质相同,则当禁止双重赔偿和双重责任。但从立法的本意和程序等来看,两种责任当无并存之二理,反之则无吞并之据。刑事责任所救济的对象是为犯罪行为所侵犯的犯罪客体,这是一种抽象的社会关系,一般由国家直接予以追究和实现,设立的目的旨在通过惩罚犯罪分子以达到教育、预防的社会作用。而民事责任所救济的对象是侵权行为所直接侵害的行为对象,这是具体的人和物,是一方当事人对另一方当事人所应承担的不利后果,设立的直接目的,便是对受害人的补偿。因而,刑事责任与民事责任两不相妨,即在适用上也是并行不悖的,是相互促进而非相互吞并的。

三、刑事附带民事诉讼应当支持精神损害赔偿之依据

(一)刑法中存在与精神损害有关的犯罪行为

在刑法中,存在两种与精神损害有关的行为:一是以精神损害为直接目的的犯罪行为。比如侮辱、诽谤,它使被害人的名誉、荣誉、人格等人身权利遭受损害或精神上忍受痛苦;二是由于实施侵害人身权、财产权等犯罪,而给被害人的精神带来损害的情况。如强奸、故意伤害等,在给被害人造成人身损害的同时,还造成了被害人的精神损害,给被害人带来巨大的甚至是终身性的精神痛苦。当然,另外比如毁坏具有人格象征意义的特定纪念物品也会给被害人造成精神损害。刑法中的“侵犯公民人身权利、民主权利罪”和“侵犯财产罪”是两个最有可能涉及精神损害赔偿问题的大类。基于某些犯罪,特别是强奸、侮辱、诽谤等,虽然给被害人造成的身体伤害很小,但被害人所承担的精神创伤与精神痛苦却是极大的。因此,对犯罪行为造成的精神损害进行赔偿也有利于打击犯罪,而且要对被害人的精神损失进行经济上的赔偿或补偿,从而增加其犯罪成本,犯罪人在准备犯罪、实施犯罪时会有更多的顾忌,对预防犯罪将起到积极的影响。

(二)附带民事诉讼中本质应是民事诉讼

附带民事诉讼的本质是民事诉讼,它设立的初衷是为了简化程序、提高办案效率和效益、减少当事人的诉累,将同一侵权行为引起的两个法律结果的诉讼进行合并审理。现行的刑事法律制度将精神损害赔偿制度排斥在附带民事诉讼之外,在进行附带民事诉讼时,在简化程序、提高办案效率和效益、减少当事人诉累的同时,也减少了被害人应得的赔偿,这不是设立附带民事诉讼的目的。设立附带民事诉讼的初衷应是在最短的时间内,维护被害人的最大的合法权益。因此,在附带民事诉讼中允许被害人提起精神损害赔偿有利于最大限度地保护被害人的合法权益,符合设立附带民事诉讼的初衷。

四、对犯罪行为造成的精神损害进行赔偿的可行性

(一)有成熟与完善的民事诉讼制度作为保障

《关于执行〈刑事诉讼法〉若干问题的解释》(法释[1998]23 号)第一百条规定"人民法院审理附带民事诉讼案件,除适用刑法、刑事诉讼法外,还应当适用民法通则、民事诉讼法的有关规定",这就为附带民事诉讼适用民事诉讼制度提供了依据。而随着民事法律体系中《最高人民法院关于确定民事侵权精神损害赔偿责任若干问题的解释》(法释[2001]7 号)和最高人民法院《关于审理人身伤害赔偿案件适用法律若干问题的解释》(法释[2003]20 号)的实施,精神损害赔偿制度在民事诉讼中日臻成熟和完善。因此,作为刑事附带民事部分的审理完全可以按照民事诉讼部分的规定进行。

(二)有理论依据

精神损害赔偿实质上是侵权赔偿的一部分,它符合侵权赔偿的四个构成要件。首先,有损害的事实发生;其次,精神损害的违法性,刑事犯罪行为,不仅违反刑事法律,而且同时违反民事法律;再次,违法行为与损害事实存在着因果关系;最后,侵权行为主观上有过错。

五、目前刑事立法中关于精神损害赔偿须改善的地方

目前刑事立法不需对《刑法》和《刑事诉讼法》进行彻底修改,也不存在立法技术上的障碍,只需对《刑法》和《刑事诉讼法》有关损害赔偿的方面修改即可。笔者认为,只需将《刑法》第三十六条第一款修改表述为“由于犯罪行为而使被害人遭受损害的,对犯罪分子除依法给予刑事处罚外,并应根据情况判处赔偿损失”;将《刑事诉讼法》第七十七条第一款修改表述为“被害人由于被告人的犯罪行为而遭受损害的,在刑事诉讼的过程中有权提起附带民事诉讼”。废止《关于刑事附带民事诉讼范围问题的规定》和最高人民法院通过的《关于人民法院是否受理刑事案件被害人提起精神损害民事诉讼问题的批复》中精神损害赔偿不予受理之规定。这些修改不涉及违背刑事法律制度,是切实可行的。此外,刑事附带民事诉讼中的附带民事诉讼部分,本质上是民事诉讼,在实体上不应与民事立法相违背。

综上,笔者认为将犯罪行为造成的精神损害纳入刑事附带民事诉讼的赔偿范围,不仅在理论上具有必要性和可能性,在实践中也是可行的。据此,建议最高立法机关和司法机关突破精神损害赔偿的禁区,修改相关法律条款,允许被害人在刑事附带民事诉讼中提起精神损害赔偿之诉。当然,在刑事案件审结后另行提起精神损害民事赔偿诉讼更应予以支持。

【参考文献】

[1] 武延平.论刑事附带民事诉讼.北京:中国政法大学出版社,1994.

[2] 纱应征,王礼仁.刑事附带民事诉讼新论.北京:人民法院出版社,1994.

[3] 吴燕.刑事附带民事诉讼应当适用精神损害赔偿.人民法院报,2001-03-13.

招标人员泄密的刑事责任及行为防范

郝　利　刘　营*

【摘　要】 目前，我国工程建设领域外部环境已趋复杂，在巨额经济利益的驱使下，一些不法分子为获取招标项目的秘密，早已将招标人员锁定为腐蚀拉拢的对象。为避免泄密事件的发生，招标人员的保密意识亟待加强，保密素质有待提高。本文结合招评标及刑事诉讼领域的工作经验，对招标人员侵犯国家秘密和侵犯商业秘密的刑事责任进行了梳理和分析，并提出行为防范的对策。

【关键词】 招标　国家秘密　商业秘密　刑事责任

2002年3月21日，北京市第一中级人民法院以非法获取国家秘密罪、行贿罪，一审判决美籍华人方某有期徒刑5年，并驱逐出境。方某1960年起先后担任某省电力局工程师、电力研究所总工程师、所长、省电力局副局长兼总工程师，1989年后移居美国，1994年加入美国国籍，其间被香港一家电力开发顾问公司聘为董事经理。方某曾在电力系统身处要职，与上层领导关系密切。侦查机关发现，1995年至1999年间，在国家进行大型招标项目过程中，为使其公司代理的外商在中国多个重大电力项目招标中中标，方某经常会见一些项目主管领导，非法获取国家秘密文件35份，并向有关国家机关工作人员行贿24.5万美元。该案件表明，我国工程建设领域外部环境已趋复杂，在巨额经济利益的驱使下，一些不法分子为获取招标项目的秘密，早已将招标人员锁定为腐蚀拉拢的对象。为避免泄密事件的发生，招标

* 郝　利：男，浙江大学工学学士、法学硕士，专职律师，擅长能源基础设施项目、房地产项目建设等法律服务。

刘　营：男，北京大学法律硕士，专职律师，主要专业领域为招投标法律事务、经济与刑事案件诉讼、劳动仲裁与诉讼。

人员的保密意识亟待加强,保密素质有待提高。对此,笔者结合招评标及刑事诉讼领域的工作经验,对招标人员(包括招标单位人员、招标代理机构工作人员以及评标专家,下同)泄密的刑事责任进行了梳理和分析。

一、侵犯国家秘密的刑事责任

国家秘密关系到我国的长治久安和国民经济与社会发展,尤其是在全球"技术战"、"贸易战"日趋激烈的今天,获取他国秘密已成为国际科技竞争、市场竞争的重要手段。根据《中华人民共和国保守国家秘密法》第2条的规定,国家秘密是关系国家的安全和利益,依照法定程序确定,在一定时间内只限一定范围的人员知悉的事项。该法第8条将以下事项规定为国家秘密:(1)国家事务重大决策中的秘密事项;(2)国防建设和武装力量活动中的秘密事项;(3)外交和外事活动中的秘密事项以及对外承担保密义务的事项;(4)国民经济和社会发展中的秘密事项;(5)科学技术中的秘密事项;(6)维护国家安全活动和追查刑事犯罪中的秘密事项;(7)其他经国家保密工作部门确定应当保守的国家秘密事项。同时,该法将国家秘密的密级分为"绝密"、"机密"、"秘密"三个等级。国家秘密必须依照法定程序确定,必须以国家有关部门颁布的保密范围作为确定国家秘密具体事项的依据。

在我国,招标主要适用于关系社会公共利益、公众安全或者使用国有资金投资、利用国际组织或者外国政府资金的项目,一些大型的招标项目往往关系到国家事务的整体规划和决策,涉及国家经济和社会发展中的秘密事项。有些秘密事项经法定程序认定为国家秘密,应当限定在一定范围内的人员知悉,如果泄露,将会使国家的安全和利益遭受损害。招标活动中涉及国家秘密的事项主要包括拟建项目的基本情况、招标方案和评标细则、招标项目技术参数和商务条件等。其中,拟建项目的基本情况主要包括建设用地与规划、经济和社会效果、工程总体投资金额、资源利用和能源耗用分析、生态环境影响等信息,一般出现在项目申请和审核文件中,有权接触该类信息的人员主要是项目审批和核准单位的国家机关工作人员以及招标单位具体实施招标活动的人员。因此,泄露该部分中的国家秘密的招标人员大多为招标单位人员。招标方案和评标细则是招标人按照国家项目审核部门的批准情况,结合招标项目的具体条件所确定的重大招标信息,主要用于招标项目的实施和管理,包括招标项目重大事项决策信息以及对投标文件评审的详细规则。侵犯该部分中的国家秘密的招标人员一般是招标项目的具体实施人员,包括招标单位人员以及招标代理机构工作人员。至于招标项目所要求的技术参数和商务条件,则是投标人响应招标文件的依据,一般在招标文件中会有所体现。在这种情况下,为了保密起见,招标人往往采用邀请招标的方式进行采购,并对所涉及的秘密事项采取必要保密措施,尽量将知悉秘密的人员限定在最小范围。侵犯该部分中的国家秘密的招标人员除招标单位人员外,还包括招标代理机构工作人员以及评标专家。另外,在项目文件的存档过程中,也有可能泄密,此时,泄密的人员多为招标单位的人员。根据主体、主观方面、侵害的客体、犯罪的手段和目的等要件的不同,招标人员泄密的行为主要构成以下几种罪名。

(一)非法获取国家秘密罪

非法获取国家秘密罪,是指以窃取、刺探、收买的方法,非法获取国家秘密的行为。

本罪的主体是一般主体,主观方面为故意。本罪的客观方面表现为以窃取、刺探、收买的方法,非法获取国家秘密的行为,所谓非法获取是指依法不应知悉、取得某项国家秘密的人知悉、取得该项国家秘密;或者依法可以知悉某项国家秘密的人员未经办理手续取得该项国家秘密。在涉及国家秘密的招标活动中,招标人员往往依法可以知悉某些国家秘密,如果招标人员在规定的范围内接触、使用该项秘密,则不属于非法获取的行为,如果招标人员未办理手续,使该项国家秘密脱离保密人员的控制范围,取得其控制和支配权,则构成非法获取行为。本罪中非法获取的行为包括三种方法:窃取、刺探、收买。此处的窃取方式多种多样,包括直接窃取国家秘密文件资料或物品,复印纸质文件、复制计算机信息、拍照、电磁波窃取等。实践中,如果评标专家未办理手续,故意将依法知悉的包含国家秘密的评标文件资料直接或者经复印、复制后带离评标现场,即可认定为窃取行为。本罪中的刺探行为,是指行为人暗中对掌有国家秘密的人,采取各种手段探听、侦察、了解国家秘密的行为。评标活动中,评标专家利用交流讨论的机会,向掌有国家秘密的其他参与评标人员探听国家秘密的,即属于该种行为。本罪中的收买行为,是指用金钱、物质、色情以及其他方法,向掌有国家秘密的人交换国家秘密的行为。招标人员采用上述三种方式获取国家秘密的行为,无论其出于什么动机和目的,均构成非法获取国家秘密罪。

根据《中华人民共和国刑法》第二百八十二条第一款的规定,处三年以下有期徒刑、拘役、管制或者剥夺政治权利;情行严重的,处三年以上七年以下有期徒刑。

(二)非法持有国家绝密、机密文件、资料、物品罪

非法持有国家绝密、机密文件、资料、物品罪是指非法持有属于国家绝密、机密的文件、资料或者其他物品,拒不说明来源与用途的行为。

本罪的主体为一般主体,主观方面表现为直接故意。本罪的犯罪对象仅限于属于国家绝密级和机密级的文件、资料或者其他物品。构成本罪,不但要有非法持有属于国家绝密、机密的文件、资料或者其他物品的行为,还必须拒不说明其来源与用途,两者缺一不可。招标活动中,不应知悉某项国家绝密、机密的文件、资料或者其他物品的招标人员携带、存放该项文件、资料、其他物品,或者可以知悉某项国家绝密、机密的文件、资料或者其他物品的招标人员,未办理手续,私自携带、存放该项文件、资料或者其他物品的行为,均构成非法持有的行为。招标人员在非法持有国家绝密、机密文件、资料、其他物品的既定事实下,当有关机关对其进行调查时,拒不说明来源和用途的即为“拒不说明来源与用途”的行为。对于具备保密人员身份的招标人员,有关机关未曾批准其摘抄载有国家绝密、机密信息的申请和审核文件的,该招标人员摘抄后私自将其置于自己控制之中,当有关机关对其调查时,拒不说明来源的,即可构成非法持有国家绝密、机密文件、资料、物品罪。需要说明的是,如果行为人虽然非法持有了国家绝密、机密文件、资料、其他物品,但是说明了其来源与用途的,将不以本罪论处,应当根据实际来源与用途依法处理。比如,属于非法获取国家秘密罪行为的,则应当以非法获取国家秘密罪论处。

根据《中华人民共和国刑法》第二百八十二条第二款的规定,犯本罪的,处二年以下有期徒刑、拘役或者管制。

(三)故意(过失)泄露国家秘密罪

故意(过失)泄露国家秘密罪是指国家机关工作人员或者非国家机关工作人员违反保守国家秘密法,故意(过失)使国家秘密被不应知悉者知悉,或者使国家秘密超出了限定的接触范围,情节严重的行为。其中,故意泄露国家秘密罪的主观方面表现为行为人明知自己的行为会发生泄露国家秘密的结果,希望或者放任这种结果的发生。过失泄露国家秘密罪的主观方面表现为行为人应当预见自己的行为会发生泄露国家秘密的危害结果,由于疏忽大意而没有预见,或者已经预见而轻信能够避免的心理态度。两罪的其

他构成要件相同。

故意(过失)泄露国家秘密是招标人员侵犯国家秘密中最常见的一种行为。我国司法实践中也出现过一些判例,例如,浙江省舟山市普陀区人民法院审理的一起案件中,招标人员因泄密工程建设项目中的国家秘密而被追究了刑事责任:

2004 年 12 月,刘某受舟山市水务局委派从事浙江省"千库保安工程"之一的舟山市普陀区南岙水库除险加固工程有关的招标、评标事宜。资格预审公告发出后,包括舟山市舟基水利建筑有限公司(以下简称舟基公司)在内的 7 家公司通过资格预审,参与投标。为能顺利中标,舟基公司项目经理陈某多次要求刘某帮忙,刘均表示同意。在开标前一天,刘某先后将评标委员会成员名单以及初步标底 272 万元告诉了陈某,并向陈言明开标时的标底可能还要下降。开标时,舟基公司以 246.98 万元进行报价,而建设单位开出的最终标底为 255.6743 万元。根据评标办法,舟基公司因报价最接近标底而高分中标。此后,刘某收受了陈某赠送的购物卡和礼品。法院经审理认为,经相关部门认定,刘某所泄露的评标委员会成员名单以及初步标底属于国家秘密,刘某接受国家机关的委派参加工程建设项目的招评标活动,根据保守国家秘密法的规定,对在招标过程中知悉的国家秘密,其应当予以保守。刘为了获取不正当的利益,故意将上述国家秘密告知不应知悉的投标人,情节严重,已构成故意泄露国家秘密罪,判处其有期徒刑六个月。

泄露国家秘密的方式多种多样,除像刘某一样口头泄密外,还包括书面泄露,以交付原物的方式,用密写、影印、摄影、复印等方式泄露等。但是,泄露方式的不同,不影响犯罪的成立。值得注意的是,目前,随着我国电子化的普及,有些招标项目采用计算机评标系统进行评标,评标系统内存有大量的招标及评标信息。如果评标专家在评标过程中,将评标系统中的国家秘密复制后向不应知悉人员传播,或者通过互联网将所掌握或知悉的国家秘密发送给不应当知悉的人员,均可构成故意泄露国家秘密的行为。此外,如果评标专家违反保密规定,将涉及国家秘密的计算机或者计算机评标系统与互联网相连接,出现泄露国家秘密后果的,有可能构成过失泄露国家秘密罪。

根据《中华人民共和国刑法》第三百九十八条的规定,犯故意泄露国家秘密罪和过失泄露国家秘密罪的,判处三年以下有期徒刑或者拘役。对情节特别严重的,判处三年以上七年以下有期徒刑。

二、侵犯商业秘密的刑事责任

(一)商业秘密

商业秘密是指不为公众所知悉,能为权利人带来经济利益,具有实用性并经权利人采取保密措施的技术信息和经营信息。商业秘密的确定没有法定程序,只要符合商业秘密的基本条件,权利人又采取了合理的保密措施,就可以受到法律的保护。

商业秘密与经济、科技领域中的国家秘密,都是我国经济、科技领域内的秘密事项,都是具有保密价值的信息。尽管它们涉及的利益主体有所不同,而且在法律性质、立法意图、确定程序、转让条件、法律保护水平、法律责任等方面有所不同,但是,这种区别并不是一成不变的,在一定条件下是可以相互转化的。例如,随着时间的推移,生产发展了,科技进步了,有些经济、科技领域的国家秘密事项会逐渐削弱对国家安全和利益的影响,以至丧失了国家秘密的属性。但对于使用这些秘密事项的企业来说,或许还存在着一定的竞争优势和经济效益,此时的国家秘密就有可能转化为商业秘密。又如,随着经济体制改革,国有企业建立现代企业制度,成为自主经营自负盈亏的独立的市场主体.企业利益与国家利益相对分离,原来作为国家秘密保护的企业自身的某些秘密,也将从国家秘密中分离出来成为商业秘密。又如,企业开发、研制属于秘密的科技项目,也可能具有极大的先进性和独创性,或对国民经济发生重大影响,或与国家安全的关系十分密切,在这种情况下,商业秘密也有可能上升为国家秘密。

(二)招标活动中的商业秘密

根据商业秘密权利人的不同,招标活动中的商业秘密分为两种:一是招标人的商业秘密,涉及招标项目的技术信息、经济信息、标底(尚未构成国家秘密的)等重要信息,招标人的商业秘密主要集中在项目审核文件、招标方案和评标细则、招标文件中。与保护国家秘密不同,在必须招标的项目中,我国招标投标法没有规定对涉及招标人商业秘密的项目可以不招标或邀请招标,因此,如果不存在其他可以不招标或者邀请招标的情形,这些项目均应公开招标,其招标文件将向社会公众发售,招标人的商业秘密面临对外公布的风险。对此,招标人应当慎重考虑是否将自己的商业秘密编入招标文件。侵犯该部分中的商业秘密的招标人员包括招标单位人员、招标代理机构人员以及评标专家。二是投标人的商业秘密,实践中,投标人为了胜出,在制作投标文件时,会毫不保留地向招标人员展示自己的优势和特长,有时不惜将其商业秘密编入投标文件,一并提交评审,有时,招标人为了充分了解投标人的综合实力,也会要求投标人提交一些证明材料和技术数据,其中包括一些投标人的商业秘密。因此,该种商业秘密主要集中在投标文件中,包括了投标人的一些设计、程序、产品配方、制作工艺、制作方法、管理诀窍、客户名单、货源情报、产销策略等信息。侵犯该种商业秘密的招标人员包括招标单位人员、招标代理机构人员以及评标专家。

(三)侵犯商业秘密罪

侵犯商业秘密罪指采用不正当的手段,获取、使用、披露或允许他人使用权利人的商业秘密,给商业秘密的权利人造成重大损失的行为,招标活动中,招标人员侵犯商业秘密行为的主要表现形式为违反招投标文件中的约定或者违反投标人有关保守商业秘密的要求,披露、使用或者允许他人使用其所掌握的商业秘密的。

招标活动中,招标人员获取商业秘密的手段是正当的,不论是招标人的商业秘密还是投标人的商业秘密,根据招标活动的需要,招标人员均可合法获知,但是由于对商业秘密权利人负有明示的或默示的义务,招标人员均不得披露、使用或允许他人使用。所谓明示的保密义务是指根据招标投标法的规定、招标单位的规章制度的规定、招标单位与招标代理机构之间的约定,招标人员应当承担保守商业秘密的义务。所谓默示的保密义务是指根据具体情况可以推知,如果招标人员不默示其承担保密义务,商业秘密权利人就不可能告知商业秘密。本项犯罪行为中的披露、使用或者允许他人使用均是在招标人员违反保守商业秘密义务的前提下发生的。披露指未得到权利人许可而向特定人、小部分人或社会公众公开商业秘密。如招标代理机构工作人员将其合法获悉的招标人的商业秘密提供给参与投标的潜在投标人。使用商业秘密是指招标人员擅自使用商业秘密的行为。允许他人使用商业秘密即招标人员违反上述明示或默示义务,以有偿或无偿形式将商业秘密提供给第三人使用。例如,评标专家将评标过程中获知的某投标人的商业秘密提供给与该投标人存在竞争关系的生产厂家使用的行为,就属于该情形。

根据《中华人民共和国刑法》第二百一十九条的规定,构成本罪,处三年以下有期徒刑或者拘役,并处或者单处罚金;造成特别严重后果的,处三年以上七年以下有期徒刑,并处罚金。

三、防范措施

为防止泄密行为,招标人应当双管齐下,同时加强对涉密人员及涉密事项的管理,采取有效措施,防止泄露事件的发生。

(一)加强人员管理

1.审查招标人员资格条件

制定审查制度,严格审查进入涉密岗位的招标人员的资格条件,对于具体实施招标项目并有可能接触保密事项的招标单位人员及招标代理机构人员,应当审查其是否与招标项目具有利害关系,对于入选评标专家库的人员应审查其是否与评审事项具有利害关系,防止有窃密企图的人员混入招标活动,伺机作案。

2.加强保密教育,提高招标人员的保密素质

招标单位对涉密岗位的招标人员上岗前、在岗时和离岗前都要做好保密教育工作,应当定期组织保密法律制度的学习,使招标人员具备基本的保密常识,掌握必需的保密知识,具备相应的保密工作能力。

3.加强涉密人员的监督管理

建立健全保密规章制度,明确规定涉密人员的保密义务和责任,加强对涉密人员的监督管理,促使招标人员严格按照保密规范的规定处理保密事项。

4.对违反保密制度的人员予以严肃处理

严肃查处泄密事件及其责任人,可以教育本人和警示他人。对违反保密制度造成泄密的招标人员,必须严肃处理。

(二)加强涉密事项的管理

1.制定保密机制

招标单位应建立预防泄密的机制,通过规章制度的管理,尽可能堵塞信息泄露的渠道,防止保密信息的泄露。另一方面,招标单位应建立泄密应急预案,以便在泄密事件发生时能够及时采取补救措施,控制和消除泄密行为带来的不利影响。

2.重视涉密招标文件和信息的管理

招标人应加强对涉密的招标文件和信息的管理工作,严格控制接触涉密招标文件和信息的人员,并对接触涉密信息的人员进行保密教育或者采取必要的保密措施。尤其对标底、邀请投标单位的短名单等重要信息更应加强管理,严格控制掌握该信息的人员范围。

3.加强评标过程的保密工作

评标过程是泄密的高发阶段之一,招标单位人员、招标代理机构人员和评标专家都可能成为泄密的主体,因此应重视和加强评标过程的保密工作。具体措施包括:选取具备保密条件的评标场所,尽量在远离市区、相对独立、环境条件僻静的地点进行评标;加强对纸质文件的管理,对于评标过程中评标人员的笔记、草稿及产生的废纸,评标结束时应及时回收、统一销毁;加强对多媒体设备的管理,严禁评标人员携带照相机、录音设备等多媒体设备进入评标现场;限制评标人员与外界的通讯联络;对评标专家应按组划分活动区域,限制不同组别评标专家间的信息流通等。

4.加强档案管理,确保密件安全

招标活动结束后的保密工作往往被招标人忽略,实践中,一些招标人对招投标资料的管理不严,资料散失、随意借用等现象时有发生,加之个别招标人员素质不高,有些商业秘密事项在不经意间被泄露。因此,招标人应建立严格的档案管理制度,落实专人管理招标档案,确保密件的安全。

最后,需要说明的是,我国刑法仅对涉及国家秘密及商业秘密的泄密行为予以规制,侵犯其他秘密事项的行为,危害性较小,尚未构成犯罪的程度,不以犯罪论处,对于招标人员的其他泄密行为,招标单位可根据本单位的规章制度,追究其行政责任或者民事责任。总之,招标人员及招标单位应当加强对招标投标法及我国保密制度的了解,避免泄密行为的发生。

论违法性认识

吕　健*

【摘　要】 世界各国传统的刑法理论与立法中都坚持“不知法律不免责”的规则，但随着时代的发展，这一规则逐渐受到动摇，笔者从违法性认识的内容、违法性认识的地位及我国违法性认识的完善等方面对这个问题进行了阐述。

【关键词】 违法性认识　社会危害性　故意　责任

违法性认识是一个古老而又年轻的命题，说它古老，它一直可以追溯到古罗马，当时的格言为“不知法不赦”(Ignorant juris non excusat)①，说明当时的人们已经考虑到了违法性认识问题，其结论是将其排除在犯罪构成的考虑范围之外，这样的做法在当时及其后的很长一段时间来看，均为一种明智的做法，因为它极大地促进了刑法的适用，简化了刑罚的适用条件，提高了刑罚的效率。这一格言是如此的有力，以至于它适用了数千年，均没有人对它提出异议。直到 17—18 世纪资产阶级启蒙运动时期，费尔巴哈才对传统的观点提出异议，他从道义责任说的立场出发，主张故意之中包含违法性的认识。② 从此以后，刑法学界对违法性认识问题进行了激烈的争论与探讨，从这个意义上来说，违法性认识问题又是一个年轻的命题。正因为年轻，这个命题充满了活力，各种观点之间的碰撞尤为激烈，从而使这个命题充满了魅力。

---

* 吕　健：女，毕业于浙江大学，法学硕士专职律师，擅长办理刑事、行政、经济案件。

① 张明楷：《刑法格言的展开》，法律出版社 1999 年版，第 207 页。转引自：谢望原，柳忠卫：《犯罪成立视野中的违法性认识》，《法学评论》2003 年第 3 期(总第 119 期)，第 22 页。

② 刘明祥：《刑法错误论》，中国检察出版社 1996 年版，第 7 页。转引自：冯亚东：《违法性认识与刑法认同》，《法学研究》2006 年第 3 期，第 112 页。

一、什么是违法性认识

违法性认识是指:“行为人对于自己的行为不被法律所准允的认识。换言之,意即行为人对自己行为是否违法的认识。”①

这一概念本身是比较简单明了的,但是对于违法性认识的内容却存在着三种不同的意见。

第一种意见认为:违法性认识的内容应当包括一切规范,既包括法律、法规,也包括道德伦理,既包括成文法,也包括不成文法,即人类社会应当遵守的一切规范。这种道德伦理的范围相当广泛,既有日本学者认为的“行为不纯洁”、“反人伦”,“反国民道义性”等等②,也有我国台湾地区学者认为的“实质意义的法律,指社会伦理规范,如公共秩序、善良风俗、诚实信用方法,凡此皆为违法性评价的规范。”③ 这一观点在我国也成为通说。

第二种意见认为:违法性认识的内容应当包括且仅包括刑事法规。持这种观点的,在我国有陈兴良等学者。同时它也是英美法系学者的通说。

第三种意见认为:违法性认识的内容应当包括整体法律规范,但不包括社会伦理道德规范。这一观点是德日刑法通说。我国大陆学者也有类似主张,称:“违法意识的涵义指违反一切法律规范,即不仅包括刑事法规,也包括其他法规,如民事法规、行政法规等等。”④

上述三种意见,都有自己的合理性,第一种观点与我国现行的刑法中犯罪主观构成要件最相吻合,因此成为我国的通说,因为违反一切社会规范,包括违反社会伦理道德,与“具有社会危害性”的含义是最接近的。第二种观点紧扣刑事违法性,针对性最强。第三种意见涵盖了整个法律规范,相对于前两种意见是一种中庸的意见,在操作时,不用辨析当事人所具有的违法性认识是刑事违法性认识、民事违法性认识,还是行政违法性认识,操作相

---

① 齐文远,熊伟:《论犯罪故意中的违法性认识》,《刑法评论》2006年第1卷,第2页。

② 【日】藤内谦《刑法讲义(总论)》(下),有斐阁1991年版,第1031页,转引自刘明祥:《刑法错误论》,中国检察出版社1996年版,第211页,转引自莫晓宇:《知与恶——犯罪故意中的违法性认识》,《法学评论(双月刊)》2006年第4期,第31页。

③ 郑健才:《刑法总则》,三民书局1985年版,第156页,转引自莫晓宇:《知与恶——犯罪故意中的违法性认识》,《法学评论》2006年第4期,第31页。

④ 姜伟:《犯罪故意与犯罪过失》,群众出版社1992年版,第143页,转引自:莫晓宇:《知与恶——犯罪故意中的违法性认识》,《法学评论》2006年第4期,第31页。

对简单。

笔者认为第三种意见，更具合理性。因为我们所讨论的是违法性认识问题，加上一个定语的话是刑事违法性认识问题，而不是违反道德性认识问题、违反民法认识性问题，或者是违反行政法认识性问题。当一个人具有民法违法性认识，而对其适用刑法，这依然是不当的。另外，有人认为刑法中的很多概念，都是援引了民法或行政法中的概念，有些行为，究竟是侵权，还是犯罪，本身界线就很模糊，例如，经济纠纷与诈骗，有时就很难区分。对此，笔者认为，虽然刑法中援引了民法或行政法中的概念，但是，刑法作为最严厉的法律，其构成要件严于民法或行政法，它们之间存在着质的区别，从刑法的谦抑性（指立法者应力求以最小的支出——少用甚至不用刑罚，获取最大的社会利益——有效地预防和控制犯罪，具有限制机能，在现代法制社会，这是刑法应有的价值意蕴。[①]）出发，它要求行为人在主观上所具有的是犯罪（违反了刑法规范）的意识，而不仅仅是违法（违反民法、行政法）的意识。另外，如果因为刑法中援引了民法和行政法中的概念，就认为刑法中的违法性认识应包括民法和行政法的违法性认识，那么第一种意见的持有者完全可以认为：刑法中的许多概念，直接来源于道德领域，那么刑法中的违法性认识也应扩大到社会伦理方面。还有人认为如果违法性认识仅限于刑事法规，很多人对刑事法规并不是很清楚，即便是法律工作者有时也难以正确理解刑事法规的内容，这样的违法性认识是否过于苛刻，对于这个问题，笔者认为，违法性认识对于刑法规范的认识，并不是对刑法条文的具体规定的认识，而是对自己的行为应受到刑罚处罚的认识，至于如何处罚，处罚的幅度等，并不要求行为人对此具有明确而具体的认识。

二、违法性认识的地位

违法性认识在一开始处于无处容身之地，因为著名的格言“不知法律不赦”具有牢固的地位。然而，随着经济的发展，法律、法规的日益复杂化，每个人都有可能在某一方面成为“不知法律”者，而不仅仅是法盲才不知法律，于是这一格言的地位渐渐受到了动摇，而违法性认识则逐渐地登上了历史舞台。无论是英美法系，还是大陆法系，违法性认识的地位都已逐渐得到了

---

① 陈兴良：《刑法的价值构造》，中国人民大学出版社 1998 年版，第 353 页，转引自：周晶敏：《违法性认识：故意犯罪之要件》，《法学》2003 年第 3 期，第 76 页。

确立,但在不同的国家,违法性认识的地位仍是不同的。

在英美法系中,犯罪构成采取的是双层结构,在第一层结构中,由控方证明被告人具备了应负刑事责任的犯罪要件,不需要考虑对被告人有利的事实,在第二层结构中,辩护方则要对这些证据和理由提出相应的反驳和辩护理由。在这些辩护理由中就包括了特定情形下的不知法(ignorance of law or knowledge of illegality)或者违法性认识错误(mistake of law)。[①] 如果辩护人提出的意见被采纳,即可否定刑事责任,而不是从轻或减轻刑罚的问题,也正因为如此,英美法系在适用违法性认识作为抗辩理由时,采取十分慎重的态度。

在英美法系中,英国较美国更为保守。英国在很大程度上固守着原有的"不知法律不免责"的理念。从英国的判例来看,"不懂法不作为抗辩的理由"具体包括以下三种情况:第一,行为人由于客观原因(如常年在外、公海航行等)不知道某法律的施行不得作为抗辩之理由。第二,外国人不知道自己的行为在行为地是犯罪不得作为抗辩的理由。第三,行为人已经征询过相关法律人士(如律师)或者法定资格的官员然后实施的自认为是合法的行为也不得作为抗辩的理由。[②] 不过,英国在"不知法"上的顽固态度也遭到了本国学者的批评,并且在英国的国内立法上也对该原则有所突破,1968年的《盗窃罪法》(Theft Act)与 1971 年的《毁弃罪法》(Criminal Damage Act)承认法律认识错误成立抗辩,1946 年《法律文书法》第 3 条规定,如能证明在被指控的犯罪实施期间,文书局还没有发行这部法律文件,这就是被指控犯有该罪的人的一个辩护理由,除非能够证明在所提出的犯罪实施期间,已经通过适当方式把该文件的大意通知公众和与之直接有关的人,或者通知了被告人。[③]

美国在该问题上,态度更明朗一些,有大量的案例承认"不知法不免责"的例外。如 1957 年的蓝波特案就是一个典型的例子。据 1920 年洛杉矶市的一项法律规定:"任何被判过刑的人在洛杉矶市逗留超过五天的,须向警察部门登记;其他公民,在一个月内进入该市五次以上的,也须登记。违反者应受到监禁和罚金的处罚。"被告人蓝波特夫人因违反此项法律而被罚罚

---

① 陈世伟:《三大法系违法性认识比较研究》,《河北法学》2006 年 3 月第 24 卷,第 3 期,第 110 页。

② 陈世伟:《三大法系违法性认识比较研究》,《河北法学》2006 年 3 月第 24 卷,第 3 期,第 106 页。

③ 【英】鲁伯特·克罗斯等:《英国刑法导论》,赵秉志等译,中国人民大学出版社 1991 年版,第 49 页。转引自:竹怀军,利子平:《"不知法不免责"原则价值的嬗变与选择》,《比较法研究》2007 年第 5 期,第 95 页。

金250美元和3年缓刑。被告人以根本不知道该市有这项法律作为辩护理由,对这个判决一直上诉到联邦最高法院。联邦最高法院以被告人不可能知道这项法律为由撤销了原审法院的判决,发回重审。加利福尼亚最高法院以洛杉矶市该项法律同州的有关法令相冲突而裁定中止此案。① 尽管有例外,但是以"不知法"作为抗辩的领域也是很狭小的,在美国的判例中,这种例外主要表现在四种情况下:其一,因信赖州最高法院的判决和地方法院判决而发生的违法性错误可以免责。其二,因信赖具有某种权限的行政官员的意见而发生的违法性错误可以免责,例如美国1911年的State v. White案。案情是:被告人实际上没有选举权,但事先基于选举人登记官员的决定,认为自己具有选举资格,于是作为选举人登记。原审法院判决被告人有罪,但密苏里州最高法院撤销了原审判决。理由是:虽然认为任何人都知道法律,但事实上,连受到最严格训练的法官有时也难以知道什么是正确的法律。在本案中,被告人是根据具有选举资格审查权的行政官员的决定实施的行为,如果认定被告人有罪则过于苛刻,因为行政官员自身犯了错误,对被告人提出了不适当的意见。② 其三,因为真诚地误解了法律而发生的违法性错误可免责。其四,因信赖法律家的意见而发生的违法性错误可以免责。③

笔者认为,英美法系国家撇开了违法性认识的定义问题,在判例和立法中逐渐地确立"不知法不免责"的具体例外情形,将自由裁量权赋予法院,是一种既明确又灵活的做法,它可以方便法律工作者进行操作。同时,一旦符合"不知法不免责"的例外情形,即可阻却整个犯罪的成立,而不再考虑行为人对于"不知法"是否存在过错,从而从轻或减轻处罚,这种做法,形式上有利于行为人,但实质上,法院会由于害怕放纵犯罪而减少对"缺乏违法性认识"抗辩的确认。

在大陆法系,对于违法性认识的争论更复杂,也更激烈。在大陆法系中,犯罪构成的模式是:构成要件符合性——违法性——有责性。大陆法系违法性认识的研究之所以很繁杂,主要就是由于这一递进式的犯罪模式。在评析大陆法系国家违法性认识理论的时候,我们必须先弄清一个基本问

---

① 陈世伟:《三大法系违法性认识比较研究》,《河北法学》2006年3月,第106页。

② 张明楷:《英美刑法中关于法律认识错误的处理原则》,载《法学家》1996年第3期。转引自:竹怀军,利子平:《"不知法不免责"原则价值的嬗变与选择》,《比较法研究》2007年第5期,第94页。

③ 竹怀军,利子平:《"不知法不免责"原则价值的嬗变与选择》,《比较法研究》2007年第5期,第94页。

题:违法性认识在犯罪论中的地位是什么?据我国学者考证,主要有三种情况:第一种是将故意作为构成要件要素之一即在“故意的构成要素”中讨论违法性认识。第二种是将违法性认识作为故意与过失的共同责任要素,在故意、过失之外单独加以论述。第三种是将违法性认识作为责任或者说作为责任条件之一,在责任论中加以独立论述。[①] 在不同的地位上讨论违法性认识,又形成了多种不同的见解。这些见解大致有四种学说:[②]

1.违法性认识不要说,此说认为,故意的成立只要犯罪事实的认识就足够了,不需要违法性认识或违法性认识的可能性,因此违法性认识错误不阻却故意,法律的不知或误解不影响行为人的刑事责任。

2.故意说,故意说又可分为严格故意说和限制故意说。严格故意说认为,现实的违法性认识是故意的要件,违法性错误当然阻却故意。但是行为人关于违法性的错误存在过失时,如果有处罚相应过失的法律规定,就成立过失犯;如果没有相应处罚规定或者对违法性错误不存在过失,则不成立犯罪。限制故意说则认为,只要有违法性认识的可能性就成立故意,没有违法性认识的可能的场合,则阻却故意。

3.违法性的过失(法律的过失)准故意说,这种学说主张,故意的成立原则上以认识违法性为必要,但在发生违法性认识的错误即不具有违法性意识而又有过失的场合,则应作为一种“违法性的过失”与故意同样对待。

4.责任说,该学说认为,违法性认识及违法性认识的可能性并非故意的要素,而是与故意不同的独立的责任要素。违法性认识错误与故意的成立无关,只不过在不能避免此种错误的场合阻却责任;而在可能避免的场合,仍然成立故意犯,只是可以减轻责任。

笔者赞成责任说,因为第一种学说完全否决了违法性认识的地位,已成为一种与现实不很适应的学说,它不能很好地保护当事人的合法权益;第二种学说在严格故意说中,违法性认识存在过失时可能因为不存在过失犯而得不到追究;而在限制故意说中,只要存在违法性认识的可能性,就认定为故意犯,也失之过严。第三种学说认为违法性认识存在过失时,直接按故意犯处理,这也过于严格。相比之下,第四种责任说较好地解决了上述问题。

在大陆法系中,德国和日本对于违法性认识的研究较系统,而法国和意大利则相对保守,但是违法性认识的确立已是不可阻挡的潮流。如意大利

---

① 陈世伟:《三大法系违法性认识比较研究》,《河北法学》第 2006 年 3 月,第 111 页。

② 齐文远,熊伟:《论犯罪故意中的违法性认识》,《刑法评论》2006 年第 1 卷,第 3-4 页。

曾在《刑法》第五条中规定“任何人不得以对刑事法律的不知为理由要求宽宥”,但意大利宪法法院在1988年3月24日的第364号判决中宣布该条款部分违宪,认为对刑事法律“不可避免的不知”是应当免责的。[①] 德国在《德国刑法典》第17条规定:“行为人行为时没有认识其违法性,如该错误认识不可避免,则对其行为不负责任。如该错误认识可以避免,则对其行为依第49条第1款减轻其刑罚。”[②]《日本刑法典》第38条第3款规定:“不得因不知法律而认为没有犯罪的故意,但根据情节可以减轻刑罚。”[③]

三、我国违法性认识立法的完善

我国的犯罪构成是一个整体式的“框架”,缺少其中任何一个要件行为都不能成立犯罪。我国的这一犯罪构成模式,既不同于英美法系,又不同于大陆法系。我国对违法性认识的争论是和社会危害性认识的研究联系在一起的。目前,我国关于违法性认识的学说主要有四种。[④]

1.违法性认识不必要说,从另一角度,此说可称为社会危害性必要说,主张社会危害性认识是犯罪成立的必备要件,而违法性认识则不是。

2.违法性认识必要说,此说认为,违法性认识是犯罪故意的必备要件,而社会危害性则不是。

3.违法性认识和社会危害性认识同时必要说,此说主张,违法性认识和社会危害性认识同时具备才能成立犯罪的故意。

4.违法性认识和社会危害性认识择一说,这是我国刑法理论界最近倡导的学说。亦即,违法性认识和社会危害性认识,行为人主观上只要具备其一就成立犯罪故意。

笔者赞同第三种学说,具体理由如下:

1.违法性认识和社会危害性认识并不是同一概念,社会危害性认识不

---

① 唐稷尧:《域外刑法违法性认识辨析及其与社会危害性认识之比较》,《现代法学》2006年5月,第130页。

② 徐久生,庄敬华译:《德国刑法典》,中国法制出版社2000年版,第48页,转引自:竹怀军,利子平:《“不知法不免责”原则价值的嬗变与选择》,《比较法研究》2007年第5期,第98页。

③ 张明楷译:《日本刑法典》,法律出版社1998年版,第48页,转引自:竹怀军,利子平:《“不知法不免责”原则价值的嬗变与选择》,《比较法研究》2007年第5期,第98页。

④ 谢望原,钱叶六:《违法性认识与犯罪故意关系论》,《刑法评论》2006年第1卷,第24-25页。

能替代违法性认识,认识到了社会危害性,并不一定认识到违法性,比如偏远山区的人捕杀野生动物,也许他会有社会危害性认识,但他不一定有违法性认识。又如有人将自己养的虎皮鹦鹉产下的小鹦鹉卖给别人,他可能既没有社会危害性认识,也没有违法性认识。社会危害性认识,更多的是一种对犯罪事实的认识,而违法性认识则是对犯罪事实不为刑法所认可的认识,这两者都是行为人在行为时所必须认识到的内容,从而他才应该对自己的行为负责。

2.违法性认识是必要的。因为现代社会法律、法规十分复杂,要想明了法律、法规的规定,十分困难。在现实生活中,因不知法而犯罪的情况不可避免。而在这种情况下,对行为人进行处罚,显然有违情理,"对没有认识到自己行为在法律上是不被允许的人进行非难,是不当的、苛酷的,无益于行为人规范意识的觉醒。"① 有这样一个案例,浙江某地王某从其他人手里转让过来一个小卖部,小卖部里有库存的商品,包括一些气枪铅弹,这些气枪铅弹很好卖,王某卖完后又去某小商品市场文化用品区进货,铅弹的外包装盒上也明确写着文化用品字样,生产单位也是文化用品生产厂家,但王某不知道,就在他进货不久,我国就出台了买卖枪支弹药的新的司法解释,其中规定王某所购买的该规格的气枪铅弹(直径3毫米以上)已列入管制的枪支弹药的范围,未经国家批准不得买卖。王某不知道该司法解释,还像往常一样买卖,结果被抓。在本案中,王某明显缺乏违法性认识,在这样的情况下,如果对王某进行处罚,则显然是不合情理的。王某一审被判十年有期徒刑,他在狱中,倍感冤枉,痛不欲生。后二审改判三年有期徒刑,缓刑三年。二审法官应当是考虑到王某违法性认识的缺乏,才改判的。

3.社会危害性认识是必要的。有人认为社会危害性认识不是一个法律概念,而只是一个政治概念,因此,只需有违法性认识,而不再需要社会危害性认识,这种观点我认为有待商榷。社会危害性认识主要是指对犯罪事实的认识,无论是故意犯,还是过失犯,都离不开对犯罪事实的认识。因此社会危害性认识也是不可或缺的。

在我国现行的刑事立法中,还没有违法性认识的容身之处,无论是社会进步的要求,还是与国际接轨的需要,我国都应在立法中确立违法性认识的

---

① 李东海:《日本刑事法学者》(上),中国法律出版社、日本成文堂联合出版1995年版,第155-156页,转引自:莫晓宇:《知与恶——犯罪故意中的违法性认识》,《法学评论》2006年第4期,第30页。

地位，至于采取何种立法模式，笔者认为，我国现有的犯罪模式已实行了几十年，已为大众所接受，并在实践中证明在较大程度上满足法治的需要，因此，我们应尽量减少改动，以保持立法的稳定性。所以，在对现行刑法犯罪构成原有条文不变的情况下，可增加一条对于违法性认识的规定，具体内容可参照德国刑法典的规定："行为人行为时没有认识其违法性，如该错误认识不可避免，则对其行为不负责任。如该错误认识可以避免，则对其减轻刑罚。"

【参考文献】

[1] 谢望原，柳忠卫. 犯罪成立视野中的违法性认识. 法学评论，2003(3)(总第119期).

[2] 冯亚东. 违法性认识与刑法认同. 法学研究，2006(3).

[3] 齐文远，熊伟. 论犯罪故意中的违法性认识. 刑法评论，2006(卷).

[4] 莫晓宇. 知与恶——犯罪故意中的违法性认识. 法学评论(双月刊)，2006(4).

[5] 周晶敏. 违法性认识：故意犯罪之要件. 法学，2003(3).

[6] 竹怀军，利子平."不知法不免责"原则价值的嬗变与选择. 比较法研究，2007(5).

[7] 陈世伟. 三大法系违法性认识比较研究. 河北法学，2006，24(3).

[8] 唐稷尧. 域外刑法违法性认识辨析及其与社会危害性认识之比较. 现代法学，2006(5).

[9] 谢望原，钱叶六. 违法性认识与犯罪故意关系论. 刑法评论，2006(1).

建筑工程实际施工人犯罪问题研究

赵全强　谭佳晶*

【摘　要】 2007年全国建筑业总产值持续平稳增长，建筑业已经成为我国国民经济发展的新的增长点。但是在建筑业快速发展的同时，与之相关的经济犯罪活动走高态势日益显现。本文针对建筑工程中实际施工人的犯罪问题进行研究，以一个具体案例分析实际施工人犯罪的具体表现形式及其罪与非罪的界限。文章认为实际施工人犯罪的具体表现形态集中为合同诈骗罪、职务侵占罪以及挪用资金罪这三种犯罪形式，并具体分析研究了实际施工人上述犯罪形式的异同。

【关键词】 实际施工人　合同诈骗罪　职务侵占罪　挪用资金罪

根据国家统计局数据显示，2007年全国建筑业企业生产与建筑业总产值平稳增长。2007年，全国建筑业企业完成建筑业总产值50019亿元，比上年增加8461亿元，增长20.4%，增幅同比提高1.8个百分点。浙江作为全国建筑业生产大省份，多年来一直以较大优势领跑全国。2007年，浙江省完成建筑业总产值6790.32亿元，排在全国建筑业生产的首位。

与建筑业持续快速发展相对应的是，与之相关的经济犯罪活动走高态势日益显现。根据2008年公安部公告，2007年，全国公安机关共立破坏社会主义市场经济秩序犯罪案件8.4万起，比2006年上升4.2%，自2004年以来连续第4年出现明显上升。正如华东政法大学法学博士穆伯祥所说："经济犯罪的高发正在动摇社会稳定的基石"。而对于建筑施工业来说，虽然"近年来发展很快，吸纳了大量的农民工就业，并拉动了诸多相关行业的

* 赵全强：男，专职律师。
谭佳晶：女，专职律师。

发展,成为我国国民经济发展的新的增长点"[①],但是在建筑业快速发展的同时,也出现了一些问题,如建筑业如何预防与遏制经济类型的犯罪就是非常值得研究的问题。本文就拟对建筑工程中实际施工人的犯罪问题进行研究,以作抛砖引玉之效。

一、实际施工人的概念

在对建筑工程实际施工人犯罪问题进行阐述与研究之前,非常有必要明确实际施工人的概念。

1.狭义的"实际施工人"

"实际施工人"有广义与狭义之分。狭义的"实际施工人"是指最高人民法院在《关于审理建设工程施工合同纠纷案件适用法律问题的解释》(以下称《解释》)中创设的概念。[②] 最高人民法院副院长黄松有在2004年10月27日就最高人民法院发布《关于审理建设工程施工合同纠纷案件适用法律问题的解释》答记者问时,阐述道:"从建筑市场的情况看,承包人与发包人订立建设工程施工合同后,往往又将建设工程转包或者违法分包给第三人,第三人就是实际施工人。"黄松有大法官该句话中,是将实际施工人定位为非法转包合同与违法分包合同中的承包人。

本文作者认为,除了黄松有大法官所定义的实际施工人之外,根据《解释》的规定,狭义的实际施工人还包括以下四类:第一,未取得建筑施工企业资质的承包人,或者超越资质等级的承包人(在建设工程竣工前取得相应资质等级的除外);第二,没有资质而借用有资质的建筑施工企业名义从事建设工程施工的承包人;第三,建设工程必须进行招标而未招标或者中标无效的建设工程施工合同的承包人。

2.广义的"实际施工人"

广义的"实际施工人",即实际上进行工程施工的人。广义的"实际施工人"既包括合法的施工人,也包括上述狭义的实际施工人。本文所指的"实际施工人"均为广义上的"实际施工人"。

---

① 2004年10月27日黄松有就《关于审理建设工程施工合同纠纷案件适用法律问题的解释》答记者问。

② 《解释》中"实际施工人"的概念分别出现在第四条、第二十五条、第二十六条三个法律条文中。

二、实际施工人犯罪的具体表现形式及其罪与非罪的界限

(一)实际施工人犯罪的具体表现形式

实际施工人犯罪的具体表现形式有很多,最常见的是在建设工程施工活动中进行合同诈骗、职务侵占、挪用资金等几种。下文就通过一个具体的案例来阐述实际施工人犯罪的具体表现形式及其罪与非罪的区别。

案例简介:某年某月,某施工企业A中标获得了某工程土建和安装工程承包工程,工程总预算为1000万元。建设方和承包方某施工企业A签订了《建筑安装工程承包合同》。根据该《合同》规定,承包方的承包方式为"包工包料",建设方按承包方的工程进度向承包方拨付工程款,合同还规定了其他一些必备条款。此后,B担任该工程的项目负责人,并与A签订了《内部承包协议书》。按照《内部承包协议书》约定,王某以"包工包料"形式"承包"上述所有的工程项目,A公司预先按总工程款的一定比例提取"税收"、"管理费"、"安全保证金"、"工程保修费"等费用,其余工程款由B按工程进度向A公司申请拨付。合同签订后,工程开工建设,工程施工过程中,建设方共拨付给A公司工程款800万元,B以付民工工资100万元和购工程材料500万元为名从A公司领取600万元,之后B以无资金为由停建工程。

三个月后,A公司陆续收到法院传票,包括以C为诉讼代表的100余位民工要求A公司支付工资;D钢材公司与E水泥公司要求A公司支付钢材材料款与水泥材料款。

针对以上案情,对于施工企业A、实际施工人B与追讨欠款的C、D、E之间到底是属于经济纠纷,还是B已经触犯了刑法,构成了合同诈骗罪、职务侵占罪或者挪用资金罪分别有不同的争论,下文就对此作详细论述。

(二)经济纠纷还是涉嫌犯罪

施工企业A、实际施工人B与追讨欠款的C、D、E之间到底是属于经济纠纷,还是B已经涉嫌经济犯罪?这是首先值得思考的问题。笔者认为,在符合一定的条件时,他们之间并不是单纯的经济纠纷,B可能已经触犯了刑法,构成了经济犯罪。

根据我国刑法理论,构成犯罪应当具有以下四个犯罪构成要件即:犯罪

主体,犯罪的主观方面,犯罪客体,犯罪的客观方面。在本案例中,讨论的重点是犯罪的主观方面与犯罪的客观方面。传统刑法理论认为,犯罪主体必须在犯罪的主观方面具有故意或者过失,才能够构成犯罪;而犯罪主体是否在主观方面有故意或者过失,除了犯罪主体自身的供述之外,一般是通过其犯罪的客观方面即其客观表现来判断。

对于本案,实际施工人 B 的以下行为非常重要,是界定其罪与非罪的重要因素:

1.在纠纷形成后,B 作为关键人物,是否能够参与纠纷的解决。结合上述案例具体来说,就是当各方发生争议时,B 是携款杳无音讯,不知去向,还是能够能够积极参与纠纷的解决?假如此时 B 已携款不知去向,那么 B 涉嫌犯罪的嫌疑非常大,具体涉及的是合同诈骗罪还是职务侵占罪或者是挪用资金罪则要进一步分析,这一点本文下文将会做详细分析。如果此时 B 积极参与纠纷的处理,比如积极的参与庭外调解,参与诉讼等,那么 B 涉嫌犯罪的嫌疑就比较小,因为很明显,此时 B 是想通过正当的途径来解决各方之间的纠纷。

2.看案件争议焦点。具体言之,即看各方之间具体的纠纷内容,纠纷的内容到底是单纯的追讨所有欠款,还是对于所提供的劳务或者是材料质量、数量有疑义?如果双方争议的内容是所提供的劳务或者是材料的质量、数量有疑义,那么争议双方之间形成的应当是经济纠纷,B 的行为还未涉嫌犯罪;如果单纯为追讨欠款,并且追讨的欠款数目比较大(也就是说 B 实际支付的工程款与材料款非常少),那么 B 涉嫌挪用资金、侵占财产或者利用施工合同诈骗工程款的嫌疑就比较大。

3.看 B 有无与第三方尤其是材料商即上述案例中的 D、E 恶意串通,如果有,涉嫌犯罪。如果 B 在与 D 材料商、E 签订合同之始或者在合同履行过程中,就是以非法占有为目的,与 D、E 恶意串通,利用签订假的供货合同来骗取工程材料款,那么很明显 B 的行为涉嫌犯罪。在此种情况下,引发目前理论界尚有争议的诉讼诈骗问题[①]。由于利用了诉讼这一手段进行诈骗,因此理论与实践上对这一行为是否符合传统意义上的诈骗罪尚有争议。本文作者认为,B 以非法占有他人财产为目的,通过虚构事实或者隐瞒真相,骗取公私财物,完全符合我国《刑法》规定的诈骗罪的构成要件。在我国

① 诉讼诈骗是指行为人隐瞒事实真相,利用手中掌握的证据,通过诉讼方式借助国家司法权力骗取他人的财产的行为。

《刑法》尚未增设诉讼诈骗罪这一具体罪名的情况下,应当适用《刑法》第266条诈骗罪予以定罪量刑。如果法院在审理B与D、E的民事纠纷中,发现其有重大的诉讼诈骗的嫌疑,应当将案件移交给公安机关,由公安机关介入对案件事实进行调查。

4.看涉案数额。无论B涉及哪一种犯罪,都应当达到根据最高人民检察院、公安部于2001年4月18日发布的《关于经济犯罪案件追诉标准的规定》。根据该规定,关于合同诈骗罪、职务侵占罪与挪用资金罪的追诉标准如下:

(1)合同诈骗案。以非法占有为目的,在签订、履行合同过程中,骗取对方当事人财物,涉嫌下列情形之一的,应予追诉:

①个人诈骗公私财物,数额在五千元至二万元以上的;

②单位直接负责的主管人员和其他直接责任人员以单位名义实施诈骗,诈骗所得归单位所有的,数额在五万至二十万元以上的。

(2)职务侵占案。公司、企业或者其他单位的人员,利用职务上的便利,将本单位财物非法占为己有,数额在五千元至一万元以上的,应予追诉。

(3)挪用资金案。公司、企业或者其他单位的工作人员,利用职务上的便利,挪用本单位资金归个人使用或者借贷给他人,涉嫌下列情形之一的,应予追诉:

①挪用本单位资金数额在一万元至三万元以上,超过三个月未还的;

②挪用本单位资金数额在一万元至三万元以上,进行营利活动的;

③挪用本单位资金数额在五千元至二万元以上,进行非法活动的。

当然,值得注意的是,B到底是否涉嫌犯罪,不能仅仅以上述四个因素中的某一个因素作为判断依据,而应当综合考虑各方面因素,才能得出正确的结论。

三、实际施工人的几种犯罪形态分析

本文实际施工人B所涉及的犯罪形态主要有三种:合同诈骗、职务侵占以及挪用资金。具体符合哪一个犯罪行为,需要结合各个犯罪的构成要件来判断。

(一)实际施工人所涉及各犯罪形态的概念

首先,必须明确的是所涉及的合同诈骗罪、职务侵占罪以及挪用资金罪

的概念。根据我国《刑法》,上述罪名的概念如下:

合同诈骗罪的概念。我国《刑法》第224条规定:有下列情形之一,以非法占有为目的,在签订、履行合同过程中,骗取对方当事人财物,数额较大的,处三年以下有期徒刑或者拘役,并处或者单处罚金;数额巨大或者有其他严重情节的,处三年以上十年以下有期徒刑,并处罚金;数额特别巨大或者有其他特别严重情节的,处十年以上有期徒刑或者无期徒刑,并处罚金或者没收财产:

(1)以虚构的单位或者冒用他人名义签订合同的;

(2)以伪造、变造、作废的票据或者其他虚假的产权证明作担保的;

(3)没有实际履行能力,以先履行小额合同或者部分履行合同的方法,诱骗对方当事人继续签订和履行合同的;

(4)收受对方当事人给付的货物、货款、预付款或者担保财产后逃匿的;

(5)以其他方式骗取当事人财物的。

职务侵占罪的概念。我国《刑法》第271条第一款规定:公司、企业或者其他单位的人员,利用职务上的便利,将本单位财物非法占为已有,数额较大的,处五年以下有期徒刑或者拘役;数额巨大的,处五年以上有期徒刑,可以并处没收财产。

挪用资金罪的概念。我国《刑法》第272条第一款规定:公司、企业或者其他单位的工作人员,利用职务上的便利,挪用本单位资金归个人使用或者借贷给他人,数额较大、超过三个月未还的,或者虽未超过三个月,但数额较大、进行营利活动的,或者进行非法活动的,处三年以下有期徒刑或者拘役;挪用本单位资金数额巨大的,或者数额较大不退还的,处三年以上十年以下有期徒刑。

(二)实际施工人所涉及各犯罪形态的区别

区别以上三个罪的关键在于两点:一是犯罪主体;二是犯罪的客观表现。

由于职务侵占罪与挪用资金罪有犯罪主体上的要求,即犯罪主体应当为公司、企业或者其他单位的人员,因此确定犯罪主体的身份就成为正确认定犯罪形态的关键之一。那么如何区分犯罪嫌疑人是否是公司、企业或者其他单位的人员(在本案中即如何区分B是否真正为A公司的职员)?这主要是看:A与B之间是否存在真实的劳动关系。

如果A与B之间有劳动合同且在履行,那么无疑B是A公司的职工。

如果A与B之间没有劳动合同的存在,那么认定B是否是A公司的职工,主要是根据劳动与社会保障部2005年5月25日发布的《关于确立劳动关系有关事项的通知》(劳社部发[2005]12号)来判断。

根据该《通知》:

(1)用人单位招用劳动者未订立书面劳动合同,但同时具备下列情形的,劳动关系成立。

①用人单位和劳动者符合法律、法规规定的主体资格;

②用人单位依法制定的各项劳动规章制度适用于劳动者,劳动者受用人单位的劳动管理,从事用人单位安排的有报酬的劳动;

③劳动者提供的劳动是用人单位业务的组成部分。

(2)用人单位未与劳动者签订劳动合同,认定双方存在劳动关系时可参照下列凭证:

①工资支付凭证或记录(职工工资发放花名册)、缴纳各项社会保险费的记录;

②用人单位向劳动者发放的"工作证"、"服务证"等能够证明身份的证件;

③劳动者填写的用人单位招工招聘"登记表"、"报名表"等招用记录;

④考勤记录;

⑤其他劳动者的证言等。

另外,人事关系也可以作为认定A与B之间关系的辅助证据:比如人员身份、职称、政审、工资记载、行政关系、职务任免、奖惩、党团组织关系等。

同时,实践中建筑施工业,挂靠、违法分包以及非法转包的情况,B作为实际施工人,很明显都不是A公司的职员。

(2)确定了实际施工人的主体身份之后,具体涉及哪一种罪名,主要是看其犯罪的表现形式。

①合同诈骗罪。结合上文所述案例,如果B以非法占有为目的,在签订、履行合同过程中,骗取对方当事人财物,数额较大的情形的,B即构成了合同诈骗罪。

首先,犯罪的时间可以是在签订合同时,也可以在履行合同过程中。具体到本文案例,也就是说B可能在签订承包合同初始就以非法占有为目的,利用签订承包合同骗取A施工企业、D钢材公司、E水泥公司或者工程建设方的公私财物。当然,B也可能是在履行合同中与D钢材公司或者E水泥公司签订虚假的供货合同,虚构或者夸大工程所用材料,来骗取施工企业或者工程建设方的公私财物。

第二,合同诈骗罪的表现形式如《刑法》第224条所述有五种形式。针对施工建筑业来说,比较常见的表现形式为条文所述第(四)项:收受对方当事人给付的货物、货款、预付款或者担保财产后逃匿的。而这一项也是最容易与职务诈骗罪混淆的一项。二者的表现形式都为收受对方当事人给付的财务后逃匿;二者的区别之处一是看其犯罪主体,只有公司、企业或者其他单位的人员才能构成职务侵占罪,如果不是公司、企业职员,或者实际施工人是挂靠人、违法分包人或者非法转包人,都是不构成职务侵占罪的,构成合同诈骗罪;二是看其是否是利用了职务上的便利;三是其占为已有的财务是否为本单位财物?明确了这三点之后,二者之间的区别也就很明显了。

②职务侵占罪。如果B为A公司职员,并且是利用了其职务便利,将本单位财物非法占为已有,数额较大的,则构成职务侵占罪。“利用职务上的便利”一般是指利用自己职务范围内的职权或者因职务而产生的地位所形成的有利条件,主要包括经手、管理财物的便利条件。需要注意的是,职务侵占罪的犯罪主体是自然人,单位不构成本罪的主体。联系本文所述案例,如果B作为A公司的职员,与A公司签订了《内部承包协议书》,利用其作为A公司职员可以经手、管理工程款的便利条件,借以侵占A公司的公私财产,那么B就涉嫌职务侵占罪。当然这里要明确的是,B侵占的必须是A公司的公私财产,而不是A公司本就应当支付给B的工程款或者其他资金。

③挪用资金罪。如果B为A公司职员,利用职务上的便利,挪用本单位资金归个人使用或者借贷给他人,数额较大、超过三个月未还的,或者虽未超过三个月,但数额较大、进行营利活动的,或者进行非法活动的,构成挪用资金罪。具体到本文所述案例,如果B作为A公司的职员,与A公司签订了《内部承包协议书》,利用其作为A公司职员可以经手、管理工程款的便利条件,借以挪用A公司的公私财产,那么B就涉嫌挪用资金罪。同样的,B挪用的必须是A公司的公私财产,而不是A公司本就应当支付给B的工程款或者其他资金。

另外,也要明确区分职务侵占罪与挪用资金罪。二者主要的相同之处在于犯罪主体都必须为公司、企业或者其他单位的职工,容易相混淆的地方则在于二者在客观上都有占用公司财物的表现形式。正确区分职务侵占罪与挪用资金罪主要通过以下几点:一是侵犯的客体和对象不同。挪用资金罪侵犯的客体是公司、企业或者其他单位的资金的使用权,对象是公司、企业或者其他单位的资金;职务侵占罪侵犯的客体是公司、企业或者其他单位的资金的所有权。二是在主观上不同。挪用资金罪行为人的目的在于非法取得本单位资金的使用权,但并不企图永久非法占有,而是准备用后归还;职务侵占罪的行为人的目的在于非法取得本单位财物的所有权,而并非暂时使用。三是最高人民检察院、公安部在《关于经济犯罪案件追诉标准的规定》中对这两项罪名规定的追诉标准不同。

如果一旦认定实际施工人涉嫌犯罪,那么相应的公安机关或者检察院就应当立案,根据《最高人民法院关于在审理经济纠纷案件中涉及经济犯罪嫌疑若干问题的规定》第十二条的规定,与此相关的民事纠纷就应当中止审理,将案件移送公安机关或检察机关。

四、结　语

实际施工人涉嫌犯罪,尤其是挂靠、违法分包或者非法转包的实际施工人涉嫌合同诈骗罪已经不是个案现象,具有一定的普遍性。在这样的案例中,除了建设单位以及第三人(主要以供货商、提供劳务的人员为主)以外,实际施工人的所属单位(包括挂靠单位、违法发包单位或者非法转包单位)实际上都是受害人。由于实际施工人都是以其所属单位的名义对外开展施工活动、签订相关合同等,建设单位与第三人往往会根据合同相对性来追究实际施工人所属单位的民事责任,因此这些单位实际上也背负了重大的法律风险与经济风险。除了杜绝挂靠、违法发包以及非法转包外,如何规范实际施工人与其所属单位之间的内部财务管理、合同管理等等也是值得研究的问题。同时,如何更好地完善建筑施工行业的法律法规,如何细化公安机关与检察机关对于此类案件的立案标准,提供法律保障也是一个途径与趋势。

建筑与房地产篇

窗前绿地是谁的

李国刚　穆卫星*

【摘　要】 最近一年多以来,房地产行业的销售形势日趋紧张,很多开发商动足了脑筋推动销售。对底楼商品房很多开发商把与其相邻的窗前绿地附赠销售或捆绑销售,在实践中各家开发商的做法不尽相同,因此,有必要明确一下商品房的窗前绿地到底是谁的。

【关键词】 窗前绿地　开发商　区分所有权　实务操作

某调查公司在全国做了一次市场调查:“你最想拥有什么?”被调查者中有 70% 以上的人选择了“健康”。由此可见,现代人对健康的关注程度超过了以往任何时期。根据世界卫生组织对健康的定义:“健康,就是指人在身体上、精神上、社会上完全处于良好的状态。”而现代社会的人们在巨大的工作压力、单调的生活内容、复杂的人际关系的围绕下,保持健康有其难度。随着人口增多、资源匮乏、污染严重、环境恶化等现象日益出现,并不断加剧,在这种环境中生存发展的现代人身心疲惫,因而现代人比以往任何时候都更加渴望自然,希望生活在近自然的环境中,而在这样的心理作用下,人们对绿化问题给予了越来越多的关注,都在积极寻找各式各样的绿化方式来换取美丽的居住小环境,达到人与自然的和谐。

在商品房的销售过程中,底楼房屋因为潮湿、管道返水、采光易受影响、噪声干扰较多等原因,售价一般比其他楼层低。因此,作为开发商吸引购买者的促销手段,开发商往往将底楼房屋毗邻的花园、绿地赠送给底楼住户,以期赢得业主的青睐。但是,在这种看似诱人的赠送背后却隐藏着诸多法

---

* 李国刚:男,浙江大学民商法研究生,主要从事建筑房地产、楼盘项目和公司法律顾问等房地产综合法律事务,专职律师。

穆卫星:浙江工业大学法学院毕业,检察院工作。

律问题,并由此可能引发诸多纠纷。

一、窗前绿地纠纷的主要表现

因开发商的单方行为产生的纠纷,常表现为开发商违反合同或规划文件的规定,擅自改变规划用地的绿地功能,建造违法建筑或其他设施。

此种纠纷较为简单,法理上清楚明了,易于解决,往往经有关业主反映或有关部门的干涉后以开发商纠正违约行为收场。

开发商与个别区分所有人的双方或多方行为产生的纠纷,常见的是开发商以“捆绑”销售方法或“附赠”形式将窗前绿地归于底层住宅的区分所有人专有使用。在区分所有的建筑物小区中,在整体绿地归全体业主所共有的同时,底层住宅的区分所有人还有专有使用的绿地,圈起小栅栏,成为自家一统的格局。

在商品房销售中,尽管底层是最难销售的,但是随着赠送窗前绿地的承诺,不仅底层楼的销售形势大为好转,而且底层楼的价格也由最低价格变为与最好的楼层价格一样高,真的形成了购房业主高兴、开发商更高兴的“双赢”局面。但问题是底层业主和开发商“双赢”的喜悦和利益是不是建立在其他业主的权利受损害的基础之上呢?窗前绿地的问题在现实生活中比较复杂,是《物权法》建筑物区分所有权权属规则在实务适用中的难点。

二、认识窗前绿地的几个关键问题

1. 仅仅是使用权不是所有权

开发商在商品房买卖合同补充协议中不能直接笼统地约定谁对区分所有建筑物的窗前绿地具有所有权,对于绿地上的植物才可以规定所有权。在我国,城市土地归国家所有;开发商建筑房屋、购房者购房取得区分所有权,对于建筑物所依附的土地都只享有使用权而不具有所有权,也就是区分所有建筑物地基的建设用地使用权;只有其绿地上的植物,区分所有权人才享有所有权。所谓窗前绿地是谁的,包含了国有土地所有权,国有土地使用权,绿地上植物(包括附着物)的所有权、使用权及收益权(如植物的天然果实)三个层次的含义。

2. 区分所有建筑物的绿地,属于全体区分所有权人共有

在建筑物区分所有权的组成部分中,除了对于区分所有的专有部分之

外,其他的所有部分,都为区分所有权人全体所共有,绿地同样属于共用部分,是全体区分所有权人所共有。对绿地的共有包括两个部分:一是绿地的土地使用权,二是土地上的地上附着物即绿地本身的所有权,这两个部分都属于全体区分所有权人所共有。

3.区分所有建筑物的绿地中的窗前绿地,无特别约定时应仍属于全体区分所有权人共有

窗前绿地属于小区整体绿地的一部分,若没有特别约定时当然属于全体区分所有权人共有,只是有特别约定或一定的有效途径可使窗前绿地归底层相关业主所单独使用。

三、窗前绿地的法律实务操作

窗前绿地只有在可以单独办理国有土地使用权证或可以依附记载于建筑物专有部分的国有土地使用权时,也就是开发商将土地使用权的分割处理好的情况下,才可以与底层区分所有权人约定,将窗前绿地的所有权、土地的使用权归属于该区分所有权人享有,或者享有专有使用权。也就是将窗前绿地的土地使用权和专有使用权确定为区分所有的专有部分,或者依附于其区分所有的专有部分而专有使用。同时,应将绿地的维护费用单独计算,从其他区分所有权人共有部分中予以扣除。不是这样的约定,对其他区分所有权人的权利归属没有效力。

通常这种典型情况如别墅、排屋的窗前绿地,而多层、高层的则为特例。

窗前绿地建议以"附赠"的形式较为妥帖,"销售"更易引起纠纷。附赠从法理上和形式上都没有直接收取绿地销售款,不存在返还、赔偿等后果;而销售直接向购房人收取了绿地销售款,容易让购房人产生被蒙骗的感觉、开发商的销售行为被质疑等,易被他人授之以柄导致要求返还、赔偿等不理智的非法维权。

窗前绿地的权属,原则上属于全体区分所有权人共有,但有途径可使窗前绿地归底层业主专有使用。

途径一,全体区分所有权人通过决议,确定窗前绿地属于本建筑物领域中的底层的区分所有权人享有,那么,这个决议是有效的,底层业主对窗前绿地可以享有专有使用权或者归属于其单独所有。途径二,开发商与所有购房人在商品房买卖合同补充协议或其他文件中约定本建筑物领域中的底层业主享有其相应窗前绿地的专有使用权。

现实生活的事实是,全体区分所有权人中的多数,也不会作出途径一这样的决议,那么,只有途径二是唯一的出路。开发商与个别区分所有权人的约定,只能是开发商与个别区分所有权人的意思表示,不能代表全体所有权人的意志。只有与全体区分所有权人都做出途径二这样的特别约定,方是可行的,这即是全体区分所有权人对自身权益的一种"处分",在民商事活动中,当事人有权处分自己的权利,按照外观主义的原则,如果双方作出这样明确的意思表示,应当是有法律效力的。开发商如果不这样做,坚持仅与个别区分所有权人约定窗前绿地的权属,那就构成对全体区分所有权人的权利的侵害,按照侵权行为法的规则处理,开发商必输无疑!

城市房屋拆迁中被拆迁人的利益保护

孟德荣*

【摘　要】 城市房屋拆迁中因拆迁人和被拆迁人地位不平等、拆迁制度不合理等因素的制约,被拆迁人的合法权益往往受到严重侵害。本文从制定专门法律,严格界定公共利益,厘清政府职能,完善拆迁程序和补偿标准等几个方面着手,对保护被拆迁人的利益给出一些建议。

【关键词】 被拆迁人　权益　公共利益　补偿

城市房屋拆迁是多种法律关系与多种法律行为的混合物,在房屋拆迁过程中拆迁许可、拆迁裁决、强制拆迁等行政行为与拆迁安置、拆迁补偿等民事行为交织其中。在城市房屋拆迁过程中,存在着政府的身份与角色严重错位的现象,政府成立的各种拆迁指挥部与拆迁人实际上是"两块牌子一套班子",近年来政府成立的土地储备中心更是拆迁的主力军,政府在拆迁过程中既是"裁判员"又是"运动员",某些地方政府滥用职权,假借公共利益之名恣意侵害被拆迁人的利益,因拆迁而导致的信访、上访事件不断。因此,遏制政府滥用权力,规范城市房屋拆迁行为,切实保护被拆迁人的合法权益,是推进法治、落实宪法所规定的保护公民私有财产权的一个亟待解决的问题。

一、城市房屋拆迁中的法律关系与现有制度

城市房屋拆迁并不是一个规范的法律用语,它是多种法律关系与多种法律行为的混合物。在城市房屋拆迁过程中既存在政府的管理活动,又有拆迁人与被拆迁人之间进行的民事行为。在此过程中会产生两对法律关系,一对

---

* 孟德荣:男,浙江大学法律系毕业,专职律师,擅长办理建筑与房地产、民商事、行政争议。

是行政法律关系,一对是民事法律关系,两者密切交织在一起,互不可分。

城市房屋拆迁中,拆迁人基于政府行政许可获得拆迁人资格,与被拆迁人就拆迁补偿安置问题进行协商、达成协议,从而取得被拆迁人享有的国有建设用地使用权并进而拆除被拆迁人的房屋及附属物。由此看来,拆迁人获得行政许可之后,拆迁人与被拆迁人之间的安置补偿是一种民事法律关系。民事活动应当遵循自愿、公平、等价有偿、诚实信用的原则,公民、法人的合法民事权益应当受法律保护,任何组织和个人不得侵犯。

但从我国城市房屋拆迁的实践看,拆迁人与被拆迁人之间的法律关系远非这么简单。政府在整个拆迁过程中起到了主导的作用。拆迁并非基于被拆迁人的自愿,拆迁过程的开始是基于拆迁许可这一行政行为,政府房屋拆迁管理部门依拆迁人的申请核发拆迁许可证标志着拆迁过程的开始。拆迁人与被拆迁人无法就安置补偿达成协议时,行政裁决替代了双方应当签订的拆迁安置补偿协议,对行政裁决不服也无法回避被强制拆迁的结果。因此,拆迁人与被拆迁人之间构成了一种事实上的不平等关系。

至今为止,我国还没有一部规范房屋拆迁行为的基本法律,现有的《城市房屋拆迁管理条例》和建设部颁布的《城市房屋拆迁估价指导意见》、《城市房屋拆迁行政裁决工作规程》等规范性文件属于行政法规或部门规章,不适宜规定基本制度的问题[①]。根据《城市房屋拆迁管理条例》第六条的规定,拆迁人取得房屋拆迁许可证后,方可实施拆迁。尽管拆迁人在申请拆迁许可证时提供了国有建设用地使用权批准文件,但政府并未按《土地管理法》及《国有土地使用权出让和转让暂行条例》的相关规定履行收回国有建设用地使用权的相关程序,且收回国有建设用地使用权的理由也仅限于社会公共利益的需要。因此,在尚未收回被拆迁人所享有的国有建设用地使用权之前就给拆迁人提供国有建设用地使用权批准文件,明显是对私有财产的侵犯。

二、被拆迁人利益受损的主要原因

被拆迁人在拆迁过程中利益受损的原因有多个方面,包括法律制度不完善,拆迁人和被拆迁人地位不平等,拆迁补偿制度不合理等等,但其中最

① 金刚,黄修斌:《被拆迁人合法权益受侵害原因分析及权益保障措施》,《科技创业月刊》2008年第1期。

大的一个问题是制度缺陷与政府角色错位。

《城市房屋拆迁管理条例》并未对政府基于何种目的而行使房屋拆迁的权力予以限定,而是授权政府对于所有的房屋拆迁都具有决定权,即拆迁人有权依据政府核发的拆迁许可证强制剥夺产权人的房产。从传统民法意义上说,如果开发商要进行商业开发,本来完全应该由开发商和产权人双方就变更房屋产权问题进行协商。但依照《城市房屋拆迁管理条例》规定,拆迁审批机关却完全有权给开发商核发拆迁许可证,强制剥夺产权人的房地产权利,将其移转给开发商。这就导致在实践中,只要拆迁单位获得了房屋拆迁许可证就意味着拆迁活动已启动,无论被拆迁人是否同意达成拆迁补偿安置协议,拆迁活动都将继续下去。被拆迁人只有服从的义务。[①] 即使被拆迁人对拆迁许可不服而提起行政诉讼,但诉讼并不中止拆迁人的房屋拆迁行为,即使拆迁许可违法,因部分被拆迁人已签订安置补偿协议并搬离房屋,甚至部分房屋已被拆除,法院通常以撤销拆迁许可将会给国家利益或者公共利益造成重大损失为由作出确认违法、责令采取补救措施的判决,因此房屋拆迁仍然继续。

强制拆迁是房屋拆迁活动中极为敏感的区域,其中也存在着政府角色错位的情况。根据《城市房屋拆迁管理条例》第十七条的规定,被拆迁人或者房屋承租人在裁决规定的搬迁期限内未搬迁的,由房屋所在地的市、县人民政府责成有关部门强制拆迁,或者由房屋拆迁管理部门依法申请人民法院强制拆迁。上述法规赋予政府强制拆迁的权利,是对民事法律行为的野蛮介入,严重侵害了被拆迁人的平等地位,也侵害了被拆迁人的合法权益。

三、被拆迁人的权益保护

(一)制定和《物权法》相适应的专门法律

要从根本上解决拆迁的制度缺陷,必须制定专门的法律对拆迁进行规范。《物权法》对拆迁补偿作出了原则性的规定,规定征收单位、个人的房屋及其他不动产,应当依法给予拆迁补偿,维护被征收人的合法权益。但我们目前亟须的是合法、可行的实施细则,配套的司法解释和地方法规。

根据世界银行提出的原则,房屋拆迁后的生活应该不比拆迁前差,笔者

① 蒋德海:《维护拆迁居民的宪法权利》,《探索与争鸣》2004 年第 1 期。

认为这也应当成为我国房屋拆迁补偿安置的最低标准,也应该是我国制定拆迁安置相关法律和实施细则中应当遵循的一个基本原则。

(二)严格界定公共利益

现代法学认为,公共利益是限制公民基本权利的法定事由,私人财产权在必要时要为公共利益作出牺牲。我国没有具体的法律条文对“公共利益”作出过明确的界定,因而在拆迁中,公共利益普遍被开发商作为尚方宝剑,各种征地、开发、拆迁行为都被定义为公共利益所需,严重危害被拆迁人的利益。公共利益所包括的范围非常宽泛,涵盖了在城市范围为任何目的所进行的一切开发建设。在《城市房屋拆迁管理条例》中并未将公益目的与商业目的的拆迁区分开来,这便为地方政府批准违法拆迁项目,进行随意拆迁提供了可乘之机。拆迁目的的公私不分是被拆迁人的权益受侵害及其抵制拆迁的一个重要原因。有观点提出防止恣意决定公共利益的含义,有两种途径:一是从实体出发,说明公共利益的含义,划定公共利益行使的边界;一是从程序出发,以正当法律程序限制权利的任意行使。这种思路值得我们借鉴。①

我国目前法律对“公共利益”界定的空白,对遏制非法拆迁活动,保护房屋所有人的合法权益极为不利。作为房屋拆迁目的的公共利益,应严格限制在国家安全和国防建设、城市基础设施(如交通、水利)、社会公益事业(如教育、文化、卫生、环保)以及其他由政府兴办的以公益性为限的国家重大经济建设项目。

严格界定公共利益对拆迁制度的完善有着重大的意义。只有符合公共利益的需要,按照法律规定的权限和程序通过征收的方式提前收回国有建设用地使用权,并按照程序正当原则让权利人充分享有知情权、参与权,在依法收回国有建设用地使用权后政府才能向拆迁人提供用地批准文件,并依申请作出拆迁许可,而且拆迁补偿应当由政府承担。而对于非公共利益需要的商业拆迁项目,由拆迁双方按照平等自愿、等价有偿的原则协商处理,达成补偿协议后拆迁人方可获得拆迁许可。

(三)厘清政府的职责

区别公益拆迁和商业拆迁以划清政府的职能界限。在商业拆迁中,依

① 李小霞:《关于公共利益的界定》,《重庆科技学院学报》2005年第3期。

法承认产权变更的先后关系，在开发商和产权人双方就变更房屋产权、转让土地使用权达成协议后，再给予拆迁人房屋拆迁许可证。在基于公共利益拆迁情况下，政府应于通过合法手段收回土地使用权后，再批准有资质的拆迁单位进行拆迁。在拆迁补偿上，通过评估机构确立初步的、相对公平的拆迁补偿，由拆迁人和被拆迁人在评估机构提供的价格上进行协商，补偿安置问题达不成一致的，政府不得偏袒任何一方。[①]

在强制拆迁上，笔者建议取消政府强制拆迁。目前关于政府责成有关部门强制拆迁的规定上，欠缺具体的程序和实体条件规定，导致政府强制拆迁人为因素占主导地位。政府强制拆迁虽有利于提高拆迁的效率，但行政强制拆迁未经司法审查且政府依靠拆迁经营土地的现状极易发生损害被拆迁人合法权益的情形。如果被拆迁人或者房屋承租人在合理期限内未搬迁的，应由拆迁人申请人民法院强制执行，人民法院在强制拆迁前对行政行为的合法性进行审查。

同时政府应加强对拆迁单位的监管，及时查处拆迁过程中的违法行为，保护被拆迁人和拆迁人的合法权益，保障建设项目的顺利进行。

(四)完善拆迁程序

拆迁许可制度存在缺陷。按《城市房屋拆迁管理条例》规定，拆迁人为获得拆迁许可应当向拆迁管理部门提交建设项目批准文件、建设用地规划许可证、国有土地使用权批准文件、拆迁计划和拆迁方案以及办理存款业务的金融机构出具的拆迁补偿安置资金证明等资料，即拆迁人在拆迁程序开始之前，政府相关行政管理部门依拆迁人的申请已履行了项目立项批准、用地规划许可、土地使用权批准等行政程序。上述行政程序与被拆迁人的利益密切相关，但上述程序中无须征求被拆迁人的意见，甚至没有告知的义务。政府拆迁管理部门在核发拆迁许可证时也没有听取被拆迁人意见的程序安排。由此可见，拆迁程序是行政行为在先，民事补偿在后，被拆迁人在房屋已被许可拆迁后才介入拆迁程序与拆迁人谈补偿问题，这种程序安排对被拆迁人是不公正的。

拆迁裁决制度存在缺陷。例如《城市房屋拆迁行政裁决工作规程》中有两个条文规定了听证程序，但只是对受理裁决申请前的听证作了规定，并存

---

① 金刚，黄修斌：《被拆迁人合法权益受侵害原因分析及权益保障措施》，《科学创业月刊》2008年第1期。

在条件限制,而在裁决审理过程中却没有规定听证程序。裁决的审理程序是裁决中的关键环节,直接涉及当事人权益的保护,更应赋予当事人听证权,而《城市房屋拆迁行政裁决工作规程》在裁决审理阶段却未规定听证程序,这是一个缺陷。[①]

政府和拆迁人利益一体化,行政行为和民事行为的混同,使得被拆迁人的利益得不到公平的保护。拆迁公正的博弈在于从程序上的公正保证实体上的公正。正当程序是程序公正的基本要求,为公平保护被拆迁人的利益,政府必须以公开程序为基础,履行信息公开与告知的义务,增加拆迁过程的透明度,广泛地征求利益相关人的意见,保证被拆迁人参与到整个行政行为的过程中来,保障其知情权、参与权和监督权。修改后的《浙江省城市房屋拆迁管理条例》已规定房屋拆迁管理部门在核发房屋拆迁许可证前应当举行听证,就拆迁许可涉及的拆迁计划、拆迁方案和拆迁补偿安置资金的落实情况等相关事项听取意见,这次修改对于拆迁许可制度的完善无疑是有益的。除了行政程序之外,司法程序的介入才是化解拆迁矛盾的最终保证。

(五)拆迁中的补偿问题

拆迁补偿是房屋拆迁中最核心的问题,实践中拆迁人和被拆迁人之间的纠纷大多数都是因安置补偿引发的。拆迁与否的最终决定权控制在政府手里,被拆迁人通过抗议、上访、行政诉讼等救济手段争取来的往往只是与拆迁人谈判安置补偿方案的筹码。对于被拆迁人来说,在无法左右拆迁事实的情况下,保护自己权益的底线就是获得公平的补偿。

我国拆迁管理法规以市场机制为标准确立起来的拆迁补偿安置制度值得反思。必须看到被拆迁人与拆迁人的市场主体地位不同,被拆迁人的协商是被动的,可供协商谈判的焦点仅仅是补偿数额,对安置地点没有选择权,拆迁非住宅用房的经常被剥夺产权调换的补偿方式,所谓的协商是丧失了平等基础的。

《城市房屋拆迁管理条例》规定按照房地产市场评估价格进行补偿,体现了拆迁补偿步入市场化的道路,但也存在缺陷。现有的货币补偿的金额,根据被拆迁房屋的区位、用途、建筑面积等因素,以房地产市场评估价格确定,但评估机构的独立性无法得到保证,评估价格往往低于同类地段二手房

① 石佑启:《论城市房屋拆迁与私有财产权保护》,《中南财经政法大学研究生学报》2006年第6期。

市场的价格。按房地产市场评估价格确定补偿数额,在时间点上是以拆迁许可证核发时为准,没有考虑到现有情况下房屋升值的因素。补偿应考虑到多个方面,除升值因素之外还有被拆迁人的其他隐性损失,如地段因素、房屋用途因素、重新购房的资金成本因素、生活成本因素等等,拆迁必定会造成原本生活状态的改变,增加被拆迁人的生活成本,遗憾的是这些会造成重大影响的因素都没有被考虑到,现有的补偿仅仅是对房屋价值的单一补偿。开发商从中却可以获取更多利润,也就是说开发商的利润以及由于公共利益进行拆迁后很多市民从中得到的好处是在损害了部分被拆迁人的利益基础上实现的。[①]

当代日本提出了一种新的补偿理论"生活权补偿",根据这一理论,补偿不仅限于对其财产的市场价格予以评估,还应考虑其附带性的损失补偿,甚至有必要给付财产权人为回复原来的生活状况所必须的充分的生活补偿。这一理论对我国很有借鉴意义。[②] 在南京,已经开始实施市场和保障相结合的补偿办法,即市场化的评估加上政策保障托底,在地段补偿标准基础上,委托独立的中介机构给房屋定价,同时划定最低单价和最低总价两条保障线,值得我国其他各地借鉴。笔者认为即使上述提到的隐性因素转化为现金补偿存在计算方面的困难,但也应该有笼统的计算方法,随着实践操作来逐步完善,而不是一概不算。

拆迁问题是关乎社会稳定发展的大问题,保障被拆迁人的利益,必须从制度上推动实践操作的合理性。政府部门、司法机关、被拆迁人及其律师通过拆迁纠纷的处理,及时发现问题并对制度设定提出修改意见,共同推动拆迁制度的合理、良性发展。

---

① 王学发:《城市房屋拆迁新条例与拆迁补偿评估》,《中国房地产》2003 年第 1 期。

② 沈开举,杨俊峰:《我国城市房屋拆迁问题的宪政思考》,《郑州大学学报》2005 年第 2 期。

试论 BT 项目的物权归属及其移交模式的选择

姚建彪　童　斌*

【摘　要】 BT 建设模式中的物权归属与项目移交的模式选择有着紧密的联系，从现行法律规定和合理性进行分析，BT 建设模式下项目移交前的物权应归属于项目公司，移交完毕后应当归属于政府或政府授权机构，并且这种物权界定方式有利益于 BT 项目的顺利、高效回购；采用收购项目公司股权的方式回购 BT 工程项目对于 BT 合同双方来说是一种双赢的方式，具有很强的可行性。

【关键词】 BT　政府　政府授权机构　项目公司　BT 投资者　物权归属　资产回购　股权转让

在我国采用 BT 模式融资建设基础设施和公用事业项目兴起不久就引来了政府及社会投资者的高度关注，这种新兴的融资、建设、移交模式还处于摸石过河、总结经验、不断完善的过程中，笔者试结合自己的实践经验谈两个 BT 项目操作中的问题及其相互关系。

一、关于 BT 项目的物权归属

BT 项目的融资、建设、移交模式决定了项目的最终物权归属是属于政府或者政府授权机构的，但现实中对项目在移交前的物权界定是非常不明确的，有观点认为移交前的 BT 项目物权也应当归属于政府或政府授权机

* 姚建彪：男，杭州大学法律系毕业，浙江大学经济法研究生，专职律师，擅长基础设施建设和房地产、公司与证券等非诉讼法律业务。

童　斌：男，毕业于浙江工商大学法学系，专职律师，擅长基础设施建设和房地产、公司与证券等非诉讼法律业务。

构，理由是：

1. BT项目的土地都是依赖政府行政划拨取得，若将BT项目物权界定给项目公司（建设单位）则存在将国有土地划拨给私人投资机构而致国有资产流失的嫌疑。[①]

2. 基础设施及公用事业关乎国家安全和社会公共利益，特别是多数BT模式项目建设需要占用土地或其他稀缺资源，往往无法实施替代项目，若BT投资人和项目公司无力完成项目或竣工后，政府或政府授权机构必须确保项目能够收回进行续建，在竣工后按约定进行移交；则给予政府或政府授权机构的物权保障才能确保国家安全和社会公共利益的维护。[②]

3. BT项目如果将项目物权界定给项目公司，则在项目移交时存在所有权转移的问题。不仅会使项目移交手续复杂（存在所有权转移登记的问题），还会因为所有权转移而将移交视为交易，而BT项目一般标的金额巨大，会给投资建设各方带来巨大的税务负担。[③]

笔者认为以上观点主要是从是否有利于政府或者政府授权机构的角度考虑，有很多对于政府风险的顾虑，而没有从现行法律规定和投资者的角度进行考虑。作为实务操作者，笔者研究BT模式的目的在于能否使这一新兴事物健康成长，造福BT合同各方。笔者认为以上几点顾虑是没有必要的：

1. 虽然BT项目公司的土地是划拨取得的，但是土地划拨给私人投资的BT项目公司并不意味着国有资产的流失，更何况有些BT项目公司是国有的。而且BT项目的招标文件和BT建设合同中的回购机制实际已经对土地和项目在建成后的物权归属进行了约束和控制，根本不用担心因为物权归属问题导致项目收不回的问题。

2. BT模式对政府的最大风险在于基础设施公用事业项目的质量和造价，而不是对项目物权失去控制权。对于BT投资者的最大风险在于无法收回投资款和相应利润。BT合同虽然应当认定是民事合同但始终摆脱不了一定的行政强制性，“为了公共利益的需要”这句话始终如一把利剑悬于投资者的头顶，在我国现有的政治法制环境下BT模式必然使合同双方的地位不平等。因此真正应当给予物权保障的是BT投资人，这样才能使BT

① 张树森：《BT投融资建设模式》，中央编译出版社2006年版，第39－40页。

② 张树森：《BT投融资建设模式》，中央编译出版社2006年版，第40页。

③ 张树森：《BT投融资建设模式》，中央编译出版社2006年版，第40页。

合同双方的权利义务相对平衡。

3.BT项目的投资款中往往有很多社会资金,如果无法收回投资款,基础设施公用事业工程项目的实际使用价值和价值对于BT投资者来说就是零,这将会成为影响社会和谐稳定的因素。有些政府对自己支付能力估计不足,为追求政绩而采用BT模式,决定实施项目的政府把付款包袱如接力赛一样地丢给下一届政府,使政府公信力大大下降,使得社会资金投资基础设施公用事业热情大大降低,经济社会的发展受到严重影响。因此,作为政府首先应当考虑的是如何筹集资金按约定支付回购款,而非对项目的物权控制。

4.关于BT项目的移交手续及税负问题,笔者将会在后面的移交问题章节中予以阐述,以避免这些问题,但又不对物权归属造成影响。

因此笔者认为根据现行法律和有利于BT合同双方的角度:项目移交前物权应当归属于项目公司所有,主要理由如下:

1.根据我国《物权法》第三十条之规定,因合法建造、拆除房屋等事实行为设立或者消灭物权的,自事实行为成就时发生效力。该条款是不动产登记取得原则的例外,即BT项目公司自建设行为成就之时,就可以取得房屋的所有权,而不以登记为要件。只有在BT项目公司要处分不动产时,才需要依法办理登记,此时的登记没有创设物权的效力,而是一种物权变动的"对外宣示"效力。

2.根据《城市房屋权属登记管理办法》第十六条第一款之规定,合法持有用地证明文件或者土地使用权证、建设用地规划许可证、建设工程规划许可证、施工许可证、房屋竣工验收资料以及其他有关的证明文件的人是新建房屋的初始产权人。BT项目公司是合法持有这些证明文件的人,那么可以认定,BT项目公司是新建项目的初始产权人。

3.BT项目公司是在建工程项目占用范围内土地的使用权享有者,并且又是办理该在建工程项目建设手续的申报人和被批准人,应当被认定为在建BT工程项目的所有权人。我国《物权法》第一百八十条规定在建工程可以抵押,那么就可以认定,在建工程在设置抵押时是有所有权人的,否则在建工程将成为无主物,不能用于抵押。

4.BT项目公司是整个项目的投资人、建设人和管理人。按照"谁投资、谁受益"的原则,理应是建设期内项目的产权人。

5.BT项目物权归属BT项目公司有利于政府或政府授权机构降低管理成本和项目的建设期风险,使得产权清晰,责任明确,相互制约平衡。

6.BT项目物权归属BT项目公司有利于BT项目的移交,减轻税务负担,具体理由笔者将在后面的移交问题章节中予以阐述。

二、关于BT项目移交的模式选择

BT项目成功的关键环节除了B(build)“建设”以外,另外一个关键环节是T(transfer)“移交”。BT合同双方在选择项目移交的模式时,主要考虑以下三个因素:①移交手续简便时间短;②移交成本低税费少;③移交合法合规。笔者在实践中碰到大多数的BT项目在移交回购过程中采用的模式是将代建制引入BT项目中,以实现资产的整体回购。下面笔者先就此种方式进行分析。

(一)代建制BT项目资产的整体回购模式

笔者认为代建制BT项目资产的整体回购模式并不是“纯粹的项目资产的整体回购”,所谓“纯粹的项目资产的整体回购”笔者将其定义为:“政府或者政府授权机构将属于项目公司投资所有的,按照BT合同约定建设的工程项目,从项目公司手中买回。”

在实践中很多BT项目将代建制引入其中,在BT合同中约定将工程的建设理解为BT投资方的代建行为,其目的在于将物权始终定义给政府或者政府授权机构,从而减少税收负担,提高移交效率。因为如果将工程的移交定义为“纯粹的项目资产的整体回购”,那么这种回购作为一种交易不动产、转移物权的行为,根据我国现行税法,就要征收5%税率的营业税及附加、3%－5%税率的契税、30%－60%的四级超率累进税率的土地增值税等税费,而且移交手续复杂,存在所有权转移登记的问题。而作为代建行为,依我国现行税法,是按照服务业中代理业征收5%税率的营业税(虽然定义为建筑业行为还可以把营业税率降低到3%,但是谁也不敢冒被主管机构定义为带资承包的法律风险),而且移交手续方便快捷。

上述比较似乎可以看出代建制BT项目资产的整体回购模式的优点非常突出。但是,笔者认为其合法性、合规性、合理性值得商榷。

第一,根据《浙江省政府投资项目实施代建制暂行规定》第二条对代建制的定义是:“本规定所称的代建制,是指政府投资项目通过招标等方式,选择社会专业化的项目管理单位简称代建单位,负责项目的投资管理和建设组织实施工作,严格控制项目投资、质量和工期,项目建成后交付给使用单位的制度。”根据该规定的第十一条对使用单位权利义务的规定中第四项是:“负责建设资金的筹措与结算”;根据该规定第二十二条:“政府投资综合管理部门根据相关法律法规审批项目的建设内容、投资、规模和标准,并下达年度投资计划;政府拨款资金由财政部门根据下达的年度投资计划、年度支出预算、工程进度、相关合同等,直接拨付给代建单位或施工企业以及其他相关单位;……”

以上规定说明代建制的建设资金不是由代建单位筹措,代建单位并非投资人,项目的物权始终是政府或者政府授权机构的,建设资金由政府或者政府授权机构按照工程进度进行支付。因此,代建制 BT 项目资产的整体回购模式与政府投资项目实施代建制的有关规定相违背。

第二,代建制 BT 项目资产的整体回购模式与 BT 项目的物权归属的法律原则相违背,笔者在前面关于 BT 项目物权归属的章节已经对此进行阐述,在此不再赘述。

那么我们在选择 BT 项目的移交模式时,是不是一定要采取势必造成沉重税负和增加项目移交手续复杂性的“纯粹的项目资产的整体回购”模式呢?当然,答案是否定的。笔者要建议的一种模式是:通过转让项目公司股权的方式达到 BT 项目回购的目的。

(二)项目公司股权转让模式

所谓“项目公司股权转让模式”笔者将其定义为:“政府或者政府授权机构通过购买 BT 项目公司全部股权的方式成为项目资产物权的控制人,而 BT 投资人通过股权转让的溢价获得投资收益的模式。”下面笔者就该模式的优缺点及可行性进行分析:

1.关于税收优势

在股权转让的模式下,转让的标的是项目公司的股权而不是 BT 工程项目,BT 工程项目作为一种项目公司资产随项目公司权利主体变化而变更,因此不需办理权属变更登记等手续,也就不存在转让不动产或代建的行为,从而避免了营业税、契税和土地增值税。而按照我国现行税法,公司转让股权所得是企业所得税的征税对象,应当缴纳 25%的企业所得税。下面笔者就举例比较说明:

假设:A 是政府或者政府授权机构、B 是 BT 投资人、C 是 B 设立的项目公司。BT 项目的总投资是 1 亿,投资回报率是 10%即 1000 万。那么在只考虑营业税且税率为 3%的情况比较 B 的实际投资回报。

(1)BT 项目“整体资产回购”模式下:

① C将项目移交给A产生3%营业税:1000万×3%=30万

② C应当缴纳企业所得税:(1000万-30万)×25%=242.5万

③ B解散注销C获得投资收益:1000万-30万-242.5万=727.5万

④ B的727.5万投资收益应缴纳的企业所得税:727.5万×25%=181.875万

⑤ 最终B的实际投资回报为:727.5万-181.875万=545.625万

(2)BT 项目“股权转让”模式下:

① B转让股权获得1000万收入,B应当缴纳的企业所得税:1000万×25%=250万

② 最终B的实际投资回报为:1000万-250万=750万

由此可以看出“股权转让”模式下其税收优势是非常明显的,大大增加了BT投资人的投资回报;同时,政府或者政府授权机构也因此降低了成本费用,因为实践中大多数的BT合同都有关于政府或者政府授权机构承担项目移交税费的要求。

2.关于可行性

按照《公司法》和工商行政管理部门的要求,股权转让只要双方公司的股东会、董事会作出相应决议,签订股权转让合同,支付对价,并到工商部门办理股权转让的登记即告完成。但是BT项目有其特殊性,收购股权方将是政府或者政府授权机构。那么,政府溢价收购非国有股权,政府能否持股?是否存在国有资产流失的风险、项目公司隐藏债务风险、项目公司股东无法达成股权转让一致意见的风险?

首先,对于政府持股及国有资产流失的问题。笔者认为,政府也是我国法律规定的民事主体之一,现行国有企业的国有股权都是由政府的国有资产管理委员会进行持股,国有股权可以通过公开的招、拍、挂程序进行交易转让。在现行法律没有禁止政府购买公司股份的情况下,政府当然也可以买入“需要”的股权。在这个过程中要防止国有资产的流失,关键是政府要通过合法程序,以公允的价格将项目公司的股权买入。买入项目公司股权的实质不是获得项目公司股权,而是通过获得股权以获得BT项目。要做到程序合法、价格公允,在操作中可以在BT合同中约定如下类似内容的核心条款:

① 股权转让价格=实际工程造价(或总投资额)+一定比例的投资回报。

② 以股权收购的方式回购建设项目和分期支付资金的计划应当报同级政府人大审议通过。

③ BT 项目的最终造价要经过政府及政府授权机构审计确认,或双方共同委托的中介机构进行审计确认。

④ 政府或政府授权机构对项目资金、工程进度等有着严格的监督权。

另一方面,笔者前述已经说明采用股权转让的方式也会使政府成本降低,其功能从另一种角度说是对国有资产的保值、增值。

其次,对于项目公司隐藏债务的风险问题。笔者认为,项目公司是专门为建设特定的基础设施和公用事业工程而成立的"特殊目的公司",它是项目建设者和项目管理者,其运作和管理是受政府或政府授权机构高度关注和严格监督的,因此,其产权及资产负债相对于一般公司法人来说是非常清晰和透明的。建设过程中主要存在的债权债务关系是和银行、施工单位、材料供应商、设计单位、监理单位的债权债务关系,而 BT 项目的特殊性杜绝了项目公司拖欠工程款和材料款等情况,而银行贷款也是投资款的一部分,即使不用股权转让的方式回购项目,政府或政府授权机构也不会让拖欠工程款和材料款的情况发生,对于银行的债务本来就取决于政府或政府授权机构对于回购款(股权转让款)的及时、足额支付。

最后,对于项目公司股东决策统一问题。笔者认为,采用股权转让的方式对于 BT 投资者(即项目公司股东)的受益最大,不会发生不愿转让股份的情况。原因一是 BT 项目公司的股东人数一般很少,在联合体投标的情况下可能有两个以上股东,很多情况下都是法人独资公司,股东思想容易统一;二是基础设施和公用事业工程的实际使用价值对于 BT 投资者来说是零,不转让意味着投资全部归零;三是股权转让方式对于 BT 投资者来说收回投资的手续非常便捷,不存在解散清算项目公司后再分配投资收益的问题,把这个"包袱"扔给了需要它的政府或政府授权机构;四是股权转让方式会使 BT 投资者税收负担减少,投资收益大幅增加。

综上所述,采用项目公司股权转让的方式回购 BT 项目对于 BT 合同双方是一种双赢的方式,相对于整体项目资产回购非常具有优势,且具有很强的可行性。

三、结　　语

BT 项目在运作过程中必须对项目的物权关系有一个清楚的界定,因为这关系到项目是否能够顺利、高效地移交。只有在移交前将项目物权界定给项目公司,才是合理合法的。如果没有这样的界定,那么项目资产就不属于 BT 项目公司,股权转让将不会导致项目资产的转移,这种优质的回购方式将变得毫无意义。

BT 模式作为一种有利于政府转变职能、解决城市社会发展的资金缺口、充分调动社会资源的建设模式,在我国已经受到越来越多的政府和社会投资者的欢迎,其具体操作模式也不断推陈出新。由于 BT 模式在运作中涉及的面非常广,法律关系十分复杂。一种新兴事物发展到一定程度必然要对其进行统一的规范,“没有规矩,不成方圆”。因此要加快对于 BT 模式的立法规范,使其能够健康发展,服务社会。

以上只是笔者对于 BT 建设模式的一点浅薄认识,不足之处请批评指正,望一起探讨研究。

【参考文献】

[1] 张树森.BT 投融资建设模式.北京:中央编译出版社,2006.

[2] 何佰洲,郑边江.城市基础设施投融资制度演变与创新.知识产权出版社,2006.

[3] 牛丽云,沈其明,刘玲璞.浅谈 BT 代建模式——防范代建人责任风险的有效途径.建筑经济,2006(8).

[4] 沈其明.浅析“BT”项目各方的关系.技术经济,2005(4).

[5] 王永新,吕高峰.国内工程建设项目 BT 方式的优劣探讨.都市快轨交通,2006(5).

[6] 王灏.BT 方式在基础设施项目中的应用研究.宏观经济研究,2005(10).

浅析 EPC 总承包模式下的业主权利

陈　臻　徐新河*

【摘　要】 本文主要阐述了国内 EPC 总承包模式下业主权利的不合理现状,并对其成因及存在的弊端加以分析,指出业主和总承包商在 EPC 总承包模式下应当和谐共处,处理好二者的权利关系问题,并为实现此目的提出了具体的解决办法,希望有助于引导 EPC 总承包模式在国内的健康发展。

【关键词】 工程　EPC 总承包　业主　总承包商

前　言

EPC 总承包是指从事工程总承包的企业(以下简称总承包商)受项目建设单位即业主委托,按照合同约定对工程项目的勘察、设计、采购、施工、试运行(竣工验收)等实行全过程承包,总承包商负责对工程项目进行进度、费用、质量、安全管理和控制,并按合同约定完成工程。由于工程建设过程通常由三个阶段构成,即勘察设计、设备材料采购和施工,我国政府部门将以上两个或两个以上阶段的工程承包均称为总承包,因此目前在我国存在四种总承包模式,即:设计、采购、施工(EPC)/交钥匙总承包,设计施工总承包,设计采购总承包和采购施工总承包。而实践中或者在理论上,通常只把设计、采购、施工(EPC)/交钥匙总承包称为建设工程的总承包,EPC 总承包

---

* 陈　臻:女,浙江大学经济学硕士、电力系统自动化专业学士,对电力系统生产运营、财务管理、公司治理、电力市场、项目融资、工程建设、招投标等领域的法律业务有丰富的实践经验,精通电力市场、金融证券、投资和工程建设管理等方面的法律及国际惯例。

徐新河:男,毕业于中南财经政法大学国际经济法专业,法学学士,专职律师,具有近十年从事工程建设、招投标法律服务的经验。

模式通常适用于工业建设领域。EPC 总承包在我国经过了 20 多年的发展,由于其自身存在的与其他建设模式相比的明显优势,加上政府主管部门的引导和推动,目前国内企业已开始逐步接受这种先进的工程建设组织方式,化工、石化、能源、环保、电力、冶金、建材等建设领域都曾经或开始尝试应用 EPC 总承包,并取得了良好效果。但是,由于 EPC 总承包在我国仍然属于新生事物,业主对于在 EPC 总承包模式下应该扮演什么样的角色、如何定位,还缺乏深入的理解,主要表现为业主在总承包过程中权利的设定和行使上所表现出的误区,比如在采用总承包模式后,业主仍然全面介入工程建设管理过程,事无巨细都要参与,或者只要权利,但不愿承担任何风险等。而这些都是对 EPC 总承包模式下业主权利的错误理解,最终会给项目建设甚至业主自身带来不利的影响和后果。本文拟从业主权利这一角度,对目前国内 EPC 总承包建设模式的应用情况加以分析和解读,希望有助于其在中国的健康发展。

一、我国 EPC 总承包模式下业主行使权利的特点

在我国目前已经完成或正在进行的总承包项目中,业主行使权利呈现以下特点:

1. 业主管得过多过深。对业主而言,实行 EPC 总承包的主要优势在于有利于项目的系统管理和综合控制,可大大减轻业主的管理负担,有利于充分利用总承包商的专业能力,最大限度地降低项目风险。而在我国实行 EPC 总承包的很多工业建设项目中,业主虽然已将项目整体发包给总承包商,但一般都拥有和行使如下权利,如对设计文件的审查修改权、分包商的选择权(有些甚至直接指定分包商)、对分包商的管理权(越过总承包商直接向分包商发布指令)等,而且通常会在总承包合同中规定,业主虽然行使了以上权利但并不减轻或免除总承包商的合同责任,即业主所有行为的后果仍然由总承包商承担。作者仔细分析了国际咨询工程师联合会发布的《设计采购施工(EPC)/交钥匙工程合同条件》(1999 年版),即银皮书。该文本也是目前国际上是最权威的 EPC 总承包合同范本。在银皮书中,对分包商的选择、对分包商的管理,业主不享有任何权利。虽然银皮书中也提到了指定分包商,但是该分包商并不是总承包商必须接受的。根据 FIDIC 总承包合同条件,业主有权对总承包商提交的设计文件进行审查,但是如果设计文件经过业主修改或按照业主的意见进行了修改,业主将就修改部分承担相

应的责任,当然如果总承包商的设计文件违反了总承包合同技术规范书的要求,则不在此列。而我国的很多业主是对设计方案的优劣提出自己的意见和要求,然后声明对该意见和要求不承担任何责任。也就是说,很多项目虽然实行了总承包,但业主仍然按照业主自建模式对项目进行管理,管得过多、过深,也必将因此承担很多在总承包模式下本不应由其承担的责任和风险。EPC总承包模式的很多优势也很难体现出来。

2.业主拥有不对等的权利。在建设领域,业主相对于承包商或其他项目参建方总是处于相对优势的地位,体现在合同中,则表现为业主拥有更多或更大的权利。我国执行的EPC总承包模式中,业主的不对等权利比较典型的有以下几类:(1)单方履约保证。在几乎所有的总承包合同中,提交履约担保都是总承包商的一项重要的义务,是否提交履约担保在很多情况下是总承包合同生效或业主支付合同价款的前提条件。虽然,业主在总承包合同中同样负有履约义务,而且总承包商也常常因为业主不及时或不完全履约而遭受风险甚至损失,但很少会有业主按同等条件向总承包商提交履约担保的情况。总承包商的履约担保通常必须是无条件见索即付银行保函,也就是说无论总承包商是否真的违约,只要业主提出请求,都可以随时从银行扣留相应的保证金。这使总承包商处于更加被动不利的局面。(2)合同价格"绝对"固定。总承包合同通常为固定总价合同,但这一固定并非是绝对的。在FIDIC总承包合同条件中,除约定固定价格之外,还设置了很多价格调整因素。比如,因业主原因造成总承包商工作延误,或者业主暂停工程时,业主应该给总承包商一定的补偿,并基于此对合同总价进行相应的增加。另外,如果在工程建设过程中发生人力成本、设备材料价格等成本上涨情况,FIDIC也倾向于给总承包商一定的补偿,补偿的具体办法在合同中事先约定。而在国内,总承包合同价格往往是"绝对"固定的,除了发生业主要求的变更以外,其他任何情况下的价格风险均由总承包商承担。理由是总承包商对所有价格上涨因素都应有所预期。(3)随时终止合同。业主在EPC总承包模式中还拥有一项特权,即随时终止合同的权利。业主可以在没有任何理由的情况下通知总承包商终止合同,在这种情况下业主只需向总承包商作出适当的补偿,而无需承担任何违约责任。在总承包合同中,总承包商没有任何权利仅凭自己的意愿而终止合同。相反,如果因为总承包商的原因导致合同被终止,总承包商需要向业主支付因此而发生的所有损失以及完成工程所需的任何额外费用,而绝不仅仅是一种补偿。

3.业主的权利无法实现。虽然在前面的分析中提到业主拥有很多权利，有些甚至非常的不对等。但是，对于国内采用 EPC 总承包模式的业主而言，不得不面对一个尴尬而严酷的现实，因为总承包合同中赋予它的很多权利在实际中其实是根本无法实现的。比如，根据合同规定，如果总承包商不能按照合同规定完成工程或者完成的工程不符合合同的要求，业主有权要求总承包商赔偿损失，甚至终止合同，拒收工程。而对于这种合同责任，国内的总承包商往往无力承担。因为总承包商自身的经济实力与他所承担的工程造价相比差距太大了。举一个例子，目前国内一个中等规模的火电项目，总造价将会超过 50 亿元人民币，如果实行总承包的话，总承包商的最大合同责任按一般惯例也将达到将近 50 亿元(总承包商的合同责任通常被限定在合同价格以内)，即使按照国内的一些做法，将总承包商的合同责任控制在合同总价的 10%至 20%之间(作者认为如此限定总承包商的责任理论上并不合理)，额度也将在 5 亿至 10 亿元人民币之间。而在我国，目前有资格开展总承包业务的企业主要有两类，即设计单位和施工单位。在这些企业中总资产上亿已经算是大型企业了，拥有 5 亿、10 亿甚至几十亿资产的总承包企业更是凤毛麟角，因此，由这样的企业担任大型项目的总承包商是无法从根本上保证业主的权利得以实现的。基于这种现状，在很多项目中，业主都取消了拒收工程这一基本权利，因为即使工程不合格无法使用，总承包商也没有能力购买和返还业主对整个工程的投入。通常的做法是，业主虽接收工程但是总承包商必须继续对工程进行修理、整改，直到符合合同要求为止。这只是一种无奈之举，业主权利并不能真正得到保障。

二、国内 EPC 总承包业主权利现状的弊端

业主管得过多、过深，权利不对等以及业主权利无法实现等既是我国 EPC 总承包模式下业主权利的特点，也是业主权利的现状，而这种状况存在明显弊端，并将影响到 EPC 总承包模式在我国的健康发展。

1.加大了业主自身的风险。EPC 总承包的优点之一就是减轻业主的管理责任，降低合同风险。实行 EPC 总承包，业主只与总承包商签订合同，其他项目参加建设单位(如设计单位、施工单位、设备供应商等)均由总承包商选择和管理，设计责任、施工责任和产品质量责任自然由总承包商承担。另外总承包商还需负责设计、施工和设备供应的规划、组织、指挥、协调和控制工作，协调总承包商内部与各分包商以及各分包商之间的关系，因此，业主的组织和协调等管理工作大为减小。如果业主不顾及总承包模式的特

点,在将工程总包后仍然大包大揽,管这管那儿,不仅加大了自身的管理成本投入,同时也无法发挥总承包商的专业优势,另外还将很多本应由总承包商承担的责任转回到业主身上,不利于强化或追究总承包商的责任。比如在分包商的选择上,根据法律规定,业主只是对总承包商可否分包有批准权,并不能确定由哪一方做分包商。国家明确规定业主不得指定施工分包商,根据 2004 年 12 月最高人民法院发布的《关于审理建设工程施工合同纠纷案件适用法律问题的解释》第十二条,因发包人直接指定分包人分包作业工程,造成建设工程质量缺陷的,发包人应当承担过错责任。因此,虽然业主指定分包商不会必然导致分包无效,但是由此引起的后果,总承包商有权拒绝承担。对于设备供应商虽然没有明文禁止由业主指定,但是如果业主指定了设备供应商或具体设备,则由于设备质量所引起的一切后果将由业主自行承担,这一点却是很明确的,有关规定参见《关于审理建设工程施工合同纠纷案件适用法律问题的解释》。除了指定分包以外,在国内,很多业主还直接介入对分包商的管理,虽然明知二者并没有直接的法律关系。在付款问题上是否享有一定话语权是总承包商能否有效管理分包商的关键,而多大程度的享有对分包商的管理权则是考量总包商是否需就分包商行为对业主承担责任的重要参考依据。国内的业主除了指定分包外,还经常剥夺总承包商对分包商的管理权,比如直接向分包商支付合同价款,这直接导致总承包商难以对分包商形成有效管理。而业主对分包商的直接管理也将给业主带来无法回避的风险。

2.影响合同目的和业主利益的实现。EPC 总承包模式中业主和总承包商的权利不对等无论在国际还是国内建设市场都是不可回避的事实。但是在国内,这种情况表现得更为极端,具体情况前文已有阐述。似乎只有业主拥有足够大足够多的权利,其利益才能真正得到保障。而事实正好相反,由于国内目前并没有建立起成熟的工程总承包市场,配套法律法规不健全,没有形成统一的市场规则,缺少经验丰富实力雄厚的总承包企业,因此,过于侧重对一方,尤其是业主利益的保护,总承包模式的脆弱基础将被破坏,设想通过实行总承包所达到的目的也很难实现,并最终损害到业主的利益。比如,关于价格锁定条款,国内的业主通常要求除了其自身要求或同意的变更或者不可抗力以外,其他任何情况下,包括因业主原因导致工期延误,合同价格均不调整。理由听起来似乎也冠冕堂皇:本项目采用的是总承包模式,价格固定,在招标文件中也已明确告知,报价时应充分考虑在合同执行过程中可能发生的因人力成本、设备材料成本、现场自然条件等因素导致的投入增加风险。但实际上有很多风险总承包商是无法合理预见的,比如因业主原因给承包商造成的窝工损失,是否会发生这一类窝工损失完全取决于业主,承包商很难预测。按照风险由最有能力控制的一方承担的风险分配原则,这类风险显然应由业主承担。FIDIC 合同条件中也明确规定由业主承担该风险。另外,对于设备材料涨价风险,虽然理论上总承包商应该可以作出预测或采取风险控制措施,但是在国内现有的市场状况下,有多少总承包企业能或敢于将全部风险充分考虑到报价中呢?除非它不想承揽所投标的项目。所以,在国内的 EPC 总承包模式中价格"绝对"固定的情况下,总承包商的抗风险能力是很弱的,如果价格偏低无法覆盖其成本,总承包商很可能通过降低工程质量等手段减少成本支出、避免或降低亏损;或者直接毁约。由于国内总承包商实力有限,通过追究其违约责任以弥补损失并不现实。因此无论发生上述哪一种情况,业主的利益都会受到很大的损害。

3.影响或制约了 EPC 总承包模式的发展。对于总承包商而言,他们之所以乐于接受工程总承包这种建设模式,多数是考虑到,在总承包模式下总承包商拥有更大的自主权力,可以充分发挥专业优势,利用总承包商先进的技术和经验,提高效率和效益,从而获得更多的回报。然而业主在总承包合同下拥有过大的权利,过多的干预工程建设过程,不仅很难发挥总承包商的特长,而且可能使总承包商承担较一般建设模式更多更大的责任和风险。同时,权利的过于不对等,也在无形中增加了总承包商的履约风险。总之,EPC 总承包模式下业主和总承包商之间的不合理权利结构,将直接导致总承包企业对这种先进建设模式敬而远之。对于业主而言,总承包模式最具吸引的地方在于,可以有效控制投资,降低合同或项目风险。而前面的分析中已经提及,在国内目前的总承包市场环境下,即使价格固定,总承包模式也很难起到控制投资的实际作用,而由于总承包企业的实力不济,让其承担整个项目风险的设想并不是很现实,因此,由于业主的很多权利只是水中月、镜中花,EPC 总承包模式对于业主也就失去了吸引力。在国内的总承包合同中都会有这样一条规定,总承包商不得将工程主体或关键部分对外分包,这是总承包商的一项义务,对于业主而言则是一种权利。由于该规定来自于《建筑法》、《招标投标法》等法律法规,因此可视为业主的一项法定权利。然而该法定权利将严重制约总承包模式的应用推广。如前文所述,国家目前允许进行工程总承包的企业中有设计单位和施工单位,而无论设计单位还是施工单位总包项目,必然要把工程施工和设备采购,或者工程设计和设备采购对外分包。业内人士都很清楚,设计、施工和设备采购任何一方面在建设项目中都可以称之为关键或主要的工作,更不要说将其中的二者相加了。也就是说,如果业主行使其法定权利,作为总承包商的设计单位或者施工单位就不能把工程施工和设备采购,或者工程设计和设备采购对外分包,而这样一来总承包合同根本无法执行。因为,国内同时具备设计、施工和设备制造能力的企业还很少或者根本没有。在FIDIC总承包合同条件中没有设置任何关于主体或关键部分禁止分包的条款,只是明确不得将整个工程分包出去,这才是合理的。国内实行EPC总承包必须逆律而行!

三、业主和总承包商权利应和谐共处

在国内推行EPC总承包建设模式,必须处理好业主和总承包商权利的关系问题,使业主和总承包商能够和谐相处,实现共赢。基于国内工程建设市场的实际情况,处理好业主和总承包商之间的权利关系问题,可以采取以下几个方面的措施:

1.强化法律政策引导。由于在工业建设领域一直是买方市场,业主在建设市场中居于主导地位,完全通过市场,通过业主和总承包商之间的协商,使业主放弃强势立场,与总承包商平等签订总承包合同,不太现实。实践证明是行不通的。这就需要从法律层面对总承包合同的内容及执行进行干预,以维护合同法下的平等原则。比如,可以明确规定总承包合同的一些特征,列出总承包商的专有权利,对于总承包商的专有权利业主不得在签订合同时予以变更;对于固定价格问题,可以列举一些允许调价的合理情况,业主和总承包商共同分担价格风险。这些措施将有利于平衡业主和总承包商之间的权利关系,在一定程度上保证总承包合同得以顺利执行。事实上,国家已经采取过一些措施从法律层面对业主的权利进行适当的限制,比如《工程建设项目施工招标投标办法》第六十二条规定,招标人要求中标人提供履约保证金或其他形式履约担保的,招标人应当同时向中标人提供工程款支付担保。《建设工程质量保证金管理暂行办法》,也对质量保证金数额和质保期提出了指导性意见。而目前存在的问题是国家有关这方面规定的强制性还不够,涉及的面还太少,所以效果不太明显。很多业主对此都不加理会。另外,政府主管部门还应重视合同范本的编制工作。尽快制定颁布符合中国国情的总承包合同范本。合同范本一方面可以起到对总承包建设模式的宣传介绍作用,另一方面,通过在范本中设置相对公平的权利义务条款,可以引导业主尽量合理地设置自己的权利,与总承包商和谐共处。据作者了解,国家建设主管部门正在组织起草一部适用于各行业的工程总承包合同范本,编制原则之一就是要确保合同条款体现公平对等。相信该范本的颁布对于统一国内总承包市场行为规则,加速总承包模式的推广应用必将起到积极的作用。

2.培养有实力的成熟的总承包企业。前文提到,国内总承包业主大都喜欢多事儿,而且介入很深,已经影响到总承包商职能的发挥。而之所以出现这种状况,除了业主对总承包这种模式不太了解或理解得不深,想揽权以外,很重要的一个方面是他们对总承包商不信任,不相信完全依靠总承包商项目就能做得好,而这种不信任不相信的主要原因就是总承包商的实力与他所承包的项目相比相差太远了,总承包商承担不了合同项下的责任,也承担不了项目的风险。既然总承包商承担不了项目的风险,那么项目的风险将仍然由业主承担。既然风险是我业主的,我为什么不能介入项目建设过程,为什么不能管理项目呢?从项目管理的角度,只有业主介入项目建设过程,介入管理,它才能控制整个项目,而只有整个项目都在其控制之下,它才能最大程度地把风险控制住。这才是国内业主愿意多管事的根本所在。在EPC总承包模式下,业主本应侧重于结果控制,现在变成了过程控制,原因就在于总承包企业没有足够的实力承包项目,承担风险。要改变业主在总承包模式中管得过多过深的局面,必须培养出有足够实力,并且有着丰富经验的总承包企业,让业主相信你,敢于把项目完全交给你。国际上开展工程总承包业务的国际工程公司,通常都具有以下共同的特点:具有工程设计采购施工和项目管理全功能;具有与设计采购施工和项目管理全功能相适应的组织机构;具有较强的融资能力;拥有先进的项目管理技术和很高的项目管理水平;拥有先进工艺技术和工程技术;有扎实的基础工作;重视职工素质及培训;有国际范围的销售和采购网;有高水平的信息管埋技术和计算机应用技术等。而这些成功总承包企业所具备的条件国内的总承包企业能做到多少呢?

3.建立总承包责任强制保险机制。要实现业主权利和总承包商权利的对等或相对平等,很重要的条件是总承包商要具备和业主谈条件的实力,这一点非常重要。而提升总承包商的实力通常难以在一朝一夕完成,需要一个较为漫长的发展过程,完全等到总承包企业的实力到了再去谈对等,去谈总承包显然是不现实的。是否有变通或可替代的方法可以尽快提升总承包企业的实力呢?大家知道在工程建设领域,业主、施工单位、设备供应商甚至设计单位都会通过投保相应的保险来规避或转嫁风险;在很多国际工程中,融资方为控制风险也会强制要求业主或其他项目参建方投保适当的保险。国内总承包企业在总承包模式中没有话语权主要是因为它没有抵御和承担风险的能力,不能实际履行本应由其承担的责任,如果总承包企业具备了承担风险的能力,必然会增强其谈判实力。使承包商具有承担风险的能力可以采用两种方式:一是提供担保,由承包商的母公司、银行或其他第三方向业主提供全额履约担保;国内很多实力并不雄厚的工程承包企业之所以可以走出国门大都采用了这种方式。另外一种方式,就是保险。目前适用于工程建设过程的保险已有很多,如建安工程一切险、运输险、施工机具险、意外伤害险、财产险、雇主责任险等,对于设计单位还有设计责任险等。这些保险在一定程度降低了业主和承包商的风险,有利于保证项目的最终顺利完成。实行 EPC 工程总承包,总承包商显然要承担较之其他建设模式更大的责任和风险,通过担保来解决这一问题不太现实,一方面额度偏大,费用也会非常高,另外取得担保的条件通常很苛刻。作者认为,投保保险应该是一种更为可行的办法。前面已经提到,国内很多保险公司都开展了设计责任险业务,因为设计单位一般实力都很有限,正常情况下根本无法承担设计合同下可能发生的风险,设计责任险的推出使业主和设计单位面临的问题迎刃而解。工程总承包企业与设计单位有类似之处,都是自身实力无法承担与其身份对应的责任,既然已有设计责任险,推出总承包责任险也有其合理性和可行性。要提高业主对总承包模式和总承包企业的信心,在目前阶段国家有必要建立总承包责任强制保险机制,保证总承包商的履约能力,使业主在总承包合同下的权利得以真正落实。

结束语

EPC 总承包是国际通行的一种先进的工程建设模式。积极推行 EPC 总承包是提高工程建设管理水平,保证工程质量和投资效益,规范建筑市场秩序的重要措施;是增强国家综合实力,加快与国际工程承包和管理方式接轨的必然要求。而只有解决了目前国内 EPC 总承包模式业主权利的畸形结构,才能从根本上保证 EPC 总承包在建设领域的健康发展,这需要政府主管部门的推动、扶持和业界人士继续不懈地努力。

【参考文献】

[1] 工程项目管理与总承包. 北京:中国建筑工业出版社,2005.

[2] 设计采购施工(EPC)/交钥匙工程合同条件(1999 年第 1 版).北京:机械工业出版社,2006.

[3] 孙继德(同济大学工程管理研究所).项目总承包模式.土木工程学报,第 36 卷第 9 期.

[4] 王双平.浅谈石油化工 EPC 总承包存在的问题及对策.2008 年 1 月 31 日于 www.dastu.com.

建设工程项目经理的权限何时了

孙兴洋*

一、问题的提出

在办理建筑公司的法律诉讼业务时，经常碰到这样的案例：有材料商或者分包商起诉建筑公司，其中关键的证据是项目经理个人在工程施工完成且验收完毕后的若干时间后出具的结算凭证或者还款承诺，落款仅有项目经理个人签名或者注明××公司××项目部×××。令建筑公司头痛的是，有些案件连合同依据、履行凭证也没有，甚至项目经理在工程完工以后已经离开了公司，建筑公司对该纠纷的实际情况根本无从核实。但目前的司法实践中，为数不少的法院以项目经理的行为属于职务行为为由，判决建筑公司承担相应的法律责任。

从而引出一个问题：项目经理权限的时间范围怎么界定？或者说建筑公司在承接施工了工程项目后，项目经理可以"签单"到何时？

二、从职务行为的角度考察项目经理的"签单"行为

法人应当为员工的职务行为承担民事责任，法律依据有：《民法通则》第四十三条："企业法人对它的法定代表人和其他工作人员的经营活动，承担民事责任。"《民通意见》第五十八条："企业法人的法定代表人和其他工作人员，以法人名义从事的经营活动，给他人造成经济损失的，企业法人应当承担民事责任。"最高人民法院《关于贯彻执行〈中华人民共和国民事诉讼法〉

---

* 孙兴洋：男，专职律师。

若干问题的意见》第四十二条规定:"法人或者其他组织的工作人员因职务行为或者授权行为发生的诉讼,该法人或其他组织为当事人。"

根据上述法律规定,我们认为,认定法人的成员之行为是职务行为还是个人行为,必须从以下几个方面进行考量:(1)以法人或者其他组织的名义实施。(2)行为人的行为有法人或者其他组织的授权。这种授权可以基于法律获得,也可以基于法人或者其他组织的章程获得,还可以基于合法任命等事项获得。(3)"从事经营活动",行为人的行为应与授权的内容或者章程、合法任命等书面文件的规定有关,即行为人是在执行其所在法人或组织授予的职务,并且与该职务在客观上具有密不可分关系的事务行为。当然,这种归纳抽象,无论在司法界还是在学术界,并没有达成共识。

也许,我们可以借鉴行政法学领域的研究成果。按照行政法学中认定国家机关工作人员的职务行为的通说,职务行为的认定一般遵循以下标准:一是职权标准。即国家机关工作人员根据法律赋予的职责权限实施的行为履行职务行为。超越职权的行为不是职务行为,不受法律保护。二是时空标准。即国家机关工作人员在行使职权、履行职责的时间、地域范围内实施的行为通常都认定为职务行为。比如某市的公务员主管部门的工作人员不能纠正另一城市公务员管理中的错误。三是身份标准。即在通常情况下,凡以国家机关工作人员的身份和名义实施的行为都是履行职务的行为。如公务员人员着装、佩戴标志、出示证件、宣布代表机关实施的行为一般都以职务行为论。四是目的标准。即国家机关工作人员为了履行法定职责和义务,维护公共利益而为的行为,通常都认定为是职务行为。

这里引用行政法学关于职务行为的认定通说,是为了强调其中的"时空标准"。鉴于项目经理是岗位职务,时空标准中的时间维度,指的应该是项目经理岗位职责的存在期间。从狭义的角度来讲,指的是工程开工至工程完工;从广义角度而言,则可指从施工准备阶段至工程结算结束。本文的观点认为,认定时间纬度应当遵循可公示原则,即便于请求人识别的原则。一般来讲,施工是施工人员在特定时间和空间进行建筑作业的事实,是相对公开的、可以了解的事实,而工程结算是仅仅涉及发包人和承包人且时空不固定的作业,而施工准备是否具有公开性则存在模棱两可的地方,因此,一般界定时空纬度为工程开工至工程完工,至于超出这个纬度的情形,则可以根据具体情况具体认定。当然项目经理的空间维度,考虑到私法自由、意思自治的法律精神,也许不像行政法学中对职务行为要求得那么严格,要求仅仅限定在施工现场。

根据上述分析,在工程项目施工过程中,项目经理为履行职责而为的“签单”行为属于职务行为,当容易理解。不过工程完工以后,也即项目经理权限的时间纬度结束了以后,应当认定“项目经理”的权限已经终止。

三、从民诉证明标准角度考察项目经理的“签单”行为

在权利人依据“项目经理”在工程施工完成且验收完毕后的若干时间后出具的权利凭证要求建筑公司承担民事责任时,建筑公司一般以两点抗辩:(1)由于工程已经完工,项目经理已经不存在相应的权限;(2)“项目经理”已非公司的员工。在这样的情况下,必须依据民事诉讼法的证明标准来进行衡量。

《最高人民法院关于民事诉讼证据的若干规定》第七十三条规定:“双方当事人对同一事实分别举出相反的证据,但都没有足够的依据否定对方证据的,人民法院应当结合案件情况,判断一方提供证据的证明力是否明显大于另一方提供证据的证明力,并对证明力较大的证据予以确认。”我们一般认为,盖然性规则是指由于受到主观和客观上的条件限制,司法上要求法官就某一案件事实的认定依据庭审活动在对证据的调查、审查、判断之后形成相当程度上的内心确信的一种证明规则。

依据学界通说,在具体进行举证责任分配时,必须以待证事实发生的盖然性高低、统计上的原则及例外情况为基础,才能正确进行分配,从而避免法院对事实的错误认定。因为,世界上任何事物都有其盖然性,作为法律上的案件事实,与客观事物体一样,也必然有其盖然性。而事物的原则和例外关系是识别盖然性的依据,从盖然性的角度将事物的原则视为正常(常态),将事物的例外视为非正常(非常态),在此基础上,通过公平性的实质考察,原告应当对正常(常态)情形承担举证责任,被告应当对非正常(非常态)情形承担举证责任。原因在于,事实存在与否真相不明,而当事人又无法举证,法院认定盖然性高的事实发生远比认定盖然性低的事实不发生更接近真实,从而避免误判。所以,在举证责任的分配设计上,应由主张事实盖然性低的当事人承担举证责任。对于权利的发生这一案件事实,从盖然性角度判断,不存在是其通常情形,存在是其异常情形。

因此在建筑公司否认“项目经理”的权限时(时间纬度已经结束),应考察项目经理和建筑公司之间的其他联系。若该项目经理仍为建筑公司员工的,从竞业禁止原则和忠诚履行职务原则的角度考量,项目经理的“签单”行

为,属于履行工作职责的可能性较高,属于个人行为的可能性较低。建筑公司应进一步举证证明“项目经理的行为属于个人行为”有更高的盖然性。如工作人员与相对人恶意串通;工作人员违反忠实履行职责的原则,在相对人明知的情况下,利用职务便利或职权,对外设定义务关系后侵占单位财产等等。如单位对此不能举证,则应承担不利的法律后果。

若建筑公司主张“项目经理”在工程完工以后,已经从建筑公司离职时,如何认定“项目经理”的“签单”行为?若权利人在能够举证证明其身份的,根据以上分析建筑公司应当承担不利的后果或者进一步的证明责任。事实上,要证明“项目经理”仍为建筑公司的工作人员是相当困难的。那么,应当结合“项目经理”和建筑公司之间的劳动关系解除状况,以及权利人提供的其他相关证据,由法官依据盖然性规则来形成内心确信。需要强调的是,民事诉讼之盖然性证明标准并非可以适用于所有存在证明困难的案件,而只在特定情况下可以适用,且应严格适用的条件。在确立盖然性证明标准的同时,《最高人民法院关于民事诉讼证据的若干规定》第七十三条第二款规定:“因证据的证明力无法判断导致争议事实难以认定的,人民法院应当依据举证责任分配的规则作出裁判。”此规定即意味着一方有证据优势,并不等于达到了高度盖然性的要求。民事诉讼中,一般总有一方的证据证明力处于优势,但若达不到盖然性的要求,则仍属于“证据不足”,此时应依据举证责任分配的规则作出裁判,有证据优势的一方仍然可能败诉。我国立法上对法官内心确信在程度上的衡量标准是由证据优势的分量所决定的,所谓“足以”,即指一定高度的盖然率,但并非没有丝毫的疑虑,而是将这些疑点限制在一定的合理范围之内。

在建筑公司能够证明“项目经理”已非其工作人员时,依据证据规则,权利人应当证明“项目经理”具有相应的权限。但在大多情况下,权利人会主张表见代理规则的适用。那么,项目经理权限的时空维度结束了以后,材料商能否以表见代理为理由主张项目经理的行为由建筑公司承担后果呢?本文的观点是原则上不能。因为:(1)既然职务行为已经结束,那么材料商可以信赖的项目经理拥有“表见”代理权是建立在什么基础上的呢?需要强调的是,此处并无默示授权的存在,“默示授权实为推定授权,如:本人前此曾经数次对于同一之契约相对人,以同一之人为其代理人;某种行为之委任,依该行为之性质,可推断其所应有之授权;屡次容许他人以其代理人之名义,为某种行为,或代收取债务,或代为签署商业信件,可推断其有与此相当之授权。”因为之前项目经理的行为属于职务行为,而不是代理行为。(2)材料商应当对工程是否完成尽相应的注意义务,即对项目经理的职务行为的时空要素进行适当的注意,且是可行的。(3)只有在项目经理存在更换但工程仍在进行;或者工程完工状态存在争议的情况下,才有表见代理适用的余地。

四、结　语

在工程施工期间,项目经理的“签单”行为属于职务行为,容易理解。但在工程施工完成以后,应区别对待。若该“曾经是某某工程项目经理的”个人仍为公司员工,那么在建筑公司不能举证该“曾经是某某工程项目经理的”个人的“签单”行为是个人行为的情况下,应认定该“签单”行为属于“职务行为”,无非此时的职务非彼时的职务而已(因为工程已经完工,不存在某工程项目经理的岗位了)。若该“曾经是某某工程项目经理的”个人已经不是公司员工,那么在材料商不能证明其拥有代理权的情况下,材料商应当承担不利的后果,至于是否适用“表见代理”,则按上文关于表见代理的论述。

因此,对于律师在从事建设工程项目非诉业务时,在工程完工以后,建议对项目经理与建筑公司之间的劳动关系要处理好,作好“权限”的防火墙。继续聘用的,应加强管理;若暂无项目需其施工的,则应做好劳动关系的解除工作。

【参考文献】

[1] 应松年.行政法与行政诉讼法学.北京:法律出版社,2005.

[2] 史尚宽.债法总论.北京:中国政法大学出版社,2000.

[3] 樊崇义.证据法学(第3版).北京:法律出版社,2003.

[4] 陈界融.证据法:证明负担原理与法则研究.北京:中国人民大学出版社,2004.

[5] 杨谦,王新琴.运用民事诉讼证明标准和举证责任分配学说判断职务行为.中国法院网.

[6] 法律教育网.《民事诉讼之盖然性证明标准——最高人民法院〈关于民事诉讼证据的若干规定〉第七十三条》.

《房屋登记办法》第七十八条争鸣

——论我国异议登记法律效力制度之取向

吴方荣*

【摘　要】 建设部颁布的《房屋登记办法》于2008年7月1日起施行。作为《物权法》的配套规章，其对房屋登记事宜作了详细规定，其中第七十八条对《物权法》未作明确的异议登记的效力进行了明确，规定异议登记期间，房屋登记簿记载的权利人处分房屋申请登记的，房屋登记机构应当暂缓办理。笔者认为该条规定实质上赋予异议登记制度类似民事诉讼中财产保全的法律效力，其可能被部分异议登记人利用，用于恶意妨碍不动产正常交易的手段。故笔者对于我国异议登记之法律效力制度设计提出不同看法，并给出了相应立法建议。

【关键词】 房屋登记办法　异议登记　法律效力

一、问题的提出

异议登记在物权制度体系中占有重要的位置，该制度可以对登记错误状态下的真正权利人或者利害关系人提供救济，暂时排除物权登记的公信力、排斥第三人的信赖，从而达到维护和救济真正权利人权利的目的。异议登记在整体制度的设计上，一方面要考虑如何使真正权利人方便迅捷地获得异议登记，以防止登记名义人恶意处分系争不动产，达到临时保全之目的。另一方面，又要注意不能使异议登记的门槛设置过低，以避免异议登记成为恶意异议人利用其作为妨碍不动产正常交易的手段。而这一制度目的的实现，与异议登记的法律效力密切相关。

* 吴方荣：男，专职律师，擅长办理房地产开发领域的法律业务。

我国《物权法》明确了异议登记的概念,《物权法》第十九条规定:"权利人、利害关系人认为不动产登记簿记载的事项错误的,可以申请更正登记。不动产登记簿记载的权利人书面同意更正或者有证据证明登记确有错误的,登记机构应当予以更正。不动产登记簿记载的权利人不同意更正的,利害关系人可以申请异议登记。登记机构予以异议登记的,申请人在异议登记之日起十五日内不起诉,异议登记失效。异议登记不当,造成权利人损害的,权利人可以向申请人请求损害赔偿。"但对于该制度中最关键的内容——异议登记的法律效力却未予以明确。

建设部在 2008 年 2 月 15 日颁布了《房屋登记办法》,作为《物权法》的配套规章,该办法对房屋登记事宜作了详细规定,其中第七十八条对《物权法》中未作明确的异议登记的效力进行了规定,该条表述为:"异议登记期间,房屋登记簿记载的权利人处分房屋申请登记的,房屋登记机构应当暂缓办理。权利人处分房屋申请登记,房屋登记机构受理登记申请但尚未将申请登记事项记载于房屋登记簿之前,第三人申请异议登记的,房屋登记机构应当中止办理原登记申请,并书面通知申请人。"该《房屋登记办法》将于 2008 年 7 月 1 日起施行。

笔者认为该条规定,过于倾向于保护异议登记申请人,对登记权利人的保护不够。异议登记虽然是一种公示方式,但异议登记并不产生公信力,在实践中,大部分异议登记申请人最终并不是真正权利人。当异议登记不当时,登记权利人的处分权不存在任何瑕疵,如果限制其处分,则违背了真正权利人的意志,不利于对真正权利人的保护。从立法角度讲,这也有悖于"物尽其用,鼓励交易"的民事财产立法宗旨,不利于发挥财产的经济效益,更不利于不动产交易的稳定。

二、权利禁止处分原则在现实中的漏洞和弊端

在物权法出台后,笔者曾了解到这样一个案例:甲企业拥有一幢办公楼,并且已经取得了房屋所有权证,因企业经营资金紧张,拟将该幢办公楼进行转让,并且已经找到了受让方乙公司,就在甲、乙双方签完房屋转让合同准备办理房屋交接和产权转移登记的时候,甲曾经的合作方丙企业对该房屋权属提出异议,向不动产登记机关申请异议登记,同时向法院提起确权之诉,并要求不动产登记机关阻止甲乙双方的交易行为,不给予办理产权过户登记手续,不动产登记机关按照丙企业的要求,暂停了该宗不动产交易的

受理和过户手续的办理,而在长时间的诉讼过程中,甲企业因该房屋转让交易受阻,资金无法落实而生产经营陷入困境,濒临破产。

在这个案例中,暂且不论不动产权利的归属问题,仅仅就制度设计的公平性而言,甲企业作为该不动产现有法律意义上的权利人(也很有可能是真正的权利人),仅仅因为丙企业提出的异议登记而导致无法处分名下的不动产,而且没有任何的救济途径,这本身就是不公平的。这个案例反映的是采取权利禁止处分模式下的异议登记制度最大的弊端——异议登记程序启动的低门槛和对不动产权利人造成伤害的难以救济性。此种模式下的异议登记与民事诉讼法中的财产保全行为在实质效果上并无二致。民事诉讼中的财产保全制度,其内容是为了保证将来作出的判决能够得到有效执行,人民法院在受理诉讼前或诉讼过程中,根据利害关系人或当事人提出的申请,对当事人的财产或者争议的标的物作出的强制性保护措施。针对不动产,一般采取查封或者扣押的方法,即扣押有关财产权证照并通知产权登记管理部门不予办理该项财产的转移手续。在解除保全措施前,任何人不得擅自处分该不动产。而根据《房屋登记办法》第七十八条的规定,异议登记也能达到相同的目的[①]。但异议登记和财产保全相比较,在制度安全性的设计上又有着很大区别,主要表现为申请异议登记比申请财产保全门槛要低、要容易得多。首先当事人在申请财产保全时必须提供担保,而异议登记则没有此项担保要求,根据《房屋登记办法》第七十六条之规定,利害关系人持登记申请书、申请人的身份证明、房屋登记簿记载错误的证明文件等材料就可以申请异议登记。其次,从审查机关来说,财产保全的审查机关为法院,而异议登记的审查机关为不动产登记的行政管理部门,而一般情况下,前者对财产保全申请的审查比后者对于异议登记申请的审查要严格。再次,在财产保全程序中,如果被申请人提供了其他担保,财产保全措施可以解除。而异议登记程序中,即使被申请人提供担保,也不会改变异议登记对于不动产的限制作用。

正是上述启动程序的低门槛和启动后的不可救济性导致了异议登记比财产保全措施更容易被用来作为恶意限制不动产正常流通的手段[②],因此笔者认为《房屋登记办法》关于异议登记法律效力的规定存在重大弊端,应

① 主要是限制权利人处分不动产,包括转让、抵押等行为。

② 在司法实践中,事实上已经存在许多通过财产保全制度恶意损害诉讼对方合法权益的案例,实务界也一直有要求提高财产保全申请门槛和完善错误保全赔偿机制的呼声。

当作出修改。

三、异议登记法律效力不同模式的利弊分析

虽然对于异议登记法律效力的模式,在理论界和司法实践中均存在争议。但根据通说,大致可以分为两类。根据异议登记法律效力产生的时间节点和效能性质的特点,异议登记的法律效力可以区分为主动效果和被动效果两种。主动效果是指在异议登记后更正登记形成前,该登记事项对于不动产交易行为的限制或者阻止效能。被动效果则是指异议登记推进到更正登记后,对于异议登记期间的不动产交易行为效力的评价效能。

从异议登记主动效果的角度考察,目前存在异议登记是事后阻断还是事前阻止的观点之争,持事后阻断观点的专家认为在异议登记期间应当允许登记名义人处分其不动产,也允许登记机关为其办理移转登记;而持事前阻止观点的专家则认为对于两者均应予以阻止。而从被动效果的角度考察,异议登记又存在绝对无效与效力待定的观点争议,绝对无效观点认为当异议登记最终推进到更正登记时,登记名义人在异议期间所为的处分行为是绝对归于无效;而效力待定观点则认为处分行为在特定情况下尚存在有效的可能性(如取得真正权利人的追认)。

笔者认为,异议登记在我国属于新生制度,这一制度要想发挥其作用,必须与我国原有不动产登记制度进行密切配合和衔接。因此从异议登记制度产生的初衷和我国实际情况出发,笔者认为我国立法应采事后阻断和效力待定的模式,理由如下:

(1)从权益保护的角度,事后阻断模式对于当事人合法权益的保护更加平衡、公正。

在事后阻断模式下,异议登记并不剥夺不动产登记权利人的处分权,其在异议登记期间仍可以转让不动产,从而达到合理配置资产的目的。此时对于第三人来说,完全可以根据登记簿上的异议记载及自己掌握的其他信息作出判断以决定是否受让该不动产。当其选择受让时,表示其已经自愿承担不动产可能被真正权利人追索的风险[①]。而在事前阻止模式下,非但

---

① 在商业活动中,利益经常是与风险伴生,当第三人在物权登记的公信力和异议登记的可能风险之间作出选择时,其有可能因此得到较大的利益,也可能遭受巨大的损失,但因均是其自行选择的产物,任一结果对其都是公平的。

登记权利人不得不在漫长的诉讼程序结束后才能确定是否有权处分系争不动产，而且第三人也不能在异议期间根据自己的判断受让不动产，这无疑大大压缩了登记权利人与第三人意思自治的空间。可见，事后阻断方式的异议登记具有兼顾保护第三人利益的价值，比较恰当地在真实权利人与第三人之间建构了利益平衡机制。

(2)从鼓励交易的角度，事后阻断和效力待定模式更有利于提高不动产交易的效率和物权的流通性。

在事前阻止模式下，在异议登记这段期间里，不动产的转让将被冻结，若是最终异议登记不能成功推进到更正登记，登记权利人宝贵的交易机会可能已经不可挽回地丧失，从而造成巨大的经济损失。虽然法律上存在向异议登记申请人索赔的权利，但这种事后救济的方式无疑会增加当事人的诉讼成本，影响正常的经济秩序，不能解决根本问题。更为现实的一点是，不是所有的异议登记申请人均有足够的损失赔偿能力，当异议登记申请人拥有的资产无法足额赔偿登记权利人时，很多登记权利人(通常情况下也是真正的权利人)因此受到了巨大的损失，一些权利人(如企业)因此面临破产。而若采事后阻断和效力待定模式，当异议登记不能推进到更正登记时，之前在异议期间内登记权利人处分行为的效力不受影响，不动产的转让也得以顺利进行；即使其能够成功地推进到更正登记，原来的登记权利人所为的处分行为也不是绝对无效，因为此种情况下仍存在着真正权利人对该处分行为进行追认的可能性。真正权利人完全可能由于之前的交易对自己有利而予以认可，而仅请求第三人向自己付款或请求原登记权利人返还不当得利，这样就最大限度地提高了不动产交易的效率和物权的流通性。

四、相关立法建议

笔者认为，《房屋登记办法》对异议登记的法律效力采取禁止权利处分模式并不利于我们异议登记制度的真正发展，而事后阻断和效力待定模式才是符合我国实际国情的现实选择，笔者建议通过立法进行补充规定①，规定可以作如下表述：

---

① 《房屋登记办法》虽然规定了权利禁止处分的模式，但因其为部门规章，笔者认为异议登记制度涉及财产的相关权利，不应由部门规章作出规定，故笔者建议的立法方式应为在物权法或物权法的解释中作出规定。

(1)“登记权利人在异议登记期间可以处分该不动产,但若因该处分行为给不动产利害关系人造成损失的,登记权利人应负责赔偿”。此条是对异议登记法律效力的一般原则规定,即异议登记不对不动产处分权构成限制或阻止,按照不动产权属以登记为准的公信原则,允许其正常进行转让交易,但登记权利人在行使该处分权时,若存在与实际权属状况不符或恶意处分情形的,则应负赔偿责任,且此种赔偿义务是法定义务。

(2)“登记权利人在异议登记期间处分不动产给第三人造成损失的,登记权利人应负责赔偿,但第三人明知该异议登记内容的除外”。此条是规定登记权利人恶意处分不动产而需要赔偿的例外情形,从民事交易的角度,交易各方应对自己的交易判断和交易行为负全部的责任,当然前提是交易方对于交易情况是完全知情的。第三人若明知异议登记的内容而仍然同意受让该不动产,正常推断应该是其深思熟虑后的交易判断,此种情形下,法律风险转化为商业风险,商业风险应由交易决策者自担,法律在这里则倾向于保护不动产真正权利人的合法权益。

(3)“登记更正后,登记权利人在异议登记期间处分该不动产,登记更正后的权利人未追认的,该处分行为无效”。此条是效力待定原则的体现,发生登记更正行为后,法律将决定交易“生死”的主动权交给了真正的权利人,使其有充分的自由来决定何种处理方式更有利于保护自己的权益,这既是维护交易稳定的需要,也是法律因采用“事后阻断”模式而对真正权利人的一种补偿,体现了法律平衡的艺术。

【参考文献】

[1] 刘保玉.物权法.上海:上海人民出版社,2003.

[2] 常鹏翱.不动产异议登记制度的司法适用.法学,2006(3).

公司与证券篇

试论股东派生诉讼制度及其完善

叶永祥*

【摘　要】 股东派生诉讼是公司法赋予公司股东维护公司合法权益的重要手段。我国公司法2005年修正后增加了派生诉讼的相关规定,该规定在原告股东的资格、被告的范围和诉讼的前置程序等方面既充分吸取了其他国家的优点,又具有中国特色,但我国新公司法对派生诉讼原告的范围规定较窄,对诉讼时效、诉讼中止和举证责任等方面没有作出明确的规定,对此值得笔者探讨一下。

【关键词】 派生诉讼　股东　完善建议

股东派生诉讼是对公司独立人格制度缺陷的弥补,其建立是平衡公司内部利益关系、强化公司治理的需要。在我国由于公司治理的失效,急需以股东派生诉讼制度监督公司经营者。而且鉴于我国国情,我国的股东派生诉讼制度应以鼓励诉讼为立法侧重点。我国公司法修正后建立了股东派生诉讼制度,值得赞成,但也不尽合理与完善。

一、股东派生诉讼的内涵

公司的大股东依据股份"多数决"原则往往能够对公司施加重大影响甚至直接决策公司事务。当公司的董事、大股东因其决策的经营行为或其他谋求私利的行为以及不作为的行为损害了公司的利益,或者其他第三人对公司施加了侵权行为并造成了公司的损失,而公司的管理层出于种种原因不愿起诉侵权者,导致公司受损的利益无法恢复,并间接使股东的利益遭受

* 叶永祥:男,浙江大学法律专业毕业,专职律师,主要从事建筑房地产、公司等民商事诉讼及非诉讼法律事务。

损害,股东基于其在公司的投资,自行代表公司向侵权者提起诉讼,即为股东派生诉讼。因此,股东派生诉讼自有其独有的特性:

1.股东派生诉讼具有代位性。从诉权行使目的的角度来看,股东派生诉讼显然属于一种间接诉讼。因此,它必然与股东因公司侵犯其权益而提起的直接诉讼存在本质的区别。直接诉讼的诉权在实体上来源于自益权,即股东是为了自己的利益提起诉讼,且诉讼利益亦归属于股东本人。股东派生诉讼的提起所基于的则是一种共益权,其诉讼原因并非属于股东,而是属于公司整体,胜诉的效果表现为公司利益的取得或者损失的避免,而这种结果又间接地使公司股东、债权人和职工享受到各自应有的利益。

2.股东派生诉讼具有代表性。由于公司的股东除提起派生诉讼的原告股东外,还存在其他股东。这就产生了原告股东的起诉行为的效力是否及于公司和其他股东的问题。对此,世界各国的立法均本着禁止和避免多重诉讼的原则,而采取承认原告股东起诉行为之代表性的做法,即原告股东的起诉行为在效力上及于被代位的公司以及其他未提起诉讼的股东,他们如要参与该派生诉讼,不得另行提起诉讼,而只能作为共同原告参加到已经开始的派生诉讼程序中来。这种代表性正是集团诉讼或代表人诉讼的本质特点。故有学者认为股东派生诉讼具有双重属性,即代位诉讼性与代表诉讼性,并认为这一性质为阻止股东或公司自身就同一诉讼标的在提起诉讼提供了理论依据。

二、股东派生诉讼的起诉条件

股东派生诉讼虽然成为监督公司经营和预防经营权被滥用的最重要的救济及预防方法,但如果大开股东派生诉讼之门,那么此类案件必然激增,不仅会过度加重法院的业务量,而且由于使大量的公司陷于股东派生诉讼之中,势必会影响其正常的生产经营。因此,对原告股东提起派生诉讼的权利加以适当地限制也就成为必要。

(一)起诉者主体资格条件

原告必须是持有公司股份的股东,并且原告在提起和维持派生诉讼时必须始终具备股东身份。这是各国立法对原告股东资格要求的几乎一致的原则。理由在于股东派生诉讼的提起在于原告股东对于诉讼结果具有必然的间接利害关系,而这种利害关系又以原告的股东身份为基础。如果原告在提起诉讼后因转让股份或其他原因而丧失了股东的资格,则他以自己名义提起的旨在维护公司利益的派生诉讼亦失去了存在的依据。我国新修订的公司法对此亦作出了明确的规定,该法第一百五十二条第一款将有权提起股东派生诉讼的股东的资格规定为:有限责任公司的股东、股份有限公司连续一百八十日以上单独或者合计持有公司百分之一以上股份的股东。此外,原告股东必须能够公正充分地代表其他股东和公司的利益。美国《联邦民事诉讼规则》第二十三条第一项规定:"若原告在行使公司或社团的权利时,不能公正而且充分地代表与之处于相似地位的众股东或众成员的利益时,则不得维持派生诉讼"。关于此条件,我国新修订的公司法并未涉及。

(二)程序条件

股东提起派生诉讼必须首先穷尽公司内部救济措施,这也是股东派生诉讼的前置程序。如前所述,股东派生诉讼代位的前提是作为诉权实质意义上的享有者——公司拒绝或者怠于直接行使其诉权。而且,派生诉讼是为公司的利益而服务,在原告股东提起派生诉讼之前请求公司机关提起诉讼或采取其他补救措施,亦是派生诉讼的应有之义。此外,从诉讼程序及证据的角度出发,这种诉前请求将使原告股东提起的代位诉讼更为合理,因为那时原告股东能够提出明确的证据证明他的诉前请求行为。为此,各国公司法一般都规定了股东提起派生诉讼的前置程序。

我国新修订的《公司法》第一百五十二条充分注意到了上述事实,并在我国实践的基础上,将监事会(或者不设监事会的有限责任公司的监事)或者董事会、执行董事作为接受原告股东之请求的法定机关。在新修订的《公司法》第一百五十二条中,立法规定监事会、不设监事会的有限责任公司的监事,或者董事会、执行董事收到前款规定的股东书面请求后拒绝提起诉讼,或者自收到请求之日起三十日内未提起诉讼的,股东有权为了公司的利益以自己的名义直接向法院提起诉讼。

三、股东派生诉讼中当事人的诉讼地位

(一)原告

派生诉讼的整个程序是由中小股东发动的,提起派生诉讼的股东在诉讼中必然处于原告的地位。

(二)被告

股东派生诉讼中的被告就是被原告股东指控曾经对公司施加不法侵害的董事、监事、大股东、经理人及其他任何侵权人。公司的董事、监事、大股东、经理人等依法对公司和小股东负有忠诚义务和勤勉义务,他们在管理和运营公司中如有过错即会对公司造成损失,应向公司负赔偿责任。但由于他们在公司中的特殊地位,公司的股东会、董事会、监事会往往怠于起诉,即使小股东依内部救济程序提出请求也未必使然。因此,他们往往是大多数派生诉讼案件的被告。其他人包括政府机关,因为合同的履行、偶发侵权事件、施政行为等对公司的利益造成损害,也应负赔偿之责,在公司机关不愿意起诉的情况下,其他股东有权提起派生诉讼。派生诉讼中的被告同其他直接诉讼中的被告当事人的地位没有什么不同,需要自负律师费用,向法庭提交涉案的事实证据,提出抗辩,依程序之规定推进诉讼。

(三)第三人

1.公司为无独立请求权的第三人。公司是股东派生诉讼中的必要的当事人,不仅诉讼的结果与其有关,且在诉讼进行中公司也有义务说明侵权的事实,提供相关的证据,并表达出它对诉讼的态度。所以,在股东诉讼中把公司安排为无独立请求权的第三人是比较合适的。

2.其他股东为有独立请求权的第三人。在股东派生诉讼中,原告系公司利益受损的中小股东自无疑问,但为了预防原告股东与被告相互勾结,损害公司和其他股东的利益,应当允许其他股东参与派生诉讼,从而为法院尽快定分止争服务,同时也通过参与诉讼了解案情及时地维护自身的合法权益。

四、我国股东派生诉讼制度的立法现状及完善建议

新公司法规定了我国的股东派生诉讼制度,具有较强的可操作性,和修订前的公司法相比是一个重大的进步,但是该规定还具有一定的缺陷,可能会导致我国派生诉讼不能起到应有的作用,主要表现在以下几个方面,应予以完善。

(一)原告范围规定较窄

我国新修订后的公司法仅仅赋予了具备一定条件的股东派生诉讼的提起权,这与世界上大多数国家公司法的规定是一致的,但却与当今世界逐步关注公司的社会责任的趋势不符。现代公司作为一个独立的个体,在谋求自己的发展并给其股东带来利益的同时,也应更注重社会的可持续发展,注重与社区、自然的和谐相处,给其职工、债权人等利益相关者带来福利。公司利益不正当的受损,则意味着公司职工福利的不合理的降低,甚至失去就业机会,意味着增大了公司债权人的受偿风险,因而也应赋予除股东之外的其他利益相关者通过诉讼手段维护公司利益的权利,来更好地维护自己的利益,促进公司管理层对公司尽自己最大的忠实义务。

在原告的股东资格方面,首先应确立派生诉讼提起权为每个股东所享有,股东持股量之多寡不能成为法院拒绝受理的理由;其次,在确立"当时股份拥有"规则的同时要设有保护善意的股份受让者的例外,如规定在具备派生诉讼原告资格的自然人死亡时取得此种股份的继承人具有起诉权;最后,确立股东必须公正、充分地代表其他股东和公司的利益并赋予法官根据法律的一般规定结合个案的具体情形对此进行自由裁量的权利。

(二)派生诉讼担保制度没有明确规定

派生诉讼费用担保是指应被告请求,原告应向其提供一定数量的担保,以备原告败诉时偿还被告因该诉讼而支出的相应费用。我国新《公司法》第二十二条第二至三款规定:股东会或者股东大会、董事会的会议召集程序、表决方式违反法律、行政法规或者公司章程,或者决议内容违反公司章程的,股东可以自决议作出之日起六十日内,请求人民法院撤销。股东依照前款规定提起诉讼的,人民法院可以应公司的请求,要求股东提供相应担保。

从该条所规定内容来看,股东所提起的诉讼是针对公司机构的活动方式或决议内容违反法律、法规或公司章程所提起的撤销之诉,其被告为公司的股东会或者股东大会和董事会,并且这些机构的行为即使违法也不一定就给公司带来损害,有时候还可能通过违法行为给公司带来利益,因而这里所说的诉讼显然不是股东派生诉讼。为了避免股东不适当的诉讼给公司造成不必要的损失,公司可以请求人民法院要求股东提供相应的担保。但我国公司法却没有派生诉讼原告股东在被合理怀疑有不适当诉讼之虞时需提供担保的规定,这不能不说是一种遗憾。笔者认为对诉讼费用担保宜参照加利福尼亚和日本模式,不以原告股东持股数额作为其是否承担诉讼费用担保的标准,而代之以原告股东对派生诉讼之提起是否具有恶意,并强调被告在申请法院责令原告提供费用担保时应负举证责任;否则,原告不承担此种义务。

(三)有关派生诉讼的其他一些程序问题

第一,举证责任分配问题。我国民事诉讼法的一般原则是谁主张谁举证,但是在派生诉讼中,普通股东所掌握的信息显然没有办法同公司的董事、监事和高层管理人员相比,即使有新《公司法》规定了股东查阅公司账簿等权利也不足以和董事等人员相抗衡。因而在派生诉讼中应采用举证责任倒置的原则,由被告举证证明其没有给公司造成损害或原告起诉所依赖的事实不存在。

第二,派生诉讼的中止问题。我国《民事诉讼法》第一百三十六条规定了民事诉讼中止的几种情况,但这些规定均不能适用于派生诉讼,股东派生诉讼有其特殊性。对于此,可借鉴美国《模范公司法》的规定,我国可以规定公司对股东的书面申请超过一定期限未答复但仍在调查中,或公司对于股东起诉的事项已经开始调查,公司可向法院提出中止诉讼的要求,是否准许由法院决定。

第三,派生诉讼的和解、撤诉问题。派生诉讼的和解、撤诉也不能完全适用我国民事诉讼法的规定,因为在普通的民事诉讼中,原告所维护的是自己的利益,对于自己的利益其当然具有完全、充分的处分权,他可以放弃自己的一部分甚至全部权利同对方当事人和解或者撤回诉讼。但派生诉讼不同,原告所维护的是公司的利益,因而原告不能像对自己利益的处分那样处分公司利益,否则可能损害我国法律中法院对民事诉讼中当事人和解、撤诉是否有违社会公共利益进行审查的制度,可以将其扩展适用到对派生诉讼当事人的和解、撤诉行为是否符合公司和其他股东利益进行审查,并由法院作出判断。

第四,派生诉讼的既判力问题。既判力是指民事判决实质上的确定力,即形成确定的终局判决内容的判决所具有的基准性和不可争性效果[①]。判决一般只约束案件的当事人,但在某些例外情况下,既判力可以扩张至案件当事人以外的人,如在人数众多的代表人诉讼中,法院判决的效力及于未登

① 吴明童:《既判力的界限研究》,《中国法学》2001年第6期,76-85页。

记的权利人，我国《民事诉讼法》第五十五条第四款对此作出了明确的规定，这被吴明童先生称作既判力主体界限的相对扩张。派生诉讼虽然与代表人诉讼不同，但笔者认为派生诉讼的判决或法院主持制作的和解协议至少应产生对涉讼事实的确定力和对非参讼股东派生诉权行使的阻却力，建议有关派生诉讼既判力问题在我国民事诉讼法修改时予以增加和完善。

第五，前置程序问题。可以参照与我国公司机关结构类似的日本的立法实例，将股东向公司提出请求的机关确定为监事会，同时规定适当的期限作为原告股东的等待期限。在此期限内，监事会应作出是否由公司自己起诉的决定或采取其他补救措施。如果监事会在此期限内决定不起诉，或逾期不予答复，也不采取任何补救措施，原告股东即可提起派生诉讼。另外，还应规定在某些情形下，可免除原告股东在诉前向监事会提出请求的义务。例如，股东自其向监事会提出请求之日起等待法定期限有给公司造成不可恢复损失之虞时，或由于监事会丧失其应有的独立性而导致原告股东的请求显属不必要时，原告股东可自行提起派生诉讼。但是股东在提起派生诉讼后仍应立即向公司履行告知义务。

综上所述，对股东派生诉讼的构建，是一个复杂的系统工程，它涉及公司法和民事诉讼法在规定上的衔接，因此不仅是一个实体法的问题，更重要的是一个程序法的问题。本文笔者只论述了其中几个较为突出的问题，派生诉讼运作过程中可能存在的其他问题，还需要在实践中加以深入的研讨，以求日臻完善。

【参考文献】

[1] 齐奇．公司法疑难问题解析．北京：法律出版社，2005．

[2] 杨路．股东派生诉讼问题研究．人民司法，2003(4)．

[3] 毛亚敏．公司法比较研究．北京：中国法制出版社，2001．

[4] 石少侠．论股东诉讼与股权保护．法制与社会发展，2002(2)．

[5] 朱慈蕴．公司法人格否认法理研究．北京：法律出版社，1998．

[6] 周瑞玲．论我国股东派生诉讼制度的完善．山西警官高等专科学校学报．2006(3)．

[7] 何美欢．公众公司及其股权证券(中册)．北京：北京大学出版社，1999．

股东查阅权问题研究

李　静　蒋　恒　钟永樟[*]

【摘　要】　股东知情权是股东的一项基本权利，股东查阅权是股东知情权的重要组成权能，同时也是实现股东知情权的有力途径。[①] 我国现行公司法的相关规定并不完善，不能为股东查阅权的行使和司法救济提供有效的规范和依据。基于此，本文从对股东查阅权的概念阐述中引出，对股东查阅权在主体、客体、行使的方式及行使限制等方面作了展开，并进而对股东查阅权的司法救济问题进行了探讨，希望有助于我国公司法关于股东查阅权问题的制度建设。

【关键词】　查阅权　查阅权的行使　查阅权的救济

引　言

公司作为一种社会资源的组织经营和运作模式，发展到现代，其中的专业化、职业化程度已经达到相当的高度。为追求经济利益的最大化，提高经营决策的科学性和运营效率一直是公司所有者孜孜以求的目标。而将公司所有权和经营权相分离，把公司的日常经营管理权交到更具有专业经验的职业经理人手上，则正是应了这一发展潮流的要求。但是，制度的设计总归

* 李　静：男，华东师范大学法学学士、杭州大学工商管理研究生，专职律师，擅长公司证券、收购兼并、投资、金融保险等法律业务。

蒋　恒：男，浙江大学法学学士，专职律师，擅长公司证券、金融保险和各类民商事诉讼法律业务。

钟永樟：男，浙江工商大学法学硕士，专职律师。

① 股东查阅权作为股东知情权的一项重要的权能，在外延上并不能涵盖股东知情权概念的全部。股东知情权的概念还应包括股东质询权等其他权能。但鉴于本文的论述点限于股东查阅权，所以以下凡涉及股东知情权概念的，如没有正文内容的特别说明，均指股东查阅权。

都是一种妥协和权衡。所有权和经营权分离的制度设计，一方面极大地解放了公司的生产力；而另一方面，新的弊端也随之出现。最直接的结果，是导致作为公司出资者、最终拥有者并且也是公司经营成果的受益者和风险承担者的股东，尤其是中小股东，由于游离在公司日常经营活动之外，从而在获取公司经营信息的能力上，相对于公司日常经营决策的实际执行机关如董事会、经理层等，处于一种不对称的弱势地位。这进而可能导致公司存续过程中股东意志和管理层意志的偏离，甚至于为公司的经营管理者利用其信息的优势地位损害股东的利益提供了可能的空间。此外，从股东之间的关系分析，由于公司大股东通常实际控制着公司，可以利用自身优势获得充足的公司信息，通过各种手段确保自身利益的实现。而中小股东由于持股比例不高，享有的股东权益较小，要获得公司信息相对困难，从而容易导致其权益因为信息的不对称而受到侵害。由此可知，无论是基于中小股东合法权益保障的取向，甚或出于完善现代公司的治理结构的考量，现代公司法都需要一套行之有效的制度来保障股东实现在公司日常运行过程中的知情权。本文所关注的股东查阅权正是这其中的一项具体的权能。其不仅是股东知情权的重要组成权能，同时也是实现股东知情权的有力途径。

一、股东查阅权概念释义

“股东查阅权”及其属概念“股东知情权”均不是法律上的概念。学理上一般认为股东知情权乃是由一系列关于股东获悉公司信息的相关具体权项组成，其包含股东了解公司信息的权利，并进而延伸至在了解信息的基础上对公司和公司管理者进行监督检查的权利。[①] 知情权在股东权体系中具有基础性的地位，是股东实现其他股东权利的前提和基础。而股东查阅权作为股东知情权具体表现形式的一种，则不仅是股东知情权的重要组成权能，同时也是实现股东知情权的有力途径。

股东查阅权是法律赋予股东通过查阅的方式，对公司的会议记录、财务会计报告、会计账簿等重要文件进行阅览和复制，从而获悉公司运营情况的

① 如学者施天涛认为，股东知情权是公司股东了解公司信息的权利，从更积极的方面理解，包含着对公司进行监督检查的权利，包括对公司提出建议和质询。见施天涛著：《公司法论》，法律出版社 2006 年 7 月第 2 版，第 246 页。

权利。从我国《公司法》第 34 条[①] 关于有限责任公司股东查阅权的规定来看,股东查账权的概念可以界定为如下几方面要素:(1)查阅权的主体:公司股东;(2)查阅权的对象:公司章程、股东会会议记录、董事会会议决议、监事会会议决议、公司财务会计报告以及公司会计账簿;(3)查阅权的客观方面:对于公司章程、股东会会议记录、董事会会议决议、监事会会议决议和公司财务会计报告,可以以查阅、复制的方式进行,对于公司会计账簿,仅限以查阅的方式为之;(4)查阅权的主观方面:对于查阅公司章程、股东会会议记录、董事会会议决议、监事会会议决议、公司财务会计报告,对股东的主观方面不作要求,对于查阅公司会计账簿,则要求正当目的;(5)股东查阅权的救济:可以请求人民法院提供司法救济。

体味法律条文的设计安排,立法者在保障股东权利和维护公司日常经营管理秩序的价值判断中居中调和的立法意蕴清晰可辨。这体现在股东查阅权的具体对象上,立法考虑时将查阅权对象区分成两类:关于公司章程、股东会会议记录、董事会会议决议、监事会会议决议和公司财务会计报告类和会计账簿类。此间,公司的财务会计报告反映的是公司生产经营成果和财务状况的总结性书面文件,不是原始的账簿文书。其一般是公司运营活动和经营收益的真实反映,但也不排除存在着隐瞒、虚构或修改公司运营真实情况的可能。而公司的会计账簿是公司运营情况的原始记录。它的真实性和可信性赋予股东在查阅该类账簿时的实际意义,但也正因为其原始性,完整地记录了公司运营的轨迹和渠道,一旦此类记录外泄,将可能对公司造成无法估计的损失。这也就是立法在此对查阅权对象作两类区分的权衡和考量。

我国的公司法学界历来有关于股东权的性质划分。如一般以股权行使的目的和内容为标准将股权分为自益权和共益权,以股权受法律强制的程度为标准将股权分为固有权和非固有权,以股权行使所需要的股东人数为标准将股权分为单独股东权和少数股东权,以权利行使的价值归属为标准

---

① 我国《公司法》第 34 条规定:股东有权查阅、复制公司章程、股东会会议记录、董事会会议决议、监事会会议决议和财务会计报告。股东可以要求查阅公司会计账簿。股东要求查阅公司会计账簿的,应当向公司提出书面请求,说明目的。公司有合理根据认为股东查阅会计账簿有不正当目的,可能损害公司合法利益的,可以拒绝提供查阅,并应当自股东提出书面请求之日起十五日内书面答复股东并说明理由。公司拒绝提供查阅的,股东可以请求人民法院要求公司提供查阅。

将股权分为工具性权利和目的性权利等[1]。笔者认为,比照以上区分,则股东查阅权在自益或是公益问题上不能作绝对的划定,因为股东行使查阅权既可能是为了保障其自身的利益,也可能是为了保护公司的利益,甚至还可能其主观上为自己利益,客观上带来为公司利益的结果;在目的性权利还是工具性权利的问题上,笔者认为查阅权更多的是一种工具性的权利,作为股东知情权的重要权能之一,股东查阅权在股东权体系中具有基础性的地位,是股东实现其他股东权利的前提和基础。"除非股东有关于公司的充足资料,否则他们很难明智地行使他们出售自己股票,进行表决或要求他人进行表决以及提起公司权利诉讼的权利"。[2]此外,股东查阅权属于法律赋予股东的固有权利,不能由公司章程或股东之间的约定排除;在查阅权属于单独股东权还是少数股东权的问题上也不能一概而论,从各国的规定看,有限公司和股份公司中的规定有区别,查阅公司日常文件、财务会计报告和查阅会计账簿时也有区别。对股东查阅权作这些区分,有助于我们加深对查阅权概念的全面理解。

二、股东查阅权的行使问题

(一)股东查阅权行使的主体认定

1.一般主体资格标准

依据公司法原理,股东是向公司出资或者认购股份并记载于股东名册上的人,对公司出资是取得股东资格的实质要件。我国《公司法》第 33 条第二款规定,"记载于股东名册的股东,可以依股东名册主张行使股东权利。公司应当将股东的姓名或者名称及其出资额向公司登记机关登记;登记事项发生变更的,应当办理变更登记。未经登记或者变更登记的,不得对抗第三人"。可见,股东登记在公司法律设计上乃是作为一种对抗要件,对认定是否具有股东资格的生效要件,乃是看股东的实际出资或认购股份。其中股东名册的记载则是在公司内部确认股东资格的一种形式依据。在判断股东查阅权的主体资格问题上,一般的标准乃是以股东的实际出资或认购股

① 参见赵旭东:《公司法学》,高等教育出版社 2006 年版,第 315 - 316 页。赵家仪,高义融:"股东信息权制度研究",《政法论坛》2000 年第 6 期,第 53 页。

② [美]罗伯特·C·克拉克:《公司法则》,胡平译,工商出版社 1999 年版,第 72 页。

份为依据。

2.特殊主体资格的具体认定

(1)关于隐名股东

由于在公司的外显材料尤其在工商登记材料中其所持股份通常记为他人(挂名股东)所有,隐名股东虽为公司的实际出资人,但其股东资格的认定在司法实践中往往具有复杂性。经过学理上的反复争议,目前无论是学界抑或司法实践中对于隐名股东的资格认定问题已渐趋一致。依据一般主体资格的认定标准,股东身份取得是基于对公司的实际出资。隐名股东已实际向公司出资,在公司内部关系的认定上,其具有股东资格,赋予隐名股东知情权符合实质正义的要求。但是隐名股东在知情权问题上寻求司法救济时则需要根据出资凭证、委托协议等证据证明自己的出资事实,将自身的股东身份显名化之后,才得请求法院司法救济。此外学者一般认为,如果出资人隐名是为了规避法律的强制性规定,隐瞒身份对公司出资,则其股东资格的取得因违反法律而丧失合法性基础,股东资格不得认定,当然不应享有知情的权利。

(2)关于受益所有人

受益所有人(beneficial owner)是英美法中的概念,其与在册股东(record owner)的概念相对。所谓受益所有人是指已经取得出资或者股份但尚未按照规定程序办理股东名册变更手续的受让人或者其他继受人[①]。这种股东已出资或获得股份但并未进行股东名册变更的情形在我国实践中也时有出现。基于我国股东登记的对抗要件主义和股东出资的事实,应当承认该股东在此期间的知情权。

(3)关于已转让公司股份的股东

对已转让公司股份的股东的主体资格认定问题,现在尚有不少的分歧。笔者试罗列以下四种观点。观点一,肯定说:此种观点认为股东在转让股权后仍享有公司法规定的股东知情权。观点二,否定说:此说认为知情权作为一种股东权,体现的是股东的身份权,丧失股东身份也就丧失了知情权。观点三,相对说:此种观点认为股东在转让股权后虽失去了股东身份,但如能提供证据表明原公司隐瞒利润,应有权查阅其为股东期间公司的财务状况。相对说实为肯定说的修正。在我国的司法实践中,南京法院曾于2002年作

① 施天涛:《公司法论》,法律出版社2006年版,第247页。

出判决，允许转让公司股份的股东查阅公司账簿[①]。观点四，侵权说：该观点认为，股东在转让股份之后不再是公司股东，行使知情权的实质要件已经丧失。如果认为公司侵害其权益，则可以在时效范围内向法院提起损害赔偿之诉，但不适格向法院请求股东知情权司法救济。[②] 侵权说实为否定说的延伸。

笔者认为，上述观点四在司法实际操作上缺乏可行性，因为获悉关联信息是股东计算相关权益损失的前提，股东不享有知情权，则在具体计算损失数额时很难操作，在提起侵权之诉时将失去合理的依据。观点三看似在法理上站不住脚，但是股东出资入股在本质上乃是一种契约关系。合同法理论中规定了当事人的先合同义务和后合同义务。出于诚信的考虑，当事人在失去合同当事人身份后仍受到相应的义务约束。所以笔者以为上述观点三的做法是可取的。

(4)未足额出资股东

对此实务界亦有不同意见。[③] 笔者认为，我国《公司法》第 28 条规定，“股东应当按期足额缴纳公司章程中规定的各自所认缴的出资额。股东不按照前款规定缴纳出资的，除应当向公司足额缴纳外，还应当向已按期足额缴纳出资的股东承担违约责任。”第 94 条第一款规定，“股份有限公司成立后，发起人未按照公司章程的规定缴足出资的，应当补缴，其他发起人承担连带责任。”可以看出，违反足额出资义务的股东，法律规定其承担向公司承担补缴义务的财产性责任和对其他股东的违约责任，并不剥夺其股东身份资格。股东是否缴足出资和是否具有股东资格是两回事。至于股东出资不实或未缴纳出资，可以通过公司法设立关于未按期足额缴纳出资的股东的违约责任和赔偿责任来处理。

(5)关于公司监事

监事不是知情权(包括查阅权)主体。依照《公司法》第 54 条的规定，监

---

① 该案中，法院判决原告得行使当年股东的权利，查阅被告公司 1999 年的全部账目和分红方案，以追回被截留的收益和个人分红。引自吴广海：“论股东的查阅权”，《江苏经贸职业技术学院学报》，2004 年第 3 期，第 52 页。

② 见上海市高级人民法院 2005 年 11 月 29 日印发的“2005 年上海法院民商事审判问答(之四)”，即《关于审理股东请求对公司行使知情权纠纷案件若干问题的问答》。

③ 江苏省高级人民法院 2003 年通过的《关于审理适用公司法案件若干问题的意见(试行)》规定：未出资的股东行使知情权的，不予支持。但是上海市高级人民法院《关于审理股东请求对公司行使知情权纠纷案件若干问题的问答》中认为，一般不能以股东出资存在瑕疵为由否定其应享有的知情权。

事会或监事有权检查公司财务等情况,并在发现公司经营异常时有权进行调查。但是监事的调查权和知情权不是同一个概念。司法界一般认为,监事会或监事履行相关职权属于公司内部治理的范畴,该权利的行使与否并不涉及当事人民事权益,以民事权利救济的方式对监事调查权进行保障的做法欠妥;且公司法并未对监事会或监事行使权利受阻规定相应的司法救济程序,因此,监事会或监事以其知情权受到侵害为由提起的诉讼,不具有可诉性,人民法院不予受理;已经受理的,应当裁定驳回起诉。如果不设监事会的公司监事同时具备公司股东身份的,法院应当向其释明,若其同意以股东身份提起股东知情权纠纷诉讼的,法院可准许其变更诉讼请求。[①]

3.关于主体资格的代理

关于股东查阅权能否代理行使的问题,大抵正反两种看法。肯定者认为知情权是股东的法定权利,公司法也没有强制知情权须由股东本人亲自行使,则股东当然可以委托他人代为行使。否定者则考虑到知情权行使的人身性以及对公司商业秘密的保护问题,坚持只能由股东本人行使。

笔者对此持赞同观点。股东知情权虽然是一种以股东身份而产生的权利,但是从权利行使的角度说,它并不具有人身专属性。股东委托他人代为行使,属于民事法上的委托代理关系,其法律效果最终都归于委托人(股东)本人。这和股东亲身行使权利产生的法律效果并行不悖。此外,从立法的宗旨来说,法律既然赋予了股东知情权,当然需要照顾到股东知情权行使的现实效果。股东查阅公司资料,特别当涉及会计账簿、报告等专业性比较强的文件时,往往可能由于知识结构的限制,不能很好地理解材料背后的意蕴,从而使知情权的行使不能产生应有的效果。此时若委托具有专业知识能力的人代为行使知情权则无疑能较好地解决这一问题。

(二)股东查阅权行使的客体和对象

股东查阅权的客体是指公司运营过程中的各种信息。从宏观上讲包括公司设立、存续、终止整个运营过程中的经营信息、财务信息以及所发生的重大事件等。

国内学者赵雷在比较了美国、欧盟和我国台湾地区等的相关立法后得出结论:对于股东的知情权,各国立法均规定了宽泛的范围,特别是我国台

---

① 见上海市高级人民法院2005年11月29日印发的《2005年上海法院民商事审判问答(之四)》,即《关于审理股东请求对公司行使知情权纠纷案件若干问题的问答》。

湾地区和美国的立法,在不精确的意义上讲,范围几乎涵盖了和公司经营有关的一切事项。赵雷认为,公司立法应顺应其主导的社会趋势,即伴随着知识分工的加剧而导致职业经理人的出现以及由此致使公司所有权和经营权分离趋势增大的情况下加强股东对公司经营管理活动的监督,更加强调对中小股东的保护。由此,股东知情权保护和公司利益保护的平衡应在限制股东知情权权利行使的程序层面来实现,而不是对知情权实体范围作出限制性的规定。[①]

我国现行公司立法考虑到社会经济发展的历史阶段,对股东知情权的实体范围还是有所限制。我国《公司法》第34条规定"有限责任公司的股东有权查阅公司章程、股东会会议记录、董事会会议决议、监事会会议决议和财务会计报告",股东还可以要求查阅公司的会计账簿。第98条规定:"股份有限公司股东有权查阅公司章程、股东名册、公司债券存根、股东大会会议记录、董事会会议决议、监事会会议决议、财务会计报告。"

实务焦点集中在对"会计账簿"概念的理解上。新《公司法》明确规定有限责任公司股东可以查阅公司的会计账簿,但未明确是否将原始凭证列入可以查阅的范围内。实践中对此一直存在不同的理解。

根据我国《会计法》第14条、第15条、第20条的规定,财务会计报告、会计账簿以及会计凭证是三个不同层次的概念。会计凭证包括原始凭证和记账凭证。记账凭证应当根据经过审核的原始凭证及有关资料编制。会计账簿登记,必须以经过审核的会计凭证为依据,会计账簿包括总账、明细账、日记账和其他辅助性账簿。财务会计报告应当根据经过审核的会计账簿记录和有关资料编制。从会计核算的相关规定看,会计账薄似乎并不当然包括原始凭证。但是,实务中也有法院从公司法立法目的和本意出发,考虑到充分保护中小股东的合法权益,而在其判决中将股东账簿查阅权扩张适用到会计原始凭证。[②]同时也有法官对此明确表示反对。[③] 因此,笔者呼吁尽

① 赵雷:"论有限责任公司股东知情权的范围",载于中国民商法律网:首页>商事法学>论文选粹,网址:http://www.civillaw.com.cn/article/default.asp? id=34791

② 相关案例可见:"中小股东有权查阅会计账簿",《中国证券报》2006年8月7日,第A02版;"拒绝股东查阅原始凭证,法院判决:公司十日内提供",《江苏经济报》2006年3月1日,第B01版;2003年6月江苏省高级人民法院《关于审理适用公司法案件若干问题的意见(试行)》第66条规定:"……有限责任公司股东除有权查阅前款规定所列材料外,还可以查阅董事会决议、公司账薄及相关原始凭证。"

③ 参见上海市第一中级人民法院杨路:"股东知情权案件若干问题研究",载于中外民商裁判网:首页>民商法总论>公司与重组,网址:http://www.zwmscp.com/list.asp? unid=6840

快在司法解释中明确公司会计账簿的范围,避免司法实践中不断显现的冲突。

在对股东查阅权对象作界定时还应考虑到公司作为商业秘密保护的信息,也即当股东知情权与公司商业秘密的维护发生冲突时的取舍问题。根据上海市高级人民法院 2005 年 11 月 29 日印发的《2005 年上海法院民商事审判问答(之四)》,即《关于审理股东请求对公司行使知情权纠纷案件若干问题的问答》,针对实务中被告可能提出抗辩说,由于原告参与经营与被告公司相同的业务,因此原告要求查阅账簿的真实目的是为知悉被告公司的商业秘密。一般认为,应对股东知情权用诚实信用、善意原则加以限制。而对这种限制法律并没有具体的规定,由法官在个案中依据相应原则加以解决。如果原告在离职前本就担任公司相关管理职务,比如总经理对外要签订业务合同,对内也要行使相应的职权,这样被告所谓公司的商业秘密是不能成立的,可以构成对抗辩的一个阻却事由。但对原告离职后的公司的秘密应予以相应的保护,毕竟原告系经营同类业务的公司的股东。在这种情况下,可以分为两段时间,即原告离职之前的有关文件可以让原告查阅;至于原告离职之后的有关文件则不允许原告查阅。这样,既能够保护股东的知情权,又可以保护公司的商业秘密,可谓一举两得。

(三)股东查阅权的行使方式

各国和地区立法,在股东查阅权行使的时间、地点、方式、股东查阅事前通知(包括查阅的请求和请求查阅的范围等)制度、代理查阅制度以及查阅费用承担等方面往往均有比较明确的规定。[①]

从我国《公司法》第 34 条和第 98 条的规定来看,我国公司法只是从赋权的角度规定了股东可以查阅的范围,并进而规定了股东行使查阅权时的查阅、复制的行为方式。其中,有限责任公司股东在查阅公司章程、会议记录(决议)和财务会计报告时可以复制,但对于查阅公司会计账簿则没有赋予复制权,股份有限公司的股东,法律仅赋予其对公司相关文件的查阅权,而没有赋予复制权。除此以外,我国公司法并没有对股东查阅权行使的时间和地点等其他方面作出明确的规定。笔者以为可以借鉴国外相关立法经验,尽快完善我国在股东查阅权具体行使方式上的法律规定。

此外,我国《公司法》第 34 条第二款规定了股东向公司要求查阅会计账

---

① 赵旭东:《境外公司法专题概览》,人民法院出版社 2005 年版,第 363 - 374 页。

簿的,应当向公司提出书面请求,说明目的。公司有合理根据认为股东查阅会计账簿有不正当目的,可能损害公司合法利益的,可以拒绝提供查阅,并应当自股东提出书面请求之日起十五日内书面答复股东并说明理由。公司拒绝提供查阅的,股东可以请求人民法院要求公司提供查阅。

(四)股东查阅权行使的限制

自由无绝对。从宏观的角度而言,任何一种制度的设计都是一种妥协和权衡。股东查阅权同样需要在股东权益(尤其中小股东利益)和公司利益之间作出妥协和权衡。概括各国、各地区法律规定,对股东查阅权行使的限制基本可分为实体性限制和程序性限制两类。实体性限制前面已有所论述,此处不赘述。所谓程序性限制则大致可区分为客观限制和主观限制两项。

1. 客观限制

客观限制是指股东行使查阅权时必须满足一定的持股时间和持股比例要求。

依据我国《公司法》第 34 条的规定,有限责任公司之任一股东对公司相关文件包括财务会计账簿都有权(可以)进行查阅,并没有持股比例和持股时间上的限制。此外第 166 条第一款规定有限责任公司应当依照公司章程规定的期限将财务会计报告送交各股东。立法考虑时概因有限责任公司之人合性,股东之间大概彼此熟悉,相互信任,且人数又少(不超过 50 人),彼此之间因亲友、道义关系而生出来的人身制约力和行为规制力更强,法律完全可以对股东权利行使作诚信的推定,无须对有限责任公司股东查阅权行使作客观限制。

就股份公司而言,我国《公司法》第 97 条规定了股份有限公司应当将公司章程、股东名册、公司债券存根、股东大会会议记录、董事会会议记录、监事会会议记录、财务会计报告置备于本公司,以方便股东查阅。第 166 条第二款规定股份有限公司的财务会计报告应当在召开股东大会年会的二十日前置备于本公司,供股东查阅;公开发行股票的股份有限公司必须公告其财务会计报告。其中也未就持股比例和持股时间作出规定。这主要是因为财务会计报告本身的性质和目标乃是为各类使用者(包括投资者、债权人和其他财务会计报告使用者)提供决策有用的财务资料和信息,所有对股东更无客观限制的必要。

各国立法在涉及股份公司会计账簿查阅权问题时则往往规定了对股东

的客观限制。[①] 但我国公司法中并未赋予股份有限公司股东会计账簿的查阅权,也就没有这一说了。

2. 主观限制

主观限制是指股东在行使查阅权时,须出于正当目的。

从效果上讲,“正当目的”应该是解决股东知情权权利限制问题的终极答案。如果可以从技术上对股东是否具有“正当目的”作出泾渭分明的判断,则我们将不再需要任何的权衡和妥协,所有的问题都将迎刃而解。也因之,当我们追溯有关知情权问题的历史演进时,可以发现人们从一开始的确是将问题交由“正当目的”来解决的[②]。但对是否出于“正当目的”的判断,因其涉及对股东内心意志的追究,在具体的案件审理中将无法避免地陷入难以求证的尴尬之中。所以后来人们转而又求助于设计具体可操作的规则。但规则一旦具体化后又往往难以穷尽对个人内心世界的概括。纵观各国立法,无一不是在这种主客观标准的追求和妥协的逻辑思维中打转。

我国公司法只对查阅公司会计账簿时提出了正当目的的要求。《公司法》第 34 条规定,有限责任公司认为股东提出查阅会计账簿具有不正当目的时,可以拒绝其请求。但是对“正当目的”的概念本身没有释义。由此造成实践中被告公司滥用正当目的的抗辩事由,阻却股东正当权利行使的现象。

笔者认为,对于“正当目的”的释义,从立法技术的角度讲,相对合理的方式是采用“肯定概括 + 否定列举”的办法。概括式立法符合我国作为成文法国家的立法传统,而采取否定列举的方式排除“非正当目的”的适用,实质是对“正当目的”的扩大解释,也符合各国在股东知情权问题上逐渐以程序性规制取代实体性限制的立法趋势。以下简介国外相关做法,以为我国司法实践吸收借鉴。

对于何谓“正当目的”,美国《特拉华州普通公司法》第 220(b)节的解释为“与股东作为股东的利益合理相关之目的”。这一解释为美国其他一些州所认可。此外,美国学者克拉克教授对判例法上的“正当目的”进行了类型化,依股东权利行使的动机,将规定正当目的准则含义的判例区分为四类:

---

① 如日本《日本商法典》第 293 条之 6 第 1 款规定,对会计账簿的阅览须持有全部表决权 3% 以上的股东方可请求。见赵旭东主编:《境外公司法专题概览》,人民法院出版社 2005 年版,第 364 页。

② 周建伟:《美国公司法股东查阅权制度演变初探》,《北京政法职业学院学报》2005 年第 4 期,第 52-53 页。

(1)估量其投资的愿望;(2)与作为投资人的其他股东交易的愿望;(3)获得非与其投资人地位相关的个人利益的愿望;(4)促进有社会责任感的目标的愿望。其中,前两类通常会被判定具有正当目的,后两类通常不被认为具有正当目的。日本《公司法典》没有确立"正当目的"条款。其对股份公司股东查阅公司会计账簿的权利在进行客观限制(享有全体股东表决权的百分之三)的基础上,认为,除可认定符合以下某项的情形外,不得拒绝:(1)进行该请求的股东关于其权利的确保或行使的调查以外的目的进行请求时;(2)请求人妨害该股份公司业务的执行,或以损害股东的共同利益为目的进行请求时;(3)请求人经营与该股份公司业务处于实质性竞争关系的事业,或从事该事业时;(4)请求人为将通过股东名册的阅览或誊写得知的事实向第三人通报获得利益进行请求时;(5)请求人在过去两年内,曾有将通过股东名册的阅览和誊写得知的事实向第三人通报获得利益的行为时。①

三、股东查阅权的司法救济问题

最高人民法院2000年10月30日颁布的《民事案件案由规定(试行)》将"公司知情权纠纷"作为第172种案由予以规定,对于股东知情权纠纷按照这一案由统一进行立案和审理。股东查阅权作为股东知情权的一种具体权能,在权利得不到实现甚至遭受损害时向法院寻求司法救济,除适用《民事诉讼法》关于侵权案件的管辖、时效等一般规定之外,在原被告主体资格、起诉前置程序、诉讼请求范围、诉讼程序、举证责任等方面均有其特殊的表现。关于股东查阅权的原告资格,本文在上述股东查阅权行使之主体资格问题中已有论述,可以作为法院司法实践中审核原告资格的认定标准;关于诉讼请求的范围,诚如笔者之前所言,司法实践中的焦点集中在关于"会计账簿"的理解上,因为没有统一的参考,很难形成一种一以贯之的司法品格。此不赘述。本文以下就司法实践中关于股东查阅权诉讼所产生的其他主要争议进行论述。

(一)被告的确定

关于被告的确定,司法实务中很明确。北京市高级人民法院2004年2

① 以上内容本文参见孙宪超:"股东查阅公司账簿的正当目的论",载于中国民商法律网:首页>商事法学>论文选粹,网址:http://www.civillaw.com.cn/article/default.asp? id=39195#9

月24日印发的《北京市高级人民法院关于审理公司纠纷案件若干问题的指导意见(试行)》第7条规定:“股东行使知情权的义务主体是公司,涉及股东知情权纠纷提起的诉讼应当以公司为被告。”上海市高级人民法院2005年11月29日印发的《2005年上海法院民商事审判问答(之四)》,即《关于审理股东请求对公司行使知情权纠纷案件若干问题的问答》中认为:股东知情权属于股东为自身或股东的共同利益对公司经营中的相关信息享有知晓和掌握的权利。公司应当按照公司法及有关章程的规定履行向股东报告和披露相关信息的义务。因此,知情权的义务主体是公司,涉及股东知情权纠纷的诉讼应当以公司为被告。即使是公司其他股东、董事、监事或高级管理人员拒绝履行相关义务导致股东知情权受到侵害,也应当由公司承担责任。故股东以公司其他股东、董事、监事或高级管理人员为被告提起知情权纠纷诉讼的,法院不应受理;已经受理的,应当裁定驳回起诉。

但是学理中对此有不同的建议。有学者认为股东知情权的义务主体应当且只能是董事会[①],因此,被告为董事。有学者建议可以将侵权董事、控股股东列为第三人向其追究法律责任[②]。还有学者认为可将阻挠股东知情权实现的董事等责任人作为共同被告,要求其承担相应的损失赔偿责任[③]。

学者之所以如此建议,自有其关怀所在。公司虽具有独立人格,但公司履行股东的知情权义务均需通过具体责任人员实现。现实中可能出现董事、经理等责任人利用职权,假借公司名义侵害股东的知情权的现象。此时若仍以公司为被告,则知情权诉讼并不能解决该类侵权问题的实质。坚持以公司为被告,则循着我国公司法的立法逻辑,只能依《公司法》第150条的规定追究董事等的赔偿责任。但这种叠加的制度设计无疑增加了股东实现知情权利的成本,不利于股东权利的保护。

(二)起诉前置程序

关于起诉的前置程序,一般认为,对于股东要求查阅公司会计账簿的,应当首先向公司提出书面请求并说明目的,当公司拒绝提供查阅时,股东才可以向人民法院提起诉讼。因此,在这一场合下,提起知情权诉讼必须履行

---

① 李桂娥:《独立董事与股东知情权保护问题》,《青海民族学院学报》(社会科学版)2005年7月,第32卷第3期,第70页。

② 于定勇:《试论我国股东知情权法律制度之构建》,《广东经济管理学院学报》2005年第3期,第78页。

③ 刘春玲:《有限责任公司股东知情权及其司法保护》,《中国律师》2004年第10期,第67页。

向公司提出书面请求并说明目的这一前置程序。但在对于股东起诉请求查阅、复制公司章程、股东会会议记录、董事会会议决议、监事会会议决议和财务会计报告的,是否需要履行前置程序,就存在着截然相反的两种观点。

笔者认为,此处还可以细分。我国《公司法》第166条规定:有限责任公司应当依照公司章程规定的期限将财务会计报告送交各股东。股份有限公司的财务会计报告应当在召开股东大会年会的二十日前置备于本公司,供股东查阅;公开发行股票的股份有限公司必须公告其财务会计报告。以有限公司为例,法律规定了公司送交财务会计报告的义务,从另一方面讲,也即法律规定了股东享有知情权的方式。如公司送交财务会计报告的期限尚未逾期,股东即向法院起诉行使权利,则等于是起诉一个完全合法的行为,是不能得到法院支持的。而对于公司章程、股东会会议记录、董事会会议决议、监事会会议决议,法律并未规定公司履行义务的时间、方式,则在股东对公司提出要求之前,公司不主动履行并不违法。所以无论从公司的义务履行方式或者从诉讼经济的角度衡量,笔者都倾向于设置股东知情权诉讼的前置程序

(三)诉讼程序

我国新的《民事诉讼法》对审判程序规定了普通程序、简易程序、特别程序、督促程序和公示催告程序等。因特别程序、督促程序和公示催告程序均有其特定的适用对象,股东知情权之诉似乎只能适用普通程序(含简易程序)加以解决。但若依普通诉讼程序解决的话,因一审审限可以长达6个月、二审3个月,即使适用简易程序,也规定了可以长达3个月的审限,由此容易导致实践中即使股东最终胜诉,也会因为时间拖得太久而贻误了查阅的最优时机而失去实际意义。

针对这一问题,学者中一种比较普遍的看法是认为可以比照督促程序中的支付令为股东知情权诉讼增设一个申请调查令程序。但笔者认为,调查令的方式可能并不是最优的选择。现行民事诉讼法之督促程序适用于金钱、有价证券的债务关系,即便债务人在收到支付令后提出异议,债权人重新按普通程序起诉,其权益仍然能够得到有效的救济(债权人在这段期间中新增加的利息等损失可以通过增加诉讼请求中的求偿数额来得到弥补)。但是知情权诉讼的标的是信息。信息具有时效性,同一个信息在不同的时段,其价值是迥异的。如果比照督促程序,则调查令发出之后,一旦公司提出异议,法院并不进行实质审查而裁定终止程序,调查令自动失效,股东只

能另行按普通程序提起知情权诉讼,从而又回到了问题的原点。现实中公司完全可以而且可能利用这样的制度缺陷拖延履行义务的时间,股东的合法权益仍然得不到有效的救济。

(四)举证责任

举证责任分配的问题也存在分歧。根据上海市一中院法官杨路介绍,股东知情权案件请求内容多样,立法对这些请求内容在行使方式、行使目的以及行使程度上的规定也有区别,司法实践中容易导致法官认识不清,存在随意分配当事人举证责任的现象。[①]

杨路法官进而根据请求内容的不同将知情权诉讼案件作了分类,提出了各种类别的诉讼中举证责任的分配情况。他认为,在股东请求查阅、复制章程、记录和决议案件中,由股东承担证明其系被告公司的股东以及知情权行使要求遭公司拒绝的证明责任。在股东请求查阅、复制财务会计报告的案件中,由于《公司法》规定了有限责任公司对财务会计报告的送交义务,原告股东因未收到会计报告而起诉时,应当证明以下两项事实:一是原告系公司的股东;二是公司侵犯了股东的知情权。但此时原告无需证明其曾向公司提出过知情权要求。如果公司认为已向股东送交会计报告,则应承担举证责任。在股东请求行使会计账簿和原始会计凭证查阅权(如果法院予以认定)的案件中,原告股东应当举证证明:(1)原告系被告公司的股东;(2)原告已向公司提出要求查阅财务账簿的书面请求,其在该书面请求中已说明了查阅财务账簿的目的;(3)公司拒绝了原告的查阅请求或者公司未在法律规定的15日内给予股东书面答复。在此类案件中,作为被告的公司,则应当对其拒绝的理由承担举证责任。即公司应当证明股东的“非正当目的”。杨路指出,《公司法》并未要求股东必须对其查阅财务账簿的目的的正当性进行举证,而只需证明其在书面请求中说明了目的。“至于股东查阅会计账簿是否必要,笔者认为并不属于目的正当性的审查范围,法院在审理此类案件中亦无需依职权进行主动审查。”[②]学理上有观点与之类似,学者朱宏伟等人曾提出“提出责任”和“说服责任”的区分。他们认为根据不同的时间节

---

① 杨路:《股东知情权案件若干问题研究》,载于中外民商裁判网:首页 > 民商法总论 > 公司与重组,网址:http://www.zwmscp.com/list.asp? unid=6840

② 杨路:《股东知情权案件若干问题研究》,载于中外民商裁判网:首页 > 民商法总论 > 公司与重组,网址:http://www.zwmscp.com/list.asp? unid=6840

点，在诉讼过程中应先由原告股东负提出责任，向法院提出证明自己存在查账正当性目的的基础证据。之后则由公司承担说服责任，即提出充分的证据证明股东不存在正当目的。[①]

实践中关于举证责任的争议更多地集中在股东要求查阅公司会计账簿上。在北京天客隆集团有限责任公司诉北京超市发连锁股份有限公司股东知情权案[②]中，北京市一中院判决驳回了原告天客隆集团的诉讼请求。其判决理由认为，股东要求查阅公司会计账簿应当具有正当的目的。首先，股东应当在向公司发出的书面申请中明确查阅的具体事项，并说明查阅的具体目的；其次，股东要求查阅的具体事项和查阅的目的之间应当有直接的联系；再次，股东查阅公司的会计账簿不能影响公司正常经营。天客隆集团单方提出行使知情权，并称这有助于定纷止争、最终解决超市发公司僵局，但因其并未明确指出行使知情权如何有助于定纷止争、最终解决超市发公司僵局，并未对查阅事项和查阅目的之间的直接联系给出令人信服的解释。可见，在关于股东查阅公司会计账簿的目的证明问题上，北京的法官相比于上海的法官提出了更严格的要求。

四、结　语

对于股东查阅权，我国公司法虽作了规定，但无论是在理念上关于股东权利和公司利益的权衡，抑或相关的制度设计都没有细化、可操作化[③]，在

---

① 朱宏伟，张铭训：《股东查阅公司账簿正当目的之认定与举证责任分配》，载于中国民商法律网：首页＞判解研究＞解释评析，网址：http://www.civillaw.com.cn/article/default.asp?id=38678

② 李大华：《天客隆要求查阅超市发财务账册未获支持》，载于北京律师在线，网址：http://www.lawking.com.cn/articleview/2007-6-7/article_view_2175.htm

③ 笔者曾经办理过一则股东知情权诉讼案件，公司两个股东占股分别为50%。笔者认为，制度的设计皆因对不同利益冲突的权衡。如此，假定以50%为界，则我们在考虑股东知情权行使问题的时候，是否可以因其持股比重的不同而在制度设计上有所体现（当然，不能因小股东持股比例少而从实体权利上对其作限制）？此外比如关于"正当目的"的认定上，笔者以为，这种认定更多的只能是一种事后认定。即只有事后股东事实上利用该获知的信息从事了不正当的行为，才能反过来认定股东之前行使权利时具有不正当目的。而要在股东行使知情权之当时认定其是否具有"正当目的"既是对股东正常行使权利的一种苛求，在实践中也几乎不具有任何可操作性。笔者认为，股东获知信息和股东是否会非法利用所获知的信息，这在逻辑上是两个层面的概念。"非法利用信息"必须是成为一种事实之后才能加以认定。我们不能以剥夺实体权利的方式来防止一种"犯意"，这就和刑法上惩罚犯罪意图一样滑稽。

实践中面对纷繁复杂的具体问题时往往显得无能为力。尤其在股东查阅权要求司法救济时因为没有可供一致遵循的规则,实践中股东的知情权难以得到有效的保障。也正因为此,相当多的学者著文呼吁移植国外的检查人选任制度。这是一种由主管机关或法院指定独立于公司利益以外的专业中介机构或人士作为检查人对公司的业务和财产状况进行全面调查,之后提交报告,由法院或主管机关向公司和股东公开的制度。这种制度具有全面和中立的特点。笔者以为,在股东权和公司利益的权衡中引入第三方居中的机制,不失为一种有益的立法建议。学者的拳拳之心足以为我国的立法、司法部门借鉴。但是,究竟是在现有的法律制度上作进一步的修缮完整还是引入一套新的处理机制,这不仅仅是一个立法的取舍问题,更是一个经济社会发展的现实要求问题。这些都需要我们不断地深化认识和思考。

【参考文献】

[1] 赵旭东.公司法学.北京:高等教育出版社,2006.

[2] 施天涛.公司法论.北京:法律出版社,2006.

[3] 刘俊海.股份有限公司股东权的保护.北京:法律出版社,2004.

[4] 赵旭东.境外公司法专题概览.北京:人民法院出版社,2006.

[5] 钱卫清.公司诉讼——司法救济方式.北京:人民法院出版社,2006.

[6] [美]罗伯特·C·克拉克.公司法则.胡平译,北京:工商出版社,1999.

[7] 赵家仪,高义融.股东信息权制度研究.政法论坛,2000(6).

[8] 周建伟.美国公司法股东查阅权制度演变初探.北京政法职业学院学报,2005(4).

[9] 李桂娥.独立董事与股东知情权保护问题.青海民族学院学报(社会科学版),2005(7).

[10] 于定勇.试论我国股东知情权法律制度之构建.广东经济管理学院学报,2005(3).

[11] 刘春玲.有限责任公司股东知情权及其司法保护.中国律师.2004(10).

[12] 杨路.股东知情权案件若干问题研究.http://www.zwmscp.com/list.asp? unid=6840,2008-05-15.

[13] 赵雷.论有限责任公司股东知情权的范围.http://www.civillaw.

com. cn/article/default. asp? id=34791,2008-05-15.

[14] 孙宪超. 股东查阅公司账簿的正当目的论. http://www. civillaw. com. cn/article/default. asp? id=39195#9,2008-05-15.

[15] 朱宏伟,张铭训:股东查阅公司账簿正当目的之认定与举证责任分配. http://www. civillaw. com. cn/article/default. asp? id = 38678,2008-05-15.

[16] 李大华. 天客隆要求查阅超市发财务账册未获支持. http://www. lawking. com. cn/articleview/2007-6-7/article_view_2175. htm,2008-05-15.

特许经营信息披露问题初探

王红燕*

【摘　要】 随着特许经营在国内的发展,各个机构对特许经营问题的研究已经逐步深入,对推动特许行业的发展有很大的帮助和影响。法律界对特许经营合同条款的探讨已经很丰富。而信息披露往往是很多特许者容易忽略的内容,本文选取了特许经营中特许者信息披露这一个问题重点论述以帮助特许者和被特许者对这个问题有充分的认识和重视。

【关键词】 特许经营　信息披露　各国立法　条例解读　法律责任　完善建议

一、特许经营在世界的发展

特许经营起源于美国,也在美国得到了最充分的发展。时至今日,美国已经成为特许经营产业大国,有 55 万多家从事特许经营的公司,他们带来的年销售利润超过 1.5 万亿美元。据统计,每分钟就有一个新的特许经营加盟店在美国诞生。

特许经营作为一种特别的商业经营模式在欧洲各国已有较长的历史,早在第二次世界大战之前,欧洲就已存在成功的特许经营模式,70 年代早期,欧洲的特许经营已发展得很完善,也开始有了适用于特许经营的立法;随着各国对知识产权的进一步重视和应用,近几年,特许经营在欧洲更取得长足的发展。截至 2004 年,在 20 个欧洲特许经营发展得比较成熟并具有

* 王红燕:女,青岛海洋大学本科,专职律师,研究生在读,中国连锁经营协会特委会委员、法律工作组委员、欧洲特许经营联合会访问专家、比利时特许经营协会访问专家;擅长领域:知识产权、连锁经营、国际投资。

一定规模的国家中,共有5552个特许经营品牌在操作,对比1998年,增加了50%;被特许者的数量达到250643家,对比1998年增加了49.7%。

从国外的特许经营发展现状看,特许经营显然已经成为国外零售业的主流模式、商业发展的关键形式以及经济发展的最重要推动力之一,按照经济发展的普适性规律,在国外取得辉煌业绩的特许经营也必将在中国大放灿烂之光。事实确实也如此。

特许经营作为一种新型流通方式,在我国存在和发展的时间较短,特许经营在国内起始于上世纪80年代末、90年代初,当时一些中国本土的企业开始涉足特许经营,社会各界已经认识到在提高企业组织化程度、吸纳民间资本、促进中小企业发展、扩大就业等方面的作用。根据中国连锁经营协会的统计,截至2006年底,中国特许体系数量超过2600个,涉及50多个行业,目前中国已经成为拥有特许体系最多的国家。

二、定　义

特许经营没有公认的定义。法律意义的特许经营因国家不同而有所区别。

美国联邦贸易委员会1979年颁发的《关于特许经营和商业机会的信息披露义务和禁止规则》[①]中认为特许经营涉及的是一种持续商业关系,其中被特许者获得以特许者商名销售特许者品牌商品或经营的权利;特许者在被特许者经营中发挥控制作用或向被特许者提供关键指导;被特许者要支付特许费。

欧盟对特许经营的定义源自欧洲委员会1988年11月30日通过的关于适用公约第85条(3)之特许协议的EEC第4087/88号决议。决议中将特许经营定义为,被用来为最终用户零售商品或者提供服务的有关商标、商号、店标、实用造型、设计、版权或专利的工业或知识产权的一揽子交易。

中国目前对特许经营的法律定义出现在国务院2007年5月1日起施行的《商业特许经营管理条例》第三条。《条例》将特许经营定义为,指拥有注册商标、企业标志、专利、专有技术等经营资源的企业(以下称特许人),以合同形式将其拥有的经营资源许可其他经营者(以下称被特许人)使用,被特许人按照合同约定在统一的经营模式下开展经营,并向特许人支付特许

① 16C.F.R P436

经营费用的经营活动。

三、各国信息披露立法情况

国际统一私法协会组织专家起草的《特许经营披露示范法》旨在促进各国和各多国集团之间私法规则的统一和协调,并制定可能为不同国家所接受的私法统一规则的国际统一私法协会已组织专家起草了《特许经营披露示范法》(下称《示范法》)。

《示范法》规定了特许者单方披露义务。披露内容详尽而具体,包括:特许者名称、形式、法定地址和主要营业所地址;特许者拟授予被特许者使用的商标、商名、营业名称或类似名称;特许者在未来被特许者所在地主要营业所地址;对特许经营的描述;特许者及其关联企业以相同商名进行特许经营的描述;与特许经营有关的特许者负责高级管理职责的所有人的名字、营业地址、职务和经历等;与特许经营有关的所发生的任何涉及欺诈、不正当陈述等民事或刑事诉讼或仲裁;5 年前特许者或其关联企业所发生破产及其相关程序;特许者及其关联公司以相同商名授予特许经营的被特许者数目及自己拥有的特许企业数目;被特许者及特许者关联企业的被特许者名称、营业地址和营业电话;有关已与特许者签订特许协议的被特许者及特许者关联企业的被特许者在 3 年前不再作为被特许者的信息和原因;有关特许者即将被许可特许经营的知识产权情况,特别是商标、专利和软件;有关被特许者将被要求购买或租赁的商品或服务项目;有关财务方面的内容涉及,未来被特许者所需总的投资额,特许者可能的财政支持,经审计的特许者签约前三年的财务报告、资产负债表和损益表等;关于特许经营所涉产品或服务的总体市场分析和陈述,当地市场情况及市场发展的前景等。

除此之外,以下信息也应予以披露:特许经营的续约条件;关于培训计划的描述;授权是否在地域等方面具有排他性;特许经营协议中关于终止条件及其影响;在区域或客户方面对被特许者的限制;有关不竞争承诺的要求;初始许可费及是否有返还;其他特许费的支付;有关被特许者未来出售商品或提供服务方面的限制条件;特许经营转让的条件;任何法律适用和争议解决问题。

1.美国

在美国,连锁企业经营的范围从产品到服务,十分广泛,而且范围还在不断拓展。美国实行四级政府管理,即联邦政府、州、郡(县)、市。美国政府对连锁业的管理,主要是联邦政府层次的管理。这种管理是通过联邦政府UFOC(Uniform Franchise Offering Circular)机构管理的。UFOC审查是为了防止欺诈,对是否具备发展连锁的资格进行评估。只有在资格具备时,UFOC才允许企业发展连锁。

美国特许特别立法存在两个级别。在联邦这一级,1979年联邦贸易委员会(FTC)《关于特许和商业机会投机的信息披露要求和禁令规则》[①],规定了特许者应该提供给预期被特许者的信息,以使其得到评估该特许所必需的要素。它适用于特许和若干商业机会。联邦贸易委员会规则适用于全部50多个州,意在对特许当事人提供一个最低保护。因而,它适用于尚未采用更严格要求的州。

在州这一级别上,大部分州还没有规范特许经营的立法。不过,已有17个州通过了要求信息披露的立法,其中有一些还要求对披露文件进行登记。其他一些州已通过了规范特许关系方面的立法,其中包括特许关系的解除。22个州通过了规范商业机会的要约和销售的立法,这些法律也有可能适用于特许协议。需要指出的是,除了上述立法外还有些产业特别法,规范汽油零售或分销特许方面的法律。

依据规范特许关系的法律,特许者必须经过注册并经政府管理部门审查。依据信息披露方面的立法,当州这一级别赋予此义务时,情形与此上相同。而在义务是由联邦级的法律赋予的时候,则不存在备案程序,因为不存在可以备存披露文件的联邦政府机构。

美国联邦贸易委员会(FTC)于1978年制定了信息披露规则(Trade Regulation Rule)1979年10月21日正式实施(Disclosure Requirements and Prohibitions Concerning Franchising and Business Opportunity Ventures),使信息披露制度法制化。[②]

所谓特许经营的信息披露制度,是指特许人就自己实际经营状况和特许经营合同中的重要内容,在特许经营合同签订前,预先告知特许加盟志愿者的制度。此项制度又可细分为狭义的信息披露制度和登记备案制度。所谓狭义的信息披露制度,是特许人向与自己将要缔结特许经营合同的特许加盟志愿者,事前提供有关特许经营合同和自己的信息;登记备案制度则是将上述信息存储在政府机构或行业协会,以便特许加盟志愿者检索、阅览的

---

① 16C.F.R P436

② 欧阳光,吴静,王龙刚:《公司特许经营法律实务》,法律出版社2007年版,第70页。

制度。FTC规则列举了特许人向特许加盟志愿者应当信息披露的最低限度事项。联邦贸易委员会规则,是一部信息披露法,它要求特许者向预期的被特许者提供包含有关如下方面的详细信息的文件:特许者;特许者的董事和管理人员;诉讼和破产历史;将要购买的特许;初始和后续的费用;购买的义务;融资;要求的个人参股份额;解除、终止和变更条款;被特许者数量的统计数据;培训;地址选择;财务报告,包括经审计的财务说明书[①]。

在美国,获得较高评价的是中西部证券委员会(MSCA)颁布的《统一特许经营提示公告》(Uniform Franchise Offering Circular ,UFOC),它所列举的要求特许人信息披露的事项,比FTC规则更严格,其内容在15个州的立法中被吸收。美国联邦法中仅设有信息披露制度,而没有登记备案制度。在15个州的立法中,有13个州同时设有信息披露制度和登记备案制度,2个州仅有信息披露制度。

2. 法国

在欧洲,第一个通过有关特许立法的国家是法国,1989年12月31日,通过了关于商业和手工业企业发展及其经济、法律和社会环境改善的第89-1008号法律[②],该法第1条是关于特许的。其是一个信息披露法,具体细节表现在随后于1991年4月发布的第91-337号政府令中。[③] 需要说明的是,这个法并不是特许特别法,但其涵盖了特许。

3. 比利时立法

比利时新的特许经营法律,在2005年期间受一些立法机关的延误,现已正式通过。该法律开始是在2005年9月1日生效的;然而,在2006年1月23日,一项法令刊登在比利时官方的公报上,通知市民该法律已经修改,以建立一个初步的生效日期为2006年2月1日。

该法律涵盖了特许经营权和在"商业伙伴关系"保护伞下的类似关系,要求特许人交付书面的信息披露文件,并附有特许经营合同的副本,由特许人在早于执行合同至少一个月以前或者就任何需要付款以前提供给潜在加盟商。

该披露文件必须包含两部分,一部分总结特许经营合同的主要条款,另

---

① 参见《美国法律法规对国际特许的影响》,P. Zeidman,第2页。联邦贸易委员会规则和解释指南,参见CHH《商业特许指南》。

② 这部法通常称为Loi Doubin法,Loi Doubin是引进该法的部长。

③ 该法在1991年4月6日公布。

一部分提供便于加盟商正确评估商业伙伴关系协议的信息。其中,必须披露的信息包括:(a)特许人的发展历史和经验;(b)特许人前三年的财务报表;(c)协议项下应支付的报酬的计算方式;(d)协议存续期间;(e)续约的条款和条件;(f)可以终止协议的情况;(g)根据合同独家授予的权利;(h)竞业禁止限制(包括期限和这些限制的条件);(i)加盟商承担的义务和不履行义务的后果;(j)加盟商的购买选择权或优先权和买卖估价的方法;(k)根据合同授予的知识产权;(l)特许人的市场份额;(m)根据协议要操作的店铺详情或其他业务;(n)参与该特许体系的加盟商数量;(o)过去三年里新签的特许经营合同和到期终止或不再续约的特许经营合同的数量。

根据法律,加盟商没有收到依照法律要求的披露文件,可能使特许经营合同被宣布无效,并且在两年里的任何时间执行合同都没用。该法也规定了没有在信息披露文件里适当记录的任何合同条款将无法对加盟商产生强制力。该法要求信息披露以一种明确的和可理解的方式披露,并规定含糊不清之处将得到有利于加盟商的解决方案。该法对各方试图结束一个特许经营或其他商业伙伴关系协议的过程中,就信息披露施加了保密责任。

四、中国《商业特许经营管理条例》对信息披露的规定

有特许经营立法的国家,都把信息披露作为核心制度,包括我国的《商业特许经营管理条例》也不例外,从国外的成功经验和我国的实际情况看,规范特许经营活动,维护市场秩序,关键在于规范特许人的行为。因此,《条例》明确规定特许人应当建立并实行完备的信息披露制度,突出了对被特许人的保护。《条例》中要求的全面完整的信息披露、独立的财务审计、不充分及虚假披露信息的法定赔偿等,构成了中国特许经营信息披露的基本内容。这使得特许经营活动公开化、透明化,保障了被特许人的知情权,使被特许人可以在充分、准确了解特许人的真实情况下,基于其独立与客观的判断,作出投资选择。

《条例》明确规定在定立特许经营合同之日前至少 30 日,以书面形式向被特许人提供有关信息和特许经营合同文本,并明确规定了特许人应当提供的信息内容:

特许人的名称、住所、法定代表人、注册资本额、经营范围以及从事特许经营活动的基本情况;特许人的注册商标、企业标志、专利、专有技术和经营模式的基本情况;特许经营费用的种类、金额和支付方式(包括是否收取保

证金以及保证金的返还条件和返还方式);向被特许人提供产品、服务、设备的价格和条件;为被特许人持续提供经营指导、技术支持、业务培训等服务的具体内容、提供方式和实施计划;对被特许人的经营活动进行指导、监督的具体办法;特许经营网点投资预算;在中国境内现有的被特许人的数量、分布地域以及经营状况评估;最近2年的经会计师事务所审计的财务会计报告摘要和审计报告摘要;最近5年内与特许经营相关的诉讼和仲裁情况;特许人及其法定代表人是否有重大违法经营记录;国务院商务主管部门规定的其他信息[①]。

条例同时规定特许人必须向被特许人提供真实、准确、完整的信息,不得隐瞒有关信息,或者提供虚假信息。特许人隐瞒有关信息或者提供虚假信息的,被特许人可以解除特许经营合同。被特许人向商务主管部门举报并经查实的,由商务主管部门责令改正,处1万元以上5万元以下的罚款;情节严重的,处5万元以上10万元以下的罚款,并予以公告。

同时,中华人民共和国商务部颁布的自2007年5月1日起实施的《商业特许经营信息披露管理办法》对信息披露制度作出了更详细的规定,第五条规定特许人进行信息披露应当包括以下内容:

1. 特许人及特许经营活动的基本情况。

(1)特许人名称、通讯地址、联系方式、法定代表人、总经理、注册资本额、经营范围以及现有直营店的数量、地址和联系电话。(2)特许人从事商业特许经营活动的概况。(3)特许人备案的基本情况。(4)如果由特许人的关联公司向被特许人提供产品和服务,应当披露该公司的基本情况。(5)特许人或其关联公司在过去五年内破产或申请破产情况。

2. 特许人拥有经营资源的基本情况。

(1)以书面形式向被特许人说明能够提供的注册商标、企业标志、专利、专有技术、经营模式及其他经营资源情况。(2)如果上述所列经营资源的所有者是特许人的关联公司,披露该关联公司的基本信息,特许人同时应当说明一旦解除与该关联公司的授权合同,如何处理该特许经营系统。(3)特许人(或其关联公司)的注册商标、企业标志、专利、专有技术等经营资源涉及诉讼或仲裁的情况。

---

① 见《商业特许经营管理条例》(2007年5月1日实施)第22条,更详细的内容参见《商业特许经营信息披露管理办法》(商务部令2007年第16号)

3. 特许经营费用的基本情况。

(1)特许人及代第三方收取费用的种类、金额、标准和支付方式,不能披露的,应当说明原因,收费标准不统一的,应当披露最高和最低标准,并说明原因。(2)保证金的收取、返还条件、返还时间和返还方式。(3)要求被特许人在订立特许经营合同前支付费用的,应当以书面形式向被特许人说明该部分费用的用途以及退还的条件、方式。

4. 向被特许人提供产品、服务、设备的价格、条件等情况。

(1)被特许人是否必须从特许人(或其关联公司)处购买产品、服务或设备及相关的价格、条件等。(2)被特许人是否必须从特许人指定(或批准)的供应商处购买产品、服务或设备。(3)被特许人是否可以选择其他供应商,以及供应商应具备的条件。

5. 为被特许人持续提供服务的情况。

(1)业务培训的具体内容、提供方式和实施计划,包括培训地点、方式和时间长度。(2)技术支持的具体内容,说明特许经营操作手册的目录及相关页数。

6. 对被特许人的经营活动进行指导、监督的方式和内容。

(1)特许人对被特许人的经营活动进行指导、监督的方式和内容,被特许人须履行的义务和不履行义务的后果。(2)特许人对消费者投诉和赔偿是否承担连带责任,如何承担。

7. 特许经营网点投资预算情况。

(1)投资预算可以包括下列费用:加盟费;培训费;房地产和装修费用;设备、办公用品、家具等购置费;初始库存;水、电、气费;为取得执照和其他政府批准所需的费用;启动周转资金。(2)上述费用的数据来源和估算依据。

8. 中国境内被特许人的有关情况。

(1)现有和预计被特许人的数量、分布地域、授权范围、有无独家授权区域(如有,应说明预计的具体范围)的情况。(2)对被特许人进行经营状况评估情况,特许人披露被特许人实际或预计的平均销售量、成本、毛利、纯利的信息,同时应当说明上述信息的来源、时间长度、涉及的特许经营网点等,如果是估算信息,应当说明估算依据,并明示被特许人实际经营状况与估计可能会有不同。

9. 最近 2 年的经会计师事务所或审计事务所审计的特许人财务会计报告摘要和审计报告摘要。

10.特许人最近5年内与特许经营相关的重大诉讼和仲裁情况。

(1)重大诉讼和仲裁指涉及标的额50万元人民币以上的诉讼和仲裁。(2)应当披露此类诉讼的基本情况、诉讼所在地和结果。

11.特许人及其法定代表人重大违法经营记录情况,重大违法经营记录。

(1)被有关行政执法部门处以30万元以上50万元以下罚款的。(2)被判处刑事责任的。

12.特许经营合同文本。

(1)特许经营合同样本。(2)如果特许人要求被特许人与特许人(或关联公司)签订其他有关特许经营的合同,应当同时提供此类合同样本。

五、对被特许人的救济措施

《商业特许经营管理条例》第23条规定:"特许人隐瞒有关信息或者提供虚假信息的,被特许人可以解除特许经营合同。"

同时,在我国法律上,故意隐瞒与订立合同有关的重要事实或者提供虚假情况(《合同法》第42条第2项),给对方造成损失的,应当承担损害赔偿责任。因此,特许者因违反披露信息义务对被特许者的赔偿,通常认为是赔偿信赖利益上的损失,即相信合同有效而受的损失。这种理论源于大陆法系。受大陆法系的影响,我国司法实践中对缔约过失的赔偿仅以信赖利益为据、以实际损失为限。

六、当前我国信息披露制度完善的建议

1.建议应建立双向的信息披露制度。

从上文可以看出,几乎各国的特许法规都规定了特许者单方披露义务。特许者与被特许者实际是商业合作伙伴关系,从合同角度来说,是平等的主体关系,因此,信息披露的单方义务对特许者而言并不合理、公平。作为法规的《商业特许经营管理条例》在第三章信息披露部分,全部都是针对特许者的义务;作为部门规章的《商业特许经营信息披露管理办法》,在第7条提到"特许人向被特许人披露信息前,有权要求被特许人签署保密协议"。这些条文对特许者而言,要形成对称的信息披露公平性还是远远不够的。

为了体现信息的对称性,最大限度减少特许者的商业秘密流失,被特许

者应向特许者披露信息，包括：被特许者基本信息；被特许者投资特许事业的资金来源；被特许者的产权证明；被特许者的历史诉讼记录；被特许者的相关工作经历和经验；被特许者的直系亲属从事的行业信息；被特许者从事特许事业经营的主要人员，等等。

当然，鉴于目前的状况，在立法层面要建立双向的信息披露制度会有难度，这还是要有赖于特许者自行建立一套调查被特许者信息制度和商业秘密保护制度。

2.建议对于信息披露制度应同时建立一个免除特许者向未来被特许者提供披露文件的义务的制度。

特许经营属于非常复杂的商业模式，特许体系的建立是个繁琐的过程，特许体系的庞大大到可以遍布全球各个角落，特许体系每小时都在不断更新，就像美国一样，每秒钟都有加盟店诞生，若不建立一个免除特许者向未来被特许者提供披露文件的义务的制度，无疑会加重特许者的责任。

建议参考《示范法》的内容，比如《示范法》提到，以下情形，可以免除特许者向未来被特许者提供披露文件的义务：在向特许经营协议签订前至少一年前曾经是特许者或其关联企业官员、董事授予特许权时；当有效特许经营协议权利和义务被转让时，受让方要实质性地遵守转让方权利义务，且该等转让不需经特许者批准时；在特许经营被授予两年前从事相同领域的自然人和法人，且在双方订立协议时可以预料，当第一年被特许者及其关联企业的销售额超过全部销售额的20%时；在特许经营协议中未来被特许者承诺其对特许经营的投资超过一定比例时；当未来被特许者及其关联企业拥有超过一定数额的净资产或销售额时；当特许经营协议以相同条件被续约时。免除情况的规定可以减轻特许者无谓的披露义务，提高生产效率，也真正体现信息披露的本质意义。

试论有限责任公司股东资格的认定标准

刘成林*

【摘　要】 公司股东资格的认定关系到投资人在以公司为联结点的法律关系体系运作过程中的权利配置与责任负担,除了股东资格认定之诉外,各类股东权(如表决权、知情权、利润分配请求权、派生诉讼权等)的行使、股东会各类决议效力之异议等多类纠纷案件中,股东资格的认定标准都是一个重要的先决问题,新《公司法》虽然对股东资格的认定标准作了相应的规定,但仍显得比较原则,该问题未能得到彻底解决。本文拟就有限责任公司股东资格认定的标准以及对股东资格认定上的几个实际问题提出一些看法。

【关键词】 股东资格　认定　章程

一、股东资格的认定标准的一元性

股东资格认定的标准是什么？有的学者提出了"股东资格形式特征与实质特征分析路径",认为公司登记机关对公司股东的登记、公司章程和股东名册的记载属于股东资格的形式特征,签署公司章程、实际出资、取得出资证明书及实际享有股东权利属于股东资格的实质特征。形式特征的功能主要是对外的,是为使相对人易于判断和辨识,它在与公司以外的第三人的争议中对于股东资格的认定比实质特征更有意义,而其中公司登记机关的登记公示性最强,又优先于其他形式特征。实质特征的功能主要是对内的,用于确定股东之间的权利义务,在解决股东之间的争议时其意义优于形式特征,而其中签署公司章程反映行为人作为股东的真实意思表示,其又优先

* 刘成林:男,毕业于中南财经政法大学,法学硕士,专职律师,擅长房地产法律业务。

于其他实质特征。在个案中,可以抽象地说,当在案件中发现与股东上述特征相关的证据相互之间发生矛盾和冲突时,应当按照争议当事人的具体构成,优先选择适用相应的证据,对股东资格进行认定[①]。

这种分析方法在结果上很可能导致在不同的案件中由于当事人的不同,同一个主体在股东资格认定上产生不同的结果。就某一个民事法律关系而言,由于判决既判力的相对性,不会产生争议,但是股东资格认定诉讼,其既判力往往具有向第三人扩张的效力,这就容易引发裁判权之争,不同的法院可能作出不同甚至相反的判决,这既有损判决的权威性、又会引起新的纠纷。此外,由于商法上的外观主义原则,股东资格是和一系列登记、记载制度相关联的,而这些登记、记载又因向公众开放以取得公示的效力。如果允许在股东资格认定上根据内外法律关系的不同作出不同的判断,当事人依照不同的判决要求进行登记、记载的时候,以哪一份判决为准呢?因此,对于资格判断的标准,必须要有一个一元的标准,多元主义、分别讨论的路径是不可行的,况且,善意第三人制度已经能够保护相对方的利益,可以给予相应的补偿。因此,多元主义、分别讨论的路径无论在理论上,还是在司法实践中都可能导致判断混乱,股东资格的认定标准应当坚持一元性。

二、认定股东资格的形式条件与实质条件

目前,公司法的理论与规则关于股东资格的界定在于两个方面,即形式要件与实质要件。

形式要件是股东资格为他人所认知和识别的形式,如股东是否按照特定的程序被记载于特定的法律文件,依照法律文件的不同又有股东名册、章程、公司登记文件等。

实质要件是指以投资人是否履行出资义务。从股权本身的性质而言,股权本是一种包括资格性权利的综合性权利,股东资格也是股东向公司投入自己的财产后,以自己的财产权换取的,从这一意义讲,不向公司投入财产,就取得公司的股东资格似乎不妥。

我国公司法领域的传统见解认为,取得股东资格必须具备实质要件和形式要件,二者均为股东资格缺一不可的要件,其中实质要件又较形式要件

---

① 范健:《论股东资格的认定的基本理念与原则》,21世纪商法论坛第六届国际学术会议(2006)论文。

更为重要,因为股东之所以能够成其为股东,从根本上讲源于其对公司的出资,形式要件只是实质要件的外在表现,或者说是对股东出资事实的一种记载和证明,因此,自然人或法人如果不对公司出资便不具有股东资格。笔者认为,这种认识看似正确,但如果仔细对照新《公司法》有关规定来分析,便会发现其还难以禁得起法律上的严格推敲,如果用其指导公司实践也会存在不少问题,详述如下:

1.股东资格的取得以公司法人成立和存续为前提。按照《公司法》规定,在设立公司阶段,由于公司没有成立,投资者此时只能处于设立人地位,其取得的是准股东资格,设立人的身份是随着公司的成立而转化为公司股东的,如果没有公司法人的成立和存续,股东资格就无从谈起,因此,公司法人的成立和存续是股东资格的必要前提条件。同时新《公司法》规定,公司成立的基本要件之一:"股东出资达到法定资本最低限额"。这一要件说明,在一人有限责任公司中,股东之于公司的出资肯定是取得股东资格的要件,因为股东出资没有达到最低限额,公司就不能成立,股东资格也就丧失了取得的前提;在一般的有限责任公司中,情况有所不同,即使只有部分股东出资,只要符合新《公司法》规定的"法定资本最低限额"的要求(有限责任公司为3万元),公司就可成立,反过来说,即使部分股东没有出资或虚假出资等,均不影响公司的依法成立。因此,在逻辑上得出这样的结论:公司法人的成立和存续是取得股东资格的充分条件,而不是充分必要条件。

2.新《公司法》规定股东可以分期缴纳出资,这也就意味着,法律允许股东出资与取得股东资格相分离。《公司法》第26条规定,公司全体股东的首次出资额不得低于注册资本的百分之二十,也不得低于法定的注册资本最低限额,其余部分由股东自公司成立之日起两年内缴足。根据这一规定,假定10个股东设立一个注册资本为50万元的有限责任公司,实行分期缴纳,股东们共同约定首次出资额3万元由其中一个股东缴纳,那么,该公司成立时,其余9个股东虽未出资,但仍然可以合法地取得股东资格。这一例子还可进一步说明,认定该9人是否具有股东资格并不在于其是否出资或虚假出资,而在于公司章程、公司股东名册等文件上是否进行了记载,即股东资格的形式要件对股东资格的取得才具有决定性的作用。

3.以形式条件来作为认定股东资格的要件并不意味着可以忽视股东出资的实质条件。根据《公司法》规定,如果股东出资行为存在瑕疵,即出现虚假出资、抽逃出资和其他出资不实的情况,可以在承认其股东资格的前提下通过相应的法律救济措施来弥补,包括要求其在规定的时间内补足出资,追究股东违约责任，限制其股东权的行使，情节严重的，追究其行政责任，直至刑事责任。通过采取这些法律措施作为补救，可以使受损害的法律关系得以恢复和矫正，使有关当事人受损害的利益得到一定程度的补偿。

4.认定某种事实的存在或某种资格的取得只需满足形式条件的情形在法律上并不鲜见，除了取得股东资格的情况，其他如物权法的物权公示原则，也采用了"记载于不动产登记簿的人或推定不动产占有人为该不动产的权利人"。这种以形式要件确定法律效力的做法可以统称为"外观主义"或"外观法理"。商法上的外观主义原则，其主要目的还在于维护交易秩序和交易安全，这种做法与传统民法有一定的不同，但传统民法为解决个别问题，还是对此予以认可的。对于更加注重交易的连续性、便捷性和安全性的商事领域而言，外观主义几乎在各个方面都占据了重要地位：在股东资格问题上，公司章程的记载、股东名册的记载、公司登记机关的登记、公司发给股东出资证明书或股票等形式要件具有向社会公示的作用，使社会公众相信其有效的公信力，这正是维护交易秩序和交易安全所要求的，也是现代民商事法律社会本位价值取向的要求和体现[①]。因此，笔者认为：只要符合股东资格的形式条件，即便不具备股东出资的实质条件，也应当认定股东资格的取得。

三、认定股东资格的依据及其效力

认定股东资格的依据在司法实践中较为复杂，认定股东资格需要通过多种方式来证明：公司章程、股东名册、出资证明书、工商登记记载都可以成为认定股东资格的依据。在理想状态下，这些证明股东资格的文件是应当是齐备而统一的，并且还应当具备如下特征：(1)在公司章程上被记载为股东，并在公司章程上签名盖章；(2)在工商行政机关登记的公司文件中列名为股东；(3)被载入公司股东名册；(4)在公司成立后取得公司签发的出资证明书；(5)向公司投入资本，实际履行了出资义务。现就该五个特征逐一展开分析：

1.公司章程与股东资格认定。

公司章程是公司成立的基础性法律文件，是公司法律人格的书面表现

① 周友苏：《试析股东资格认定中的若干法律问题》，http://www.civillaw.com.cn/Article/default.asp? id=38192。

形式,它规定了公司构成的基本要素。公司章程的签署,即表明签署者愿意成为公司法人的成员,公司章程主要约束的是公司和股东以及股东之间的权利义务,同时,公司法以及现代的行政管理制度赋予章程对外公示的效力,相对人可以依据章程判断公司股东的情况,故以签署章程作为股东资格认定的法律标准,具有典型的法律意义。法律对此虽然没有明确规定,但有限责任公司必须在公司章程上记载股东的姓名或名称,这是我国《公司法》规定的章程条款绝对必要记载事项,在发生股权转让改变股东姓名或名称时,亦须修改公司章程,重新记载股东姓名或名称。若有限责任公司股东姓名或名称未记载于公司章程,将难以产生取得公司股东资格的法律后果,所以签署公司章程对有限公司股东资格的认定具有决定性的效力。

2.工商登记与股东资格认定。

工商部门对公司股东的登记本身并无创设股东资格的效力,其本质上属于证权性登记,只具有向第三人宣示股东资格的证权功能。第三人仅对工商登记的记载承担信赖义务,依此与公司、登记股东发生交易后,要求公司及登记股东承担责任,公司、登记股东不得以工商登记有误为由对抗该第三人。工商部门对公司股东的登记材料可以作为证明股东资格并对抗第三人的证据。作为证权性登记,第三人有理由信赖登记材料的真实性,如果登记有瑕疵,第三人仍可要求所登记的股东按登记的内容对外承担责任。因此,工商部门对公司股东的登记在股东资格认定时具有相对优先的效力,但不具有决定性的法律效力。

3.股东名册与股东资格认定。

股东名册是为了反映公司股东的现状,记载有限公司股东及出资有关法律事项的簿册。各国法律普遍认为,股东名册具有当然授予股东资格的法律效力。新《公司法》第33条明确了股东名册的权利推定效力:股东名册上记载的股东可直接认定其股东资格。任何人否认股东名册上记载的股东的股东资格,应当承担举证责任。当然,股东名册未记载的股东,并不必然表示其不具备股东资格,因为将股东记入公司股东名册,是公司的一项义务,如果公司拒不作股东登记或登记错误,属于履行义务不当,不能产生剥夺股东资格的法律效力,只要有其他证据证明,亦可认定其具备股东资格。

4.出资证明书与股东资格认定。

根据新《公司法》规定,有限责任公司成立后,应当向股东签发出资证明书。出资证明书是一种物权性凭证,其本身并无创权性效力,其功能主要是证明股东已向公司真实出资。出资证明书是认定股东资格的初步证明,不能仅以出资证明书来认定股东资格;持有出资证明书不是认定股东资格的必要条件,没有持有出资证明书也可能被认定为股东,在未确定股东身份的前提下,出资证明书并不能证明出资人系股东,最多只是证明了行为人对公司投入了资产,考虑到出资权是股东的权利(同时也是义务),非股东的出资行为不能产生公司法上取得利润分配请求权、表决权等效果,非股东的出资行为充其量只能产生债法上的债权债务关系。只有在认定股东身份的前提下,出资证明书才可以用来证明股东权体系中利润分配请求权、剩余分配请求权、表决权等股东权利的存在。因此,出资证明书在认定股东资格中仅起辅助作用,无决定性的法律效力。

5.实际出资与股东资格认定。

新《公司法》规定,股东应当按期足额缴纳公司章程规定的各自认缴的出资额,未按规定缴纳出资的,应当向公司足额缴纳,还应当向已按期足额缴纳出资的股东承担违约责任。据此规定,在对外关系上,股东不出资并不必然否定其股东资格;即使在公司内部关系中,也只是规定公司或已出资股东对未实际出资的股东可行使抗辩权,或者由公司通过调整股权结构、依法减资的方式取消未出资股东的股东资格。所以,是否实际出资不是股东资格的决定性条件,不能以股东未出资、假出资而一律否定股东资格,是否实际出资所起的作用与出资证明书相似。

四、形式要件存在瑕疵情况下股东资格的认定

形式要件存在瑕疵是指取得股东资格的形式要件不具备或不完全具备,如实践中,很多公司股东名册对股东姓名或名称没有记载或者记载不全甚至根本没有设置股东名册,公司成立或股东转让股权后没有变更登记等。根据新《公司法》有关规定并结合外观法理,应当分别不同情况进行认定:

1.公司章程具有公司"宪章"的地位和作用,在公司内部具有最高行为准则的效力。按照新《公司法》规定,公司章程在公司内部具有公示性,因此股东姓名记载于章程者,具有对抗公司和其他股东的效力,可作为认定股东资格的依据之一。

2.我国《公司法》第33条明确规定,股东名册具有权利推定的效力,公司股东是在股东名册上记载的人,因此,一般应当按照股东名册记载的股东姓名或名称来认定股东资格,包括对出资人和股权受让人的股东资格的认定。按照新《公司法》的规定,有限责任公司的股东均应记载于股东名册。

如果公司未置备股东名册,或者因股东名册登记管理不规范,未及时将出资人或者受让人记载于股东名册,但以其他形式认定能够证明出资人或者受让人股东身份的,如已经分取公司红利、行使表决权等,就可以认定出资人或者受让人具有股东资格。

3. 根据新《公司法》第33条第二款关于有限责任公司股东登记具有对抗第三人的效力的规定,如果有限责任公司出资人未经工商登记或股东转让股权后未变更工商登记,就不具有对抗第三人的效力。更直接地说,公司、股东和股份受让人以外的第三人完全可以以此为由否定出资人或受让人的股东资格。

4. 如果公司章程记载与股东名册记载的股东与工商登记的股东不一致,根据公司章程记载、股东名册和工商登记的效力,可按以下原则来认定股东资格:

(1)如果股东资格的争议发生于公司与股东、股东与股东或股权出让人与受让人之间,这时的股东登记只具有对外宣示的功能和证权的效力,应当以股东名册的记载和公司章程记载为认定股东资格的依据,如果股东名册记载存在前述瑕疵情况,可以根据公司章程以及其他证据证明的实际情况来作出认定,但如果该争议解决前,即在工商登记变更前,涉及其他第三人的,则仍不得对抗第三人。

(2)如果公司章程记载与股东名册记载的内容发生冲突,公司章程虽为社团的自治性宪章,但认定效力应不及法律直接规定的权利推定,且有限责任公司章程的公示性较股东名册为弱,因此,这种情况下股东资格的认定应按股东名册记载为准。

(3)如果股东资格的争议发生于股东与前述第三人之间,则应以工商登记为认定股东资格的依据。

五、实质要件存在瑕疵情况下股东资格的认定

实质要件存在瑕疵,即出资瑕疵,是指股东出资的财产或财产权利本身存在瑕疵,或出资行为有瑕疵,主要包括具有虚假出资、抽逃出资、出资评估不实或出资不实的行为,或公司成立后需要履行出资填补义务的情况,根据公司法的有关规定,可以分别不同的情形来作出区分:

1. 出资瑕疵严重,导致公司设立无效的情形。前面已经论述,股东资格的取得以公司法人成立和存续为前提,如公司法人地位消灭的,股东资格也

丧失存在前提,因此,可以认定股东资格亦随公司法人资格的消灭而不复存在。

2. 一般的出资瑕疵,即存在出资瑕疵,但并未达到公司设立无效的程度,即使部分出资人出资完全是虚假的或部分出资人出资后又抽逃了全部出资,只要其仍具备取得股东资格的形式要件,包括股东姓名或名称已为公司章程或股东名册所记载,或办理了相应的工商登记,应当认定瑕疵出资人具有股东资格,但根据新《公司法》和有关法律规定,瑕疵出资人必须承担相应的法律责任,包括除应当向公司足额缴纳出资外,还应当向已按期足额缴纳出资的股东承担违约责任。如果瑕疵出资人在规定的时间内仍然不履行向公司足额缴纳出资的义务,由于新《公司法》没有现成的规定可循,可参照有关中外合资公司法律规定的原则来处理:即在合理期限内经催告仍不缴清出资的,视同为自动退出公司,丧失股东资格,而且并不免除其违约责任,除此之外,还可能要承担相应的行政责任甚至刑事责任。

六、瑕疵股权转让情况下股东资格的认定

本人所指的瑕疵股权,仅指存在着出资瑕疵的股权。瑕疵股权转让即股东将瑕疵股权转让给他人的情形。根据前述对出资存在瑕疵的股东资格认定的处理原则,既然对存在出资瑕疵的股东可以认定其具有股东资格,同理,只要股东转让瑕疵股权的行为不存在其他的无效因素,也应当认定为有效。即股权受让人取得股东资格并可以依法行使股权。但对于瑕疵行为人如何弥补瑕疵和承担相应的责任,笔者认为,应根据法律的一般原则区别处理:

1. 如果受让人系善意受让,并且为瑕疵股权支付了相应的对价,则应当由出让人来弥补瑕疵和承担其他相应的法律责任。

2. 如果受让人明知受让的股权存在瑕疵或没有对此支付合理的对价,则应当由受让人和出让人连带承担弥补出资瑕疵的责任,违约责任由瑕疵股权出让人承担;如受让人承担了弥补瑕疵的责任后,可向出让人追偿。

七、存在隐名出资人情形下的股东资格认定

隐名出资人,是指公司中不具备股东资格形式要件的实际出资人。实践中,隐名出资人虽然向公司实际投资,但在公司章程、股东名册和工商登

记等公示文件中却将出资人记载为他人,即显明股东,亦称显明出资人。这里之所以称之为隐名出资人而不称之为隐名股东,是因为其是否具有股东地位还处于未确定的状态,之所以称显名出资人为显名股东,是因为显名出资人具备了股东的形式要件。本来,根据隐名出资人不具备股东资格的形式要件的特点,也可以将其纳入前述股东形式要件存在瑕疵的情况,但也正是由于其涉及与显名股东的关系,认定其是否具备股东资格就不如前述股东形式要件存在瑕疵的一般情况那样简单,因而需要对其作专门讨论。

隐名出资的现象在实践中普遍存在,原因有多种多样,在此不再举例说明。《公司法》在修改前完全没有关于隐名出资人的规定,新《公司法》尽管也未使用隐名出资人的概念,但却在第217条第(三)项对“实际控制人”含义作如下解释:“虽不是公司的股东,但通过投资关系、协议或者其他安排,能够实际支配公司行为的人。”如果将这一规定与本文对隐名出资人的前述定义相对照,不难看出,《公司法》上的“实际控制人”虽不能与隐名出资人等同,但却应当包括隐名出资人在内,换言之,隐名出资人属于“实际控制人”的一种。根据新《公司法》的有关规定,对隐名出资人是否具有股东资格的认定,笔者认为应当把握如下几个要点:

1.《公司法》第217条已明确规定实际控制人“不是公司的股东”,隐名出资人作为实际控制人的一种形式,自然也不应当认为其具有法律上的股东资格。

2.隐名出资人虽然不具有法律上的股东资格,但与前述股东形式要件存在瑕疵不同,根据新《公司法》第217条的规定,由于隐名出资人通过投资关系、协议或者其他安排能够实际支配公司行为,因此,其也应当受《公司法》关于实际控制人相关规定的规制,如按照《公司法》第16条规定,公司为实际控制人提供担保的,必须经股东会或者股东大会决议,受实际控制人控制的股东应当在表决时回避,又如第21条规定,实际控制人不得利用其关联关系损害公司利益,如果违反该规定给公司造成损失的,应当承担赔偿责任。

3.隐名出资人与显名股东之间,可能存在夫妻关系、亲属关系等多种形式,但主要的还是契约关系,因此,本文对其他关系暂不作论述。在处理涉及隐名出资人与显名股东之间契约关系问题时应当依照《合同法》来规范和调整,但在处理涉及二者与公司关系的问题时,除了适用《合同法》的规定外,更多还需要适用《公司法》。如没有依照《公司法》规定办理变更登记手续等,隐名出资人就不能依其与显名股东的约定当然取得股东资格或直接行使股东权利，另外，如果隐名出资人与显名股东就股东资格发生争议，也不能直接认定显名股东丧失股东资格和隐名出资人具有股东资格，还应当考虑到公司其他股东是否知道存在隐名出资人、隐名出资人是否参与公司的决策、是否是隐名出资人为规避法律的禁止性规定而设置显名股东等。

4.隐名出资人与显名股东以外的公司其他股东的关系构成何种关系应按不同情况来确定：如果其他股东对隐名出资人作为公司实际出资人的情况并不清楚，其他股东只与显名股东构成股东间的法律关系，并不与隐名出资人构成直接的法律关系；如果其他股东明知隐名出资人的实际出资情况，二者间的关系就可以在一定程度上按照股东间的关系来处理；如果出现出资不实或抽逃出资的情况，其他股东既可单独要求显名股东承担向公司足额缴纳出资责任或向足额缴纳出资的股东承担违约责任，也可同时或先后要求隐名出资人或显名股东承担相应责任。

八、股东资格认定的权力归属

在存在争议的情况下，股东资格的认定是一个公共问题，只能由司法的公权力加以解决。虽然根据私法自治原则，股东资格的认定首先要看公司自己的意思表示，在不违反法律强制性规定的情况下，只要公司承认某人具备股东资格，其就可以成为公司的股东，公权力不能强行干预，也没必要进行干预①。但实践中，所谓公司自己的意思，在涉及股东资格问题上，主要还是多数股东或控制股东的意思。因此，这是根据公平原则而产生基本权利保障的要求对公司意思自治的限制，是防止在资本多数决制度基础上形成多数资本的暴政，防止大股东利用其天然的优势地位对小股东赤裸裸剥夺的需求，虽然随着现代企业管理制度的发展，累积投票制等新型制度日益深入人心，但仍不足于撼动大股东在现行公司框架体系中的优势，并且摧毁大股东的优势地位也于理不服，现代公司法为保护小股东利益所采取的仍然是以公法救济为主。股东资格是股东权利的基础，把股东资格（或者股东权）的认定交给公司自治等于是大股东既做运动员，又做裁判员。英国公司法上要求“对于公司细则的变更不得剥夺法院给与股东的权利”与股东资格的认定由司法公权力解决类似。在 Dafen Tinplate Co v Llanelly Steel Co (1907) Ltd 一案中，Llanelly Steel Co 试图通过修改公司细则，使得公司能够

① 王瑞：《论股东权的确认标准》，21 世纪商法论坛第六届国际学术会议（2006）论文。

以普通决议的方式强制任何股东按照董事会所确定的合理价格将股份转让给其他股东,并以此挤出公司股东 Dafen Tinplate Co。法官 Peterson. J 认为,多数股东强制转让的权力的行使不能轻易地取决于多数股东的意愿[①],对于公司细则的变更不得剥夺法院给与股东的权利。德国法认为股东的成员资格是一种主体性权利,德国联邦最高法院对于有限责任公司开除股东,不仅要求股东大会作出开除决议,要求向股东宣布,而且要求类比适用德国《有限责任公司法》第 61 条及德国《商法典》第 117 条、第 127 条、第 133 条和第 140 条的规定,提起开除之诉,这样就由法庭审查开除的理由,并通过法院判决来认定开除决议[②]。

九、股东资格认定制度的设想

笔者认为:股东资格认定是一个资格判断的行为,股东资格认定的标准是一个法律规则问题而不是什么私法意思自治,股东资格认定的终极权力只能由司法机关享有。对此,有必要在公司制度上设计专门的股东资格认定的程序,在程序设计上建议采用公司内部机制与司法认定机制两个层级相结合的制度,即与德国法的规定有类似之处。首先应启动内部层级,即由出资人向公司提出认定股东资格请求,公司应当在一定时间内召开临时股东会明确是否确认其股东资格;对于公司拒绝认定,或股东会决议认为不具有股东资格的,出资人再启动外部层级机制,提出股东资格认定之诉;对于股东会决议认为具有股东资格的,持有异议的股东也可以启动外部层级机制,提出股东资格认定之诉。

---

① Dafen Tinplate Co v Llanelly Steel Co (1907) Ltd [1920] 2 Ch 124 ; also see U. K. Law Commission shareholder remedies, No. 226-425-21

② [德]托马斯·莱塞尔,吕迪格·法伊尔:《德国资合公司法》,法律出版社 2005 年版,第 522 页。

论章程修改时对资本多数决原则的限制

朱亚元　李　昊*

【摘　要】 资本多数决是保证公司高效运行的重要制度,公司章程的修改也遵循这一原则,但在实践中资本多数决经常被滥用。目前我国法律并不足以完全限制资本多数决原则在章程修改中的滥用,我们认为应当通过设置资本多数决在章程修改中的底线,禁止对固有权利的处分,扩大回避制度的适用范围完善救济措施等几个方面来加强对资本多数决的限制,从而使公司章程能够最大程度地发挥其本来作用。

【关键词】 资本多数决　滥用　公司章程　资本多数决的限制

公司章程是公司基本的行为准则,是确定公司对内对外基本权利义务的法律文件,是公司的基础性文件。因其特殊之地位,章程的修改必须严格遵循一定的程序,其中资本多数决原则是在章程修改表决时运用的主要规则。

但该原则的运用实践中隐藏着一些问题,比如大股东滥用资本多数决修改章程,从而对中小股东的利益造成损害等。

因此,探讨章程修改时对资本多数决原则的限制,具有明显的现实意义。

一、章程修改时的资本多数决原则

1843年在英国Foss V. Harbottle案的判决书中写道:在公司受到侵害的情况下,是否以公司名义提起诉讼,或者放任侵害而不追究,均由股东大

* 朱亚元:男,毕业于浙江大学法律系,法学研究生,专职律师,主要研究和办理公司运作管理、投资、金融、信托、合同、房地产、行政诉讼等的法律事务。

李　昊,男,法学学士,律师助理。

会中的多数股权持有者决定。仅从本案来看其实是将判断公司利益的权利交到大股东手中。后来该案被不断地引用与扩大适用,最终形成了公司在处理众多事务上的基本原则,我们称之为资本多数决原则。

资本多数决原则又称股份多数决原则,是指在公司重大事务中,持有多数股份的股东意志作为公司意志,约束全体股东并被法律所认可的原则。

按照我国《公司法》的规定,有限责任公司修改公司章程必须经代表三分之二以上表决权的股东通过,股份有限公司则须出席会议的股东所持表决权的三分之二以上通过。这是我国公司法对章程修改采用资本多数决原则的最直接的规定。

在资本多数决原则下,公司的资本转化为股东的股权,每一定量的资本对应一股,而每一股对应一个表决权,所以表决权跟资本是成正比关系的,资本越多所拥有的表决权就越多。而当表决权达到一定程度时就能在章程修改的时候形成优势。

二、通过资本多数决原则修改的公司章程对股东的约束力

章程的制定需要全体股东一致同意,当然对全体股东具有约束力,那么通过资本多数决原则修改公司章程后的约束力是怎么样的呢?我们通过三个角度来分析。

(一)对投反对票股东的约束力

在表决中不可避免地存在反对票,章程修改时也可能会出现部分股东反对而章程修改案仍然获得多数表决权股东同意的情形。那么该修改后的章程对投反对票的股东是否具有约束力呢?

投反对票是股东的权利,但这并不必然意味着股东放弃了该章程赋予他的权利,例如,公司决定增资并修改章程,某股东投了反对票,但实际上该股东也按时交纳了他的增资款,股东用实际行动履行了修改后章程规定的义务,既然履行了义务那么他也必然获得相应的权利,该章程条款就对其产生了约束力。

若股东没有用实际行动履行义务呢?有一种观点认为该章程条款对投反对票的股东不具有约束力,同时为了避免该条款对部分股东有约束力而对部分股东无约束力的奇怪状况发生,章程的这一修改也应当认定为无效,而公司可以与投赞成票的股东签订单独的协议。

我们认为资本多数决的意义在于，用一个经济高效的方法去统一公司背后众多股东的意志，使其成为统一的公司意志。资本多数决是“少数服从多数”的民主原则的体现。我国《公司法》第十一条规定，公司章程对股东具有约束力。所以一旦章程作出了修改就对原全体股东产生约束力。另外，有些事项是不能通过单独签订协议的形式进行的，例如增减注册资本，必然要修改公司章程。所以即使是投反对票的股东，只要不涉及后文所论述的资本多数决排除的情况，那么就应当受到该章程的约束。

（二）对新加入股东的约束力问题

《公司法》第十一条规定了章程的对人效力：公司章程对公司、股东、董事、监事、高级管理人员具有约束力。由该条规定我们可以明确，股东是受公司章程约束的，而《公司法》中也没有例外的规定。所以我们认为不管股东何时加入，都应当受公司章程的约束。

另外，我们还可以这么来理解股东的加入，即新股东的加入就是其认可和履行公司章程的结果。股东的加入无非两种途径，一是通过股权转让，二是向公司出资（认缴）。

股权转让其实就是权利义务的概括转让，而这些权利义务就体现在公司章程中。随着股权转让的完成，公司章程自然而然对新股东产生了约束力。

出资行为也是一样，只是章程中所体现的权利与义务并不是从别人那里通过股权的受让而获得的，而是通过向公司履行义务取得了股东资格，是一种原始取得的方式。随着出资（认缴）行为的实施，公司章程也对其发生了约束力。所以无论股东何时加入，公司章程均对其具有约束力。

（三）对已退出股东的约束力问题

关于已经退出的股东是否仍要受新修改的公司章程的约束，我们认为，一般来说，只有股东未退出时已存在的条款才可能对退出的股东具有约束力，股东退出后新增或变更的条款不会对其产生约束力。

但是，我们还需要注意其他一些特别情况，比如看股东未退出时的章程是否规定了一些退出后仍旧需要遵守的条款。比某些特殊的情况下股东可能掌握了公司的大量商业秘密或者技术秘密，公司为了维护自己的利益在修改的章程中约定，股东在退出后仍要履行保密的义务。若存在该种类型的条款，那么即使股东退出后该条款仍旧对其具有约束力。

三、章程修改时资本多数决原则运用中存在的问题

少数服从多数的"人头"表决规则使得各方力量在表决时得到制衡。但是在资本多数决中,众多资本背后的股东可能只有一个,而这个股东的个人(一方)的意志就会通过他所拥有的资本被放大,当资本达到一定程度时(三分之二)股东个人的意志就会上升为公司的意志。此时,若大股东违反了诚实信用原则行使表决权的,就有可能造成对资本多数决的滥用。这是造成章程修改过程中小股东利益屡被侵害的根源。比如,通过修改章程而限制甚至剥夺部分股东的权益,诸如增加职业限制,加大保密义务,等等。

这里,我们需要界定"滥用"这个词。从总体上来说"滥用"是个很模糊的词,但是"滥用"必须要有一个前提,即存在合法的权利。从章程修改的角度来说,就是除《公司法》第三十五条与第四十三条外其他可以通过资本多数决原则来表决的章程条款。在这个前提下,并非所有对少数股东造成不利的修改都是滥用。我们认为,要构成滥用,还必须符合以下三个条件中的任意一个:

1.造成的不利并非为了公司利益或者其他股东所必须的利益。这是最明显、最容易被认定为滥用的情况。这里需要注意的是"其他股东所必须的利益"。例如,公司股东之间发生矛盾而通过资本多数决修改章程的方式强制转让股东股权(后文案例),虽然其他的股东因此获得了利益,但这利益不是"必须"的,所以仍旧是资本多数决的滥用。

2.还有其他方案可以采用从而避免该种不利。有时候为了公司整体的利益难免会牺牲部分股东的利益,但这种牺牲必须具有不可替代性。如果还有其他方法来避免牺牲这部分股东的利益,同时也能达到同样的目的,那么这种牺牲就是滥用。

3.资本多数的股东的利益也有损害,但是与股权比例明显不相适应。有时候从表面上看所有股东的利益都受到了侵害,但如果按照股权比例来衡量会发现,不同股东之间受到侵害的程度是与其股权比例不相适应的。股东是依照股权比例享有收益承担风险的,而这种情况的出现显然违背了这一原则。因此,这种情况也应当被认定为滥用。

四、我国法律对资本多数决原则的限制与救济措施

(一)我国法律对资本多数决原则的限制

资本多数决形式上维护了同股同权原则,但这种形式上的平等造成了中小股东与大股东权利义务实际上的不平等。加强对中小股东权利的保护越来越成为各国公司法立法的重点,对章程修改的限制也不例外。

但我国《公司法》只有第三十五条与第四十三条是对资本多数决在章程修改中的限制。

《公司法》第三十五条规定:股东按照实缴的出资比例分取红利;公司新增资本时,股东有权优先按照实缴的出资比例认缴出资。但是,全体股东约定不按照出资比例分取红利或者不按照出资比例优先认缴出资的除外。

根据该条规定,若一个公司不按照出资比例分红,那么必须得到全体股东的一致同意。显然,此条规定中资本多数决被排除适用。

《公司法》第四十三条规定:股东会会议由股东按照出资比例行使表决权;但是,公司章程另有规定的除外。

股东的表决权是股东权中相当重要的一项权利,若表决权可以在章程制定后通过资本多数决来改变的话,那么占资本多数的股东可以任意夺取公司的控制权,中小股东的权益根本无法得到保障。

(二)当资本多数决在章程修改中被滥用后的救济

法律不仅仅起到规范预防的作用,更重要的是在侵害发生的时候能够提供救济的途径,使得被侵害的权利得到恢复或者补偿。

利用资本多数决修改章程而造成侵害的情况可以归类为两种,一种是一个或多个股东联合利用资本优势,通过修改公司章程来侵害少数股东的权益。另一种情况是一个或多个股东联合利用资本优势,通过修改公司章程来损害公司利益。

按照《公司法》第二十条的规定:公司股东滥用股东权利包括滥用资本多数决原则修改章程而给公司或者其他股东造成损失的,应当依法承担赔偿责任。显然,若有上述两种情况发生,公司或被侵害的股东可以提起诉讼要求赔偿。

五、完善资本多数决原则的思考与建议

如前分析,尽管我国《公司法》规定了对滥用资本多数决原则修改章程的行为进行限制、对受害主体进行救济的内容,但是现行《公司法》的该等规定是否就能够彻底解决问题了呢?我们先来看一个案例。

2002 年 3 月周某与其他八名股东开办了某建材公司,周某的股权占 7.23%。2006 年公司以周某违反公司制度为由解除了与周某的劳动合同。同年 7 月公司召开股东会,决定修改公司章程,其中有一条为:“股东因辞职、除名、开除,根据《劳动法》第二十五条规定被解除劳动合同关系的,股东会可以决定其股权由其他股东受让,股权转让价格不论公司到时盈亏状况,一律以实际认缴出资的原值结算,转让人拒收股权转让金的,受让股东可将其提存至公司。”

同年 9 月 13 日,公司通知周某于 9 月 22 日召开临时股东会。会议依据以上修改后的公司章程的规定作出决定,周某的 5 万元出资由公司其他股东按比例以原值受让,自即日起周某不再享有本公司股东权利。到会八名股东签字同意,周某未签字同意。

此次章程修改从程序来看是完全合法的,修改也符合“三分之二以上股东同意”的要求,从法律上来看并无不妥。一审法院也认为章程修改合法有效,对股东产生约束力。周某一审败诉。

我们再来看一个案例。原告张某是某公司的股东,占有 0.45%的股权,后张某离职,两年后公司依照新修改的公司章程中关于“股东必须为公司员工,否则,其股权由股东会处置”条款,强制将其股权转让给工会。张某认为该行为侵犯其权益,向法院提起诉讼,要求“确认其股东身份,确认该股权转让行为无效”。

法院审理后认为,股东权具有财产权与身份权的双重属性,非经权利人的意思表示或法定的强制执行程序不能变动。被告在原告没有作出同意意思表示的情况下所作出的通知及股东会决议,对原告没有约束力。因此,在原告不接受的情况下,股东权不能作出变动。因此判决确认张某为该公司的股东,在公司中拥有 0.45%的股权。

由此看来,由于在如何判断“滥用”方面存在重大争议,因此仅仅凭借我国目前《公司法》来限制资本多数决在章程修改中的适用是不够的,需要在制度上加以进一步完善和补充方可能保证资本多数决原则在章程修改中的

合法使用。

我们认为,可以从以下几个方面进行考虑:

(一)对资本本身进行限制

资本多数决有其存在的合理性,而资本多数决的主要问题在于,股东的意志可以通过资本被放大。如果我们从一定程度上对这种放大的效应进行限制,那么就能使这种放大维持在一种合理的程度。比如,股东在公司拥有的股份达到一定比例后,若其再持有超出该比例的股份,则该部分的股份拥有的表决权要进行限制。但这种方法有两个问题,一是如何确定多少比例后的股权要进行限制,二是这种做法明显违背同股同权的原则。

关于同股同权问题,《公司法》上的同股同权并不是一个强制性规定。股权属于私法领域,只要当事人同意且不影响别人权利的行使,同股同权这一原则是可以被突破的。其实在《公司法》第三十五条的规定中已经体现了这样的精神:"股东按照实缴的出资比例分取红利;公司新增资本时,股东有权优先按照实缴的出资比例认缴出资。但是,全体股东约定不按照出资比例分取红利或者不按照出资比例优先认缴出资的除外。"但其后面部分充分体现了私法意思自治,可见同股同权并不是一个强制性规定。

至于多少比例以上的股权应当进行限制的问题,则应结合公司实际情况进行,如股东的人数与持股比例情况综合考虑进行。由《公司法》统一规定反而不合适。2001 年之前的我国台湾公司法规定 3% 以上的股权的表决权在公司章程中要进行限制,但由于在实践中带来了诸如过于削弱大股东地位等问题,在 2001 年修订公司法之后该条款被删除了。

总之,限制资本表决权应当在私法意思自治的基础上进行,即首先《公司法》不禁止这种行为,其次是否要限制以及限制的比例应当由股东自行在章程中约定,《公司法》不宜作统一的规定,只宜作原则的引导。

(二)设置资本多数决在章程修改中的底线

由于前一种方法是建立在意思自治的原则上的,虽然不存在法律上的障碍,但在绝大部分的时候大股东为了维护自己的利益或者操作上的难度,这一方法被采用的可能性并不大(司法实践中也极少见到采用这种做法的公司)。

同时我们认为,资本多数决在章程修改中被滥用是因为大股东在行使权利时违背了诚实信用原则,那么我们可以从民法诚信原则出发,赋予拥有资本多数股东一定的义务来避免这种情况的发生。我们认为这个义务应以不侵害少数股东合法利益为底线。

股东获得与资本数相一致的权利就要承担与权利相一致的义务。具体到两方面:一是,除非章程原来约定或法律规定,否则不得为股东设定新的义务;二是,除非为了公司整体利益以及法律规定,否则不得剥夺股东已经享有的权利。也就是说,权利的剥夺或者义务的增加一般都要取得本人的同意,否则单纯地使用资本多数决是无效的。

比如,公司修改章程时设定增加注册资本的新内容,若少数股东投了反对票,但此次章程修改仍旧被通过。此时我们可以规定,投赞成票的股东不得强制投反对票的股东投入新的资本,当然投反对票的股东也要承担股份被稀释的后果。

(三)股东的固有权利不得利用资本多数决修改章程而处分

在实践中我们经常看到前面所举的案例,即某些股东的股权被通过章程修改而强制转让,但这样形式上完全合法的修改是否有效呢?

有观点认为,依据我国《公司法》第七十二条第四款的规定"公司章程对股权转让另有规定的,从其规定"而认定此次修改具有法律效力。但是我们必须注意到章程处置的是股东的股权,股东因出资获得股权,股权是股东固有的权利,除非经权利人合法转让或法律规定的情况(继承、清算等)外不得随意变动。而且我们汇总前述案例中该公司股东的一系列行为来看,如,解除与周某的劳动关系,后修改章程中关于股东资格的条款,再召开临时股东会强制转让周某的股权,显然可以认定该次章程修改违背了诚实信用的原则;并且,强制转让周某的股权并非为了公司或者其他股东必要的利益。因此我们认为,此次章程修改是对资本多数决的滥用,虽然形式上符合法律的规定,但应认定为无效。

通过修改章程而强制转让股权,这样的条款即使是通过了表决也是无效的。《公司法》第七十二条第四款的规定应当理解为,在章程第一次制定时约定的其他转让方式是有效的。如在章程制定初始时规定股东必须为企业员工,否则股权由其他股东按比例受让,由于章程的第一次制定是要全体股东一致同意的,因此实质上这样的股权转让是经过权利人同意的,所以是有效的。

我们认为,该条还可以被理解为:全体股东一致同意修改章程采用某种转让方式的也是有效的。因为其实这是股东为自己设定了转让条件,是对自己权利的合法处分。

总之,股东固有的权利是不能通过资本多数决修改章程而处分的。

(四)法定权利义务不得适用

公司章程可以被认为是合同,各股东就是合同的主体,新《公司法》赋予了公司更大的自主权,而其体现就通过章程。《公司法》的规范可以分为三大类,即赋权性规范、强制性规范及补充性规范。

如《公司法》第十六条规定:公司为公司股东或者实际控制人提供担保的,必须经股东会或者股东大会决议。该条规范就是强制性规范。

公司章程可以视作股东之间的一份长期合同,是股东之间意思自治的结果,但是意思自治的内容不得违反法律强制性规定。在公司法中诸如上述向股东或者实际控制人提供担保、关联股东回避制度、提案权以及法律赋予股东的救济权利,如:代表诉讼等强制性规范是不能通过资本多数决修改公司章程来排除的。

(五)扩大章程修改时的回避表决范围

股东权利滥用是股东违反诚实信用原则的结果。何美欢教授指出:要求控股股东对与自己有利害关系的事宜真诚地依公司最佳利益表决。而我们认为,如果通过程序保障少数股东,其效果更佳。[①] 可以考虑的好的办法是禁止控股股东表决关联事项。

目前《公司法》中关于股东回避表决的条文有第十六条与第七十二条。第十六条规定了投资与担保时股东的回避表决,第七十二条规定了有限责任公司的股东向股东之外的人转让股权时的回避表决。但这两条规定十分具有针对性,适用范围过于狭窄,很难在章程修改的情况下得到适用。

而在德国股份公司法中,回避制度是这样体现的:“凡依股东会决议是否解除该股东责任或免除其义务、或决议公司是否应对其股东主张权利等事项,该股东不得为自己或为他人行使表决权。不得行使表决权之股东,亦不得委托他人代理行使”[②]。显然该等规定比我国公司法中的回避制度适用的范围要广得多。

根据我国的实际情况,结合前面所论述的资本多数决在章程修改中适

---

① 何美欢:《公众公司及其股权证券》,北京大学出版社 1999 年版,第 828 页。

② 钱志远:《股东行使表决权回避之法理研究》,《研究生法学》2006 年第 1 期。

用的底线,我们认为公司法可以增加如下规定:在股东(大)会表决或章程修改时,与决议或章程修改内容有利害关系的股东及其代理人不得行使表决权。这样,回避制度才能在章程修改中为限制资本多数决发挥作用。

(六)完善救济措施

如前所述,《公司法》第二十条规定了"公司股东滥用股东权利给公司或者其他股东造成损失的,应当依法承担赔偿责任"。但是我们认为,诉讼这一途径不应当是唯一的。与成本高昂周期较长的诉讼相比,法律同时可以设定被侵权股东的退出机制。

我国《公司法》第七十五条也规定了股东的退出机制,但是从退出的条件来看除了第一项在某些情况下可以适用到本文所探讨的情况外,其余都不可能作为通过资本多数决修改章程造成股东权益损害时股东退出的理由。同回避制度一样,我们认为应当将退出的情形扩大。

具体的做法是,结合《公司法》第二十条的规定,当侵害发生时,在赋予被侵害股东诉权的同时也给予其退出公司的权利。但这里存在一个侵害的判断问题,即到底有没有造成侵害。我们认为可以通过如下步骤解决这个问题:

其一,若只向法院提起诉讼,那么当然由法院来判断。

其二,若提出了退出,只要其他股东同意或者有股东愿意受让股份,那么就可以退出。

其三,若其他股东不同意同时也没有其他股东愿意受让股份,那么还是要通过诉讼途径来判断侵害是否发生。

股东退出后其股份如何处理?若有其他股东愿意受让的,则由该股东受让,过程与一般的股权转让无异。其他股东同意其退出,但不愿意受让股份的,可以由公司收购其股份,然后参考《公司法》第一百四十三条的情况处理。收购或者转让的价格可以以审计或者评估作为参考,上市公司则可以参考公司的股价作为转让的依据。

通过以上几个方面的改进,可以比较完善地规范资本多数决在章程修改中的适用,使公司章程能够充分发挥其本来的作用。

【参考文献】

[1] 雷兴虎,冯果.论股东的股权与公司的法人财产权.法学评论,1997(2).

[2] 蔡元庆,龚建凤.资本多数决原则与中小股东利益的协调.当代法学,2003(11).

[3] 王彦明.德国法上多数股东的忠实义务.当代法学,2004(11).

[4] 钱志远.股东行使表决权回避之法理研究.研究生法学,2006(1).

[5] 肖海军,危兆宾.公司表决权例外排除制度研究.法学评论,2006(3).

[6] 刘辅华,李敏.论资本多数原则.法学杂志,2008(1).

外商投资企业境外借款法律指引

赵箭冰*

随着中国政府对高速增长的国内经济所采取的一系列宏观调控政策的出台和逐步落实,国内企业向金融机构的融资受到了较大的限制;而持续提升的银行贷款利率以及银行对借款企业存款额度的要求,又在不断地增加企业借款的成本。国内企业融资难的问题,再一次摆在了企业家面前。然而,天无绝人之路。现行法律法规为外商投资企业向境外银行举借外债预设了一条绿色通道。换句话说,外商投资企业仅需通过登记备案等手续便可合法地向境外银行举借外债,以满足资金的需求;同时,通过举借外债,还能够为企业与境外银行建立起一条长期、稳定的融资渠道。

一、企业向境外银行借款的有利因素

就目前的金融市场和法制环境而言,企业向境外银行借款存在以下有利的因素:

1. 由于境外银行开展贷款业务适用当地法律,不受国内宏观调控政策的限制,因此,企业向境外银行借款在额度、行业等条件上所受约束较少。

2. 向境外银行借款的利率低于国内银行的贷款利率。首先,按国际金融市场利率确定贷款的基准利率。如以美元提款,则按欧洲货币市场的伦敦银行间同业拆放利率(London Inter bank Offered Rate,缩写为 LIBOR)作为基准利率。其次,由贷款银行在金基准利率的基础上再加上一个浮动的利差,二者相加即为贷款利率。通常情况下,二项相加后总的利率水平仍然低于国内银行的贷款利率。

---

* 赵箭冰:男,浙江大学法学硕士,中国政法大学民商法学博士研究生,专职律师,主要办理投资(包括外商投资)、房地产、金融、公司等法律事务。

3. 向境外银行借款无需在贷款行存入一定数额的存款。国内银行在向企业贷款时,一般会要求借款企业在贷款银行另行存入一定额度的存款,而该存款很有可能也是借款企业借贷而来。因此,借款企业实际借贷成本远高于借款利率。

4. 人民币的升值会给向境外银行举借外债带来较大的收益,从而进一步减轻借款人的利息负担。例如,某企业在 2007 年 1 月按 1:7.8 的汇率借入 1000 万美元外债,使用时可兑换成人民币 7800 万元。在 2008 年 1 月偿还借款时,汇率为 1:7.2,则借款人仅须用 7200 万元人民币即可兑换成 1000 万美元用于归还借款,仅本金一项就节约了 600 万元人民币。

二、企业向境外银行借款的基本条件和法律依据

(一)外商投资企业可通过登记备案手续举借外债

根据我国现行法律、法规、部门规章之有关规定,外商投资企业举借外债实行登记备案制度。据此,设立为外商投资企业的境内企业依法可以无需经过审批程序而向境外银行举借外债。

《中华人民共和国中外合资经营企业法》(以下简称《合资经营企业法》)第九条第三款规定:"合营企业在其经营活动中,可直接向外国银行筹措资金。"

《中华人民共和国中外合资经营企业法实施条例》(以下简称《合资企业法实施条例》)第六十七条规定:"合营企业根据经营业务的需要,可以向境内的金融机构申请外汇贷款和人民币贷款,也可以按照国家有关规定从国外或者港澳地区的银行借入外汇资金,并向国家外汇管理局或者其分局办理登记或者备案手续。"

《中华人民共和国中外合作经营企业法》(以下简称《合作经营企业法》)第十七条第一款规定:"合作企业可以向中国境内的金融机构借款,也可以在中国境外借款。"

《中华人民共和国外资企业法》(以下简称《外资企业法》)第十八条第一款规定:"外资企业的外汇事宜,依照国家外汇管理规定办理。"

《中华人民共和国外资企业法实施细则》(以下简称《外资企业法实施细则》)第五十二条规定:"外资企业的外汇事宜,应当依照中国有关外汇管理的法规办理。"

《中华人民共和国外汇管理条例》第二十二条第二款规定:“外商投资企业借用国外贷款,应当报外汇管理机关备案。”

上述规定为外商投资企业(中外合资企业、中外合作企业、外商独资企业)向境外银行借款提供了明确的法律依据;同时,也是境内企业通过备案登记程序向境外银行借款的基本条件。

(二)外商投资企业举借外债的额度为经审批部门批准的项目总投资和注册资本之间的差额

《合资企业法实施条例》第十七条规定:“合营企业的投资总额(含企业借款),是指按照合营企业合同、章程规定的生产规模需要投入的基本建设资金和生产流动资金的总和。”第十八条第一款规定:“合营企业的注册资本,是指为设立合营企业在登记管理机构登记的资本总额,应为合营各方认缴的出资额之和。”

《外资企业法实施细则》第十九条规定:“外资企业的投资总额,是指开办外资企业所需资金总额,即按其生产规模需要投入的基本建设资金和生产流动资金的总和。”第二十条规定:“外资企业的注册资本,是指为设立外资企业在工商行政管理机关登记的资本总额,即外国投资者认缴的全部出资额。外资企业的注册资本要与其经营规模相适应,注册资本与投资总额的比例应当符合中国有关规定。”

国家工商行政管理局《关于中外合资经营企业注册资本与投资总额比例的暂行规定》第三条规定:“中外合资经营企业的注册资本与投资总额的比例,应当遵守如下规定:(1)中外合资经营企业的投资总额在三百万美元以下(含三百万美元)的,其注册资本至少应占投资总额的十分之七。(2)中外合资经营企业的投资总额在三百万美元以上至一千万美元(含一千万美元)的,其注册资本至少应占投资总额的二分之一,其中投资总额在四百二十万美元以下的,注册资本不得低于二百一十万美元。(3)中外合资经营企业的投资总额在一千万美元以上至三千万美元(含三千万美元)的,其注册资本至少应占投资总额的五分之二,其中投资总额在一千二百五十万美元以下的,注册资本不得低于五百万美元。(4)中外合资经营企业的投资总额在三千万美元以上的,其注册资本至少应占投资总额的三分之一,其中投资总额在三千六百万美元以下的,注册资本不得低于一千二百万美元。”第六条规定:“中外合作经营企业、外资企业的注册资本与投资总额比例,参照本规定执行。”

中华人民共和国国家发展计划委员会、中华人民共和国财政部、中华人民共和国国家外汇管理局发布的《外债管理暂行办法》第十八条规定:"外商投资企业举借的中长期外债累计发生额和短期外债余额之和应当控制在审批部门批准的项目总投资和注册资本之间的差额以内。在差额范围内,外商投资企业可自行举借外债。超出差额的,须经原审批部门重新核定项目总投资。"

国家外汇管理局《关于改进外商投资企业资本项目结汇审核与外债登记管理工作的通知》(汇发[2004]42号)第三条规定:"外商投资企业举借的中长期外债累计发生额和短期外债余额之和严格控制在审批部门批准的项目投资总额和注册资本之间的差额以内。非经原审批部门批准变更投资总额,外汇局不得办理外商投资企业超额汇入部分外债资金的登记和结汇核准手续。如外商投资企业外债资金已超额汇入,应自觉到原审批部门补办变更投资总额核准,外汇局允许企业在三个月期限内保留外债资金,如超出此期限,外汇局应以资本项目外汇业务核准件的形式通知开户银行将超额部分资金沿原汇路退回。"

国家外汇管理局《关于完善外债管理有关问题的通知》(汇发〔2005〕74号)第二条第(二)项规定:"政府主管部门批准的投资总额与注册资本相等或未明确投资总额的外商投资企业,应向原审批部门申请重新核定投资总额和注册资本,然后按照'投注差'管理原则借用外债。"

由此可见,外商投资企业经批准后的投资总额在通常情况下会高于其注册资本;投资总额与注册资本之间的差额(简称为"投注差")就是法定的可以向境外借款的额度;因注册资本的大小不同,投资总额与注册资本的比例也不同,注册资本额越高,投资总额会相应增大,其"投注差"也增大,企业可用于借款的额度也就越高。外商投资企业在"投注差"的范围内对外借款,其额度不受限制,如需超过"投注差"的额度对外借款,应向审批机构申请重新核定投资总额和注册资本,否则,其对外借款额度将不会被获准登记。

(三)对外担保须符合法定的条件

鉴于境外银行在向境内外商投资企业贷款过程中,要求由借款企业或符合条件的第三人为借款本息的偿还提供担保,因此,外商投资企业境外借款还涉及对外担保的问题。

"投注差"示意图

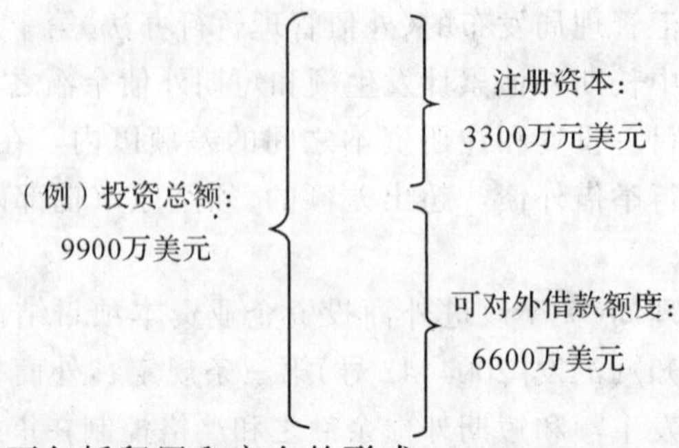

1.对外担保不包括留置和定金的形式。

《境内机构对外担保管理办法》第二条规定:"本办法所称对外担保,是指中国境内机构(境内外资金融机构除外,以下简称担保人)以保函、备用信用证、本票、汇票等形式出具对外保证,以《中华人民共和国担保法》中第三十四条规定的财产对外抵押或者以《中华人民共和国担保法》第四章第一节规定的动产对外质押和第二节第七十五条规定的权利对外质押,向中国境外机构或者境内的外资金融机构(债权人或者受益人,以下称债权人)承诺,当债务人(以下称被担保人)未按照合同约定偿付债务时,由担保人履行偿付义务。……担保人不得以留置或者定金形式出具对外担保。"

2.对外担保原则上应当经外汇管理部门批准,但有例外的规定。

《境内机构对外担保管理办法实施细则》(以下简称《对外担保实施细则》)第三条规定:"对外担保应当经外汇局批准,本细则另有限定的除外。"第二十条规定:"外汇局对对外保证按照下列规定管理:(一)对中资银行对外出具的融资保证、融资租赁保证、补偿贸易项下的现汇履约保证和超过1年(不含1年)的延期付款保证等实行逐笔审批。……(三)非银行金融机构和非金融企业法人出具的对外保证均需报外汇局逐笔审批。"

第二十七条规定:"抵押人以自身财产为自身债务对外抵押,无需得到外汇局的事前批准,只须按照本细则的规定到外汇局办理对外担保登记手续。前款项下的抵押人为内资企业的,其办理对外担保登记手续时,应当提供外汇局批准其对外负债的证明文件。第一款项下的抵押人的自身财产为《担保法》规定了相应抵押物登记部门的,抵押人办理对外担保登记手续后,还应当到相应部门办理抵押物登记。"

第二十八条规定:"抵押人作为第三人以《担保法》未规定登记部门的抵押物对外抵押的,由抵押人直接到外汇局办理抵押批准和抵押物登记手续。"第二十九条规定:"抵押人作为第三人以《担保法》规定了相应抵押物登记部门的抵押物对外抵押的,抵押人应当先得到外汇局批准,再按照《担保法》规定到相应抵押物登记部门办理登记手续。"

第三十五条规定:"出质人以自身动产或者权益为自身债务对外质押,无需得到外汇局事前批准,只须事后按照本细则的规定到外汇局办理对外担保登记手续。前款项下出质人为内资企业的,其办理对外担保登记手续时应当提供外汇局批准其对外负债的证明文件。外商投资企业中的有限责任公司办理股权质押登记时,应当事先得到董事会授权,其中外商独资企业办理股权质押登记时,还应当经其原审批机关批准。"

第三十六条规定:"出质人作为第三人以《担保法》规定的质物对外出质,由出质人直接到外汇局办理质押批准和登记手续。出质人以本细则第三十三条第(二)、(三)款的质物出质的,出质人还应当到《担保法》规定的相应主管部门办理质物登记手续。"第三十三条第(二)、(三)款规定的质物为"依法可以转让的股份、股票;依法可以转让的商标专用权、专利权、著作权中的财产权"。

对上述规定可以作出如下解读:

第一,任何机构以保证的形式对外提供的担保均须经外汇管理部门逐笔审批。

第二,抵押人以自身财产为自身债务对外抵押,无需得到外汇管理部门的事前批准,只须按规定办理对外担保登记手续。

第三,抵押人以自身财产为他人债务提供对外抵押的,须事先向外汇管理部门办理审批手续。

第四,抵押人按上述规定办理审批、登记手续后,无论是为自身债务提供抵押还是作为第三人为他人债务提供抵押,均须根据《担保法》的规定到相应部门办理抵押物登记。尽管对外担保实施细则将到相应部门办理抵押物登记的要求规定在抵押人作为第三人为他人债务提供抵押的第二十九条中,对抵押人为自身债务提供抵押是否适用该条没有明确规定,但是,在实践中,抵押人为自身债务提供对外抵押,外汇管理部门仍然要求抵押人根据《担保法》的规定到相应部门办理登记手续。抵押权人也会提出相同要求,以保障其抵押权能够对抗第三人。

第五,出质人以自身动产或者权益为自身债务对外质押,无需得到外汇管理部门的事前批准,只须事后按规定办理对外担保登记手续。但外商独资企业办理股权质押登记时,还应当经其原审批机关批准。

第六,出质人作为第三人以《担保法》规定的质物对外出质,由出质人直接到外汇局办理质押批准和登记手续。

第七,出质人以依法可以转让的股份、股票和依法可以转让的商标专用权、专利权、著作权中的财产权出质的,出质人除了到外汇管理部门办理审批和登记手续外,还应当到《担保法》规定的相应主管部门办理质物登记手续。同样,尽管对外担保实施细则将到相应部门办理质物登记的要求规定在出质人作为第三人为他人债务提供质押的第三十六条中,对出质人为自身债务提供质押是否适用该条没有明确规定,但是,在实践中,出质人为自身债务提供对外质押,外汇管理部门仍然要求质押人根据《担保法》的规定到相应部门办理登记手续。而质权人也会提出同样的要求,以保障其质权。

综上所述,外商投资企业要想避开繁琐的审批手续而仅通过简便的登记备案手续对外提供担保,应采取以自身财产为自身债务对外提供抵押或质押的方式。当然,外商独资企业还需履行原审批机构的审批程序。但从审批时间来看,此项审批较为简便。

三、外商投资企业向境外借款的法定程序

(一)外债登记、对外担保登记

1.外债登记

《外债管理暂行办法》第二十二条规定:“境内机构对外签订借款合同或担保合同后,应当依据有关规定到外汇管理部门办理登记手续。国际商业贷款借款合同或担保合同须经登记后方能生效。”第四十条规定:“境内机构举借外债或对外担保时,未履行规定的审批手续或未按规定进行登记的,其对外签订的借款合同或担保合同不具有法律约束力。”

国家外汇管理局《外债登记实施细则》第六条第(一)项规定:“借款单位在借款合同签约后十五天内,持借款合同副本和对外借款批件(外商投资企业不需批件),到登记部门办理外债登记手续,领取逐笔登记的《登记证》。”

可见,外商投资企业举借外债,其借款合同生效的基本条件就是办理外债登记手续,领取外债登记证。

2.对外担保登记

《境内机构对外担保管理办法》第十四条第一款规定:“担保人提供对外担保后,应当到所在地的外汇局办理担保登记手续。”第二款规定:“非金融

机构提供对外担保后,应当自担保合同订立之日起15天内到所在地的外汇局填写《对外担保登记表》,领取《对外担保登记书》;履行担保合同所需支付的外汇,须经所在地的外汇局核准汇出,并核减担保余额及债务余额。”第十七条规定:“担保人未经批准擅自出具对外担保,其对外出具的担保合同无效。”

最高人民法院“关于适用《中华人民共和国担保法》若干问题的解释”(法释〔2000〕44号)第六条规定:“有下列情形之一的,对外担保合同无效:(一)未经国家有关主管部门批准或者登记对外担保的;(二)未经国家有关主管部门批准或者登记,为境外机构向境内债权人提供担保的;(三)为外商投资企业注册资本、外商投资企业中的外方投资部分的对外债务提供担保的;…… ”

同样,对外担保的合同签订后,也应当在法定的期限内办理对外担保登记手续,领取对外担保登记书,以确保对外担保合同的合法有效。在实践中,外汇管理部门会要求申请人根据《担保法》的规定先行到相应的抵押、质押登记部门办理有关登记后再行办理对外担保合同的登记手续。

3.外商独资企业的特别审批和备案程序

第一,关于对外抵押的审批

《外资企业法实施细则》第二十三条规定:“外资企业将其财产或者权益对外抵押、转让,须经审批机关批准并向工商行政管理机关备案。”

对外经济贸易部“关于《外资企业法实施细则》若干条款的解释”第七条:“本条所说的‘对外抵押’,是指外资企业将其财产或者权益向中国境外的金融机构、公司或企业及其他经济组织进行抵押。”可见,外商独资企业与中外合资企业和中外合作企业不同,其对外抵押需额外办理向原审批机关审批和向工商行政管理机关备案的手续。

《中华人民共和国合同法》第五十二条规定:“有下列情形之一的,合同无效:……(五)违反法律、行政法规的强制性规定。”基于《中华人民共和国外资企业法实施细则》系国务院颁布的行政法规,因此,外商独资企业对外抵押如未经原审批机构批准,其合同无效。对此,最高人民法院在对《担保法》的司法解释中也作了明确的规定。

第二,关于对外质押的审批

研读《外资企业法实施细则》第二十三条规定中关于“外资企业将其财产或者权益对外抵押”的表述,其中“财产”一词,显然应包括不动产与动产。根据《担保法》的规定,不动产的担保形式是抵押,动产的担保形式是质押;

此外,上述规定中用于抵押的还包括外资企业的权益,而根据《担保法》的规定,权益的担保形式也是质押。联系《外资企业法实施细则》(1990年)早于《担保法》(1995年)颁布的事实,可以认为,《外资企业法实施细则》第二十三条中关于"对外抵押"的规定,不仅包括了不动产的抵押,而且也包括了动产和权利的质押。据此,外商独资企业如将有关权益对外质押,也应向原审批机关申报,取得批准,以确保对外质押合同的合法有效。对此,《对外担保实施细则》第三十五条第三款也作出了规定:"……外商独资企业办理股权质押登记时,还应当经其原审批机关批准。"此款规定印证了《外资企业法实施细则》第二十三条中关于"抵押"一词的涵义包括"质押"在内。

对外贸易经济合作部《关于对外资企业将其财产或者权益对外抵押问题的答复》(1996年10月31日)规定:

"外资企业将其财产或者权益对外抵押必须遵循中国有关法律、法规并符合以下条件:一、投资者按照企业章程规定如期缴付出资;二、企业抵押贷款后,其注册资本与投资总额的比例应符合《关于中外合资经营企业注册资本与投资总额比例的暂行规定》的规定;三、抵押期限不超过企业经营期限。

"在执行上述规定时,审批机关应当要求申请抵押的企业提供下列文件:一、企业将其财产或者权益对外抵押的申请。该申请应说明抵押原因、抵押物和抵押权人名称并做如下保证:在提交本申请之前,该抵押物未曾设立担保物权;或该抵押物曾设立了担保物权,但该企业已将有关事实通知抵押合同中所述之抵押权人;二、企业章程;三、企业的资产负债表;四、中国注册会计师出具的验资报告和有关抵押物的产权证明;五、企业董事会或其最高权力机构关于同意抵押企业财产或者权益的决议;六、抵押合同副本。"

"审批机关对上述文件审核无误后,可向企业做同意批复并抄报工商行政管理机关和外汇管理机关。"

可见,审批机关对外资企业对外抵押和质押的审批,属于对是否符合法定条件的核准。一般情况下,只要外资企业对外提供的抵押或质押符合法定条件,审批机关均会在较短的时间内予以批复。

第三,关于工商行政管理机关的备案

基于外商独资企业对外抵押、质押的后果可能造成企业财产的减少和股权的变化,因此,为保护债权人的合法权益,国家以行政法规的形式规定了外商独资企业在经原审批机构批准其对外抵押、质押后,还应向工商行政管理机关办理备案手续,以对社会公众起到公示的作用。此项手续既非审批,也非登记,而仅仅是备案,因此,该手续简便易行,不会给企业对外抵押、质押乃至借款带来麻烦。

外商投资企业境外借款示意图：

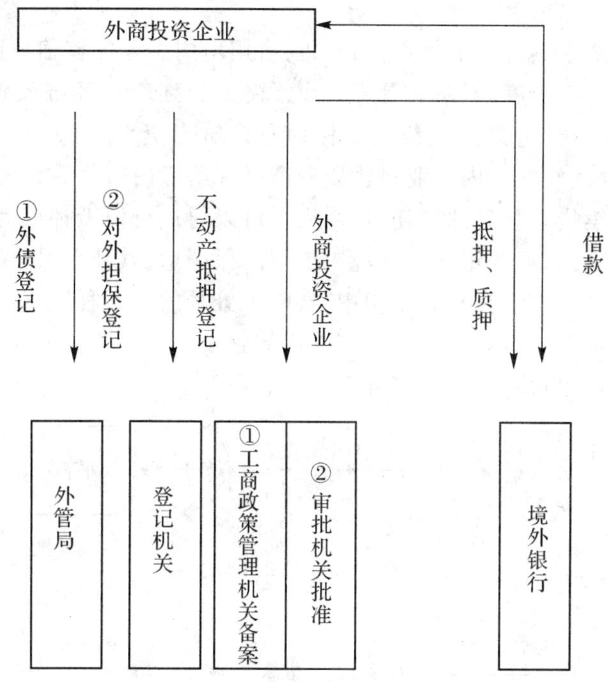

四、企业在向境外借款过程中应注意的事项

(一)创造符合法定借款资格的主体条件

1.通过返程投资的方式设立为外商投资企业。

如前所述,现行法律法规许可外商投资企业通过登记备案的方式举借外债,而内资企业举借外债则需要经过审批。在通常情况下,符合法定条件并能够获得政府批准举借外债的内资企业仅为少数,因此,内资企业如要向境外金融机构举借外债,可以考虑通过在境外设立公司再返程投资的方式设立外商投资企业,再以该外商投资企业为主体举借外债。

2.通过设立境外子公司的方式向境外银行借款。

根据《境内机构对外担保管理办法》及其实施细则的规定,外汇指定银行可对外提供融资性担保。所谓融资性对外担保,是指担保人为被担保人向受益人融资提供的本息偿还担保,具体做法是:1.境内企业在境外设立全资或参股子公司,2.该子公司向境外银行贷款,3.境内企业将其资产抵押给境内银行,4.境内银行为该境外子公司向境外银行融资提供本息偿还担保(开具保函)。

采取此方式具有以下优点:第一,仅占用境内企业的授信额度而不占用境内银行的贷款额度,对境内银行来说,较少受到宏观经济政策变化的影响。第二,境内银行只提供信用担保而不是贷出资金,运营成本较低。第三,经营效益良好的境内企业将优质资产抵押给境内银行后,一旦境内银行对外承担清偿贷款本息的责任,境内银行可以通过行使抵押权得到受偿,安全性较高。第四,境外银行接受境内银行的保函后,其几乎没有贷款本息不能收回的风险,因此,在贷款过程中,省略了繁复的审查程序,放贷效率大大提高。上述优点均有利于企业顺利获得借款。

境内企业以银行保函向境外借款示意图:

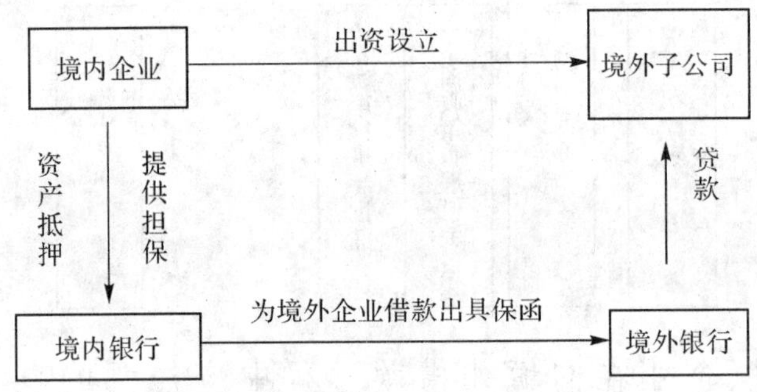

境内企业以银行保涵向境外借款示意图

(二)依法扩大投资总额与注册资本的差额,增加对外借款的法定额度

在境外借款过程中,常常会遇到以下两种情形,一种是:外商投资企业在设立时,其申报的投资总额与注册资本较小,"投注差"自然也小,企业可以融资的额度相应较小。但经过一段时间的发展,企业的实际资产有了较大的增长,同时,也需要有更大的贷款支持。在此情况下,企业应首先依法采取扩大注册资本,提高投资总额的方式扩大"投注差",获得向境外银行借款的法定额度,为境外借款提供必要条件。还有一种是:企业在设立时没有考虑到日后借款的需求,其投资总额和注册资本相同,或者没有充分申请法定的"投注差",其投资总额与注册资本的差额小于法定的额度。在此情况下,企业同样需要先行依法扩大"投注差",获得较大的贷款额度,具备法定

的借款条件。

(三)办妥各项法定的登记备案手续

外商投资企业在与贷款银行签订了借款合同、抵押合同等一系列贷款文件后,须及时到相关的登记备案部门办理各项法定的登记备案手续,以确保贷款文件的合法有效,借款能够顺利进入境内并结汇,还款时其外汇能顺利汇至境外。特别是外商独资企业,其对外担保依法须到原审批机关办理审批手续和到工商行政管理机关办理备案手续。实践中常常发生借款企业未去办理上述审批和备案手续的情形。一旦发生纠纷,其合同的效力就会受到质疑,给贷款银行和企业造成损失。因此,依法办理各项登记、审批、备案等手续,是保障境外借款合法、有效、安全的必要条件。

企业境外投资及国际工程承包业务操作须知

朱宏文　戴安微*

【摘　要】 近年来，在国家"走出去"战略的号召下，国内企业纷纷试水海外，或赴境外投资设立企业，或携国内工程建设的成熟经验跻身国际工程建设市场，或将投资和承建工程有机结合起来，大力拓展海外市场。境外投资及国际工程承包项目由于涉及不同国家的自然、社会、经济、法律、商务、金融和技术状况以及传统习惯，牵涉包括投资方、业主、承包商、融资方等众多项目参与方以及相关政府、当地居民、社会服务机构甚至各种政治力量错综复杂的关系，相对于国内项目而言，企业往往面临更多复杂的风险因素，而对这些风险因素的把握和规避是成败与否的关键因素。本文拟结合境外项目的法律服务实践，就企业赴境外投资及承包工程的主要环节及应注意的事项作简要介绍和分析。

【关键词】 境外投资　国际工程承包　操作　风险防范

一、调研项目的真实性和可行性

(一)调研项目的真实性

目前中国企业瞄准海外市场，但同时海外投资方、业主、代理机构等实体也瞄准中国企业，因此，关于境外投资和工程承包的项目信息较多。企业

---

* 朱宏文：女，毕业于武汉大学，国际经济法专业硕士，2003—2004 年英国牛津大学访问学者，擅长涉外法律业务、公司法律事务和基础设施建设项目全过程法律服务。

戴安微：男，毕业于浙江大学，法学学士，擅长为对外投资、对外工程承包项目提供专项法律服务。

在获取项目信息后，首先应重视对项目真实性和可靠性的调研，否则可能浪费人力、财力和物力开展不必要的前期工作，甚至陷于骗局。在境外投资及工程承包中存在诈骗现象，比较典型的是通过保函诈骗，即先通过各种手段诱使企业向其开具不可撤销、无条件见索即付的独立保函，随后对该独立保函进行欺诈性索偿。此外，存在国外代理欺诈性促成交易以骗取佣金的现象。

通过充分掌握项目和合作对方相关的信息并进行谨慎审查，通常可判断项目的真实性。一般来说，在国际组织、政府或者大众媒体上公开进行招标的国际项目，其真实性往往比较可靠；议标或直接授予合同的项目，就需要从多渠道确认项目的真实性，如项目是否已有当地政府的批准文件等。如看好项目前景，不妨小规模组团赴目标国核实项目的真实性。

有些项目还处于前期立项阶段，虽列入计划，但仍存在不确定性。但为开展前期工作即可能需中方企业的支持。在此类情形下，要视项目条件安排投入，在项目的条件不完全具备时，不宜大规模投入和全面展开工作，避免日后的工作陷于被动。

（二）调研项目的可行性

在确定项目的真实性后，企业还需着手项目可行性的研究，主要可从四个方面着手：

首先是了解合作方的资信以及项目资金的落实情况。在境外投资项目中，资信良好、社会关系广泛的合作方可一定程度上降低中方境外投资的风险；相反，资信差的合作方往往会给项目的执行带来风险甚至障碍，因此应注重对合作方的资信调查，防止上当受骗，并尽量选择同行或内行的企业作为合作伙伴。同时，还应了解项目的资金落实情况，如是世行、亚行贷款的项目，应了解该项目是否立项、资金是否落实；如是政府项目，应了解该项目是否列入国家财政预算；如果是自筹资金，其资金来源是否有保障。

其次是调研东道国的项目实施环境。对东道国环境的考察和评估是开展境外投资和承包工程非常关键的一步，这直接影响项目的成败和效益。就境外投资项目而言，调研成果的真实性和充分性直接决定境外投资申请书和可行性研究报告能否顺利得到境外投资主管部门的认可和境外投资审批机构的批准。根据我们的经验，对东道国环境的考察和评估主要从政治环境、法律环境、经济环境、文化环境、社会环境、自然环境、基础设施、原材料市场等方面出发；在境外投资项目中，则还应调研产品在东道国的销售情况、东道国与拟投资项目相同或者与拟投资项目具有直接竞争关系或替代关系的产业情况。

再次是进行项目的技术论证。企业在进行技术性分析前,应了解东道国与技术有关的信息,包括东道国通用的或强制性的技术标准,与工程有关工作接口涉及的技术问题等,然后在此基础上对项目进行技术可行性论证。

最后是对项目进行经济性分析。在分析时,应考虑项目的采购实际成本(在当地采购、在附近地区采购或在中国境内采购运输到项目所在国)、税赋、特定法律要求引起的成本。在境外投资和工程承包中,切忌不调研当地市场信息,仅以国内价格作参考。由于许多国家对使用当地材料、物资、人力等方面存在强制性要求,因此,当地的物价水平和劳动力成本绝非中方企业自己可以控制的。

二、境外投资和国际工程承包方案的策划

在完成项目的真实性和可行性调研后,企业应根据掌握的项目信息和自身条件,设计最优的操作方案。

(一)境外投资方案

常用的投资方式有在东道国新设公司、收购东道国公司股权、设立离岸公司作为投资主体以及合作开发模式等。

如企业拟在东道国新设公司,应首先考虑东道国是否禁止或限制外国资本进入拟投资行业,并根据拟投资项目的特点选择适合的公司经营形式。

而选择采用收购东道国公司股权的方式可省去新设公司所需的审批手续,有效利用目标公司的各种现有资源,但同时又面临收购方与目标方信息不对称、并购后的整合等问题。为了降低前述信息不对称带来的风险,企业在收购目标公司股权前应了解相关的法律和商务信息。在跨国收购中,企业通常需聘请律师进行收购前的尽职调查以获取上述信息,并由律师起草收购所需的法律文件。同时,企业应注意股份的收购数量,因为只有收购方对股份的收购达到一定数量,才能享有对目标公司经营决策的发言权。另外,需要关注东道国是否禁止或限制外国资本进入拟收购公司从事的行业,如目标公司为上市公司,则还须严格遵循当地的证券交易规则。

目前国内有些企业选择先在英属维尔京群岛或我国香港等地设立离岸公司,并由该离岸公司作为境外投资或收购主体,开展境外投资或收购活

动。采用这种模式的优势主要有:设立离岸公司的程序简单;可利用离岸公司有限责任的特点,将海外投资风险与本企业资产进行隔离;离岸公司所取得的营业收入和利润免交当地税或适用极低的税率。但离岸公司作为境外企业,也可能失去我国给予境内企业在资金、外汇、税收、海关、出入境等方面的优惠政策,如企业直接进行海外投资可能享受的境外投资专项贷款、国外矿产资源风险勘查专项资金等政策优惠。

此外,还有非实体性的合作模式,即共同投资但不设立实体,而以协议的形式约定收益/产品的分配。该模式为很多资源寻求型的投资所采用,以合作开发煤矿为例,与当地公司签署合作开发协议,投入一定的资金,以期获得约定比例的煤炭产品。

以上主要为投资的框架性安排,就具体项目的投资方案还涉及对更多细节的关注。

(二)国际工程承包方案

国际工程承包应结合项目的具体情况和所处的环境,选择合适的方案。

首先,方案的设计必须考虑当地的法律要求。如在印尼等一些国家,法律对于国外承包商雇佣当地劳工的比例有强制性要求;马来西亚法律规定总承包商必须将工程部分分包给在马来西亚注册的公司。企业在承接对外工程承包项目时,应考虑工程所在国的强制性法律要求对工程承包模式的影响。

其次,方案的设计应充分利用当地的税制。比如:在中东某国承包工程,和业主签署单一的总承包合同需要按总合同的利润计征所得税,但如将该总包合同拆分成设计采购合同和施工合同,则设计采购部分的合同由于发生在该国之外,不征所得税,因此在当地法律允许的范围内拆分承包合同能达到节税的目的。

再次,方案的设计应考虑项目融资方的要求。在国际工程承包项目中,融资方为了保障其利益,有时会对借款人提出一定的要求,比如在采用出口卖方信贷的情况下,银行通常会要求承包商提供100%的还款担保。

企业在承包境外工程后如何具体执行,也涉及不同模式的选择,如土建工作是分包给当地公司还是自行雇佣当地劳工完成,各有优劣:分包情况下,价格和资金事实上(非合同上)不易控制、工期难以控制;雇佣当地劳工完成,即承包商自行负责工程的管理和技术指导工作,雇佣当地劳工来具体实施工程,工期和质量由承包商自行控制,但在此种模式下,劳动雇佣和管理工作的负担较重,并且一般的劳工难以满足施工的要求,需要聘请具有一定经验和技术的人员,实施起来比较困难,同时需特别关注和尊重当地劳工方面的法律规定和风俗习惯。这就需要结合项目的需要具体权衡确定。

三、境外投资和国际工程承包项目合同的准备及谈判

境外投资及国际工程承包项目在前期工作基本完成后,最关键的莫过于项目合同的准备及谈判,因为投资方或承包方对于项目实施风险的控制很大一部分是通过合同条款落实的。下面以国际工程承包合同为例,简要介绍在合同谈判中应关注的要点:

(1)业主的工作范围:主要是明确业主的工作范围和支持,尤其是与承包商工作范围涉及接口的内容。如不明确,在总承包模式下易造成所有后果由总承包商承担的局面。同时,合同设置应充分考虑业主违约对承包商工作的影响。

(2)合同价格:在价格条款中,要写明合同是总价合同、单价合同,还是成本价酬金合同,价格中是否包括税金,计价采用的货币,以及是采用固定价格还是浮动价格。

(3)工期:在国外执行工程,存在很多影响工期的不确定事件,因此,承包商应事先对可能发生的该类事件作充分的考虑,尽可能将其作为承包商可获得工期延长的原因落实在合同条款中。

(4)价款的支付:应注意付款进度与承包商完成工作量的匹配,避免承包商工作大量超前,以达到对业主付款的制约。

(5)技术标准:主要是明确技术标准的适用尤其是标准变化包括采用新标准时如何处理的问题,以及明确项目验收的程序和标准以及各种情形下的处理措施。

(6)变更索赔:变更索赔在国际工程承包实践中非常常见,对项目本身的盈利影响比较大。承包商在提起变更索赔时,既要有法律依据、事实依据,也要有合同依据。因此,承包商应在合同中明确可提出变更的情形、变更补偿的计费标准以及变更索赔的程序,以便在发生争议时利用合同条款保护自身利益。

(7)违约责任:违约责任条款是合同的重要条款,承包商应注意在合同中最小化自己应承担违约责任的情形,争取较低的违约责任限额,并规范业主索赔的程序,防止业主滥用索赔权利。

(8)税费:承包商应将其报价中不含或包含当地税费的边界条件陈述清楚,并在合同中明确如在合同签订后当地政府变更税种、税率,承包商可据此向业主要求调整合同价格。

(9)合同终止:按照国际惯例,工程承包合同的文本通常由业主准备,因此在供谈判的文本中通常规定了大量业主可终止合同的情形,但对承包商享有的终止合同权利却只字不提,这使业主终止合同的权力过大,很容易找到终止合同的理由,使承包商在合同履行中处于不利地位,承包商在合同谈判中应注意争取在合同中增加承包商终止的条款,以平衡双方的合同地位。

(10)不可抗力:根据国际工程承包惯例,不可抗力一般属于业主风险[①],承包商应在合同中明确,承包商因工程所在国发生不可抗力导致的损失由业主承担。

(11)适用法律:按照惯例,国际工程合同一般选择适用第三国(发达国家)法律,因为这些国家法律比较健全、严密,而且作为第三方,比较公正,这样合同双方地位比较平等。

(12)争议解决:对国际招标的大型项目,国际商事仲裁相比于国内法庭诉讼具有很多优点,因而可能更易为双方接受。仲裁地点最好选在业主或承包商所在国以外的国家,该国应具有现代化的、开放的仲裁法,并参与了大部分多边公约,这样有利于仲裁裁决在双方所在国执行。

在境外投资中,投资合同因投资合作模式的差异而有较大不同,需重点关注的主要是投资方投资权的赋予、各投资方的投资条件和义务、投资设立企业的组织架构、议事规则和管理人员安排(可控性)、融资安排、优惠政策的落实、投资收益(利润/产品)汇出或出口的保障,等等。

四、境外投资和国际工程承包的风险防范

对外投资和工程承包项目是个复杂的系统工程,对于每个细节的疏漏都可能导致风险事故的发生,除关注上述项目操作环节要点外,企业还应重视通过各种机制防范和控制风险,以使项目得以顺利实施,并最终实现企业的商业目的。

---

① 如由国际咨询工程师联合会(FIDIC)制定的《设计采购施工(EPC)/交钥匙工程合同条件》将大部分不可抗力情形归为业主的风险。

1.建立对外投资和工程承包的风险控制体系

(1)对外投资和工程承包项目的岗位责任制:明确相关部门和岗位的职责权限,确保办理对外投资和工程承包业务的不相容岗位相互分离、制约和监督。各个岗位上的人员应分别掌握金融、投资、财会、法律、工程等方面的专业知识。

(2)对外投资和工程承包项目的授权和审批制度:按照规定的权限和程序办理对外投资和工程承包业务。

(3)对外投资和工程承包项目的可行性研究、评估与决策制度:对外投资项目建议书的提出、可行性研究、评估、决策等作出明确规定。

(4)建立项目文件管理制度:加强对外投资和工程承包项目的审批文件、合同、协议、方案书、决议等文件资料的管理,明确各种文件资料的取得、归档、保管、调阅等各个环节的管理规定及相关人员的职责权限。

(5)建立投资和工程承包项目后续跟踪评价管理制度:指定专门的部门或人员对投资和工程承包项目进行跟踪管理,掌握被投资企业和承建工程的财务状况、经营情况和现金流量,定期组织对外投资和承建工程的质量分析,发现异常情况,应及时向有关部门和人员报告,并采取相应措施。

2.充分利用我国对境外投资和工程承包的政策支持

我国对企业境外投资和工程承包在总体上持鼓励态度,并给予相应的政策支持,企业应充分了解和尽量争取国家的支持政策,以降低项目的风险。

(1)国家宏观政策的支持

对鼓励类境外投资项目,国家在宏观调控、多双边经贸政策、外交、财政、税收、外汇、海关、资源信息、信贷、保险,以及双多边合作和外事工作等方面,给予相应政策支持[①]。

对于对外工程承包项目,我国对企业提供的政策支持包括资金支持、金融保险、外汇管理、通关质检等多个方面。

(2)海外投资保险制度

海外投资保险制度是一种特殊的保险制度,即投资者在海外进行投资,兴办企业,可向本国政府专设的投资保险机构办理投资保险,当承保事故发生并遭损时,可依约向承保机构清偿,保险机构赔偿后可向东道国行使代位

① 如根据《对外经济技术合作专项资金管理办法》,国家对企业从事境外投资发生的前期费用给予直接补助,对境外投资项目所发生的境内银行中长期贷款给予贴息。

求偿权。我国自2002年底开始开展海外投资保险业务，由中国出口信用保险公司负责承保，承保的风险为征收、汇兑限制、战争以及政府违约等政治风险。

3.寻求专业机构的支持

由于境外项目的复杂性，投资者和承包商对境外项目的操作难以仅凭借自己的力量进行，往往需要寻求专业机构的支持，例如委托律师事务所调查对方的主体资格、资信情况及母国和东道国的法律政策，提示项目存在的法律风险，参与投资和承包方案的策划，参加项目谈判，起草、审查法律文件等。

4.对东道国环境进行充分调研

由于境外投资和工程承包项目中存在着较大风险，了解和熟悉东道国的政治、经济、法律等环境是中国企业开展境外项目前的必修课。企业应通过调研发现项目潜在的风险，并制定相应的应对措施。

5.加强合同管理

合同是项目执行的核心法律文件，在合同履行过程中发生纠纷时，合同是双方解决纠纷的依据，也是守约方向违约方索赔的依据。企业应充分认识合同的严肃性，加强合同管理，将合同管理作为项目管理的核心，在法律允许的范围内充分利用合同保护自己的权利。

合同管理包括合同谈判、签署和履行的管理，以及解决合同争议的管理。企业应针对合同管理的各个环节，制定相应的管理流程，降低合同风险。在这方面，我们通过多个客户、多个项目的服务所获得的法律知识、经验和资源可有助于更好帮助企业防范合同风险。

6.加强索赔与反索赔工作

由于境外投资和工程承包项目的特殊性，与其他合同相比，在境外投资和工程承包合同，尤其是工程承包合同的履行过程中，产生索赔和反索赔的可能性更大。因此，加强索赔与反索赔工作也是防范境外投资和工程承包项目风险的措施之一。

企业需重视中外法律和人文环境的差异，提高索赔意识，适当放弃那种认为索赔或为索赔所做的必要准备和防范会影响合作关系的想法；索赔具有很强的技术性，因此，最好设立专门的索赔部门或有专人负责，注意证据的保存和搜集。

在反索赔中，首先应加强沟通，争取理解，防止对方索赔。一旦对方提出索赔，则应收集相关资料，研究双方在事件中的责任，充分掌握法律规定、合同和证据。另外,在双方都有责任的情形下,企业在必要时可先向对方索赔,争取在自己索赔的基础上协商解决问题。

7.利用各国税收政策的差异,合理避税

企业在投资或承包工程前,应充分了解税务负担,尽可能准确地预测税收政策可能产生的变化,并在此基础上及时采取各种适当的措施,在法律许可的范围内使税负最小化,具体可从以下方面考虑:

(1)研究各国的税基范围和税率差别,决定资本流向;

(2)利用东道国税收政策,化解高额税负;

(3)采用转移价格策略,合法降低税负;

(4)设立离岸公司,合理避税。

8.加强劳动管理,避免因劳工问题影响项目的实施

劳工问题是境外投资和工程承包中容易为企业所忽略的法律问题之一,许多国家对外国投资和工程承包的劳工问题有特殊规定。因此,中国企业应重视境外投资和工程承包中的劳工问题,遵守当地的有关法律和政策,并与工会进行良好的沟通和合作,避免因劳资纠纷而影响项目的实施。

9.注意项目的环境保护,避免因环境问题影响项目的实施

大多数国家对环境保护有比较严格的规定,以规范项目的实施和运营对环境造成的影响,并对违反规定的企业进行重罚。因此,企业应遵守当地关于环境保护的法律法规,在项目的生产工艺选择、设备选型、设计、施工、试验和经营过程中考虑环境影响因素,选择符合环保规定的标准规范,建立严格的规章制度,对环境影响因素加以控制和改善。

10.建立健全安全管理制度

安全事故会造成人员伤亡、财产损失、项目实施延误、成本增加、声誉受损等,并产生相应的法律责任,甚至导致项目的失败。因此,安全是关系项目实施和运营的重要因素,特别是在国际工程承包中,安全已成为项目管理的首要目标。

股权分置改革后的上市公司收购

朱昌明*

【摘　要】 中国证券市场股权分置改革具有重要的历史意义，对上市公司收购影响尤其深远，因此有必要对上市公司收购重新进行审视。本文旨在分析股改后证券市场的法律、法规变化，以及由此对上市公司收购方式产生的影响，抛砖引玉，借以推动对上市公司收购法律过程中的法律服务进行深入研究。

【关键词】 股改　上市公司收购

一、上市公司收购与股权分置改革

（一）上市公司收购的概念

公司上市有两种方式，即直接上市和间接上市。直接上市是指未上市的公司通过首次公开发行股票（IPO）走向上市；间接上市，则是通过收购已经上市的公司，将未上市的公司资产注入上市公司从而实现上市融资的目的。

与直接上市相比，间接上市具有如下优点：上市时间短，IPO需要公司有3年的持续经营期，而间接上市没有这个要求；上市条件低，IPO需要满足较高的条件，尤其是连续3年盈利的要求，限制了许多公司IPO的可能性，而间接上市无此要求。

但是，间接上市也存在较高的财务风险和法律风险。上市公司收购涉

* 朱昌明：男，浙江工商大学硕士，专职律师，主要专业领域为公司法律事务、证券法律事务、商事仲裁与诉讼案件。

及的主体既包括收购人、转让人、目标公司及其公众股东、债权人、员工,以及再融资的投资者,甚至包括地方政府,随之出现的财务和法律风险大大增加。这些风险一方面影响间接上市的进程,另一方面可能耗费大量的成本。

间接上市主要是通过上市公司收购实现的,上市公司收购是指收购人通过在证券交易所的股份转让活动持有一个上市公司的股份达到一定比例、通过证券交易所股份转让活动以外的其他合法途径控制一个上市公司的股份达到一定程度,导致其获得或者可能获得对该公司的实际控制权的行为。

(二)股权分置改革对上市公司收购的影响

过去中国上市公司的股权一直处于分置状态,即上市公司的一部分股份上市流通,一部分股份暂不上市流通。股权分置改革(下称"股改")就是解决非流通股股东取得流通权问题的改革,其目的在于实现同股同权,真正实现股票的全流通。股改不仅消除了阻碍中国资本市场健康发展的根本性制度缺陷,而且给上市公司收购带来了积极的影响,为上市公司收购建立了一个全新的市场环境。

《公司法》、《证券法》和《上市公司收购管理办法》(下称"《收购办法》")、《上市公司重大资产重组管理办法》(下称"《重组办法》")、《上市公司证券发行管理办法》(下称"《发行办法》")的制定或修改,则进一步廓清了影响上市公司收购实施的法律障碍,股改对上市公司收购的影响主要表现在以下几个方面:

1.收购方式多样化

股改前,协议收购为主要的收购方式;股改后,协议转让、要约收购和二级市场竞价收购都将成为并购主体的收购方式,并购方式将呈现出明显的多样化趋势,尤其是《收购办法》对要约收购的相关规定作了重大调整,将强制性全面要约收购方式改变为收购人选择的要约收购方式(全面或部分),对于上市公司收购影响深远。

2.股票将成为主要的并购支付方式

在股改前,并购支付方式比较单一,现金为主要的并购支付方式,全流通使得股票可以随时变现,增强了并购主体的对价支付能力,换股并购等市场化方式将广泛被采用,也扩大了股票作为支付方式的范围。

3.增量收购成为现实

在股权分置情况下,上市公司收购只能在存量股份中进行,修改后的

《证券法》改变了这一限制性规定,允许上市公司采用非公开发行方式发行新股,这为通过定向增发实行增量收购提供了法律依据,使得增量收购成为现实。

4.收购的市场化程度提高

股改前,上市公司收购主要通过非流通股场外协议转让进行,上述转让仅在并购双方之间进行,缺乏广泛的市场参与性,行政力量对并购成败影响很大,在某些情况下甚至起着决定性作用;股改则奠定了上市公司收购市场化的制度基础,行政干预等非市场化因素对并购的影响在减弱,并购程序高度透明,并购定价将遵循市场定价原则。

二、收购人和转让人的主体资格及规范要求

针对上市公司收购中存在的收购人无实力、不诚信、原控股股东掏空上市公司后金蝉脱壳等问题,《管理办法》对收购人和转让人及其实际控制人进行了规范。

(一)收购人

《收购办法》主要从以下方面对收购人进行了规范:

1.明确了收购人的主体资格

《收购办法》规定,有下列情形之一的,不得收购上市公司:收购人负有数额较大债务,到期未清偿,且处于持续状态;收购人最近3年有重大违法行为或者涉嫌有重大违法行为;收购人最近3年有严重的证券市场失信行为;收购人为自然人的,存在《公司法》第一百四十七条规定情形;法律、行政法规规定以及中国证监会认定的不得收购上市公司的其他情形。

2.明确界定了一致行动人的范围

《收购办法》规定,投资者有下列情形之一的,为一致行动人:投资者之间有股权控制关系;投资者受同一主体控制;投资者的董事、监事或者高级管理人员中的主要成员,同时在另一个投资者担任董事、监事或者高级管理人员;投资者参股另一投资者,可以对参股公司的重大决策产生重大影响;银行以外的其他法人、其他组织和自然人为投资者取得相关股份提供融资安排;投资者之间存在合伙、合作、联营等其他经济利益关系;持有投资者30%以上股份的自然人,与投资者持有同一上市公司股份;在投资者任职的董事、监事及高级管理人员,与投资者持有同一上市公司股份;持有投资者

30%以上股份的自然人和在投资者任职的董事、监事及高级管理人员,其父母、配偶、子女及其配偶、配偶的父母、兄弟姐妹及其配偶、配偶的兄弟姐妹及其配偶等亲属,与投资者持有同一上市公司股份;在上市公司任职的董事、监事、高级管理人员及其前项所述亲属同时持有本公司股份的,或者与其自己或者其前项所述亲属直接或者间接控制的企业同时持有本公司股份;上市公司董事、监事、高级管理人员和员工与其所控制或者委托的法人或者其他组织持有本公司股份;投资者之间具有其他关联关系。

此外,收购人在收购前应当接受财务顾问的辅导。收购人的董事、监事和高级管理人员须熟悉有关法律、行政法规和中国证监会的规定,充分了解其应当承担的义务和责任,并依法履行报告、公告和其他法定义务。

(二)转让人

《管理办法》对转让人及其实际控制人从以下方面进行规范:

首先,上市公司控股股东向收购人协议转让其所持有的上市公司股份的,应当对收购人的主体资格、诚信情况及收购意图进行调查,并在其权益变动报告书中披露有关调查情况。

其次,控股股东及其关联方未清偿其对公司的负债,未解除公司为其负债提供的担保,或者存在损害公司利益的其他情形的,被收购公司董事会应当对前述情形及时予以披露,并采取有效措施维护公司利益。

三、上市公司收购方式

上市公司收购方式主要包括协议收购、要约收购、公开市场交易、间接收购以及行政划转、司法裁决等。协议收购、要约收购、市场交易收购和间接收购,均是上市公司收购的主要方式。但是,实践中协议收购、间接收购多是收购人与目标公司的控股股东或者实际控制人达成收购协议,此外,由于协议收购、间接收购也是善意收购的重要方式,因此,协议收购一般不会引起上市公司的管理层的反对。自愿的要约收购和公开市场交易收购,则一般是在无法与目标公司的控股股东或者实际控制人达成协议的情况下所被动采取的,因此,一般会引起上市公司管理层的反对。所以,自愿的要约收购和市场交易收购一般在恶意收购中被采用。

(一)协议收购

协议收购是指收购人在证券交易所之外,通过与特定股东签订协议,受让其持有的股份而进行的上市公司收购。在股权分置时代,协议收购是上市公司收购的主要方式。协议收购具有如下特点:

1.协议收购的主体具有特定性。协议收购的转让人为目标公司的特定股东,而要约收购方式和公开市场交易方式的转让人都是不特定的。

2.协议收购具有场外交易的部分属性。与要约收购、公开市场交易必须在证券交易所内公开进行不同,协议收购的特点是谈判不公开、价格不透明、时间不确定,其交易方式一般采取协议转让的方式,或采用大宗交易的方式,不用采取场内竞价交易的方式进行交易,所以,协议收购具有场外交易的部分属性,因此应给予特殊的监管。

3.协议收购交易便捷、成本低。协议收购与要约收购、公开市场交易相比,其交易程序和法律规制相对简单,交易成本低,可以迅速取得对目标公司的控制权。

(二)要约收购

要约收购,是指收购人通过向目标公司的股东发出收购上市公司的全部或部分股份要约,从而获得目标公司股份的上市公司收购方式。要约收购方式分为两种:一种是自愿要约收购方式,即收购人自愿以要约方式取得被收购人的股权;另一种是强制要约收购,即收购人在持有被收购人30%股权的基础上,继续进行收购时,法律强制其必须采用要约收购方式。

要约收购与协议收购、公开市场交易等方式相比,具有以下特征:要约收购是公开收购行为,要约收购须向目标公司的全体股东发出公开要约,并披露与收购有关的信息;要约收购的要约是收购人单方面的意思表示行为,目标公司的股东是否愿意出售所持股票,由股东自己决定,可以不出售,也可以出售,一旦出售,在收购要约期限内,收购人应当收购;要约收购的相对人为目标公司的全体股东,要约收购的收购人必须向目标公司的全体股东发出要约,即使发出的是部分要约收购,也不得仅向部分股东发出要约;收购人在要约收购期限内,不得采取要约规定以外的形式和超出要约的条件买卖目标公司的股票。

(三)公开市场交易

公开市场交易,是指收购人通过证券交易所的证券交易,从而取得目标公司股份的上市公司收购方式。公开市场交易是收购人取得少于30%股权的方式之一,一旦超过30%股权,即必须采取要约收购方式。

(四)间接收购

间接收购是收购人通过控制上市公司的控股母公司而达到间接控制上市公司的目的。收购人既可以通过取得上市公司控股股东股权的方式达到对上市公司的间接控制,也可以通过与上市公司控股股东成立公司,并在该公司中占控股地位的方式达到间接控制上市公司的目的。

四、上市公司收购程序

按照所收购目标公司股份的数量比例,上市公司收购的程序为:

1. 达到5%阶段。

不论以何种方式收购目标公司的股份,一旦达到上市公司总股本的5%,都必须在该事实发生的3日内编制权益变动报告书,向中国证监会、证券交易所提交书面报告,抄报该上市公司所在地的中国证监会派出机构(下称"派出机构"),通知该上市公司,并予公告。在上述期限内,不得再行买卖该上市公司股票。

此后,收购人所持该上市公司已发行的股份比例每增加或减少5%,应依照前款规定进行报告和公告。在报告期限内和作出报告、公告后2日内,不得再行买卖该上市公司的股票。

2. 超过5%不足20%阶段。

不论以何种方式收购上市公司的股份,达到或超过5%但是不足20%的,应当编制包括下列内容的简式权益变动报告书:投资者及其一致行动人的姓名、住所;投资者及其一致行动人为法人的,其名称、注册地及法定代表人;持股目的,是否有意在未来12个月内继续增加其在上市公司中拥有的权益;上市公司的名称、股票的种类、数量、比例;在上市公司中拥有权益的股份达到或者超过上市公司已发行股份的5%或者拥有权益的股份增减变化达到5%的时间及方式;权益变动事实发生之日前6个月内通过证券交易所的证券交易买卖该公司股票的简要情况。

3.达到20%未超过30%阶段。

收购人收购上市公司股份达到或超过20%但是未超过30%的,或者虽然不到20%但是收购人已经成为上市公司的大股东或者实际控制人的,应当编制详式权益变动报告书,除须披露简式权益变动报告书规定的信息外,还应当披露以下内容:投资者及其一致行动人的控股股东、实际控制人及其股权控制关系结构图;取得相关股份的价格、所需资金额、资金来源,或者其他支付安排;投资者、一致行动人及其控股股东、实际控制人所从事的业务与上市公司的业务是否存在同业竞争或者潜在的同业竞争,是否存在持续关联交易;存在同业竞争或者持续关联交易的,是否已做出相应的安排,确保投资者、一致行动人及其关联方与上市公司之间避免同业竞争以及保持上市公司的独立性;未来12个月内对上市公司资产、业务、人员、组织结构、公司章程等进行调整的后续计划;前24个月内投资者及其一致行动人与上市公司之间的重大交易;不存在《收购办法》第六条规定的情形;能够按照《收购办法》第五十条的规定提供相关文件。

4.不论以何种方式,收购人持有上市公司的股份达到30%时,继续增持股份的,应当采取要约收购方式。收购人符合相关条件的,可以申请豁免要约收购。

5.要约收购的豁免。

收购人持有上市公司的股份达到30%,继续增持股份的,或者拟通过协议方式收购一个上市公司的股份超过30%的,如果符合相关条件,可以向中国证监会申请豁免要约收购。

(1)要约收购的一般豁免条件。

实际控制人未发生变化的,即收购人与出让人能够证明本次转让未导致上市公司的实际控制人发生变化的;困难上市公司的重组,上市公司面临严重财务困难,收购人提出的挽救公司的重组方案取得该公司股东大会批准,且收购人承诺3年内不转让其在该公司中所拥有的权益;定向增发的,经上市公司股东大会非关联股东批准,收购人取得上市公司向其发行的新股,导致其在该公司拥有权益的股份超过该公司已发行股份的30%,收购人承诺3年内不转让其拥有权益的股份,且公司股东大会同意收购人免于发出要约;中国证监会为适应证券市场发展变化和保护投资者合法权益的需要而认定的其他情形。

(2)简易方式申请豁免。

下列条件下可以简易方式申请豁免:

1)国资无偿变动,是指经政府或者国有资产管理部门批准进行国有资产无偿划转、变更、合并,导致投资者在一个上市公司中拥有权益的股份占该公司已发行股份的比例超过30%;

2)小额增持,是指在一个上市公司中拥有权益的股份达到或者超过该公司已发行股份的30%的,自上述事实发生之日起一年后,每12个月内增加其在该公司中拥有权益的股份不超过该公司已发行股份的2%;

3)绝对控股,是指在一个上市公司中拥有权益的股份达到或者超过该公司已发行股份的50%的,继续增加其在该公司拥有的权益不影响该公司的上市地位;

4)因定向回购被动持股,是指因上市公司按照股东大会批准的确定价格向特定股东回购股份而减少股本,导致当事人在该公司中拥有权益的股份超过该公司已发行股份的30%;

5)金融机构被动持股,是指证券公司、银行等金融机构在其经营范围内依法从事承销、贷款等业务导致其持有一个上市公司已发行股份超过30%,没有实际控制该公司的行为或者意图,并且提出在合理期限内向非关联方转让其股份的解决方案。

6)继承,是指因继承导致在一个上市公司中拥有权益的股份超过该公司已发行股份的30%。

7)中国证监会为适应证券市场发展变化和保护投资者合法权益的需要而认定的其他情形。

简易方式申请豁免的,中国证监会自收到符合规定的申请文件之日起5个工作日内未提出异议的,相关投资者可向证券交易所和证券登记结算机构申请办理股份转让和过户登记手续。

6.协议收购的完成。

豁免要约收购的,收购人可以按照相关规则完成协议收购。

(1)收购过渡期,自签订收购协议起至相关股份完成过户的期间为上市公司收购过渡期。在过渡期内,应遵守如下规则:

1)改选董事会,收购人不得通过控股股东提议改选上市公司董事会,确有充分理由改选董事会的,来自收购人的董事不得超过董事会成员的1/3。

2)担保和资助,被收购公司不得为收购人及其关联方提供担保。

3)重大交易,被收购公司不得公开发行股份募集资金,不得进行重大购买、出售资产及重大投资行为或者与收购人及其关联方进行其他关联交易,但收购人为挽救陷入危机或者面临严重财务困难的上市公司的情形除外。

(2)临时保管,收购人和转让人应当向证券登记结算机构申请办理拟转让股份的临时保管手续,并可以将用于支付的现金存放于证券登记结算机构指定的银行。

(3)转让和过户,收购报告书公告后,收购人和转让方按照证券交易所和证券登记结算机构的业务规则,在证券交易所就本次股份转让予以确认后,凭全部转让款项存放于双方认可的银行账户的证明,向证券登记结算机构申请解除拟协议转让股票的临时保管,并办理过户登记手续。收购报告书公告后30日内仍未完成相关股份过户手续的,应当立即作出公告,说明理由;在未完成相关股份过户期间,应当每隔30日公告相关股份过户手续办理进展情况。

7.强制要约收购。

如果申请豁免要约收购而未被许可,则收购人必须履行强制要约收购义务。

(1)材料的编制和申请。收购人编制要约收购报告书,并聘请财务顾问向中国证监会、证券交易所提交书面报告,抄报派出机构,通知被收购公司,同时对要约收购报告书摘要作出提示性公告。以现金支付收购价款的,收购人在作出要约收购提示性公告的同时,将不少于收购价款总额的20%作为履约保证金存入证券登记结算机构指定的银行。以在证券交易所上市交易的证券支付收购价款的,收购人在作出要约收购提示性公告的同时,将用于支付的全部证券交由证券登记结算机构保管,但上市公司发行新股的除外。

(2)证监会的受理和审核。中国证监会在收到全部合格文件后的15日内进行审核。审核的结果有两种:或者表示无异议,收购人即可进行公告;或者表示有异议,发现要约收购报告书不符合法律、行政法规及相关规定的,及时通知收购人,收购人不得公告其收购要约。

(3)公告。中国证监会对要约收购报告书披露的内容表示无异议的,且取得其他机关的批准后,收购人进行公告。公告内容包括:要约收购报告书、财务顾问专业意见和律师出具的法律意见书。

(4)其他机关批准。其他机关的批准主要包括:国家产业政策、行业准入、国有股转让和外资监管。

需要指出的是,其他机关的批准是进行股份权益变动的前提条件。实践中,上述批准将同时进行。但是,在公告要约收购报告书时,收购人需要特别提示本次要约须取得相关批准方可进行。

(5)取消收购计划。按照我国法律,收购要约在承诺期间不得撤销。收购人取消收购计划只有两种情形:

1)未取得其他机关批准的。在此情形下,收购人应当在收到通知之日起两个工作日内,向中国证监会提交取消收购计划的报告,同时抄报派出机构,抄送证券交易所,通知被收购公司,并予公告。

2)自行取消收购计划的,自行取消收购计划仅限于在报证监会审批后,公告要约收购报告书之前。收购人需要向中国证监会提出取消收购计划的申请及原因说明,并予公告。自公告之日起12个月内,收购人不得再次对同一上市公司进行收购。

(6)被收购公司董事会报告。被收购公司董事会对收购人的主体资格、资信情况及收购意图进行调查,对要约条件进行分析,对股东是否接受要约提出建议,并聘请独立财务顾问提出专业意见。在收购人公告要约收购报告书后20日内,被收购公司董事会应当将被收购公司董事会报告书与独立财务顾问的专业意见报送中国证监会,同时抄报派出机构,抄送证券交易所,并予公告。

(7)收购要约的变更。收购期限终止15日前,收购人可以对收购要约进行变更。收购人事先须向中国证监会提出书面报告,同时抄报派出机构,抄送证券交易所和证券登记结算机构,通知被收购公司。经中国证监会批准后,予以公告。被收购公司董事会应在3个工作日内提交董事会及独立财务顾问就要约条件的变更情况所出具的补充意见,并予以报告、公告。

(8)收购的进行。

1)股东预受,同意接受收购要约的股东,委托证券公司办理预受要约的相关手续。收购人委托证券公司向证券登记结算机构申请办理预受要约股票的临时保管。证券登记结算机构临时保管的预受要约的股票,在要约收购期间不得转让。

2)预受的撤回,在要约收购期限届满3个交易日前,预受股东可以委托证券公司办理撤回预受要约的手续,证券登记结算机构根据预受要约股东的撤回申请解除对预受要约股票的临时保管。在交由要约收购期限届满前3个交易日内,预受股东不得撤回其对要约的接受。

3)预受情况公告,在要约收购期限内,收购人每日在证券交易所网站上公告已预受收购要约的股份数量。

4)购买预受股份,收购期限届满,发出部分要约的收购人应当按照收购要约约定的条件购买被收购公司股东预受的股份,预受数量超过预定收购数量时，收购人应当按照同等比例收购预受要约的股份。

5)结算过户。收购期限届满后3个交易日内，接受委托的证券公司应当向证券登记结算机构申请办理股权转让结算、过户登记手续，解除对超过预定收购比例的股票的临时保管；收购人公告本次要约收购的结果。

6) 报告，收购期限届满后15日内，收购人应当向中国证监会报送关于收购情况的书面报告，同时抄送派出机构，抄送证券交易所，通知被收购公司。

8.持续监管。

(1)持续督导，自收购人公告上市公司收购报告书至收购完成后12个月内，财务顾问须通过日常沟通、定期回访等方式，关注上市公司的经营情况，结合被收购公司定期报告和临时公告的披露事项，对收购人及被收购公司履行持续督导职责。

(2)持续报告，在上市公司收购行为完成后12个月内，收购人聘请的财务顾问应当在每季度前3日内就上一季度对上市公司影响较大的投资、购买或者出售资产、关联交易、主营业务调整以及董事监事、高级管理人员的变更、职工安置、收购人履行承诺等情况向派出机构报告。

(3)转让限制，收购人持有的被收购公司的股份，在收购完成后12个月内不得转让。收购人在被收购公司中拥有权益的股份在同一实际控制人控制的不同主体之间进行转让不受前述12个月的限制。

五、正向收购与反向收购

实践中，上市公司收购的实施途径可以分为正向收购和反向收购。所谓正向收购，是指非上市公司通过收购目标上市公司，获得目标上市公司的实际控制权，然后通过资产置换，实现非上市公司资产的上市。所谓反向收购，是指目标上市公司通过向非上市公司的股东增发新股的方式，获得非上市公司的全部或大部分的股权，以此将非上市公司资产置入上市公司，同时，通过获得增发股份，非上市公司的股东获得上市公司的控制权。

正向收购和反向收购，最大的区别在于上市收购环节。目前，随着上市公司定向增发条件的放开，以及反向收购实现了上市公司收购和资产置换一体化整合，反向收购逐渐成为资本市场上的主流。

需要指出的是，过去上市公司收购完成后的再融资的方式只有公开发行证券，包括发行新股、发行可转换公司债，由于公开发行证券对上市公司的盈利有较高的要求,使得收购后资产重组和恢复上市公司融资能力的难度和成本比较大。在公司法和证券法修改后,根据《发行办法》,为上市公司收购提供了新的再融资方式:定向增发,即上市公司采用非公开方式,向特定对象发行股票。由于定向增发的条件较低,对上市公司业绩本身没有要求,这意味着,即便是亏损企业也可以定向增发进行私募融资。定向增发的推出,为上市公司收购和重组提供了便利条件,拓展了新的融资渠道,也降低了对上市公司收购的难度。

知识产权篇

不当网络链接法律责任分析

黄伟源[*]

【摘　要】　通过网络链接,互联网用户可以轻松地由一个网页访问另一个网页,获取自己想要的信息,大众以"网上冲浪"来形容网上信息间切换的速度之快。然而,链接技术自诞生以来,就引出了诸多法律上的问题。本文通过对网络链接技术的分析,以探究网络链接不当引起的相关法律责任。

【关键词】　网络链接　著作权　侵权　法律责任

在网络已成为我们工作与生活不可缺少的一部分的今天,链接作为一种互联网必备基本技术、一种非常便捷和普遍的信息共享方式和重要功能,给公众带来了极大的方便。链接使公众能在浩如烟海的信息海洋中准确及时地找到自己需要的信息,链接起到了导航的作用。然而,自从链接技术产生以来,因链接产生的纠纷就不断。很多网站因与他人设置了链接而引发著作权侵权纷争与不正当竞争纠纷。在中国,较为典型的案例有:华纳唱片有限公司诉迈威宝网络(北京)有限技术公司链接侵犯音乐作品著作权纠纷案,刘京胜诉搜狐爱特信信息技术(北京)有限公司链接侵犯著作权案,叶延滨诉北京四通利方信息技术有限公司链接侵犯著作权案等。针对不断出现的网络著作权的新问题,国务院颁布了《信息网络传播权保护条例》,条例自2006年7月1日起施行。条例中专门就提供链接服务的网络服务提供者应尽的责任与义务作了明确规定。《最高人民法院关于审理涉及计算机网络著作权纠纷案件适用法律若干问题的解释》也于2006年11月20日作了修改,并于2006年12月8日施行。但是,由于链接是一项专门技术,链接的种类与方式多种多样,相应涉及的法律责任也各不相同。本文就链接的相关法律问题作一分析。

---

* 黄伟源:男,厦门大学法律系毕业,法律硕士学位,专职律师,擅长:公司法、知识产权法。

一、网络链接概述

网络链接又称为“超文本链接”,是指在互联网的网页或文本之间建立引导或搜索路径,使用户通过点击浏览器可以由一网站的网页或文本直接进入另一网站的网页或文本,以方便用户获取对自己有价值的信息。[①] 链接可以按不同的分类标准进行不同的分类。如根据链接的外在表现形式的不同,可将链接分为文字链接、图像链接和视框链接(也称为“加框链接”);根据链接网站的不同,可将链接分为同站链接和异站链接;根据链接技术或方式的不同,可将链接分为普通链接、深层链接(又被称为“深度链接”)、埋置链接与加框链接;根据被链接对象的不同,可将链接分为连入链接和连出链接。而涉及网络著作权纠纷或不正当竞争纠纷最多的是普通链接、深层链接、埋置链接与加框链接。所以有必要将普通链接、深层链接、埋置链接与加框链接的概念进行解释。所谓普通链接是指链接设置者在其网站或网页上直接显示普通链接的标志,它将链接指向某个文件,并以网页的原貌显示文件。埋置链接(元字标记)则是链接设置者将链接对象的网址“埋”在自己的网站或网页当中,成为自己网页的一个组成部分。埋置链接可以在网页初次下载时就导引浏览器去连接对象所在服务器自动获取所链信息。由于在浏览器的地址栏里不显示被链接的网址,链接设置者的网络用户并不一定知道链接设置者网站或网页同其他网站或网页建立了链接,并不一定知道其访问的网站或网页非屏幕上所显示的网址所在以及其下载行为是通过链接的方式完成的。[②]所谓深层链接是指,当用户点击链接时,计算机会自动绕过被链接网站的首页,直接指向具体内容页面。加框链接是指,网页技术允许制作者将显示页面分割成几个独立显示区域,每个区域可以同时显示不同来源、不同内容的文字和图像,并可以单独改变显示部分区域内容而不影响其他区域。

二、网络链接引发的常见侵权问题

链接作为一项网络技术,本身不会构成侵权,但是使用方式不当会引发

① 靳学军,宋鱼水主编:《互联网的理性与秩序》,人民法院出版社 2006 年版,第 149 页。

② 周涛:http://blog.culn.britishcouncil.org.cn/userpage/log.do? logid=673.

侵犯他人相关的权利,包括他人的著作权、商誉权,还会构成不正当竞争,下面就相关链接常见侵权问题进行分析。

1.普通链接引发的侵权问题

正如前述,普通链接情况下,浏览者只需点击那些带下划线的蓝色字符(即链接标志),浏览器就能显现被链接的文件,此时,浏览者能够十分清楚地了解到其所处的网站及文件的来源。链接本身不会侵权,但是往往在出现的被链接网站上的文件或作品是没有合法权利的情况,由于互联网上网站间具有开放性与互联性,网上的信息、内容庞杂,数量巨大,设链者根本无法,也不可能去对其网站所链接的网站上的内容是否存在权利问题先行进行审查,何况其也无法干涉他人网站的内容。故一般情况下,追究普通链接设链者侵权责任不太现实,也无相关依据。因此,在事先不知他人网站存在权利瑕疵文件或相关侵权信息的情况下与他人网站设立普通链接,权利人去追究设链者的侵权责任是站不住脚的。但是,并非所有普通链接的设链网站均不承担侵权责任,如果设链者明知被链接的网站、网页或信息存在权利瑕疵或明显侵权而设立链接;或是在得知、被通知被链接的网站、网页或信息存在权利瑕疵情况下,仍不采取相关断开链接或移除措施,设链者应当与侵权网站承担共同侵权的责任。《信息网络传播权保护条例》第二十三条作了明确规定,网络服务提供者为服务对象提供搜索或者链接服务,在接到权利人的通知书后,根据本条例规定断开与侵权的作品、表演、录音录像制品的链接的,不承担赔偿责任;但是,明知或者应知所链接的作品、表演、录音录像制品侵权的,应当承担共同侵权责任。根据此条规定,我们国家是将提供链接服务的行为纳入了法律上的"避风港"。[①] 比如说,某被链接网站首页明确写明,本网站上的所有作品权利均属于各自权利人所有,如权利人对本站的作品有异议,本站会第一时间删除。对这种网站的设置链接行为,本人认为,提供链接服务者应当被认定为明知所链接的网站信息侵权,应当与被链接网站承担共同侵权责任。

2.深层链接的侵权问题

深层链接的技术,正如前面所述,是指网络用户点击链接字符(链接标

① 著作权领域的"避风港"条款最早出现在美国1998年制订的《数字千年版权法案》(DMCA法案)。是指在发生著作权侵权案件时,当ISP(网络服务提供商)只提供空间服务,并不制作网页内容,如果ISP被告知侵权,则有删除的义务,否则就被视为侵权。如果侵权内容既不在ISP的服务器上存储,又没有被告知哪些内容应该删除,则ISP不承担侵权责任。

志)或相关文件后,直接跳至另一网站的网页或文件上,而不是跳至另一网站的首页上,使得网络用户误以为自己还是停留在原先浏览的网站上,误以为自己所看到的网页还是属于原先浏览网站的一部分。对于深层链接行为是否构成著作权侵权,目前我国法律尚无具体、明确的规定,但是已经发生的大量深层链接侵权纠纷案件中,还是可以根据侵权原理,依照权利义务相一致原则,根据链接行为人的链接方式、主观过错、链接目的、因果关系等分析侵权与否,但是由于深层链接的侵权行为更隐蔽,引发的法律问题不光是侵犯著作权的问题,有时还会涉及不正当竞争的问题。

(1)深层链接的设链接者为被链接网站的侵权行为提供了除“通道”作用外的服务、帮助的,构成共同侵权。我们知道,链接最原始的作用就是“通道”作用。北京市第一中级人民法院审理的原告正东唱片有限公司诉被告北京世纪悦博科技有限公司录音作品著作权侵权案件中,北京市第一中级人民法院认为,被告的链接行为,已经不是提供链路通道服务,被告的链接行为已经超出了一般意义上的网络链接,① 而是直接参与了相关信息的加工处理,并对加工处理后的信息通过异站进行深层次的链接。被告以其网站名义,在其网站页面上向公众传播其搜索、选定并编排整理的网站,使用被链接网站的信息资源,却疏于对被链接网站资源的合法性进行合理审查,其行为构成了对原告权利的侵犯。从各地一系列类似的案件中我们可以得出,如果设链接者对链接的内容进行选择、编排、整理、编辑的,甚至用户无需通过被链接网站,即可满足其搜索、播放、浏览的需求,被链接网站在此项服务中实际只起到异站存储或外置存储器的作用,以掩盖设置链接网站的网络传播行为的,上述的链接行为,链接者应当承担共同侵权责任。

(2)深层链接侵犯被链接网站上独创作品的著作权的问题。未经著作权人许可,在深层链接中,如果被链接的内容或是作品是被链接者创作的具有独创性的作品或者作品片断,则设链接者的链接行为可能侵犯被链接者的依照我国著作权法应享有的著作权,可能既包括被链接者著作权人的财产权利,例如,获得报酬权;也包括某些人身权利,例如署名权、保护作品完整权等。

(3)未经被链接者许可,设链接者直接对他人具有一定知名度的文件或作品进行深层链接,或使用被链接者的商标进行链接,特别是一些有知名度的商标链接以达到混淆商品或服务,使公众误以为设链接者提供的商品或

① 蒋志培主编:《著作权新型疑难案件审判实务》,法律出版社 2007 年版,第 67 页。

服务与被链接者具有某种联系，使公众混淆了商品或服务的来源，根据我国《反不正当竞争法》的规定，这种链接行为构成不正当竞争。如北京市第二中级人民法院审理的北京金融网络有限公司诉成都财智软件有限公司不正当竞争案件中，被告成都财智软件有限公司未经原告许可，直接对原告网站上的外币走势图设置了链接，法院审理后认为，被告的行为构成了不正当竞争，应当承担相应的责任。[①]

3.视框链接侵权与不正当竞争问题

北京市海淀区人民法院审理的北京鸿宇昊天科技有限公司诉沈某不正当竞争案件中，法院认为，沈某负责的网站利用“加框链接”技术将“东北人在北京”网站上的四篇文章分别显现在四个网页的中间区域，而网页的其他区域所显示的内容(如地址、电子信箱、联系电话、菜单条等)保持不变。由于沈某使用框架将自己不需要的内容遮盖，仅仅取用自己需要的材料，而同一网页上的地址、电子信箱、菜单条等内容则使用框架加以掩盖并换上自己的，这样，网络用户在进行搜索或浏览内容时，就不会知道他浏览的实际上是“东北人在北京”网站的相关内容，反而会以为上述文章的著作权人是“IT技术工作室”。[②]故法院认为，被告的行为构成不正当竞争，应当承担责任。

视框链接目前主要是发生在某些网站针对大众有兴趣的其他新闻网站予以链接，使得用户在上了其网站后，就可以方便进入其他新闻站点。在普通链接情况下，在通过链接进入他人网站时，浏览器的画面空间应当保留给新进入的网站。浏览者看到的是新进入网站的全部页面内容，包括网站域名、地址、菜单条等。但如果设置了视框链接，用户虽可以看到被链接的他人网站的所链接的相关新闻内容，但是被局限于设链网站设计的画面视框中，页面中的画面除视框外的空间则是原先网站的相关内容，如网站的网址，举办者及相关广告等。这种设链行为一方面构成了侵犯他人著作权中的保护作品完整的权利，因为其破坏了原有作品的整体性；另一方面，这种行为误导了用户的注意力，以为被链接网站上的内容来自于自己浏览的网站，这种行为构成不正当竞争的行为。

4.埋置链接侵权与不正当竞争问题

网站所有者在自己网站的域名中、网页上以及元标记中，将与其相关的他人的字号、商标、网站名称等作为关键词埋置其中，同时在网页源代码中

① 北京市第二中级人民法院(2000)二中知初字第122号案件。

② 李颖：http://www.chinaeclaw.com/readArticle.asp? id=5215.

多次重复这些关键词,这样的设置会导致用户打算通过搜索引擎查询权利人的网页时,首先访问到的总是埋置链接的网页,导致本来打算访问权利人网页的用户,直接就访问了埋置链接的网页。埋置链接就是将被链接网站的网址,"埋"在自己的网站或网页中,成为自己网页内容一个部分,这种链接情况下,网页上并不会出现连接"埋置链接"网站的名称、网址,用户无法知道自己所访问的网站同其他网站建立了"埋置"链接,造成用户误认为被链接的网站是自己访问网站的一部分。这种埋置链接行为,一方面涉嫌对他人的网页著作权侵权;另一方面,被链接的网页被直接链接,用户直接能看到的内容是跨过制作者网站首页,所以,用户无法准确地判断制作者的身份,导致用户的误认,因这种误认导致的是设置这种链接的网站的流量增加,而真正的网页制作者的网站流量的减少,大大影响了被设置链接网站的广告收入,根据我国《反不正当竞争法》的相关规定,此种行为也属于不正当竞争行为,应当承担相应责任。

三、网络链接行为侵权与不正当竞争的判定

哪些网络链接行为会侵犯他人的著作权或构成不正当竞争,我国法律并没有具体、明确的规定,但是,根据我国国务院颁布的《信息网络传播权保护条例》以及《最高人民法院关于审理涉及计算机网络著作权纠纷案件适用法律若干问题的解释》等司法解释的内涵,参考大量的网络链接纠纷案例,本人认为,应当考虑链接行为人主观状态与客观行为,对链接目的、链接行为的方式、链接设置者的主观过错、链接行为的性质等全面分析,根据权利义务相一致的原则综合判定。但不论判断因素是哪些,最终的判断标准还是我国民法通则中规定的侵权行为判断标准。

1. 链接设置者的主观过错

《信息网络传播权保护条例》第二十三条规定,已经明确了链接服务的提供者承担的是过错责任。也就是说,链接服务提供者只有在提供服务过程中,存在过错而侵犯他人权利的,才承担相应责任。但是,如何认定链接服务提供者存在过错呢?综观法院关于链接纠纷的判决,本人认为,确定主观过错应考虑下列因素:链接设置者是否为网络运营商或是专业网站,专业提供音乐、影视作品的网站以及如运营商等从事互联网经营的主体,其对被链接的信息资源的权利审查注意义务程度应当高于普通网站,如对设链网站不进行审查或怠于审查本身就是过错;设链接者是否客观上帮助或给他

人侵权提供了便利,是否导致侵权行为后果的扩大与延续,是否明知所链接的内容或网站存在权利瑕疵,是否利用链接获取商业利益,是否利用链接误导浏览者等。

2.链接设置者客观上的侵权或不正当竞争行为

《最高人民法院关于审理涉及计算机网络著作权纠纷案件适用法律若干问题的解释》第三条规定,网络服务提供者通过网络参与他人侵犯著作权行为,或者通过网络教唆、帮助他人实施侵犯著作权行为的,人民法院应当根据《民法通则》第一百三十条的规定,追究其与其他行为人或者直接实施侵权行为人的共同侵权责任。这里讲的参与或是教唆、帮助他人侵犯著作权的行为的方式是多种多样的,如:与被链接网站签订合作协议,名为链接,实际上是借用大型互联网运营主体的网站的客户优势,借用被链接网站提供一些权利存在瑕疵的作品、文件的在线服务,双方分配下载或点播的收费利润。这是链接设置者明显地参与被链网站侵权的共同侵权行为。再如:设链接者直接参与被链网站的信息选择、编排、整理,有目的地在自己网站的页面上提供传播服务的行为。总的来说,如果设链网站的链接行为,超出了链接原有的提供链路通道的服务范围,超出一般链接的功能,具有与被链接网站同步合作关系的功能的,客观上为被链接者的侵权行为提供帮助与便利的,应当构成共同侵权。对于在链接中故意避开正常访问路径、绕开被链接网站的首页,故意误导网站浏览者的注意力,使得网站浏览者对所浏览的网站或是提供的服务作出错误判断的链接行为,根据我国《反不正当竞争法》的相关规定,构成不正当竞争行为。

四、结束语

网络链接所涉及的问题,既是网络技术问题,同时又是法律问题。在现阶段的中国,滥用链接、滥用网络链接避风港原则的行为已经给著作权人造成了一定的损失。在互联网技术快速发展的今天,在著作权保护日益重视的今天,希望国家能够在保护著作权与网络运营商、广大公众利益间找到真正的平衡,加快相关著作权,特别是网络著作权保护法规的制定,从而保护网络业与著作权的共同发展。

【参考文献】

[1] 薛虹著.网络时代的知识产权法.北京:法律出版社,2000.

[2] 刘宁著.知识产权若干理论热点问题探讨.北京:中国检察出版社,2007.

[3] 靳学军,宋鱼水.互联网的理性与秩序.北京:人民法院出版社,2006.

[4] 蒋志培.著作权新型疑难案件审判实务.北京:法律出版社,2007.

[5] 张学兵.软件与网络侵权.北京:中国经济出版社,2004.

[6] 程永顺.计算机软件与网络纠纷案件法官点评.北京:知识产权出版社,2004.

[7] 王振清.知识产权法理与判决研究.北京:人民法院出版社,2005.

[8] 北京市高级人民法院知识产权庭编.知识产权诉讼实务研究.北京:知识产权出版社,2008.

[9] 周涛.网络链接侵权法律问题探析.http://blog.culn.britishcouncil.org.cn/userpage/log.do? logid=673,2007-11-10.

BT 之劫:P2P 技术侵权问题研究

杨　吉*

【摘　要】 首先,我们并不否认 BT 正经历一个劫难,也不否认 P2P 技术正面临前所未有的困难挑战。然而,这并不能阻挡互联网高速前进、发展的步伐。也就是说,关于 P2P 技术侵权问题势必要得到解决。考虑到知识产权上有合理使用制度① 和侵权构成要件②,那么给 P2P 厘定一个权利的边界对其被合法、合理化地使用而言则是势在必行、当务之急。为此,本文将在简要介绍以 BT 为代表的 P2P 应用的技术原理基础上,着重探讨有关 P2P 四种主体,包括软件平台提供者、文件提供者、文件下载者和文件汇聚发布网站侵权构成的认定。随后,本文还将延伸论述 P2P 技术涉及的一些著作权问题。

【关键词】 BT　P2P 技术　著作权侵权

---

* 杨　吉:男,浙江大学法理学博士研究生,兼职律师。主要研究方向:法律社会学、互联网法、知识产权。

① 著作权法中的"合理使用"是各国著作权制度中对著作权限制的一种主要制度。合理使用概念的提出是在美国 Folsom Vs. Marsh 一案中,后来在美国 1976 年著作权法中被法典化。合理使用制度的初衷是为了解决后续的作者为了创作新作品如何利用先前作者的作品的问题。到目前为止,合理使用制度已成为各国著作权法中通行的制度。它是指在一定的条件下使用受著作权保护的作品,可以不经著作权人的许可,也不必向其支付报酬。合理使用最直观的考虑,是不允许使用他人的作品时出现阻碍自由思想的表达和思想的交流的情形。它最关注的是个人性的使用和非直接为赢利的使用。合理使用制度在我国实证法上体现在《著作权法》第 22 条规定。

② 关于知识产权侵权责任归责原则,主要存在三种学说:过错责任说、混合说以及无过错责任说。理论中之所以出现如此悬殊的观点的根本在于:立法中混淆了知识产权请求权和侵权损害赔偿的请求权的不同;我国学者在认识英美侵权法法上的"infringement"与"tort"时存在偏差。澄清理论分歧的关键在于参与讨论的主体在一些关键法律概念上应该首先达成共识。相关文献请参阅郑成思:《知识产权法——新世纪的若干研究重点》,法律出版社 2004 年版;郑成思:《知识产权论》(第三版),法律出版社 2007 年版。

引　言

在2005年11月7日之前,香港公民陈乃明一定想不到自己会犯罪。他只不过是将三部正版电影制成BT“种子”,然后上传至新闻讨论区(BBS)供网友下载。他甚至都没有考虑如何通过这一行为营利,他所做的只是“开放”和“共享”,而这又何尝不是互联网得以迅猛发展的根本原因呢?但是,令陈乃明始料不及的是,他的这一举动很快被香港海关警员锁定。警方根据陈乃明提供的种子文件获得了IP地址,据此也就等于获知了种子的来源。2005年1月12日早上7时许,香港海关警员带着搜捕令埋伏在陈乃明家外,当陈的妻子出门时,海关官员截住她,然后在她的带领下进入屋内。当时,陈乃明正坐在客厅里的一部电脑前,电脑旁赫然摆着的正是三部他上传过的影片:《夜魔侠》(Dare Devil)、《宇宙深慌》(Red Planet)和《选美俏卧底》(Miss Congeniality)。

5月27日,香港海关正式立案起诉陈乃明,诉其违反《版权条例》(Copyright Ordinance)三项罪名,及“不诚实意图而取用计算机”三项交替控罪。10月12日,此案在香港屯门裁判法院正式开庭审理。10月24日,香港屯门裁判法院认为被告违反了香港《版权条例》的规定,以传播侵权物品、损害版权持有人的罪名判处被告陈乃明3个月监禁。11月7日,香港特区法院终审判决陈乃明3个月监禁。①

陈乃明案件之所以备受瞩目,是因为它是全球首例BT侵权而被提起的公诉案例。而以BT软件为代表的P2P技术其实从一诞生就招致了众多影音公司的强烈不满。如早前的美国唱片行业协会(RIAA)连同环球、BMG、新力、华纳、EMI等五大唱片公司起诉Napster侵犯著作权,造成其CD销售量减少。② 到后来的以米高梅(MGMStudios)为代表的包括迪斯

---

① 本案中,香港法院对“传播”(distribution)一词作扩大化解释,不仅仅BT做种子是传播,而且将作品上载到互联网上也是传播。也就是说,香港版权条例中规定的“向公众提供复制品方式侵犯版权”方式属于“传播”行为,不仅仅要承担民事责任,还要承担刑事责任。对于该案件更详尽的报道请参见刘永:《BT侵权全球大争论 刑事判决令P2P前途未卜》,载《第一财经日报》2005年10月28日;陈宜飚:《香港:全球首例BT用户侵权量刑调查》,载《21世纪经济报道》2005年11月4日;邱碧云:《全球首宗BT侵权案引发的思考》,载《中山大学学报论丛》2006年第26卷第7期。

② 【美】约翰·奥德曼:《网乐轰鸣——来自Napster音乐网站、MP3音乐和音乐新先驱的挑战》,贾文渊、谢旭晖、贾令仪译,中信出版社2003年版。

尼、时代华纳等众多娱乐、音像公司，起诉美国 P2P 软件发行及服务最主要的提供商 Grokster 公司和 StreamCast 公司承担帮助侵权和替代侵权的法律责任。[①] 2005 年 8 月 29 日，美国电影协会(MPAA)宣布其开始对那些通过互联网非法下载和交换电影的个人用户采取行动。MPAA 从 ISP 获得非法下载的个人用户的 IP 地址，并对 250 多名经 P2P 文件共享网站获得或传播受著作权保护的作品的个人提起起诉。与此同时，美国唱片行业协会也对 784 名涉嫌从网络非法下载音乐的网民提起诉讼。根据国际唱片行业协会(IEPI)的统计，从 2003 年 9 月美国唱片业协会首次起诉非法下载的个人用户以来，有十几个国家相继对上万名个人用户提起起诉。2005 年 3 月英国音像工业协会采取行动迫使 ISP 交出使用 P2P 服务共享音乐的用户身份，并将此行动视为阻止网民违法共享唱片的战役的开始。[②]

种种迹象表明，"好莱坞"和网络之间，关乎知识产权的斗争从来没有停止过。从已有的司法判例来看，显然是"好莱坞"更胜一筹。至此，P2P 技术被进一步规制，它所引起的连锁反应将会是对一些互联网上的创新技术给予致命性的打击。受制于日趋成熟、完善和严密的知识产权保护体系，互联网已然步入一条"不归路"：一边是 P2P 发展的前途未卜，一边是法律介入的举棋不定。有关 BT 及 P2P 侵权与否，究其本质无非是效率与公平、私利与公益等相互博弈的结果。就这个意义而言，它不存在对错，只是事关合理，即在多大程度上信息共享是被认定为合理的。当然，合理并不是一个准确的、最终的用词，一切还将回归到法律的层面，在实定法的框定下去评判、去审查、去裁定。毫无疑问，BT 或 P2P 要合理，其前提必然是合法，P2P 产业要得到长远发展，其首要任务便是在全球范围内解决合法性的问题。

本文正是基于以上的认识展开。首先，我们并不否认 BT 正经历一个劫难，也不否认 P2P 技术正面临前所未有的困难挑战。然而，这并不能阻挡互联网高速前进、发展的步伐。也就是说，关于 P2P 技术侵权问题势必

---

① 该案于 2003 年 4 月 25 日在洛杉矶联邦地区法院起诉。经过审理，主审法官 Wilson 认为两被告的行为均不构成帮助侵权或替代侵权，不需对其行为承担相应的法律责任，故此驳回原告的诉讼请求。直到 2005 年 6 月 27 日，美国联邦最高法院作出终审裁决，认为 P2P 工具开发者将对其用户的非法行为负法律责任。美国联邦的这一裁决让 P2P 开发者陷入了举步维艰的境地。全球流量最大的 P2P 网络 eDonkey(电驴)，由于受到美国唱片工业协会(RIAA)指控，不久后宣布正式关闭。详见谭筱清：《Napster 案和 Grokster StreamCast 版权侵权纠纷评析》，载中国知识产权司法保护网，http://www.chinaiprlaw.cn/show-News.asp? id=4150。

② 所引案例和资料来源于《信息化与电子商务法律资讯》第 1—8 期"每月资讯"等栏目，转引自孙占利：《P2P 文件交换的法律分析与思考》，载《科技与法律》2006 年第 2 期。

要得到解决。考虑到知识产权上有合理使用制度和侵权构成要件,那么给P2P厘定一个权利的边界对其被合法、合理化地使用而言则是势在必行、当务之急。为此,本文将在简要介绍以BT为代表的P2P应用的技术原理基础上,着重探讨有关P2P四种主体,包括软件平台提供者、文件提供者、文件下载者和文件汇聚发布网站侵权构成的认定。随后,本文还将延伸论述P2P技术涉及的一些著作权问题。所有的努力只是为了试图寻找一种对策,以应对日新月异的P2P技术给传统知识产权造成的难题。

一、P2P技术背景

P2P是peer to peer的缩写,即"点对点"、"伙伴对伙伴"的意思,技术上称之为对等互联网络。P2P技术可以让用户直接连接到其他用户的计算机,而不必经过中继设备(如服务器),直接进行数据或服务的交换。它的目标就是通过P2P软件将处于互联网中的人们联络起来,通过互联网直接进行互动,包括进行对等计算、文件交换、协同作业、即时通讯、搜索引擎等业务。

P2P技术的发展经历了两个发展阶段,一个是以Napster软件为达标的"集中型文件共享技术",但其尚未脱离对集中服务器的依赖。二是Napster之后发展起来的以Gnutella软件为代表的"分散型文件共享技术"。Gnutella软件是开放源代码软件,其突出的特点是所有文件共享的技术功能,包括文件检索或传输等,都脱离了集中服务器的管理,而由用于下载的终端独立完成。在这个网络中,每一台计算机都承担一定的搜索功能。而当大量搜索指令同时通过一个带宽或内存较小的计算机时,容易造成阻塞甚或网络瘫痪。为了避免该技术难题,在该技术基础上开发出了FastTrack软件,使得文件共享网络中功能大小不同的计算机承担不同的搜索任务。这种效率更高的分散型文件共享技术被广泛采用,其中较知名的服务商是荷兰的KaZaA和美国的Grokster。目前还出现了处于实验和研究阶段的第三代P2P软件,即网络中所有的客户端都是服务器,并且承担很小的服务器功能,通过计算快速获得资源所在位置,将任务分布化。①

---

① 张晓津:《P2P网络环境下软件侵权问题研究》,载《信息网络安全》2006年第3期。

P2P 软件多达几十种，BT 则是其中的典型。[①] BT 全名为 BitTorrent，最初指一个 P2P 下载客户端(点对点下载软件)，后来由于下载客户端种类的不断增多，其意思逐渐演变成一种下载协议(BitTorrent 协议)或下载方式。

使用 BT 下载一般原理为：BT 客户端将文件分割成多个片段，下载同一文件的每个用户在从其他用户的计算机下载某个片段的同时，上传已下载的片段供其他用户下载，最终拼凑成完整的文件。在这种下载模式中，用户同时从多个来源下载同一文件，也保证其他用户尽快从自己的计算机中下载文件。因此，参与下载的用户数量越多，下载速度也越快。[②] 也就是说，BT 软件运行主要包括四个步骤：第一步，制作种子。用户可通过软件将所要共享的文件制作成扩展名为 torrent 的文件，torrent 文件也可称为种子，种子文件包含了 Tracker 服务器的地址、服务器使用端口、文件名、文件长度、文件片段等信息。第二步，发布种子。把 torrent 文件上传到种子发布网站，发布种子信息。第三步，下载种子。用户登录网站，搜索并下载种子文件。第四步，下载文件。用户启动 BT 客户端软件，通过分析种子文件获得下载和上传文件所需要的信息，根据信息自动连接其他用户进行下载和上传。

二、与 BT 相关的著作权侵权理论

由于通过 BT 下载的作品大多没有获得权利人的认可和授权，虽然其

---

① 除 BT 之外，还有 KaZaA、eDonkey、Morpheus、Freenet、Miro Public Preview、imesh 等。国内的有 PPlive、PPstream、eMule(电骡)等。详见李先波、龚帆、杨蕙：《P2P 技术之法律保护》，载《湖南师范大学社会科学学报》2006 年 3 月第 35 卷第 2 期；国内 P2P 行业第一中文网，http://www.ppcn.net/c113.aspx。

② 例如，甲用 BT 软件制作一个拟发布文件的 .torrent 文件上传到 BT 发布网页，其余的使用者(如乙、丙、丁……)从 BT 发布页搜索到自己需要的 .torrent，然后用 BT 客户端打开 .torrent 文件开始进行下载。当乙、丙、丁等使用者下载了一定数据后，就会开始上传其已经下载的数据。具体而言，甲在上传者端把一个文件分成了 Z 个部分，乙在甲的电脑上随机下载了第 N 部分，丙在甲的电脑上随机下载了第 M 部分，这样乙的 BT 软件会根据网络情况到丙的电脑上下载丙已经下载好的第 M 部分，丙的 BT 软件会根据网络情况去乙的电脑上下载乙已经下载好的第 N 部分，这样不仅减轻了甲的电脑的负荷，也加快了乙、丙等的下载速度。同时这样下载可以减少地域之间的网络条件限制，比如说丁要连到甲下载的话可能才几 k/s，但是到乙和丙的电脑上去下载就可能快得多了。此外，需要指出的是乙、丙、丁等下载者可以同时连接到彼此的电脑上去下载，这样用 BT 软件下载的人越多，下载的速度也就越快。

载体和表达形式发生了变化,但因为仍然是具有独创性的智力成果,所以这种通过在互联网上进行传播的数字式作品并没有脱离知识产权法的保护范围。也就是说,BT侵权侵犯的实为著作权。若按照我国现行《著作权法》和《信息网络传播保护条例》等规定,与BT相关的著作权侵权可能表现为如下几种:

1.发表权。将未公开发表作品的下载信息放置于BT发布页面,供公众下载的行为,显然属于将作品公之于众,符合法律对"发表"的定义,应当定性为发表。

2.复制权。作品通过BT传输,下载时可以得到一份完整的拷贝,使作品的份数增加,无论从技术上,还是从法律上都是一种典型的复制行为。

3.发行权。BT下载是面向公众进行,这种使公众获得复制件的行为,也构成一种发行行为。

4.信息网络传播权。BT传输可以以有线或无线的方式进行,传输可以在下载者选定的时间和地点进行,完全符合著作权法对信息网络传播权的定义。

5.作品修改权。BT上传者往往未经著作权人许可,将作品上传到网络上,并在上传的作品中进行编辑修改,甚至加入自己的个人信息。不论其是出于何种目的,加工完善作品或者是扩大上传者在网络的知名度,这种行为实际上都是侵犯了著作权人的修改权。

6.获得报酬权。由于数字作品网络传输的即时性和广泛性,使得这种资源共享行为很容易失去控制,人人都热衷于享受免费的午餐,因此没有人会因为使用了版权作品而付费,结果造成了著作权人无法取得报酬,有"权"而无"利",权利人的创作和制作投入血本无归,将极大挫伤创造者的积极性。

BT侵犯的权利虽为发表权等六种,但根据著作权理论,其侵权行为不外乎直接侵权和间接侵权两种类型,著作权侵权责任因此也就分为直接侵权责任和间接侵权责任。所谓直接侵权即行为主体未经版权人许可,擅自发表、修改、歪曲篡改或者复制、发行、表演、展览、广播、出租、放映、汇编、改编、翻译、注释、整理其作品,或者在作品上使用版权人署名的行为。它是"一种直接非法行使著作权人或邻接权人的权利或妨碍他们行使这一权利的行为,侵权人的行为直接涉及作品"。[①]

---

① 孟祥娟:《版权侵权认定》,法律出版社2001年版,第103页。

至于间接侵权,我国现行立法中没有成体系的完整规定,只是散见于若干法律法规中。在西方国家,关于著作权间接侵权的立法各不相同。大陆法系国家大多没有专门针对著作权间接侵权制定具体的规则,在审理著作权间接侵权案件时一般适用民法侵权行为中有关第三人承担侵权责任的规定。英美法系国家则对著作权间接侵权责任作出了相关规定。[①] 在美国,间接责任又称"第三人责任"(Third-party Liability),主要分为帮助侵权(Contributory Infringement)和代位侵权(Vicarious Liability)两种。帮助侵权是指"知道侵权活动而引诱、促使或以物质帮助他人实施侵权,可以作为帮助侵权者而承担责任"。例如,为非法复制版权作品提供设备、场地,等等。而复制设备如录像机的生产商、销售商是否要承担侵权责任,针对这一问题,1984 年美国联邦最高法院在环球电影制片公司诉索尼公司一案的判决中提出了实质性非侵权用途标准,即"如果'产品可能被广泛用于合法的、不受争议的用途',即'能够具有实质性的非侵权用途',即使制造商和销售商知道其设备可能被用于侵权,也不能推定其故意帮助他人侵权并构成'帮助侵权'"[②]。代位侵权是指行为人在具有监督直接侵权人行为的权利和能力同时,又从直接侵权人行为中直接获得利益,即使不知道或没有理由知道直接侵权行为,仍然要为直接侵权行为承担责任。

在侵权责任的认定上,除了侵权对象、侵权行为之外,还应当考虑当事人对侵权行为所抱的心理态度。在各国司法实践中,主观过错与否对侵权行为最终是否要承担法律责任至关重要。我国《著作权法》对于著作权侵权的过错责任形式并未作出明确规定,司法实践中也存在不同认识——一部分认为应当采用无过错责任形式,另一部分认为应当采用过错责任形式。直到《最高人民法院关于审理涉及计算机网络著作权纠纷案件适用法律若干问题的解释》(以下简称《司法解释》)的发布,在著作权网络侵权问题上,归责原则得到了统一。[③]《司法解释》第四条规定:"网络服务提供者通过网络参与他人侵犯著作权行为,或者通过网络教唆、帮助他人实施侵犯著作权

---

① 董榕萍:《BT 软件涉及的著作权问题辨析》,载《社会科学论坛》2007 年第 20 期。

② Gershwin Publishing Corp. v. Columbia Artists Management, Inc., 443 F. 2d 1159, at 1162 (2d Cir. 1971)转引自李明德:《美国知识产权法》,法律出版社 2003 年版,第 217 页。美国通过判例确立著作权侵权间接责任规则,其他国家则是在著作权法中将一些不属于直接侵权的行为规定为侵权行为。例如在英国,间接侵权行为被称为"Secondary Infringement",又译为从属侵权、二次侵权,英国《著作权、设计和专利法》第 22～26 条列举了 6 种间接侵权行为。

③ 余晖,刘颖辉:《与 BT 相关的著作权侵权问题》,载《人民司法》2005 年第 6 期。

行为的,人民法院应当根据《民法通则》第一百三十条的规定,追究其与其他行为人或者直接实施侵权行为人的共同侵权责任。”第五条规定:“提供内容服务的网络服务提供者,明知网络用户通过网络实施侵犯他人著作权的行为,或者经著作权人提出确有证据的警告,但仍不采取移除侵权内容等措施以消除侵权后果的,人民法院应当根据《民法通则》第一百三十条的规定,追究其与该网络用户的共同侵权责任。”第七条规定:“网络服务提供者明知专门用于故意避开或者破坏他人著作权技术保护措施的方法、设备或者材料,而上载、传播、提供的,人民法院应当根据当事人的诉讼请求和具体案情,依照《著作权法》第四十七条第(六)项的规定,追究网络服务提供者的民事侵权责任。”由此可见,我国对于互联网著作权侵权采用过错责任原则,即侵权人不仅要有侵权行为(无论是直接的还是间接的),而且要有主观故意,主观态度很大程度上决定了责任的有无、大小和增减。

三、BT 下载侵权判定——以行为主体为视角

根据 BT 等 P2P 软件产生及使用的过程,行为主体主要有以下四类:(1)P2P 软件开发商。P2P 软件开发商是开发用来进行文件交换的 P2P 软件的创作者,他们可以说是整个侵权过程的始作俑者,如 Napster、KaZaA 等。(2)网络服务提供商(ISP)。它是指在互联网上提供及管理索引服务、P2P 软件下载服务、用户登录及注册等与 P2P 文件共享有关的服务的网站运营商和主机服务提供者,如 BT@china、verycd.com 等。(3)文件上传者。就像前面提到的陈乃明这一类人,他们把电影、音乐、游戏、书籍等文件制成“种子”,然后上传到网上供网友下载,不论其动机和目的是营利还是非营利的。(4)文件下载者。他们和文件上传者共同构成 P2P 软件的最终用户,利用软件开发商提供的 P2P 软件进行下载。基于此,为了更系统地分析 BT 下载的侵权行为,我们可以从主体的角度切入,以之前提及的网络著作权侵权构成要件为参照对各个与 P2P 技术相关的行为作逐一判定。

(一)P2P 软件开发商是否侵权?

如果只是开发软件,并没有投入使用,则并无侵犯他人权利的意图(事实上也没有对权利人造成任何侵害),所以是不构成侵权的。但如果投入使用了,则有可能构成侵权。例如,根据帮助侵权的定义及 1984 年美国 Sony

案确定的规则,[①] 如果一种产品具有实质性的非侵权用途,即使产品提供者明知这种也可用于侵权活动,不能推定其为了帮助侵权而提供产品。如果软件开发商能证明其产品具有实质性的非侵权使用,则无需承担侵权责任。倘若某款 P2P 软件除了可以用来交换文件之外,还可以用于即时通讯、交友等,则算具有实质性的非侵权用途,不能追究其帮助侵权的责任。

至于 P2P 软件开发商是否要承担替代侵权责任,根据美国 1963 年"夏皮罗"一案提出的判定替代侵权的两个标准:一是替代侵权者有能力和权利制止侵权活动,二是替代侵权者从直接侵权者的侵权行为中获得了直接经济利益。[②] 所以,对于 P2P 软件开发商来说,其通过开发 P2P 软件供用户使用或转让,其用户的多寡(市场份额)即为决定软件价值大小的重要因素,可以说其从直接侵权者的侵权行为中获得了直接的经济利益(尽管这个利益不一定以金钱的形式体现)。但同时也得承认,软件交到最终用户手中之后,软件开发商实际上对最终用户的直接侵权是无能为力的,但是正如在 Grokster 一案中法院判决的那样:在对现有软件最终用户没有控制力的情况下,替代侵权理论不会给软件开发商增加这样的义务,即让 P2P 软件开发商通过升级或改变其让其开发的软件更少的为非法所用。[③]

此外,由于我国立法或司法解释对此并无专门规定,也无司法判例可循,所以我个人倾向认为,在没有确切证据证明 P2P 软件开发商在知悉侵权行为的情况下,对侵权行为进行诱导、指使或其他实质性的帮助,其纯粹的软件开发行为并不构成侵权。[④]

---

① 参见 Http:www.eff.org/ip/p2p/mgm_v_Grokster/20040819_mgm_v_grokster_decision.pdf,转引自崔立红:《P2P 技术带来的版权问题与对策研究》,载《山东大学学报》2007 年第 6 期。

② 李明德:《美国知识产权法》,法律出版社 2003 年版,第 216 页。

③ 参见 http:www.eff.org/ip/p2p/mgm_v_Grokster/20040819_mgm_v_grokster_decision.pdf,转引自崔立红:《P2P 技术带来的版权问题与对策研究》,载《山东大学学报》2007 年第 6 期;亦可参见:http://www.itworld.com/Man/2683/040820grokster/"Appeals court holds Grokster not liable"。

④ 张晓津:《P2P 网络环境下软件侵权问题研究》,载《信息网络安全》2006 年第 3 期。也有观点认为,P2P 软件开发商应承担共同侵权责任。其理由是根据《民法通则》第 106 条规定,公民、法人由于过错侵害国家的、集体的财产,侵害他人财产、人身的,应当承担民事责任。此条款似乎可适用于软件开发商的行为,但这里显然忽略了一个事实,那就是其前提必须得证明软件开发商要有过错。而本文已经再三强调,很多 P2P 软件其开发的目的是为了更好地文件共享、信息交流,而不是为了"侵权"而来的。只是在实际运用过程中,P2P 软件被用于了非法的目的。对 P2P 软件开发商而言,他们是没有过错可言的。同时,以过错有无来确定责任也是符合我国目前网络著作权侵权责任的判定形式的。参见孙占利:《P2P 文件交换的法律分析与思考》,载《科技与法律》2006 年第 2 期。

(二)网络服务提供商是否侵权?

网络服务提供商主要提供索引目录、P2P软件下载、用户登录及注册直接侵权等服务,由于P2P技术是点对点的传输,并且侵权文件也不在网络服务提供商的服务器上,所以首先不涉及直接侵权问题。那么,网络服务提供商是否构成间接侵权呢?

首先看是否构成帮助侵权。从该侵权形式要件上来说,网络服务提供商提供软件下载服务或用户注册和登录服务,其目的只是为了提供交流方便使用。最终用户是否侵权,网络服务提供商无从得知,也无力监控,所以在根本上没有提供实质性的帮助,对此,网络服务提供商不构成帮助侵权。而对于提供索引目录的网络服务提供商,由于它们将用户上传发布的索引放置于自己的页面,并分门别类,为P2P最终用户的下载提供了条件。以BT@china[①]为例,在这类网站上虽然没有侵权的作品,但是有用户发布的共享文件的目录索引,它自始至终都参与终端用户相互交流文件,从而处于控制、支配的地位。它时常还在自己的网站上发布诸如“禁止大家发布有关政治、色情、病毒木马、赚钱、做广告的东西,以及恶意弹出窗口的影视文件,如有发现坚决封IP段,附带不能再连接任何联盟服务器发布的资源,下载后发现此类内容的请及时举报,有关政治、赚钱的东西也请大家不要下载,否则会自动被联盟服务器封禁,另外对于容量较小的内容请下载者尤其要慎重小心,多半是捆绑有病毒木马的恶意发布;对于媒体文件采用压缩格式发布的,多半需要解压密码,都是做广告骗人的。请大家合作!有问题或建议请到这里发帖”等声明,这更说明了其对用户的行为有控制和监督的能力,从而可以推定这些网站经营者知道或应当知道用户可能利用它这个平台在实施著作权侵权行为。因此,对那些提供索引目录服务的网络服务提供商我认为是构成帮助侵权的。

接着看替代侵权。尽管网络服务提供商可以通过提供P2P软件下载、提供用户注册和登录等服务来获得经济利益,但如前所述,由于它们无法就

---

① http://bt.btchina.net.

用户的直接侵权行为进行控制或采取措施，所以并不构成替代侵权。[①]

而作为提供目录索引服务的网络服务供应商，其网站用户点击率的大小直接决定其广告费等业务收入，而正是因为直接侵权行为的发生，才大大提高了其网站的点击率，所以该类网站经营者从网络终端用户直接侵权中获取了经济利益，符合替代侵权的要件。此外，该类网站经营者对用户的行为有控制和监控的能力，但是没有采取必要的限制措施，因此构成替代侵权。对此，我国司法实践也持相同观点。[②] 在过错原则之下，当行为人没有履行法律、法规应预先设定相关义务时，即可推定其具有过错。无论 BT 交流的是软件作品、文字作品或是影视艺术作品，都属于文化产品的范畴。被交流的节目虽然并不通过网站进行，但在 BT 下载过程中，网站提供的种子链接功能不可或缺，因此网站提供的 BT 下载信息应当视为一种服务。[③] 但这种服务不得“含有法律、行政法规禁止的其他内容”[④] 或侵犯他人权利。在该类网站中，网络服务提供商为便于网民上传下载，建立了完善的分类和索引机制，网民可以根据需要将节目上传到相应栏目或从相应栏目中寻找下载目标。网站在应当知道其分类下的作品不存在合法来源的情况下，仍为网民上传、下载这些注定侵权的作品提供必要帮助，足以推定其具有主观过错。

（三）文件上传者是否侵权？

随着陈乃明的逮捕、定罪、判刑，文件上传者侵权确凿无疑。但问题是，当某人使用 BT 软件通过网络与其朋友分享一部作品时，是否构成侵权呢？

我认为，区别该行为是否属于合理使用关键在于行为人是否利用技术

① 但学界也有相反的观点，如墨尔本大学的 Leon Sterling 教授认为，网络服务提供商在提供用户注册和登录的服务时，能够轻易地收集用户数据，记录用户下载的内容，同样也可以记录用户电脑的 MAC 地址等唯一认证信息，从而可以将侵权用户的注册号删除，以防止继续侵权，而替代侵权是不以明知为要件的，所以要承担替代侵权责任。参见韩磊：《KaZaA 案日渐清晰，使用 P2P 软件可能面临被控》，P2P 行业第一中文网，http://www.ppcn.net/。对此，我认为，让网站承担责任不亚于有人通过手机短信侮辱他人，移动公司应当承担侵权的共犯。毕竟移动公司完全可以凭借技术手段以对短信内容进行监视、控制的。当然，这种推断显然是荒谬的。

② 见《司法解释》第四条、第五条和第七条。

③ 《互联网文化管理暂行规定》第三条：“互联网文化活动是指提供互联网文化产品及其服务的活动。”《互联网信息服务管理办法》第二条：“本办法所称互联网信息服务，是指通过互联网向上网用户提供信息的服务活动。

④ 《互联网文化管理暂行规定》第十七条第（十）项、第十八条、《互联网信息服务管理办法》第十五条第（九）项。

手段确保向特定人传输、分享作品,以作学习、研究、欣赏之用。像《信息网络传播权保护条例》就规定:"除法律法规另有规定的外,将他人的作品、表演、录音录像制品上载到网络服务器上,供公众成员获取、复制或者以其他方式进行使用,应当取得权利人许可,并支付报酬,否则将承担相应的民事甚至是刑事法律责任。"这里着重强调"公众"的概念,如果是特定的一个或几个,行为人用技术手段确保文件只向特定人群传播,并不当然构成侵权。

(四)文件下载者是否侵权?

文件下载者常常以"合理使用"作为免责事由,但事实上可行吗?根据美国 Napster 一案中确立的裁判意见:首先,这些用户的行为属于"以货易货"形式的贸易,不属于私人性的使用,虽然最终用户并没有出售其存储的数字化音乐作品或影视作品,但是用户之间共享的行为节省了购买的费用,这种重复性地和剥削性地复制权利人的作品或者录音制品的行为仍然构成了商业性使用,不符合非营利的教育目的;其次,最终用户完全复制了版权所有者的作品,而不是少部分或非实质性的复制行为;最后,用户通过互联网进行的这种复制行为,对享有版权作品的潜在市场或价值产生了非常恶劣的影响,使版权享有者的销售额大幅度下降,所以不构成版权法所规定的合理使用。①

根据我国《著作权法》第二十二条第(一)项规定:"为个人学习、研究或者欣赏,使用他人已经发表的作品,可以不经著作权人许可,不向其支付报酬。"根据此条款,P2P 软件最终用户的下载行为若为个人学习、研究或者欣赏的范围,属于合理使用。但是为了防止作品使用者滥用"合理使用"制度,《中华人民共和国著作权法实施条例》第二十一条对"合理使用"作了补充规定:"依照著作权法相关规定,使用可以不经过著作权人许可的已经发表的作品,不得影响作品的正常使用,也不得无故损害著作权人的合法利益。"②这个补充规定试图从"利益平衡"③ 来对"合理使用"作出必要的限制,使得

① 赵莉,郭宝明:《从 Napster 案、Grokster 案看网络音乐作品的版权保护》,载《电子知识产权》2003 年第 7 期;梅臻:《美国 Napster 案评析:兼论我国著作权法中的合理使用制度》,载《法学》2001 年第 5 期;刘家瑞:《Napster 案与文件共享技术的版权责任》,载《科技与法律》2004 年第 4 期。

② 沈仁干,钟颖科:《著作权法概论》,商务印书馆 2003 年版,第 100 页。

③ 相关文件请参见冯晓青:《利益平衡论:知识产权法的理论基础》,载《知识产权》2003 年 13 卷第 6 期;《试论以利益平衡理论为基础的知识产权制度》,载《江苏社会科学》2004 年第 1 期;《著作权法目的与利益平衡论》,载《科技与法律》2004 年第 2 期。

它既能满足作品使用者的目的,又能确保著作权人的利益,但该规定所确立的标准过于抽象,不利于有着较强法条主义倾向的中国司法实践。

四、P2P的规制:兼作结语

作为技术的一种,P2P本身是中立的,并不天生为侵权而来。但颇具讽刺意味的是,P2P自出现以来,仿佛就与著作权人结下了梁子,自Napster一案后,这种纷争就没有停止过。

回顾版权制度的发展史,似乎每一次传播技术的革新都会或多或少遭到抵抗,无论这种抵抗来自权利人,还是来自保守派。就像当年美国施乐公司,它们发明了复印机,能在很短时间内复制出一本书,这对当时来讲无疑是一种观念和方式的冲击。著作权人的复制权、发行权都将受到由于技术进步带来的挑战。但最后,复印技术还是得到了长足的发展,并在全球范围得以推广、普及。除非该技术只能被用来侵权,否则它的发展不应受到任何名义或形式的阻碍。所以,就这个意义上而言,一部版权法实际上是一部社会各种利益博弈、均衡的演绎史,它力求在权利人与传播者、社会公众之间建立起利益的平衡,从而实现促进作品的创新和传播这一根本目的。

"BT虽是宝马,仍需一根缰绳。"[①] 这句话事实上道出了我们对待P2P技术应有的态度和立场:与其纵容或封杀,不如建立"秩序"加以约束才是更为温和和有效的办法。如在美国、欧洲和其他许多国家,在传统的版权集体管理制度[②] 的基础上,建立网络版权集体管理制度。考虑到P2P文件交换技术具有其独特性:第一,信息在传播中无数"不完整"的复制件;第二,信息传输时,在计算机内存中生成的复制件是暂时的;第三,有无数主体参与了复制;第四,信息传输中形成的许多复制件由计算机系统自动完成。[③] 因此,P2P技术改变了作品传播的范围、速度、途径和使用模式,使网络环境中大量的数字化材料能够被简便、高速、高质量、低成本地复制,并在全球范围内被下载、共享。而网络版权集体管理制度的出现在照顾到P2P技术特点

---

① 刘河:《BT虽是宝马,仍需一根缰绳》,载《中国知识产权报》2005年6月15日。

② 版权集体管理是指著作权人(包括邻接权人)授权著作权集体管理组织管理他们的权利,即监视作品的使用,与未来作品使用者洽谈使用条件,发放作品使用许可证,在适当条件下收取使用费并在著作权人之间进行分配。这种制度可以降低版权人与获得授权人之间的交易成本,便于传播和利益分配。参见严真:《试论网络环境中版权的集体管理机制》,载《图书馆学刊》2003年第5期。

③ 薛虹:《网络时代的知识产权》,法律出版社2000年版,第135页。

的同时,最大程度地确保这种低成本、高收益的传播方式在合法性的界限内得以适用。

又如对 P2P 技术的开发商与用户以“直接加税”的方式控制侵权行为。税收将给各大 P2P 技术公司一种减少利用 P2P 技术侵犯版权行为发生的激励,只要该激励大于 P2P 交换软件给它带来的经济利益,便会大大减少侵权行为的发生。此外,采取税收方式还有一个利处在于,税收可刺激 P2P 技术公司积极开发生产不会侵犯版权的 P2P 软件,因为一旦研发成功,它们就不必支付额外的高税收。

近年来,一些公司尝试用数字版权管理①、数字水印②、向文件共享网络投放伪劣文件③ 等技术手段来防止侵权,但也有专家对上述技术措施不以为然,如计算机安全专家 Bruce Schneier 就认为娱乐业企图通过技术措施控制数字影视所有的尝试十分蹩脚,最终会被符合自由市场规律的其他方法取代。④

然而,以上几种方式都可以说是一种较为被动的办法,只能治标难以治本。而最好的方式莫过于由唱片公司、电影公司等版权人和 P2P 软件开发商共同创建合法的在线音乐、影视或书籍商店,通过数字版权管理(Digital Rights Management)对数字产品在分发、传输和使用等各个环节进行控制,使数字产品只能被授权使用人按照授权的方式在授权的范围和期限内使用。像迅雷与 Bitcomet 合作,共同进行影视内容的正版发行、传播;⑤美国华纳兄弟影业公司与 BitTorrent 达成协议,通过后者推介华纳兄弟的电影及电视节目;⑥ 好莱坞与 BitTorrent 公司合作,参与开发“BT 娱乐网”,供用户低价下载影视节目。⑦ 在这种合作模式下,用户以非常低廉的价格获

---

① 数字版权管理,将数字音乐文件加密,可以在网络中自由传输,用户也可以免费获得,但要打开、浏览,必须获得密码。

② 数字水印,将多种版权信息嵌入数字文件中,无论如何传输和复制,这些信息不会被删除,可以通过数字水印查到侵权复制件的下落。

③ 模拟网络中受欢迎的电影和音乐作品,投放到网络中,但这些文件有缺陷,文件共享中很容易泛滥开来,一方面会使用户丧失信任度,另一方面用户停止供应文件,失去共享的基础。

④ 周希:《IT 安全明星 Bruce Schneier 谈安全无法解决》,载赛迪网,http://tech.ccidnet.com/art/9509/20070717/1147097_1.html.

⑤ 哮狼:《迅雷宣布与 BT 合作推进正版影视网络发行》,载新浪网,http://tech.sina.com.cn/i/2006-09-20/17251150222.shtml.

⑥ 新华社:《打不垮对方就加入对方 华纳兄弟首与 BT 合作》,《第一财经日报》2006 年 5 月 11 日。

⑦ 新华网:《好莱坞与 BT 公司合作 下载电影也成正版发行渠道》,《国际先驱论坛报》2007 年 2 月 27 日。

得了作品使用权,P2P 运营商也避免了侵权责任的发生,权利人的利益也得到了保障,它对整个 P2P 产业的发展会有极大的推动和促进作用。

截至目前,我国 P2P 产品还处于开发和运营的初期,知名的 P2P 软件几乎都是以即时通信和文件搜索、共享为主要功能。[①] 受制于起步阶段水平,我国在法律规制上较美国等发达国家相对落后,法院也没有就 P2P 网络服务作出任何具体的判决。这实际上等于 P2P 技术的运用在相当长的一段时间内可以规避版权问题的困扰。按照国内的理解,P2P 软件提供的只是一个资源共享平台,它并不需要对其中传播的内容负责,只要适当地履行监督引导就可以自由运营。这究竟是一种幸,还是一种不幸?

十七年前,我国颁布《著作权法》,首次对"著作权"予以确认和肯定。尽管随后不久,国务院出台了《中华人民共和国著作权法实施条例》,条例对《著作权法》中所规定的几种权利进行了详尽的解释。但囿于当时的法制背景以及社会现状,在许多不尽完善的地方,尤其是网络环境中,著作权法几乎受到最为严峻的挑战。一直到 2000 年 12 月 20 日,最高人民法院颁布了《关于审理涉及计算机网络著作权纠纷案件适用法律若干问题的解释》。该解释规定:已在报刊上刊登或者网络上传播的作品,除著作权声明或者上载该作品的网络服务提供者受著作权人的委托,声明不得转载、摘编的以外,网站予以转载、摘编并按有关规定支付报酬、注明出处的,不构成侵权。但网站转载、摘编作品超过有关报刊转载作品的范围的,应当认定为侵权。至此,网络侵权的概念和司法保护正式进入国人视野。仅仅过了一年,《著作权法》修订,增加规定了信息网络传播权。该法第十条规定:"权利人有权以有线或者无线方式向公众提供作品,使公众可以在其个人选定的时间和地点获得作品。"该法第四十七条规定:"未经著作权人许可,通过信息网络向公众传播其作品是一种侵权行为,构成犯罪的,依法追究刑事责任。"此次修订意义非同寻常,它从法律上明确界定了网络传输、复制权、发行权、表演权等权利之间的交叉,规定了网络传输属于著作权人使用作品的方式之一,也是其享有的专有权利之一。在此基础上,后来的《计算机软件保护条例》、《关于办理侵犯知识产权刑事案件具体应用法律若干问题的解释》、《信息网络传播权保护条例》从各个重点、不同侧面对互联网侵权行为作了民事或刑事上的规制,但遗憾的是唯独欠缺对 P2P 技术的规定。

---

① 李先波,龚帆,杨蕙:《P2P 技术之法律保护》,《湖南师范大学社会科学学报》2006 年 3 月第 35 卷第 2 期。

当然,这不是说我国必须加快相关立法,以更好地接轨国际。西方的经验并不完全、必然适用于我国本土实践。但这似乎又成为一个悖论:如果不对P2P进行法律层面的规制,就不会有所谓的"P2P侵权";但另一方面,若不及时、有效地预防和惩处大量滋生呈泛滥趋势的P2P侵权行为,损害的不仅仅是著作权人的利益,而且最终还将殃及网络用户和整个互联网产业。所以,就现阶段而言,我们要做的只有两点:深入研究、谨慎立法。

知识产权许可合同备案问题研究

应振芳[*]

【摘　要】知识产权许可合同备案与确定正当当事人之间有联系,备案是许可使用权得以享受绝对权保护的条件。

【关键词】知识产权　许可合同　备案　效力

一、备案的概念

《现代汉语词典》解释:"备案指向主管机关报告事由,存案以备查考。"备案涉及两个主体——提出备案方和接受备案方。就提出备案方而言,备案就是向有关部门报告,起通知、报告作用;就接受备案方而言,备案就是保存有关资料,起知会、查考作用。有人认为:备案是指人民政府各工作部门、下级行政机关或被法律、法规授权的组织作出具体行政行为或行政管理行为后,将有关的信息予以登记,并以书面或电子行政公文等形式上报本级人民政府、上级主管部门或法律、法规授权的组织备查,以便及时发现和纠正错误的内部行政行为,或行政相对人在事后用书面形式向行政机关提供有关信息情况予以登记备查,并间接对相对人产生法律效果的具有行政管理性质的外部行政行为。

可见,备案与登记、批准不同。备案与登记的区别在于:登记内含了一个将有关信息记入接受登记方的系统之意,备案则无此含义。备案与批准的区别在于:批准是劣势方的某一行为需要经过优势方的许可才生效,备案则无此含义。

备案和公示是两回事。公示的字面意义是将有关信息向社会公众——

* 应振芳:女,兼职律师,浙江工商大学法学院教师。

有时也包括一定范围的组织成员——传达。但由于接受备案方往往是公权力机关,其受制于设立目的和设立宗旨,常常需要将有关信息向社会公众传达,如果被传达的信息恰恰属于备案事项,往往径直将备案事项作为对外公示的对象。此时,备案和公示结合在一起,形成两个前后相续的程序。需要指出的是,就实际情况而言,许多备案的直接目的就是公示,备案被设计成公示的必要手段。就这种情况而言,说成是备案公示制度更为准确。

常见的备案制度包括:法律法规备案,例如 1990 年国务院颁布的《法规、规章备案规定》,2000 年《中华人民共和国立法法》都有关于备案的规定。2002 年国务院修正了《法规、规章备案规定》,对行政法规、地方性法规、自治条例和单行条例、规章的备案机关、备案时间、备案原则作了明确规定。权利备案,例如 2004 年 3 月实施的《知识产权海关保护条例》第七条规定:“知识产权权利人可以依照本条例的规定,将其知识产权向海关总署申请备案。”合同备案,例如《城市商品房预售管理办法》第 10 条规定:“商品房预售,开发企业应当与承购人签订商品房预售合同。预售人应当在签约之日起 30 日内持商品房预售合同向县级以上人民政府房地产管理部门和土地管理部门办理登记备案手续。”知识产权许可合同也常常需要备案,例如《商标法》第 40 条第三款规定:“商标使用许可合同应当报商标局备案。”

备案是通知他人使他人知会,并留底查考。除去法律法规备案不谈,就行政机关所作的备案而言,其在性质上属于行政管理行为。不过,在判断这种行政管理行为是属于行政事实行为,因而不可诉,还是属于具体行政行为,因而可诉时,应依立法目的而定。“备案”一词的词义在使用过程中出现流变,当其超出通知知会以备查考的原本含义以外使用时,应注意立法者使用该词意欲达到的效果,据此确定是否属于可诉的具体的行政行为。

备案的目的,传统上认为是行政机关为了掌握交易情况,为国民经济运行情况提供数据、信息。作为一种行政管理行为,备案的功能在于对社会生活的各方面进行监控。备案的加强意味着代表国家的行政机关渗入社会生活的程度加深。但在以备案代替审批、许可的情况下,备案也意味着行政控制力的减弱。

二、知识产权许可合同备案

知识产权许可合同备案是合同备案的一种。与所有的合同备案一样,其基本用意是让行政机关知晓特定领域的交易情况。备案作为影响相对人的行政行为，为相对人设定了行政法上的义务。在法治国家，设定义务原则上要依法律的途径进行，故现代国家，大都在法律中对备案作出明确规定。

我国现有有关知识产权许可合同备案的规定，名目繁多，大致可以分成以下几种类型。

第一种类型，设定合同当事人的备案义务。例如《商标法》第 40 条第三款："商标使用许可合同应当报商标局备案。"《商标法实施条例》第 43 条："许可他人使用其注册商标的，许可人应当自商标使用许可合同签订之日起 3 个月内将合同副本报送商标局备案。"

第二种类型，规定备案的主体、审查程序。例如《专利实施许可合同备案管理办法》第 2 条："国家知识产权局负责全国专利实施许可合同（包括专利申请实施许可合同，以下简称专利合同）的备案工作。经国家知识产权局授权，各省、自治区、直辖市管理专利工作的部门（以下简称地方备案部门）负责本行政区域内专利合同的备案工作。"《专利实施许可合同备案管理办法》第 15 条规定下列情况不予备案：（一）专利权终止、被宣告无效，专利申请被驳回、撤回或者视为撤回的；（二）未经共同专利权人或申请人同意，其中一方擅自与他人订立专利合同的；（三）同一专利合同重复申请备案的；（四）专利合同期限超过专利权有效期限的；（五）其他不符合法律规定的。由上述可知，对于专利实施许可合同，我国实行实质审查。

第三种类型，规定备案的效果。例如《专利实施许可合同备案管理办法》第 6 条："已经备案的专利实施许可合同的受让人有证据证明他人正在实施或者即将实施侵犯其专利权的行为，如不及时制止将会使其合法权益受到难以弥补的损害的，可以向人民法院提出诉前责令被申请人停止侵犯专利权行为的申请。独占专利实施许可合同的受让人可以依法单独向人民法院提出申请；排他专利实施许可合同的受让人在专利权人不申请的情况下，可以提出申请。经过备案的专利合同的受让人对正在发生或者已经发生的专利侵权行为，也可以依照《专利法》第 57 条规定，请求地方备案管理部门处理。"第三种类型中提到"已经备案的专利实施许可合同的受让人"可以向人民法院提出诉前责令被申请人停止侵犯专利权行为的申请。有疑问的是，未备案的专利实施许可合同的受让人能否提出此类申请？将于下一部分详细说明。

国际上，WIPO 关于商标许可的联合建议草案共有六个条文。第二条是整个建议的主要内容，即关于商标许可证备案的申请；第四条是关于许可证未进行备案的后果。联合建议的主要目的是简化和协调各成员国对商标许可证备案的手续,其第二条第一款规定了凡在商标注册机关提供许可证备案的成员国,可以要求申请备案时提供关于持有人以及被许可人的基本情况,商标的注册号,许可使用商标的商品或服务在尼斯协定中的分类,许可证的性质和期限、签名等全部或部分说明。第二款规定:只要有持有人或其代表的签名,即便没有被许可人或其代表的签名,成员国也应接受备案申请。当符合特定条件时,即使只有被许可人或其代表的签名而没有持有人或其代表的签名,成员国也应接受申请。联合建议草案第四条第一款规定:许可证未在商标注册机关或成员国的任何其他权威部门登记不应影响作为许可证标注的注册商标的效力以及对该商标的保护。就是说,不应该导致注册商标的撤销。将 WIPO 关于商标许可的联合建议草案与我国的相应规定作一比较,可知联合建议草案的规定较为简洁,最重要的是其不需要当事人提交许可合同,有利于当事人维护其商业秘密。

三、备案与正当当事人问题

根据《民事诉讼法》第 108 条,起诉必须符合下列条件:(一)原告是与本案有直接利害关系的公民、法人和其他组织;(二)有明确的被告;(三)有具体的诉讼请求和事实、理由;(四)属于人民法院受理民事诉讼的范围和受诉人民法院管辖。该条规定了起诉条件,也涉及诉权问题。该条中,"直接利害关系"一词意义含混,需要解释。知识产权侵权诉讼是民事诉讼的一种,应该遵守《民事诉讼法》第 108 条的规定,即知识产权侵权诉讼的原告也应是与本案有直接利害关系的公民、法人和其他组织。

关于知识产权许可合同中被许可人作为侵权诉讼的原告问题,现行法律、司法解释作了相应规定。

在专利法中,《最高人民法院关于对诉前停止侵犯专利权行为适用法律问题的若干规定》第 1 条:根据《专利法》第 61 条的规定,专利权人或者利害关系人可以向人民法院提出诉前责令被申请人停止侵犯专利权行为的申请。提出申请的利害关系人,包括专利实施许可合同的被许可人、专利财产权利的合法继承人等。专利实施许可合同被许可人中,独占实施许可合同的被许可人可以单独向人民法院提出申请;排他实施许可合同的被许可人在专利权人不申请的情况下,可以提出申请。在专利法中,仅提出诉前责令被申请人停止侵犯专利权行为的申请被明确提到,至于能否提起诉讼并未明确说明。实践中,独占实施许可合同的被许可人也可以作为原告向法院提起侵权诉讼,排他实施许可合同的被许可人在权利人不起诉的情况下也可以提起诉讼。

商标法的规定更进一步,不仅提到可以提出诉前责令被申请人停止侵犯商标权行为的申请,也直接提到可以提起诉讼。《最高人民法院关于审理商标民事纠纷案件适用法律若干问题的解释》第 4 条规定:《商标法》第 53 条规定的利害关系人,包括注册商标使用许可合同的被许可人、注册商标财产权利的合法继承人等。在发生注册商标专用权被侵害时,独占使用许可合同的被许可人可以向人民法院提起诉讼;排他使用许可合同的被许可人可以和商标注册人共同起诉,也可以在商标注册人不起诉的情况下,自行提起诉讼;普通使用许可合同的被许可人经商标注册人明确授权,可以提起诉讼。[①]《最高人民法院关于诉前停止侵犯注册商标专用权行为和保全证据适用法律问题的解释》第 1 条:根据《商标法》第 57 条、第 58 条的规定,商标注册人或者利害关系人可以向人民法院提出诉前责令停止侵犯注册商标专用权行为或者保全证据的申请。提出申请的利害关系人,包括商标使用许可合同的被许可人、注册商标财产权利的合法继承人。注册商标使用许可合同被许可人中,独占使用许可合同的被许可人可以单独向人民法院提出申请;排他使用许可合同的被许可人在商标注册人不申请的情况下,可以提出申请。

在著作权法中,《最高人民法院关于审理著作权民事纠纷案件适用法律若干问题的解释》第 30 条第二款规定:人民法院采取诉前措施,参照《最高人民法院关于诉前停止侵犯注册商标专用权行为和保全证据适用法律问题的解释》的规定办理。可见,这个规定与专利法中的有关规定大致相同。实践中,著作权专有许可使用合同的被许可人可以作为原告向法院提起侵权诉讼。

上述规定中,关键是不同的各类被许可人——包括独占许可使用权人、

---

① 《商标法》第 53 条:有本法第 52 条所列侵犯注册商标专用权行为之一,引起纠纷的,由当事人协商解决;不愿协商或者协商不成的,商标注册人或者利害关系人可以向人民法院起诉,也可以请求工商行政管理部门处理。工商行政管理部门处理时,认定侵权行为成立的,责令立即停止侵权行为,没收、销毁侵权商品和专门用于制造侵权商品、伪造注册商标标识的工具,并可处以罚款。当事人对处理决定不服的,可以自收到处理通知之日起十五日内依照《中华人民共和国行政诉讼法》向人民法院起诉;侵权人期满不起诉又不履行的,工商行政管理部门可以申请人民法院强制执行。进行处理的工商行政管理部门根据当事人的请求,可以就侵犯商标专用权的赔偿数额进行调解;调解不成的,当事人可以依照《中华人民共和国民事诉讼法》向人民法院起诉。

独家许可使用权人以及普通许可使用权人的诉讼地位问题。根据现行法规定,独占许可使用合同的被许可人有权以自己的名义提起诉讼,排他许可使用合同的被许可人在权利人不起诉的情况下,可以提起诉讼,普通许可使用合同的被许可人一般不能独立提起诉讼,除非权利人授权。可以看出,上述规定没有解决排他许可使用权人应该如何提供专利权人不起诉的证据的问题,给司法留下了解释空间,相应地也埋下了判决不确定性的可能。

上述问题,知识产权法学界和司法界通常将之称为被许可人的诉权问题,这是一种空洞、权宜的说法,实际上,这里涉及的与其说是诉权问题,不如说是确定正当当事人的问题。诉权理论属于民事诉讼法理论中的艰深部分,其上溯及宪法权利,其下勾连实体法和程序法的双重意义,迄今为止学术界尚未有定论。正当当事人所要处理的是在具体诉讼中,谁可以成为适格的当事人,通过这样的判断,以是否驳回起诉的方式处理当事人的适格问题。

如前所述,现行法作出独占许可使用合同的被许可方以及排他许可使用合同的被许可方可以提起诉讼的规定,只能从“原告是与本案有直接利害关系的公民、法人和其他组织”方面解释。传统民法及民事诉讼法理论认为,“与本案有利害关系”应依实体法判断。侵权,作为与违约相对的概念,原则上针对绝对权人,所侵犯之权原则上是绝对权,故知识产权侵权诉讼中,独占被许可人、排他被许可人以及普通被许可人能否作为适格原告,首先应判断其是否属于绝对权人。也即,首先需要明确独占许可使用权、排他许可权使用与普通许可使用权的性质。

对于这个问题,学者认为:应当根据许可使用方式的不同,作分别的处理。对于独占许可使用权,应认定其具有物权的性质,因此被许可方可以对抗第三人的侵权行为。因为其权利既然为独占,则具有一般物权所具有的排他性。依据这种排他性可以对抗第三人的侵权行为。而且在各国的专利立法中,要求凡是独占性许可,该许可合同必须经过登记。排他性许可也具有这种性质,也应当享有类似于独占许可的权利。对于普通许可使用权,则大都将其认定为一种债权,只能在许可合同的双方当事人之间产生法律效力,被许可人不能对抗第三人的侵权行为。因为从被许可人方面来看,由许可合同而得到普通许可使用权的人只是可以在合同许可范围实施该权利,并不可以独占该许可使用权,只不过拥有可以要求专利权人承认上述实施权的权利,该种权利不具有排他性。[①] 这种观点,从排他性角度以及“经过登记”角度立论,将绝对权效力的取得系于登记。

由于知识产权实施许可合同的被许可方只获得在一定地域和一定时间的使用权,许可方享有权利的最后处分权。这涉及一个问题,即当知识产权实施许可合同签订后,如发生侵权行为,除了谁有权追究侵权责任的问题之外,还有通过侵权诉讼获得的损害赔偿如何分配的问题?

排他许可使用合同的被许可人在权利人不起诉的情况下,可以提起诉讼。那么,因诉讼而获得的损害赔偿金额应该如何分配?应该说,权利人不起诉,只是意味着不愿参加到排他许可使用人提起的诉讼中来,并不意味着放弃实体法上享有的侵权损害赔偿请求权。在排他许可使用人提起的诉讼中,其也并没有将该请求权授权被许可人行使,故,法院仅能就被许可人遭受的损失为判断,相应地,赔偿金应归于被许可人。权利人的损害赔偿可以通过另案处理。但是,这种处理方式对于诉讼效率来说,并非良策。

一般许可使用合同的被许可人不享有对第三人的侵权行为提起诉讼的权利,对于通过侵权诉讼获得的损害赔偿,是否可以要求与许可人进行分配?笔者认为,虽然第三人的侵权行为不仅仅是对权利人的侵害,也会同时损害被许可方的利益。侵权者会占领被许可人的市场,使被许可方销售的产品达不到预期的数量,经济效益直接受到损害。但,被许可方不应享有要求分配侵权损害赔偿的权利。对于这种情况,被许可方可以在合同中直接规定双方对于侵权损害赔偿的分配。由于被许可方不享有对于第三人的侵权提起诉讼的权利,而权利人已经获得了许可费用,欠缺对于第三方的侵权行为提起诉讼的激励。为了防止这种情况的出现,被许可方应当在合同中明确规定许可方有义务追究第三人的侵权行为,或者在许可方不愿追究的情况下,应当授权被许可方追究,并可以规定损害赔偿的分配比例。

四、许可使用合同备案与知识产权公示原则

应当说,现有理论,对于独占许可使用权、排他许可使用权缘何是一种绝对权,而普通许可使用权是一种相对权给出的解释过于牵强,说明力不

① 对此内容有例外,在特定情形下,被侵害之权益虽非绝对权但属于纯粹经济利益的,也有实体法上的请求权,于此,即有所谓直接利害关系;又,虽属于相对权(例如债权),但在极特殊的情形,也得为侵权行为的对象,此即著名的“第三人侵害债权问题”。

强,需要重新思考和彻底审查。

对许可使用人的起诉资格问题的处理,较早的可见于1994年最高人民法院作出的(94)经他字第12号《关于西施兰注册商标侵权纠纷案有关问题请示的批复》。[①] 该批复的主旨是:经备案的独占许可合同赋予被许可人一种绝对权人的地位。由此,我们又回到备案的功能上来。前已述,备案具有服务于行政管理——保存资料以备查考的功能,这一点毋庸多说,但人们往往忽略,除了这一主要功能以外,备案还有所谓的衍生功能,即与财产权制度结合,起到公示的效果。

公示公信原则,是公示原则和公信原则的合称,其中公信原则又是公示原则的必然推论,原本是物权法领域的基本原则。公示原则是指对于社会中一些影响重大的物权,有必要通过适当的方式将权利的存在、内容及权力归属公之于众,以便他人及时了解,从而事务的交易能够较为安全稳妥地进行。按公示原则的要求,物权的存在与变动都应当具有法定的公示形式。后世法学家将公示原则窄化理解,认为公示原则是物权交易中的原则,是指物权的变动,须伴有可得由外部加以认识的某种表象,如登记、占有、标记等。由于物权具有排他性,且其变动产生的又是排他性的效果,所以若无外部的表象可以认识,便会使权利关系复杂化,并致第三人损害,从而无从实现物权交易安全的理想。因此,对不动产应以"登记"为其物权变动公示方式,对于动产则以"交付"为其公示方式。而,公信原则是指依赖物权存在的表象的人,纵使该表象背后并不伴有实质的权利,信赖并进行交易的人也同样受到保护。

物权既须公示,以便利交易,同为绝对权、支配权的知识产权是否需要公示呢?可知,为便利交易起见,知识产权亦须公示。且其内容包括享有的公示以及变更的公示。

其实,公示原则源于绝对权、相对权的两分模式,其是两分模式推导出来的结论。相对权的效力局限于特定主体之间,偶尔涉及第三人,故权利无

---

① 该批复内容如下:根据河南省高级人民法院请示报告所述,河南省轻工业品进出口公司(商标注册人)与西施兰联合企业有限公司(商标使用人)签订的是独占许可合同,并报商标局备案,合法有效,应依法保护。在合同有效期内,被许可人依据合同取得了"西施兰"牌注册商标的独占使用权,有权禁止他人使用该商标;发生侵犯注册商标专用权的行为,直接受侵害的是被许可人的权益。根据商标法以及实施细则关于保护注册商标专用权,以及民事诉讼法关于起诉条件的有关规定,西施兰联合企业有限公司依据其享有的独占使用权,可以和商标权人作为共同原告向人民法院起诉,也可以单独起诉。

需公示，不致影响第三人。绝对权亦称对世权，其义务主体是不特定的多数人。须表面上有可以认识的因素，便于定分止争，故需公示。波斯纳曾说：导致高昂的追踪成本的，并非由于永久性财产权，而是因为缺乏登记。“为使每个社会成员认识到这些权利关系，避免侵犯他人权利，保证交易的顺利进行，所有的绝对权必须公示。”公示是绝对权、支配权的通例。人格权以人之生存为公示手段，知识产权中，专利权授予要登记于专利登记簿，同时作出公告，商标权也类似，这些虽是从行政事务处理的角度着眼，但不能否认，其实际上已经起到绝对权公示的功能。此外，著作权往往以发表作为公示手段；最不济的，未发表的作品以及商业秘密，以其保密状态本身，“默默的公示”私人权利的存在。

在权利交易引起的权利变动中，《专利法》第 10 条规定：专利申请权和专利权可以转让。转让专利申请权或者专利权的，当事人应当订立书面合同，并向国务院专利行政部门登记，由国务院专利行政部门予以公告。专利申请权或者专利权的转让自登记之日起生效。商标权更为严格，要经过商标局的核准，并予以公告。这些赫然是一种变动公示。

与权利转让中权利永久性的转移给另一人的情形不同，权利许可使用是暂时性地让渡权利中的使用、收益权能，权利仍保留在权利人自身。权利许可使用，被许可人能否因此获得绝对权，得以对抗包括权利人在内的任意第三人？在物权领域，这种情形是被承认的，例如在土地所有权以外，尚有国有土地使用权、宅基地使用权等，性质上为权利人将一部分权能许可给他人，从而必然是派生于土地所有权的绝对权。房屋所有权以外，尚有派生于它的典权，亦为绝对权。古人云：“比”者以种种事比度种种理：以相似比同，如以牛比兔，同是兽类；或以不相似比异，如以牛有角比兔无角，遂得确信。知识产权领域，客观上也有承认权利之外的许可使用权为绝对权的必要。

但是，为何对于独占许可使用权、排他许可使用权承认其是一种绝对权，而普通许可使用权仅是一种相对权？上文提到提出的理由是独占许可使用权、排他许可使用权具有排他性，且经过登记，最高人民法院(94)经他字第 12 号《关于西施兰注册商标侵权纠纷案有关问题请示的批复》给出的解释是“直接受到侵害”以及经过“备案”，均有不足。首先，现行法在备案上并未区分独占许可使用合同、排他许可使用合同、普通使用许可合同，以此作为区别对待的理由，明显属于使用不相干理由。其次，“直接受到侵害说”同样不可取，前文已述，不管是何种许可，权利受到第三人的侵犯时，被许可人的利益都直接受到侵害。最后，“排他性权利说”涉及问题的实质，但，其一,此说还是忽视了问题的复杂性,即便就独占许可使用而言,它是受授权地点、时间限制的。此外,在商标中,尚有按类别、群组甚至商品授予的独占许可使用权;在著作权中,尚有按照权利内容划分的独占性许可使用权。于此,个别成立的排他性应该如何是否与相对来说广泛得多的侵权行为匹配?① 其二,何谓"排他",本身尚有理解问题,权利皆有排他性,债权尚有排他性,普通许可使用权难谓不排他。其三,设想权利人和他人订立许可使用合同时,明确约定授予普通许可使用权,但仅仅授予两家或者三家,则此种普通许可使用权,与排他许可使用权究竟有多少重大的差别?

对此问题,笔者给出的初步答案是:赋予独占许可使用权、排他许可使用权以绝对权地位,否认普通许可使用权的绝对权性质,实在只是一种权宜之策,尤其对于排他许可使用权人,为何要在权利人不起诉的条件下才可以起诉,更是彻底的权宜,是法学无力识别、无力把握何者属于重大差别的体现。在这种幼稚的法学下,强调备案作为承认许可使用权为一种绝对权,因而可得自行提起侵权诉讼的重要性就彰显出来。换言之,在顾及第三人利益的理念下,唯有备案公示,是独占许可使用权、排他许可使用权独自提起侵权诉讼的正当化理由。

备案可以成为公示手段,从而成为许可使用权绝对权化的必要条件,可以从备案的内容中得到说明:《专利实施许可合同备案管理办法》第 19 条规定:国家知识产权局设立专利合同备案数据库,管理备案数据,并提供公众查询。第 20 条规定:专利合同备案的有关内容由国家知识产权局在专利登记簿上登记,并在专利公报上公告以下内容:合同案号、让与人、受让人、主分类号、专利号、专利申请日、授权公告日、合同性质、备案日期、合同履行期限、合同变更等。从这两条规定可知,专利合同备案,已经包括权利人为何、被许可人为何,权利性质、范围、时间的内容,且实现了公告,客观上已是一种极好的公示。

【参考文献】

[1] 陈雪娇.论备案制度及其法律性质.五邑大学学报(社会科学版),2005(2).

---

① 例如,权利人有一商标,将其在 A 商品上的使用权独占许可给甲,在 B 商品上的使用权独占许可给乙,侵权人同时使用该商标制造 A、B 两商品时,应如何提起诉讼?如何分配损害赔偿金额?

[2] 张伟君.商标许可备案的简化与完善——浅析 WIPO 关于商标许可的联合建议草案.中华商标,2002(1).

[3] 姚欢庆,郭立文.哈尔滨磁化器厂诉高淳县灯饰公司、南京东方玻璃总厂、南京悦东实业公司、昆明文化用品公司侵犯专利权、注册商标专用权、法人名称权纠纷案.载中国民商法律网——判解研究,2007 年 12 月 20 日最后访问。

[4] [美]兰德斯,波斯纳.知识产权法的经济结构.北京:北京大学出版社,2005.

[5] 王晔.试论公示公信原则与知识产权保护.知识产权,2001(5).

论商标转让核准对商标转让合同的影响

牛太升*

【摘　要】 我国现行法律并无商标转让合同须经批准生效的规定，商标转让合同自成立生效。但商标转让合同实际上能不能履行有待转让行为被核准。而商标转让合同是转让行为的核心，自然在核准范围之内。如果转让注册商标未经过核准，商标专有权不得转移，商标转让协议所约定的权利义务不能履行。因此建议法律对于商标转让合同自成立至商标转让被核准期间以及商标转让被不予核准后的商标转让合同的效力问题作出具体规定。

【关键词】 商标权　合同效力　商标转让　商标转让合同

商标权是重要的知识产权，按照法律规定的程序转让商标权是权利人处分自己权利的方式，也是受让人继受取得商标权的唯一方式。转让商标是否成功在于两个因素：商标转让合同本身的效力，以及国家商标总局对转让的核准。因此也牵涉到合同效力和转让行为效力的相互关系。在实践中，转让行为有效，商标转让合同必定是有效的，因商标转让合同是商标转让的契约根据。但商标转让合同成立，转让行为并非一定有效。从我国法律、行政法规来看，商标转让行为是一个须经核准的法律行为。商标转让是否成功，不仅要看合同的效力，还要看该转让行为本身是否得到了行政核准。在转让行为得不到核准的情况下，生效的合同处于一种无法履行的状态，且无法通过民事法律手段来救济。因此，即使合同有效，受让人也无法要求出让人履行合同，合同的效力实际上遭到颠覆。笔者意从商标转让核准的角度来探讨行政核准对商标转让合同本身的影响问题。

* 牛太升：男，专职律师。

一、《合同法》规定的合同效力状态

《合同法》明确规定除合同本身的附条件或者附期限生效外，规定合同成立后的五种状态，即：有效，经批准登记有效，无效以及效力待定和可变更或撤销的合同。

(1)合同生效

合同一般依成立而生效，按照法律、行政法规经批准、登记生效的，依照其规定。《合同法》第四十四条规定："依法成立的合同，自成立时生效。法律、行政法规规定应当办理批准、登记等手续生效的，依照其规定。"《最高人民法院关于适用〈中华人民共和国合同法〉若干问题的解释(一)》第九条规定："依照《合同法》第四十四条第二款的规定，法律、行政法规规定合同应当办理批准手续，或者办理批准、登记等手续才生效，在一审法庭辩论终结前当事人仍未办理批准手续的，或者仍未办理批准、登记等手续的，人民法院应当认定该合同未生效；法律、行政法规规定合同应当办理登记手续，但未规定登记后生效的，当事人未办理登记手续不影响合同的效力，合同标的物所有权及其他物权不能转移。"

(2)合同无效的情况

根据我国《合同法》第五十二条的规定："有下列情形之一的，合同无效：(一)一方以欺诈、胁迫的手段订立合同，损害国家利益；(二)恶意串通，损害国家、集体或者第三人利益；(三)以合法形式掩盖非法目的；(四)损害社会公共利益；(五)违反法律、行政法规的强制性规定。"

(3)效力待定的情况

《合同法》规定分别有以下几种：第四十七条，限制民事行为能力人订立的合同，经法定代理人追认后，该合同有效；第四十八条，行为人没有代理权、超越代理权或者代理权终止后以被代理人名义订立的合同，未经被代理人追认，对被代理人不发生效力，由行为人承担责任；第五十一条，无处分权的人处分他人财产，经权利人追认或者无处分权的人订立合同后取得处分权的，该合同有效。

(4)可变更或撤销的情况

《合同法》第五十四条规定："下列合同，当事人一方有权请求人民法院或者仲裁机构变更或者撤销：(一)因重大误解订立的；(二)在订立合同时显失公平的。一方以欺诈、胁迫的手段或者乘人之危，使对方在违背真实意思的情况下订立的合同,受损害方有权请求人民法院或者仲裁机构变更或者撤销。当事人请求变更的,人民法院或者仲裁机构不得撤销。”

因此根据《合同法》的规定来看,合同一般都是自成立生效。合同无效、效力待定以及可变更可撤销都是列举的例外情况。商标转让合同在其他法律和行政法规无特别规定,又不存在导致其他效力状态的因素的情况下,合同是自成立而生效的。因此,撇开一切不确定因素来看,商标转让合同的效力主要取决于其专门法律和行政法规的相关规定。

二、商标法及相关法律、行政法规的规定

2001 年 10 月 27 日修订的《商标法》第三十九条规定:“转让注册商标的,转让人和受让人应当签订转让协议,并共同向商标局提出申请。受让人应当保证使用该注册商标的商品质量。转让注册商标经核准后,予以公告。受让人自公告之日起享有商标专用权。”《中华人民共和国商标法实施条例》第二十五条规定:“转让注册商标的,转让人和受让人应当向商标局提交转让注册商标申请书。转让注册商标申请手续由受让人办理。商标局核准转让注册商标申请后,发给受让人相应证明,并予以公告。……对转让注册商标申请,书面通知申请人并说明理由。”

从以上的法律规定来看,商标转让合同的效力在法律上并不因商标局是否核准而受到影响,即仍然自合同成立生效。

三、法律规定和法律实践之间产生的矛盾

转让行为本身必须是经过核准的,不予以核准的情况也时有发生。当转让未经核准的时候,商标转让协议的效力按照现行法律,在法理上,是成立并有效的。但是在实际上,却是效力不确定的合同。因此这让本来“有效”的合同处于一种尴尬的法律地位,生效了的商标转让合同有可能不能实际履行,即当事人无法依据合同履行义务、享有权利。商标局的不予核准也不能认定为不可抗力,因并非完全不能预见,在合同没有约定的情况下,也无法解除合同。因双方均无过错,也无法根据合同追究对方的责任。

在已经废止的 1993 年 2 月 22 日修订的《商标法》(下称原《商标法》)和《中华人民共和国商标法实施细则》中也作了相应的规定。原《商标法》第二十五条规定:“转让注册商标的,转让人和受让人应当共同向商标局提出申

请。受让人应当保证使用该注册商标的商品质量。转让注册商标经核准后,予以公告。"《中华人民共和国商标法实施细则》第二十一条规定:"申请转让注册商标的,转让人和受让人应当向商标局交送《转让注册商标申请书》一份。转让注册商标申请手续由受让人办理。受让人必须符合本实施细则第二条的规定。经商标局核准后,发给受让人相应证明,并予以公告。……对可能产生误认、混淆或者其他不良影响的转让注册商标申请,商标局不予核准,予以驳回。"另《企业商标管理若干规定》(国家工商总局令[2001]第1号废除)第八条规定:"企业转让其商标,应当符合有关商标管理法律、法规及政策,并提交商标转让协议和商标评估报告,报商标局核准。对可能产生误认、混淆或者其他不良影响的转让申请,商标局不予核准,予以驳回。"以上法律、行政法规及规定虽然废止,但在司法实践中,在其生效期间,因按照其规定,已经成立并生效的商标转让合同得不到实际履行的情况仍然存在。

四、商标转让合同是否是应当核准的合同

从上文的分析来看,商标转让合同在法律上有效,但因商标局的不予核准而失去了实际意义。因此,在法理上理清合同效力和商标转让核准的关系,具有一定的必要。

商标转让协议是双方当事人的真实意思表示,依法成立,但对其效力,应作具体分析。商标转让协议是法律规定必须经批准的合同,或者是须经批准的法律行为的一部分,其约定的权利义务的存续、合同的实际履行、标的之转移都有赖于行政核准。商标法没有规定商标转让协议须办理批准手续才生效,但规定转让注册商标须经"核准"并公告。从词义理解,"核准"就是审核并批准。再看"核准"转让注册商标,是否包括转让协议?应当认为,核准的是注册商标的转让行为,而转让协议是转让行为的核心,自然在核准范围之内。如果转让注册商标未经过核准,商标专有权不得转移,商标转让协议所约定的权利义务不能履行。

综上,根据我国现行法律,商标转让合同自成立生效,但实际上能不能履行有待商标局核准,而转让协议是转让行为的核心,自然在核准范围之内。在可能被商标局驳回或实际已经被商标局驳回的情况下,签约双方虽然可以通过约定解除商标转让合同,或约定在商标转让申请被商标局驳回后的补救手段,如以许可使用、或者独占许可使用等方式达到原商标转让合

同的全部或者部分目的,但这些都取决于缔约双方的自由意志,一旦双方无法达成一致意见,商标转让合同的有效性实际上遭到了颠覆,商标转让合同的主要目的成了一纸空文,甚至引发双方不同诉求的讼争。因此建议,有关法律作出相关规定是十分有必要的,对于商标转让合同自成立至商标转让被核准期间以及商标转让被不予核准后的商标转让合同的效力问题作出具体规定,这对完善商标依法转让以及相关行政执法、司法都具有迫切的实际意义。

论网络虚拟财产的法律属性及其保护

金迎春　陶　伟*

【摘　要】 随着互联网技术的应用和发展，一系列与网络有关的问题和纠纷也相伴而生，尤其是与网络游戏有关的案件中网络虚拟财产是否能成为法律意义上的财产，其在发生丢失、被盗以及其他侵害时能否像普通财产一样获得司法救济，这些问题的廓清都有赖于从法律上对于网络虚拟财产的性质予以认定。本文通过对学界对于网络虚拟财产的权利属性界定的各种学说进行考察和分析，提出网络虚拟财产权是一种新型的财产权，兼具债权属性和物权特性。然后通过考察其他国家和地区对网络虚拟财产法律保护的模式，提出了通过立法解释、建立网络虚拟财产价值评估机构和争议仲裁机构并完善网络虚拟财产争议的解决程序的方式，来建立我国保护网络虚拟财产的法律模式。

【关键词】 网络虚拟财产　新型财产权　法律保护模式

一、序　言

在多年的律师实务工作中，一些特殊的案例或法律现象常会带来深度思考。本文对虚拟财产特征及法律保护模式的思考也是从 2007 年一起关于 Q 币价值认定的刑事案件引发而来。由于对 Q 币价值认定的法律依据部分与一审法院持不同见解，因此经过种种努力，收集了大量的相关资料和理论依据，使该案件在二审法院作出改判的同时，关于本文的思路也初步形成。

网络虚拟财产问题是随着互联网经济发展而出现的一个新型财产问

* 金迎春：女，专职律师。
陶　伟：男，专职律师。

题。按照普遍被接受的广义的指代,网络虚拟财产包括域名、邮箱等等①,但其中关系最为复杂、最典型的是网络游戏虚拟财产②。

对于网络虚拟财产这种现实社会财产形式的电子数据属于法律意义上的财产,这一点在我国法律理论界得到了普遍的承认,但网络虚拟财产到底具有何种法律属性,应给其提供何种法律保护,在我国法律理论界和司法实践中仍然存在很大的争议,导致虚拟财产在我国长期得不到应有的法律地位和保护,引发一系列的社会矛盾。

针对我国立法对虚拟财产的滞后,笔者对虚拟财产的有关问题进行法理分析,并尝试提出立法和司法实践上的一些意见和建议,祈对我国网络虚拟财产权利保护的法律制度设计有所裨益。

二、网络虚拟财产的权利属性界定

(一)网络虚拟财产的概念

何谓网络虚拟财产?按字面理解,虚者,假也;拟者,模仿也。《现代汉语词典》解释“虚拟”有两层意思:一是指不符合或不一定符合事实的,假设的;二是指虚构。虚拟作为一个词,来源于英语 cyberspace(电脑空间),又称为 the virtual community(虚拟世界),指存在于 network(网络)中的与现实世界相对的一个空间概念。而“虚拟财产”一词所对应的英文是“Virtual Property”,“Virtual”一词主要有两方面的含义:一是指“虚的,虚拟的”;二是指“实质上的、事实上的”。看来,“Virtual”一词不仅有“虚”的含义,还有“实”的含义。笔者认为可将网络虚拟财产定义为:存在于网络虚拟世界中,由现实世界的人所控制的,具有一定社会意义和价值的财产。

(二)学界对网络虚拟财产的权利属性界定及其评析

1. 物权说

物权说认为,网络虚拟财产和电、热、声、射线以及其他自然力一样,虽然没有形体,但仍然属于物的一种。且网络虚拟财产的产生归根结底是电

---

① 邵 啸:《网络虚拟财产的民法属性》,载《中国集体经济》2007 年第 8 期。

② 为了行文的方便,本文中提到“虚拟财产”、“网络虚拟财产”特指网络游戏中产生的网络游戏虚拟财产。

磁记录的数据，电磁是没有形体、无法被人的五官所触及，但是可以被人控制且有价值的。且由于网络虚拟财产具有可支配性、排他性以及客体特定性等特点，应属于物权的范畴。[①]

笔者认为，网络虚拟财产物权说的观点扩大了物权的客体，且存在着以下问题：

(1)物权是对世权，权利者对物享有绝对的所有权，即权利人可以根据自己的意愿在任何时间和地点处置该物。而对于网络虚拟财产来说，由于网络虚拟财产的期限性，当游戏运营商因效益等因素终止了游戏的运营的时候，网络虚拟财产赖以生存的虚拟空间不复存在，网络虚拟财产自然也就消失了。此时，我们能否说玩家对网络虚拟财产还享有绝对的所有权并可随意地处置他的网络虚拟财产呢？

(2)物权权利人对特定的支配物享有直接支配的权利，即权利主体无需他人的意思或行为的介入依自己的意思直接支配特定物。而在网络游戏中，虚拟财产是存在游戏运营商特定的服务器上的，玩家对网络虚拟财产的使用和处分也是建立在游戏的虚拟空间存在的基础之上，玩家在行使他的“所有权”时必须受到游戏运营商服务器的支持。因此，玩家对网络虚拟财产的权利是受到运营商限制的权利，并不能体现目前物权法中物权直接支配性的基本特征。

(3)我国《物权法》明确规定，“本法所称物，包括不动产和动产。法律规定权利作为物权客体的，依照其规定。”即只有法律明确规定的情形下无体物方能成为物权客体。物权实行法定主义，物权的种类和内容受法律的限制，不允许当事人任意创设新的物权，也不允许当事人变更物权的内容。而网络虚拟财产交易的灵活性、方便性也决定了其不具有物权的性质。

2.债权说

债权说看到了虚拟财产权的本质属性并且较好地解释了运营商对玩家所负的义务，因而得到较多学者的认同。[②] 但是该说并未很好地区分不同的债权债务关系，对于虚拟财产权特性的论述也不够充分。

债权说的观点将虚拟财产完全置于服务合同中，将虚拟财产的取得、转让、灭失等视为一种债的关系，完全忽略了虚拟财产自己的特性。玩家根据游戏规则进行游戏，运营商就应当依据运营服务合同在符合一定的条件下

---

① 刘莉：《网络游戏中虚拟财产民法保护新论》，《重庆社会科学》2007年第10期。

② 齐云：《论虚拟财产之性质》，《云南大学学报》2007年第2期。

向玩家提供交付虚拟装备等,在这一点上,运营商和玩家在虚拟财产的交付上是一种债的关系。当虚拟财产的交付完成后,玩家有权依据游戏规则支配该虚拟财产。虚拟财产具有一定的独立性,并且玩家享有转让、出售虚拟财产的权利,运营商无权干涉。

3.知识产权说

有学者认为,网络虚拟财产权利应当为知识产权。理由是,玩家游戏过程中通过在游戏中的角色扮演,充分发挥自己的智力进行游戏,才最终获得了虚拟的物品,进而认定玩家的网络虚拟财产中蕴涵了人的创造性的智力成果,因此玩家对网络虚拟财产的权利即是知识产权。笔者认为,此种定位多有不妥。理由如下:

首先,知识产权有其特定的权利客体。"国际保护工业产权协会"(AIPPI)1992 年东京大会认为,知识产权分为"创作性成果权利"与"识别性标志权利"两大类。其中,前一类包括 7 项,即发明专利权、集成电路权、植物新品种权、技术秘密权(know-how 权)、工业品外观设计权、版权(著作权)、软件权。后一类包括商标权、商号权(也称厂商名称权)、其他与制止不正当竞争有关的识别性标记权。世界贸易组织(WTO)的《与贸易有关的知识产权协议》(TRIPS)中指出知识产权的范围:(1)版权与邻接权;(2)商标权;(3)地理标志权;(4)工业品外观设计;(5)专利权;(6)集成电路布图设计(拓扑图)权;(7)未披露过的信息专有权。从以上阐述可以看出,目前世界上通说将知识产界定为一种权利性的财产。知识产权实际上指的是"知识财产中的自然权利"。事实上,知识产权是一项垄断经营权利,也就是说,法律保护了权利人的垄断性经营,他有权利禁止其他任何人为与其智力成果产生行为相同或者相似的方式而为的一定行为。就网络游戏来讲,不容置疑,游戏开发商对游戏软件程序享有当然的著作权,他理所当然地排除其他任何人对游戏程序造成著作权上的侵害。而对于玩家,他一旦启动了游戏,所关心的便是游戏的顺利进行,通过不断地"练级"达到娱乐的目的。而对于游戏程序在理论上是如何编制和正确运行的问题,玩家并不关心,那已经不是娱乐的作用使然。

其次,知识产权具有地域性的特点,即权利人对权利的享有受到地域的限制。而网络游戏的玩家通过万维网遍布世界各地,他们只要注册自己的 ID 号之后就可以进行网络游戏,使用和处置自己在游戏中的虚拟财产,根本不会受到地域的限制。这也说明了玩家对网络虚拟财产的权利也不符合知识产权的要求。

(三)网络虚拟财产权是一种新型的财产权

笔者认为:对于虚拟财产的性质应从多个角度进行分析,不能以偏概全。从自然属性上看,虚拟财产是一组电磁数据,但这不妨碍其成为法律上财产的一种,这就如同网络版权,网络作品本质上也是二进制的数字编码,但这并不妨碍它作为人类的智力成果而受到法律的保护。从法律属性上看,虚拟财产是一种固化了的权利凭证,其性质类似于有价证券以及票据、提单、仓单等法律凭证,合法占有虚拟财产的人获得了向运营商请求相应服务的权利——虚拟财产权,这是一种新型的财产权,它体现了物权与债权的融合。具体而言,虚拟财产权作为一种新型财产权具有债权属性与物权特性。

1.虚拟财产权的债权属性

虚拟财产作为一种固化了的权利凭证,代表着持有人向运营商请求相应等级服务的权利,这种权利紧紧依附于虚拟物品上,权利人唯有凭借虚拟物品才能行使权利。从法理上看,虚拟财产权具有债权属性。关于债权的定义,国内有学者认为:"债权是债权人享有的请求债务人为特定行为的权利。债权是根据法律的规定或合同的约定而产生的,债权人所取得的债权的内容也由法律规定或合同约定。"[①] 还有学者认为:"债权为请求特定人为特定行为的权利,即为债权人享有的请求债务人为一定行为的权利。"[②] 而根据我国《民法通则》第 84 条规定:"债是按照合同的约定或者依照法律的规定,在当事人之间产生的特定的权利和义务关系,享有权利的人是债权人,债权人的权利就是债权。"按照我国台湾学者史尚宽的观点,债权是"以对于特定之人,请求特定之行为(作为或不作为)为内容之权利"。[③] 从对债权的定义中我们可以看出,确认某种权利是否为债权的关键在于确认权利人与义务人之间是否具有债权债务关系,而反观虚拟财产权则从不同的方面反映出了它的债权属性。

首先,从主体上看,债权是一种相对权,债的权利人与义务人都是特定的,债权人只能向特定的债务人主张权利。而虚拟财产权正是一种在特定玩家与特定运营商这两个特定主体之间发生的相对权。虚拟财产的产生和

① 柳经纬主编:《债权法》,厦门大学出版社 2000 年版,第 15 页。

② 张民安,邓鹤主编:《民法债权》,中山大学出版社 2003 年版,第 3 页。

③ 史尚宽著:《债法总论》,中国政法大学出版社 2000 年版,第 1 页。

使用仅限于某一运营商架构的特定虚拟平台,持有虚拟财产的玩家只能够向特定的运营商请求相应的服务。

其次,从内容上看,债权是请求义务人履行特定行为的权利,权利人必须通过债务人履行义务的积极行为而使自己的财产利益得到实现。债权人在债务人给付之前,不能直接支配该项给付的标的物,也不得直接支配债务人的行为,他只能通过请求债务人履行债务,交付标的物或者提供劳务等,实现自己的利益。[①] 玩家正是因为虚拟财产存储于运营商的服务器中这一障碍而无法直接行使权利。由于玩家并不占有虚拟财产,这使得玩家对虚拟财产的支配受到很大的限制,运营商能够修改、删除虚拟财产,而玩家必须借助运营商提供服务的行为来完成权利的行使。

再次,债权的客体是"给付"行为。债权人设立债权的目的,是为了满足自己的利益需要,而这种利益的满足又是通过债务人履行自己的义务即实现特定行为达到的。这种行为表现在,或是交付一定的财物,或是提供一定的劳务或其他能满足债权人利益需要的劳动成果。玩家费尽千辛万苦去获得虚拟财产就是为了在游戏中享受到更多的服务,得到游戏中的乐趣。虚拟财产所代表的就是运营商提供的服务。不同等级、不同种类的虚拟财产代表的是运营商提供的不同层次的服务,而这些都需要运营商提供相应服务的给付行为。

最后,债权性质上为有期限的权利,法律上不允许存在无期限限制的债权。一切债权,无论为任意债权或者法定债权,均有其存续期限。该期限可以是当事人约定的期限,也可以是时效期限及其他法定期限。期限届满,债权即归于消灭或失去法律的保护。[②] 就虚拟财产而言,它的存在也是有期限的。虚拟财产存在的期限性主要取决于运营商的运营状况,一旦运营商停止运营,关闭了服务器,那么虚拟财产就不复存在。

笔者认为:虚拟财产权是一种具有债权属性的新型财产权,其权利的相对人只能是特定游戏的运营商,权利的客体是运营商提供服务的行为。在网络运营商与玩家之间,虚拟财产是一种固化了的权利凭证,玩家具有这个凭证之后就可以要求运营商提供相应的服务。

2. 虚拟财产权的物权特性

虚拟财产权的物权特性主要体现在虚拟财产的流转交易过程中。根据

---

① 张广新:《债法总论》,法律出版社 1997 年版,第 25 页。

② 张广新:《债法总论》,法律出版社 1997 年版,第 26 页。

现行《合同法》第80条的规定,债权人转让权利时应该通知债务人,否则转让对债务人不发生法律效力。然而从现实情况看,由于虚拟财产权固化为虚拟财产,使其有了可见的形体,转而在交易过程中便利了交易,使得交易双方完全可以任意处分虚拟财产而不需要对运营商进行通知或是为其他的意思表示。对于运营商而言,它所关心的是自己的盈利状况,对于虚拟财产由谁占有并不关心。在交易过程中,交易双方转移的实际上是对运营商服务的占有权,而非电磁记录的所有权,占有虚拟财产的一方实际上也就是占有了运营商提供的相应等级的服务。

应当指出的是:虚拟财产权的这种物权特性是基于其债权属性产生的,是一种附属性权利,而且根据物权法定原则,虚拟财产权的这种物权特性需要通过法律的形式予以确认。虚拟财产交易过程中纠纷众多一直是困扰网络游戏业健康发展的重要因素,产生纠纷的根源还是在于虚拟财产法律地位的缺失。对于游戏运营商来说,一方面需要通过虚拟财产的交易来支撑其游戏的发展和繁荣;另一方面又对交易过程中产生的纠纷进行躲闪,不愿意承担相应的责任。有的运营商出于自身利益的考虑,干脆通过发布声明或者协议的方式单方面禁止任何形式的虚拟财产交易,还有的运营商一面禁止玩家自行交易,另一面却自己从事着虚拟财产的买卖。而与运营商模糊的态度形成鲜明对比的是,现实中玩家之间的虚拟财产交易进行得如火如荼。对此笔者认为:我国应当通过法律的形式对其交易性进行规范,从保护玩家利益的角度,肯定虚拟财产权的这种物权特性。

综上所述,笔者认为玩家所享有的虚拟财产权是一种新型财产权,它具有债权属性与物权特性,虚拟财产实质上是一种具有财产价值的权利凭证,如同其他权利凭证一样,其真正的意义不在于虚拟财产本身,而在于其能够体现和证明玩家所拥有的财产价值,因此这种能够体现财产价值的凭证又具有自身的独立性,独立于运营商。

三、网络虚拟财产的法律保护模式探讨

(一)境外对网络虚拟财产的法律保护

对网络虚拟财产而言,各国和地区无论是在立法还是判例上都有不同的做法。

其一,美国。早在1998年11月24日,美国加州高等法院就发布禁令,

禁止三个 INTEL 公司的离职员工发送抨击 INTEL 公司的邮件。被告是 INTEL 公司的离职员工,在遭到解雇后,从 1996 年 12 月到 1998 年 9 月先后 5－7 次发大量邮件给 INTEL 的数万员工,抗议 INTEL 公司对员工的不公正待遇和剥削。案件引起了激烈的辩论。被告宣称其拥有宪法所保障的权利,可以接触 INTEL 公司的电子邮件系统,他寄发邮件的行为属于劳动争端中的合法行为。法官审理认为,INTEL 公司职工的电子邮件地址并没有对外公开,INTEL 公司的电子邮件系统也并非公共论坛,因此被告不具有宪法赋予的接触权利。虽然邮件内容属于劳动争端,但是寄送方式已构成非法侵入他人动产的侵权行为,因此颁发了禁令。

从这个判例可以看出,美国法院是把电子信箱及电子邮件系统等虚拟财产作为传统的"物"来保护的。这是在现有法律没有规定的情况下,由法官通过解释相关法律、扩展现有法律的适用范围的办法来解决问题的。

其二,韩国。韩国的网络游戏发展比较早,也比较快。韩国法律明确规定,网络游戏中的虚拟角色和虚拟物品独立于服务商而具有财产价值,网络财物的性质与银行账号中的钱财并无本质的区别。可见,韩国把网络虚拟物品等同于一种"电子货币"。

其三,我国台湾地区。在台湾地区,有关部门作出规定,确定网络游戏的虚拟物品和账户都属于"电磁记录",增订了"电磁记录"的单独保护罪名。我国台湾地区刑法修正案增订的第 359 条规定:"无故取得、删除或变更他人电脑或其相关设备置电磁记录,产生损害于公众或他人者,处五年以下有期徒刑、拘役或科或并科 20 万元以下罚金。"我国台湾地区普遍认为,这一条规定的"电磁记录",包括所有虚拟世界的账号、点数等网络虚拟物品。

通过比较其他国家和地区对虚拟物品在立法和判例上的不同做法,可以发现都对虚拟财产提供了立法或司法的保护,我们可以参考借鉴其他国家和地区的立法,对虚拟财产进行法律保护。

(二)完善网络虚拟财产法律保护的建议

1. 加强相关立法解释

通过专门的立法对虚拟财产进行保护需要一个较长的过程,而通过立法解释把现行法律中有关财产概念的外延扩大,从而将虚拟财产纳入现行法律的保护范围之中则是可行的。我国《立法法》第 42 条规定:"法律解释权属于全国人民代表大会常务委员会。法律有以下情况之一的,由全国人民代表大会常务委员会解释:(一)法律的规定需要进一步明确具体含义的;

(二)法律制定后出现新情况,需要明确适用法律依据的。"据此,对于现行法律尚未涉及而司法实践中已经出现的有关虚拟财产的纠纷等新问题应当通过全国人大常委会的立法解释加以明确。笔者认为,全国人大常委会可以对《民法通则》第75条第一款规定的"其他合法财产"和《刑法》第92条规定的"依法归个人所有的其他财产"作扩张解释以涵盖网络虚拟财产,可以具体表述如下:公民的其他合法财产或依法归个人所有的其他财产,包括以电磁记录形式依存于网络游戏虚拟空间的、能够被人力所控制且具有价值的网络游戏货币、装备等虚拟物品以及其他网络虚拟财产。另外,最高人民法院的有关司法解释已将盗窃电力、煤气、天然气等无体物的行为纳入了盗窃罪的处罚范围,全国人大常委会可在此基础上对《刑法》有关条文作进一步的解释,为虚拟财产的刑事保护提供依据①。

2.建立权威评估机构,科学认定虚拟财产的价值

如何认定虚拟财产的价值是司法机关处理虚拟财产纠纷案件时遇到的突出问题。② 根据我国目前的实际情况,建议在省会城市或较大的城市的政府物价主管部门设立专门的虚拟财产评估机构,该机构应具有独立的法人地位,其从业人员应具有价格评估的执业资格。为实现价格评估的客观性、公正性和权威性,政府主管部门应当会同网络行业专家、法律专家和专职评估人员制定专门的虚拟财产评估办法,对评估标准、评估程序、评估方法和依据作出明确规定。

3.建立网络虚拟财产网上仲裁制度

笔者建议建立网络虚拟财产网上仲裁制度,以完善虚拟财产纠纷解决机制。我国《仲裁法》第二条规定:"平等主体的公民、法人和其他组织之间发生的合同纠纷和其他财产权益纠纷,可以仲裁",网络虚拟财产的争议显然符合仲裁法的管辖范围。另外仲裁法具有民间性和程序相对简洁的特点,因此利用仲裁的方式解决虚拟财产争议不失为一个好的解决方式。

针对目前虚拟财产纠纷诉讼因漫长、复杂的诉讼程序而得不到及时解决的问题,积极探索建立网上仲裁制度作为诉讼方式的补充是十分必要的。我国目前网上争议的解决机构有两家:一是中国国家贸易仲裁委员会设立的域名争议解决中心(主要受理中文域名争议、通用网址争议和短信网址争议);二是隶属于中国电子商务协会政策法律委员会的中国在线争议解决中

① 雷鸣:《论网络虚拟财产的法律保护》,《集团经济研究》2007年3月上旬刊(总第223期)。
② 陶信平,刘志仁:《论网络虚拟财产的法律保护》,《政治与法律》2007年第4期。

心(主要提供在线调解服务)。上述两家机构由于受案范围的限制,无法完全解决网络虚拟财产争议的问题。因此,建议通过对现有仲裁机构受理案件范围的扩大与明确,鼓励网上争议解决机制的多元化发展。

4.网上争议解决的相关程序问题

(1)网络虚拟财产纠纷的管辖权问题

从国内法的角度来看,管辖权是指一国法院系统内部不同级别不同地区的法院受理案件的权限,解决的是纠纷的当事人应该向哪一个法院提起诉讼,寻求诉讼救济的程序问题,一般由国内法中诉讼法加以具体规定。

网络游戏是在互联网上运行的软件,而互联网的跨地域性使得对管辖权的确定是一大挑战。对于网络虚拟财产纠纷,按照纠纷的主体可将他们分为两类:第一类是玩家与运营商之间的纠纷,这类纠纷属于合同纠纷;第二类是玩家与其他玩家(或曰侵权人,如欺诈者、盗窃者)之间的纠纷,这类纠纷属于侵权纠纷。

对于第一类纠纷,按照我国《民事诉讼法》第24条的规定:因合同纠纷提起的诉讼,由被告住所地或者合同履行地人民法院管辖。对于第二类纠纷,按照我国《民事诉讼法》第24条的规定:因侵权行为提起的诉讼,由侵权行为地或者被告住所地人民法院管辖。但由于互联网的跨地域特性,造成合同履行地和侵权行为地确认上的障碍。

① 合同履行地的确认。

网络游戏的运行方式是这样的:运营商的PC是服务器,玩家的PC是客户端,客户端与服务器通过互联网连接,服务器提供整个虚拟空间。在玩游戏的过程中,客户端的软件将玩家的个人资料从服务器下载到玩家的PC上,然后又将修改的资料存在服务器上。正是这种复杂的运行过程,使得合同的履行地难以确定。

玩家与运营商之间的合同是服务合同,运营商提供游戏服务,玩家享受游戏服务。按照传统的服务合同,提供服务地与享受服务地是一致的。然而由于网络游戏的特殊性却使二者分离:服务提供地在服务器(运营商)所在地,享受服务地在客户端(玩家)所在地,从而无法确定合同履行地。要解决这个问题,依靠现有的法律理论实在难以办到,故有必要求助于经济学的效率理论。笔者认为,考虑到服务器所在地的确认较客户端所在地的确认容易(毕竟运营商在工商局有登记),所以为节约诉讼成本,减少诉累,提高解决纠纷的效率,应当将服务器所在地确认为合同履行地。同时,如果运营商的服务器所在地分布在多个不同地区,此时为公平起见,应当赋予玩家以服务器所在地选择权。

② 侵权行为地的确认。

让我们来看一下侵权的过程:玩家(侵权人或欺诈者)通过其客户端向另一玩家(被侵权人)发出虚假信息,若被侵权人在其客户端作出反应,则侵权人骗得被侵权人的虚拟财产而不必支付任何对价,其结果是:在服务器上被侵权人的数据资料被修改,被侵权人在服务器上的虚拟财产易主。

按照传统的侵权理论,侵权行为地就是侵权人实施侵权行为的地方,而网络游戏的特殊性,使得侵权行为地难以确定:侵权行为地究竟是侵权人客户端所在地、被侵权人客户端所在地,还是服务器所在地?笔者认为,侵权行为地应当是服务器所在地,理由一:效率原则。服务器所在地容易确定。理由二:举证便利原则。侵权人、被侵权人都处于客户端,他们的交易过程及结果都要借助于服务器,确认服务器所在地为侵权行为地有利于证据的提供。同理,对于服务器所在地分布在多个不同地区的,应当由被告来选择其中一个服务器所在地。

综上所述,虚拟财产的管辖权应当由服务器所在地法院行使。

(2)举证责任问题

在现存的虚拟财产纠纷中,普遍存在着网络中取证难的现状,突出的就是双方的举证责任问题。在网络游戏中,玩家是消费者,相对服务商来说,玩家是弱势群体。服务商在网络游戏合同中,不但具备了经济、技术上的优势,而且在游戏的维护经营上也起着操控全局的作用,这样就势必形成虚拟财产纠纷中的证据的提供都来自运营商的情形。而这种证据的特性又使得玩家处于相当不利的诉讼地位。

作为来自于计算机网络系统的证据,从其性质来分析应当属于电子证据,而电子证据的特性又使得其成为证据法的难题,表现在:

① 真实性问题。电子证据的物质载体是电磁脉冲,是用二进制数据表示的数字信号,而数字信号的最大特点就是非连续性,因此,如果有人故意或因差错对电子数据进行删节、剪接,从技术角度难以查清。

② 能否作为证据。电子证据无法像传统的证据那样形成书面文件,诉讼法要求当事人提供原件,但电子数据在网络中传递、接收到的电子信息是计算机系统重新复制出来的,只能是原件的副本。所以,电子证据能否在诉讼中被采纳为证据,的确是证据法的难题。所以,按照我国“谁主张谁举证”的原则,如果由运营商来举证明显对玩家不公平,在虚拟财产的存放及交易等都发生在运营商的服务器的情况下,要判断数据的真伪具有很大的难度。

因此,为解决这些问题,可以考虑设立一个独立的第三方证据保存系统,专门用来存放网络游戏的数据资料。当发生诉讼需要提供相关证据时,由该第三方提供证据以体现真实性与公平性。

结　语

网络虚拟财产是科技时代的典型产物,虚拟财产的出现及各利益主体之间的纠纷日趋普及和多样性。由于网络虚拟财产其存在和规律显著区别于现存的财产形态,其在法律属性上也区别于传统理论中的债权、物权或知识产权。网络虚拟财产在自然属性上是一组电磁数据,但在法律属性上却是一种固化的权利凭证,一方面其具有债权的请求权和相对权的根本属性;另一方面其在流转过程中又体现了权利人转让权利时的相对独立性这一物权特性。因此,网络虚拟财产是一种具有债权属性和物权特性的新型财产权。

对网络虚拟财产的法律保护刻不容缓。在立法实践中,可以通过立法解释对原《民法通则》中的“其他合法财产”进行扩张性的解释,使其囊括网络虚拟财产。在实践操作中,可以通过设立专门的虚拟财产价值评估机构来确认其价值,通过扩大和明确仲裁机构受理案件的范围来解决虚拟财产争议;另外,在程序上,确定以网络服务器所在地作为争议管辖地的原则,以专门的第三方机构作为证据保存部门来解决网络虚拟财产争议中的管辖和证据问题。

由于网络虚拟财产的特殊性,对其进行定性和分析是困难的。但有一点毋庸置疑:即法律需要对网络虚拟财产进行规制和保护。

【参考文献】

一、著作类

[1] 张文显.法哲学范畴研究(修订版).北京:中国政法大学出版社,2001.

[2] 柳经纬.债权法.厦门:厦门大学出版社,2000.

[3] 郑成思.知识产权法论.北京:法律出版社,1998.

[4] 周林彬.物权法新论.北京:北京大学出版社,2002.

[5] 马克思恩格斯选集.北京:人民出版社,1963.

[6] 张民安,邓鹤.民法债权.广州:中山大学出版社,2003.

[7] 史尚宽.债法总论.北京:中国政法大学出版社,2000.

[8] 张广新.债法总论.北京:法律出版社,1997.

二、论文类

[1] 李祖全."虚拟财产"保护的立法构想.黑龙江政法管理干部学院学报,2007(1).

[2] 施凤芹.对"网络虚拟财产"问题的法律思考.河北法学,2006(3).

[3] 陶信平,刘志仁.论网络虚拟财产的法律保护.政治与法律,2007(4).

[4] 蒲昌伟.网络游戏虚拟物品的财产性及其保护新探.学术论坛,2007(4).

[5] 雷鸣.论网络虚拟财产的法律保护.集团经济研究,2007(3).

[6] 邵啸.网络虚拟财产的民法属性.中国集体经济,2007(8).

[7] 韩颖.网络虚拟财产的民法保护刍议.科教文汇,2007(4).

[8] 刘莉.网络游戏中虚拟财产民法保护新论.重庆社会科学,2007(10).

[9] 齐云.论虚拟财产之性质.云南大学学报,2007(2).

劳动与社会保障篇

《劳动合同法》施行后，律师开展劳动法律服务的思路

程 岚[*]

【摘 要】 2008年《劳动合同法》和《劳动争议调解仲裁法》的施行，对原有的劳动用工体系构成极大的冲击，引起全社会的广泛关注，尤其是对劳动者和用人单位两个劳动法律关系的主体更是触动很大，笔者对新时期劳动法律服务市场的现状及律师如何开展劳动法律业务进行研究。

【关键词】 劳动合同法 劳动法律服务 律师

引 言

2008年《劳动合同法》的施行在社会各界引起广泛的影响，尤其是对劳动关系的两方面主体，即劳动者和用人单位，均有极大的反响。一方面，随着《劳动合同法》与《劳动争议调解仲裁法》的生效施行，加之《最高人民法院关于审理劳动争议案件适用法律若干问题的解释(二)》支持劳动者工资尤其是加班工资方面的长期诉请的精神、判例已经被广泛传播，劳动争议案件数量大增。另一方面，用人单位发现《劳动合同法》从立法宗旨到条款内容均体现了法律向保护劳动者权益方面的倾斜，对用人单位长期来无视和侵害劳动者权益的习惯构成极大的威胁，因此各用人单位纷纷主动采取各项规避法律、极力维护自身权利的措施。面对当前的劳动法制环境，作为一名劳动法专业律师，如何根据不同层次的劳动者、用人单位的实际需求，引导并提供多层次的法律服务，这是我一直在思索并与同行交流、探讨最多的课题。

---

* 程 岚：女，浙江大学法学专业本科，专职律师，主要专业领域民事、经济诉讼、公司法、劳动法、知识产权法律事务。

一、劳动法律服务市场相当宽广

(一)劳动争议案件数量激增

据国家人力资源和社会保障部发布消息,2008年前两个月劳动争议案件数量急剧增长,与去年同期相比,各地劳动争议仲裁机构立案数量的增幅普遍在50%以上,有的地方甚至达到了3至5倍。例如,与去年同期立案数量相比,湖北省增长90%,上海市增长92.5%,重庆市增长145%,广东省增长3倍,浙江省增长1倍。

当我们看到劳动争议案件激增的时候,就会思考其激增的原因。[①] 我认为,劳动争议案件激增的原因主要有以下四点:

1.劳动法律知识普及力度加大,劳动者维权意识显著提升。

随着《中华人民共和国劳动合同法》、《中华人民共和国劳动争议调解仲裁法》的颁布、施行,各级政府部门、社会各界媒体对劳动法律知识的宣传力度前所未有,引起劳动者维权意识明显增强。很多劳动者也主动学习相关法律、法规,对自己的权益了解增多,当然就发现了原来许多权益被用人单位侵犯的现象,自然就想到通过维权可能获得意外的收益。加之现在劳动力市场紧缺,尤其是沿海发达地区,劳动者根本不担心找不到工作,自然也不害怕提出维权会被企业解雇。

2.劳动争议仲裁、诉讼成本降低。

依据2008年5月1日起施行的《中华人民共和国劳动争议调解仲裁法》的规定,劳动争议仲裁案件不再收取仲裁费。仲裁免费、诉讼亦无需预交诉讼费(有些地区实行收费的,普通程序只需要交纳10元,简易程序只有5元),促使劳动者维权成本明显降低,劳动者更愿意主动通过法律手段维护自身权益。

3.多年加班费获得支持的消息四处流传。

自2006年10月起,《最高人民法院关于审理劳动争议案件适用法律若干问题的解释(二)》公布之后,劳动报酬追索时限被放宽,较好地维护了劳动者多年来被侵害的权益。各地加班工资获得支持超过两年以上的案例也并不少见。积累多年的加班费往往是一个不小的数目,现在有不少关于加

① 《律师从事劳动争议仲裁诉讼服务的实践与思考》(曾凡新,广东国晖律师事务所)。

班费的劳动争议案件标的达到十几万甚至是几十万,如此大的数目,用人单位当然不会轻易答应,自然劳动者就有极大的兴趣采取法律手段,同时还往往引起同单位或同行业劳动者的连动反映,集团仲裁诉讼案件也大量增加。

4.《劳动合同法》实施后引发了大量的新问题。

《劳动合同法》颁布后实施前,很多用人单位为降低违法成本,突击采取应急措施,如重签合同、大批或小批地裁员、调整工资结构等,更是引发了大量的劳资纠纷。

劳动争议案件的激增,为律师拓展业务,更多地介入劳动争议处理程序提供了良好的契机。

(二)企业对劳动法律服务的需求增加

《劳动合同法》在条文上多方面强调了企业的责任,对企业原有的用工习惯构成极大的挑战,该法的施行已经引起了企业界极大的重视。部分企业为规避法律,采取了一些不适当的措施,如突击解除劳动合同、大批或小批地裁员、突然调整员工薪资等,这些措施往往不仅不能起到标本兼治的目的,还会给企业带来许多负面影响,比如引起工人集体罢工、上访,严重影响企业的正常生产。因此,面对《劳动合同法》企业需要专业人士为他们详细讲解法律知识,正确地帮助他们研究如何加强人力资源管理,规范劳动用工行为,以及如何应对当前已经涌现的和将来可能出现的各类劳动纠纷。

企业对劳动法律服务需求的增加,也为律师拓展企业顾问业务带来契机。

二、律师不愿意从事劳动法律方面服务的现状

在劳动争议案件大量激增的背景下,仍然有大部分的律师不愿意承办劳动争议仲裁诉讼案件的现象。为什么?原因是多方面的。

1.争议标的额小,代理费少。

劳动争议案件标的普遍较小,但麻雀虽小,五脏俱全,其程序却一点不比普通经济案件简单。律师往往更希望承办经济案件或非诉讼的项目,以赚取更多的律师费。

2.证据较难收集。

劳动争议案件的举证责任虽然已基本明确,但是企业方面伪造、变造证据的情况经常出现,劳动者一方往往欠缺证据进行反驳,所以常处于被动局面。

3.法律依据繁杂。

劳动法律方面在2008年前仅有《劳动法》一部法律,2008年起实施《劳动合同法》、《劳动争议调解仲裁法》,在调整劳动者与用人单位劳动规范方面,具体的实体问题仍依靠多年来积累的大量的劳动部规章及批复,有些案件的审理甚至用到50年代的一个批复,律师不能全面花费很大精力深入了解这些具体规定,确实很难承办好劳动争议案件。

4.代理费过低而工作量过大。

劳动争议案件的标的额虽小,但是律师的工作量绝不会小、代理成本绝不会少。证据材料的搜集整理、仲裁诉讼请求的核算,都较其他案件复杂。但是绝大部分民事、经济案件的律师费远高于劳动争议案件,工作量却不一定比劳动争议案件多。

6.裁决结果较难预测。

当前《劳动合同法实施细则》以及劳动争议《仲裁办案规则》迟迟不能出台,律师、仲裁员、法官对劳动合同法条文的理解不一,致使裁决结果不具稳定性,也使律师丧失了对劳动争议案件最终结果的预测能力。

四、律师为劳动者提供劳动法律服务的思路

劳动者需要法律服务的情况,基本局限在发生劳动争议后,如何采取法律手段维护自身权益。律师在为劳动者提供法律服务过程中应当注意以下问题:

1.调整律师收费方式。

律师代理费过高,劳动者无法承受,过低又会使律师缺乏承办劳动争议案件的积极性。依据律师收费标准,律师完全可以采取缓交或者分期付费的方式,在劳动者获得各项补偿或赔偿后,再向其收费。

2.调整律师工作方式。

对于案件中完全可以由劳动者本人去完成的事项,可以指导由其本人去完成,这样有利于减轻律师的工作量,工作量降低了律师就可以承接更多的案件,整体回报自然升高,既满足劳动者低诉讼成本的要求,也能实现律师合理收费的要求,达到双赢。

3.提高律师服务质量。

在目前的法律服务市场,活跃着一大批非法的“公民代理”和法律服务者的身影。专业律师与“公民代理”、“法律服务者”的区别,应当是在专业水

平上，在对法律理解和把握上，有着明显的优势，对这些竞争对手，律师应当是以较高专业水准与之进行竞争，从而提升整个法律服务市场的服务水准。

4.帮助劳动者精确计算各项索赔数额。

劳动者提出的劳动争议仲裁、诉讼案件，绝大部分是工伤赔偿、经济补偿金、加班工资、各项赔偿金等方面的案件，涉及较多的是索赔金额的计算，律师有义务帮助劳动者精确计算各项索赔数额，避免因律师工作失误，造成索赔事项遗漏或金额错误，给当事人造成损失。

5.准确把握诉讼时效。

劳动争议在2008年5月前仲裁时效是60天，2008年5月后仲裁时效是一年，鉴于该时效远远短于普通民事案件的时效，且劳动者往往法律知识欠缺，不了解时效规定，容易发生超过时效的情况，尤其是工伤案件中，所以律师必须在为劳动者提供咨询或代理时，关注时效问题。

6.积极帮助劳动者收集证据。

劳动争议案件属于民事案件的一种，也适用民事诉讼的“谁主张、谁举证”的基本原则。《劳动争议调解仲裁法》规定，“发生劳动争议，当事人对自己提出的主张，有责任提供证据。与争议事项有关的证据属于用人单位掌握管理的，用人单位应当提供；用人单位不提供的，应当承担不利后果。”

其举证责任除法律有特殊规定由单位承担举证责任的，如2001年最高人民法院《关于审理劳动争议案件适用法律若干问题的解释》第13条：因用人单位作出的开除、除名、辞退、解除劳动合同、减少劳动报酬、计算劳动者工作年限等决定而发生的劳动争议，用人单位负举证责任，其他的证据，比如劳动关系是否存在、辞职、报酬约定等事项，劳动者个人也要承担举证责任。律师应当帮助劳动者积极地从各方面采取措施收集有关证据，以弥补自身弱势的局面。

7.认真对待承办的案件。

在接下劳动争议案件之后，律师应当认真负责地去办理。目前由于律师代理费偏低，部分律师往往尽量减少工作量、控制工作时间，工作量的减少必然会降低律师在案件中的作用。我认为，律师承办案件，不应以代理费多少来考虑对案件的付出。对每个案子，既然选择承接了，就应当认真对待。

首先，在工作时间方面应当多加投入，了解案情、查阅各类资料、整理证据和计算清单、书写代理词，都需要大量工作时间。

其次，要有意识地增加对劳动法律法规政策知识的储备。劳动法律法规政策多而散，需要律师投入更多的精力进行钻研，既要了解法律，更要了解政策,还要了解中国用工政策的历史。承办案件过程中,必须要查询这一案件涉及的法律法规,法律知识的储备是成功承办劳动争议的基石。

再次,必须强调认真制作法律文书。

对于劳动争议案件来说,比较重要的文书就是诉状、代理词及证据清单和证据说明。诉状包括劳动争议仲裁申诉状、民事起诉状、民事上诉状。仲裁员或者法官最初了解一个案件就是源于诉状,诉状写得是否事实清楚、说理充分,对案件有很大作用。还有许多律师尚未意识到劳动争议案件中代理词的重要性。我们不能因为劳动争议案件小,或劳动者一方有百分之八九十的胜诉率等原因,就忽视提交代理词。代理词中,我们不仅要条理清晰地表达自己的代理意见,最好还要附上相关的法律法规,这样更利于仲裁员、法官审理案件。查找法律依据,确实是一件非常辛苦的事,我们律师可以替仲裁员以及法官完成。对证据的整理,能加强我们的说理性和条理性,对于说服仲裁员或法官接受我们的观点有极好的帮助。同时,由于我们的当事人是劳动者,普遍法律知识缺乏,逻辑性较弱,对证据的使用技巧不懂,律师更有必要通过对证据的整理来帮助当事人理清思路。

8.架起双方当事人沟通和解的桥梁。

劳资纠纷说到底也属于民事纠纷,利用调解能较好地达到息讼的目标。再说调解成功,一方面可以为劳动者尽早地、更简便地实现权益,另一方面可以为企业减少因纠纷带来的负面影响。我始终强调调解在有效处理劳动争议案件中的作用,律师在代理劳动争议案件中,能有效地分析案件前景,可以充分引导双方当事人进行沟通、协商,从而为和解打下基础。

五、律师为企业提供劳动法律服务的思路

《劳动合同法》对企业的影响,不仅仅体现在"劳动合同"的订立、履行、变更、解除、终止上,而且还体现在工资支付、规章制度规定以及用工方式的选择等方面。具体而言,在新的法律模式下,企业的告知义务、履行法律程序的义务、解除和终止劳动合同的附随义务等各方面的义务都大大增加;企业的用工成本也将大幅度增加,辞退劳动者将变得越来越难,违法用工、违法辞退劳动者将面临更为严厉的惩罚。这些都对企业劳动用工管理提出了更高的要求,法律将成为企业劳动用工的底线,严格依法管理、规范劳动用工将成为企业最大挑战。

劳动争议案件实行的是举证责任倒置原则,即企业在提供证据方面承

担主要的责任，如企业不能提供对己有利的证据，那可能就将承担不利的后果。打官司打的是证据，企业应当学会如何在平时的劳动人事管理工作中收集证据材料，以及如何避免对方掌握对己不利的证据等方面的证据收集技巧，以免在仲裁、诉讼中处于被动地位。

因此企业应对目前的情况，必须向专业律师寻求帮助，这也是劳动律师业务发展的契机。对新时期，律师如何为企业提供劳动法律服务有以下思路：

(一)为企业提供专项劳动法律服务

为了适应《劳动合同法》的有关规定，律师可以针对企业情况，为企业提供专项服务，服务内容包括：

1.劳动法律知识培训。

2.帮助企业进行全面的用工策划。

3.审查或起草各类劳动用工文本。

4.帮助企业与员工签订《劳动合同》、《保密协议》、《竞业限制协议》等。

5.全面梳理劳动管理制度。

6.规范劳务派遣中各方面法律关系及完善相关的合同、协议。

7.完善劳动用工过程中，从员工招聘至解聘全过程中涉及的各类文书、表格。

8.帮助公司筹建、组建工会、职代会，并制作相关文件。

9.帮助公司完成各项规章制度的民主、公示程序。

10.辅导公司度过对《劳动合同法》的适应期。

(二)为企业提供专门的劳动法律顾问服务

律师也强调专业化分工，现在很多企业虽然聘请了律师担任企业的法律顾问，但很多律师是公司法、经济法的专家，却不是劳动法的专家，对劳动法律知识尤其众多的劳动规章了解不够全面，对企业提出的很多问题无法提供有效的解决方案。

因此，不少企业在聘请常规法律顾问外，还需要聘请专业的劳动法律顾问。劳动法专业律师可以根据企业需要，担任企业的劳动法律顾问，为企业提供劳动法律知识解读，起草劳动文书、完善规章制度、处理劳资纠纷。对企业日常管理中，存在的劳动法律风险及时提醒，避免出现纠纷。律师应当看到企业的需求，认识钻研劳动法律方面的专业知识，研究人力资源管理的技巧，以此为切入点为企业做好优质、专业的法律服务。

对劳务派遣的初步探讨

许　珂*

【摘　要】 劳务派遣是一种精简、合理、具有优化劳动力配置和节约运营成本的用工制度，在西方国家适用普遍。劳务派遣最早于 20 世纪 70 年代末出现于中国，90 年代发展迅速，但长期以来在我国并未有统一的法律对其进行规范。由于缺少制约，劳务派遣在实践中处于一种无序状态。2008 年实施的《劳动合同法》对劳务派遣作了特别规定。本文拟从该特别规定出发，结合理论与实践来阐述劳务派遣制度，以及分析劳务派遣在实际操作过程中的常见法律问题。

【关键词】 劳务派遣　劳务派遣单位　用工单位　被派遣劳动者

引　言

由于我国拥有数量庞大的廉价劳动力资源，因此，劳务派遣在我国拥有非常广阔的市场空间和发展前景。进入 20 世纪以来，由于技术的进步，行业效率的提升，不可避免地精简了大量劳动力，就业形势十分严峻。而劳务派遣不仅能够灵活组织劳动力，分担就业压力，还能够提高企业的用工效率，节约成本，是一种拥有广阔前景的用工模式。

初期的劳务派遣制度一方面在一定程度上解决了就业问题，另一方面也存在着很多不合理现象，在这其中，被派遣劳动者权益保护方面的问题尤为突出。《劳动合同法》出台以前，劳务派遣制度在我国法律上基本处于空白状态。这导致由劳务派遣引发的新劳动关系及争议无法规范和处理。劳务派遣在很大程度上成为用人单位降低用工成本，侵犯劳动者权益的手段。

---

* 许　珂：男，法学学士，律师助理，擅长公司法、民商事法律。

《劳动合同法》对劳务派遣作出了特别规定。虽然未像西方国家一样对劳务派遣制定专门的法律,但这毕竟是我国劳动法律向前迈出的重要一步,具有历史意义。

笔者认为,在劳务派遣制度应用日益广泛、有关立法相对完善的今天,对其进行理论和实践研究,是十分必要的。

一、劳务派遣概述

(一)劳务派遣的产生与发展

所谓劳务派遣,是指劳务派遣单位与被派遣劳动者订立劳动合同后,将该劳动者派遣到用工单位从事劳动的一种特殊的用工形式。

劳务派遣又称劳动力租赁,起于上世纪 20 年代的欧美国家,其产生背景是第一次世界经济危机末期。由于世界经济危机行将结束,虽然欧美经济开始复苏,但是大部分企业仍然对聘用员工异常谨慎。这时,一些欧美公司开始专事从社会上集结一些低廉的劳动力,加以培训后出租给企业,使企业在确保对少数员工正常开支的同时,能够解决短期内急需劳动力的问题。这是劳务派遣的最初形态。上世纪中叶,劳务派遣在欧美的理论与应用模式基本成型。

(二)劳务派遣在中国

劳务派遣的原则为“自主”,而自主的前提为自由,即只有自由的市场经济体制,才能产生自由的劳动力流冲平台。我国从 20 世纪 90 年代起,市场经济体制日益完善,劳动力市场在逐渐规范的同时开始趋于自主化、多元化。西方的劳动力租赁(我国称为劳务派遣)制度也就自然地融合进了我国的劳动力市场。

(三)劳务派遣的存在价值

1.促进就业。这主要体现在:

(1)可以在一定程度上整合社会的闲置劳动力,有针对性地进行劳动力配置,从而缓和日趋紧张的就业压力。

随着科技以及生产力的进步,劳动力的运用将会更加精简和自由,因此劳务派遣在促进就业方面的上升空间非常宽广。

(2)为大量的个体劳动力提供有组织、有秩序的输出渠道,避免了普通劳务输出中存在的无序和混乱现象。

2.解决企业短期存在的劳动力匮乏情形。

3.为企业降低运营成本。这主要表现在:

(1)降低了人力资源管理成本。

(2)使企业的经营环节得以合理分离,保障企业的最大效益。

(3)可以解决企业不擅长处理的其他辅助业务。

二、劳务派遣协议中的主体

(一)劳务派遣单位

劳务派遣单位是与被派遣劳动者订立劳动合同,与接受以劳务派遣形式用工的单位(以下简称用工单位)订立劳务派遣协议的单位。

1.劳务派遣单位的设立

《劳动合同法》出台前,在实践中,有些行政机关对劳务派遣单位的设立以及经营业务的开展进行审批或者实行调查前置。并且,行政机关部门与部门之间各设一套自己的审核办法,使得劳务派遣单位的成立及运行关卡重重。这些行为显然没有法律依据。

《劳动合同法》第五十七条规定:劳务派遣单位应当依照公司法的有关规定设立,注册资本不得少于五十万元。那么,依据此条规定。劳务派遣单位的设立仅需符合两个条件:公司制和达到注册资本下限。

依照公司法设立劳务派遣单位,意味着劳务派遣单位的设立原则为严格准则主义。

针对《劳动合同法》第五十七条规定,在实践中,为避免行政机关在管理上出现的麻烦,笔者建议,设立劳务派遣单位的,在工商部门办理完设立登记后,再向当地劳动行政部门报送一份备案材料较为妥当。

此外,依照《公司法》的规定设立劳务派遣单位的,则依据《公司法》对企业法人的划分,该劳务派遣单位可以存在多种形式:如有限责任公司、国有独资公司、一人公司、股份有限公司。

2.劳务派遣单位与职业介绍机构的区别

(1)设立主体不同。营利性职业介绍机构可由法人、其他组织、公民设立,非营利性职业介绍机构可由劳动保障行政部门以外的其他政府部门、企事业单位、社会团体和其他社会力量设立;而劳务派遣单位的设立主体应当符合《公司法》规定。

(2)设立方式不同。开办职业介绍机构或其他机构开展职业介绍活动,须经劳动保障行政部门批准,其设立采取行政许可主义;劳务派遣单位的设立采取严格准则主义。

(3)分类不同。职业介绍机构分为营利性和非营利性,劳务派遣单位无此划分。

(4)两者的经营模式不同。职业介绍机构在经营模式中是中介的角色,而劳务派遣单位无中介性质。

(5)两者运作的指导原则不同。职业介绍机构在运作中的指导原则为通过促进劳动者就业来保障社会稳定;而劳务派遣单位在运作中的指导原则完全受调于自由的劳动力市场配置。

(二)用工单位

用工单位是与派遣单位订立派遣协议,并实际使用被派遣劳动者的单位。

1.用工单位可以采用劳务派遣的工作岗位的特点:临时性、辅助性、替代性。

2.《劳动合同法实施条例》(草案):用工单位一般在非主营业务工作岗位、存续时间不超过6个月的工作岗位,或者因原在岗劳动者脱产学习、休假临时不能上班需要他人顶替的工作岗位使用劳务派遣用工。

3.《劳动合同法实施条例》(草案):用工单位不得与被派遣劳动者约定试用期。

三、劳务派遣中的三方关系

劳务派遣单位、用工单位、被派遣劳动者组成了一个三角关系:劳务派遣单位与用工单位之间订立派遣协议,劳务派遣单位与被派遣劳动者之间订立劳动合同;被派遣劳动者为用工单位提供劳动。在这个过程中,劳动力雇佣与劳动力使用相分离,形成了“有关系没劳动,有劳动没关系”的特殊形态。

由于三者之间的特殊关系,因此劳动合同应当一式三份,分别由劳务派遣单位、用工单位、被派遣劳动者各执一份。

四、劳务派遣中的常见法律问题

(一)劳务派遣单位与被派遣劳动者订立的劳动合同期限问题

1.劳务派遣单位与被派遣劳动者是否可以订立无固定期限的劳动合同。

《劳动合同法》第五十八条第二款规定,劳务派遣单位应当与被派遣劳动者订立二年以上的固定期限劳动合同,按月支付劳动报酬。

该条款是针对部分劳务派遣单位将劳务派遣单位与用工单位签订的劳务派遣协议中约定的合同期限或用工时间作为劳动合同中的合同期限的情形而设立的,其设计本意就是为了保护劳动者的合法权益。那么,劳务派遣单位与被派遣劳动者订立无固定期限的劳动合同的行为,无疑是与《劳动合同法》"保护劳动者权益"的大原则相符合的。此外,全国人大法工委对此也有公开解释,认为劳务派遣单位与被派遣劳动者可以订立无固定期限的劳动合同。

2.劳务派遣单位与被派遣劳动者是否可以订立以完成一定工作任务为期限的劳动合同。

由于劳务派遣的特点是用人与用工相分离,那么如果以用工单位的工作任务为标准来设立劳动合同期限的,则违反了《劳动合同法》的规定。并且,从《劳动合同法》第五十八条来看,"二年以上无固定期限劳动合同"也排除了劳务派遣单位与被派遣劳动者订立以完成一定工作任务为期限的劳动合同的情形。

3.被派遣劳动者根据《劳动合同法》第十四条第二款第(三)项的规定,在与劳务派遣单位连续订立二次固定期限劳动合同后,提出与劳务派遣单位订立无固定期限劳动合同的,能否获得支持。

劳务派遣单位与被派遣劳动者订立书面劳动合同,这表示劳务派遣单位与劳动者之间为劳动法规定的正式劳动关系。劳务派遣单位是用人单位,其应当履行用人单位对劳动者的义务。那么,用人单位和劳动者在《劳动合同法》第十四条所列情形下订立无固定期限劳动合同的,应当得到法律支持。

据此,如果被派遣劳动者在与劳务派遣单位连续订立二次固定期限劳动合同后,提出与劳务派遣单位订立无固定期限劳动合同的,用人单位不同意或者降低劳动合同约定条件的，原劳动合同期满时，劳动者有权要求用人单位支付经济补偿金。

(二)劳务派遣中三方的权利义务

1.劳务派遣单位的权利

(1)劳务派遣单位有权制定录用标准招录被派遣劳动者。

(2)劳务派遣单位有权根据具体情况选择被派遣至用工单位的劳动者。

(3)劳务派遣单位享有劳务派遣协议中规定的己方权利。

(4)被派遣劳动者有《劳动合同法》第三十九条和第四十条第(一)项、第(二)项规定情形的，劳务派遣单位可以与劳动者解除劳动合同。

2.劳务派遣单位的义务

(1)劳务派遣单位承担劳务派遣协议中规定的己方义务。

(2)与被派遣劳动者订立劳动合同时要尽到如实告知义务。如告知被派遣劳动者用工单位以及派遣期限、工作岗位等情况。从事矿山井下、有毒有害、高危作业的，劳务派遣单位除对被派遣劳动者履行告知义务外，还应当切实地和用工单位就如何保障被派遣劳动者的安全与健康进行沟通并对此全程监督，以保障被派遣劳动者的合法权益。

(3)为被派遣劳动者独立开设银行账户，被派遣劳动者的工资必须以转账方式支付。

(4)按月支付被派遣劳动者的报酬，被派遣劳动者在无工作期间，劳务派遣单位应当按照所在地人民政府规定的最低工资标准，向其按月支付报酬。

(5)在《劳动合同法》规定的情形下，支付解除合同时的经济补偿金。

(6)为被派遣劳动者缴纳社会保险。

(7)劳务派遣单位不得克扣用工单位按照劳务派遣协议支付给被派遣劳动者的劳动报酬。

(8)劳务派遣单位不得向被派遣劳动者收取费用。

3.用工单位的权利

(1)在与劳务派遣单位订立劳务派遣协议前，有权要求劳务派遣单位出具证明其具备相应资质的材料。如要求查看对方的工商登记事项。

(2)用工单位享有劳务派遣协议中规定的己方权利。

(3)被派遣劳动者有《劳动合同法》第三十九条和第四十条第(一)项、第(二)项规定情形的，用工单位可以将劳动者退回劳务派遣单位。

4. 用工单位的义务

(1)用工单位应当根据工作岗位的实际需要确定派遣期限,不得将连续用工期限分割订立数个短期劳务派遣协议。

(2)用工单位承担劳务派遣协议中规定的义务。

(3)用工单位不得向被派遣劳动者收取费用。

(4)执行国家劳动标准,提供相应的劳动条件和劳动保护。

(5)告知被派遣劳动者的工作要求和劳动报酬。

(6)支付加班费、绩效奖金,提供与工作岗位相关的福利待遇。

(7)对在岗被派遣劳动者进行工作岗位所必需的培训。

(8)连续用工的,实行正常的工资调整机制。

(9)在被派遣劳动者遭受工伤时,协助劳务派遣单位进行工伤认定工作。

(10)用工单位不得将被派遣劳动者再派遣到其他用人单位。

5. 被派遣劳动者的权利

(1)对劳务派遣协议中涉及劳动者自身利益的内容享有知情权。

(2)被派遣劳动者享有与用工单位的劳动者同工同酬的权利。用工单位无同类岗位劳动者的,参照用工单位所在地相同或者相近岗位劳动者的劳动报酬确定。

(3)被派遣劳动者有权在劳务派遣单位或者用工单位依法参加或者组织工会,维护自身的合法权益。

(4)被派遣劳动者可以依照《劳动合同法》第三十六条、第三十八条的规定与劳务派遣单位解除劳动合同。

6. 被派遣劳动者的义务

履行劳动合同的义务。

(三)劳务派遣单位实际不具备《劳动合同法》规定的设立条件的,三方关系的界定

劳务派遣单位不具备《劳动合同法》规定的设立条件的,此时,劳务派遣关系不能成立,劳务派遣协议无效。

但劳务派遣协议无效并不影响劳务派遣单位与被派遣劳动者订立的劳动合同。当然,劳务派遣协议作为劳动合同中派遣条款的依据,其无效将导致劳动合同中相应的派遣条款无效,却并不会导致劳动合同无效。

劳动者和用工单位具有事实上的劳动关系的,则用工单位此时就是用

人单位，应当按照《劳动合同法》的规定，承担用人单位的全部责任。

用工单位因为劳务派遣单位不具备《劳动合同法》规定的设立条件，而使自己承担了事实上用人单位责任的，可以就派遣协议无效而向劳务派遣单位要求赔偿。

如果劳务派遣单位不具备《劳动合同法》规定的设立条件的，并且在劳务派遣协议签订后，被派遣劳动者和用工单位不具有事实上的劳动关系的。则用工单位不承担用人单位的责任，用工单位可以基于订约中信赖利益的丧失要求劳务派遣单位承担缔约过失责任。

(四)劳务派遣单位跨地区派遣劳动者的，派遣单位所在地的劳动报酬和劳动条件标准高于用工单位所在地标准的，应遵照哪里的标准

《劳动合同法》第六十一条之所以规定劳动者的劳动报酬和劳动条件应当按照用工单位所在地区的标准执行，就是因为劳务派遣往往是由经济较落后而劳动力相对过剩的地区向经济较为发达但劳动力相对短缺的地区进行的。在《劳动合同法》实施前，这种劳动报酬和劳动条件的差距往往成为劳务派遣单位和用工单位从被派遣劳动者身上通过不正当手段榨取利益的动机，劳动者的合法权益往往因此受到伤害，仅仅可以拿到劳务派遣单位所在地区标准的工资。对此，《劳动合同法》第六十一条的针对性非常强：意在解决这种不公平的现象，保障被派遣劳动者的利益。

但是在实践中，经济发达地区向经济落后地区派遣劳动者的情况也不少。比如由于经济发达地区就业环境严峻，因此不少劳动力以劳务派遣形式流向经济落后地区；又或者技术支援，一些经济发达地区的劳动者具有的技术技能在该地区比较普通且不具备竞争力，但是经济落后地区企业却缺乏这些技术技能，因此，技术需求带动劳动力流向也是经济发达地区向经济落后地区派遣劳动者的一个原因；另外，政府的就业指导、扶持援助、税收政策等，也会导致以上情况出现。此时，就出现了一个现实问题：应遵照哪里的标准确定劳动报酬和劳动条件。

笔者认为，在被派遣劳动者从高标准地移至低标准地的情况下，应该按照《劳动合同法》第六十一条的规定确定标准，即按照用工单位所在地区的标准执行。因为被派遣劳动者对劳动合同和劳务派遣协议中涉及劳动者自身利益的内容享有知情权，被派遣劳动者对将要服务的用工单位情况的认可是订立劳动合同的前提。也就是说，被派遣劳动者承认了在这样的报酬标准和劳动条件下工作。

此外,如果是由于就业环境的不乐观,使得经济发达地区向经济落后地区劳务派遣。对这部分被派遣劳动者来说,在经济落后地区按照经济发达地区的标准来获得劳动报酬是违背经济规律的。

对于具有技术支援性质的劳务派遣来说,劳务派遣单位可以视情况,通过向被派遣劳动者发放补贴的手段来填补经济落后地区的薪差。当然,劳务派遣单位对此握有主动权。

(五)《劳动合同法》第六十六条的实践意义

本条规定劳务派遣一般在临时性、辅助性或者替代性的工作岗位上实施。但是并未明确列明什么是临时性、辅助性、替代性的岗位。这在实践中不仅难以遵照,而且使一些企业有空可钻。

在实践中,一些企业为了规避劳动合同法关于签订无固定期限劳动合同的规定以及逃避缴纳社会保险义务,纷纷强迫员工“自愿”解除现在的劳动关系,改签劳务派遣公司,再由劳务派遣公司反派到原单位,否则用人单位不再继续用工。迫于就业的压力,许多员工只有选择同劳务派遣公司签订劳动合同。

对此,我们明显可以看到《劳动合同法》第六十六条的实践意义不是很大。

同样,有关部门也意识到了该问题。全国人大常务委员会法制工作委员会行政法室副主任张世诚指出:全国人大法工委已就劳务派遣疑问答复劳动部,明确劳务派遣期不得超过半年、岗位为非主营业务、岗位须为可替代性岗位。

此外,《劳动合同法实施条例》的草案也专门对此作了如下规定:用工单位一般在非主营业务工作岗位、存续时间不超过6个月的工作岗位,或者因原在岗劳动者脱产学习、休假临时不能上班需要他人顶替的工作岗位使用劳务派遣用工。

因此,我们可以认为,《劳动合同法实施条例》的出台,将限制部分企业针对《劳动合同法》采取的将大量正式工转为派遣工的规避行为。

五、结语——对完善劳务派遣制度的建议

尽管《劳动合同法》和即将出台的《实施条例》对劳务派遣制度的规定大体完整。但在不少地方上,笔者认为还应当予以完善。

首先是劳务派遣单位对被派遣劳动者的培训制度应当被规范化。如设立基本职业技能培训和专业职业技能培训两种制度,并且按培训成果对被派遣劳动者进行专业划分。这不仅可以提高被派遣劳动者的劳动素质,而且还可以提高劳务派遣协议的完成质量,使协议的双方均受益。

其次,加强立法,保证派遣劳动者的平均就业权利。因为与企业正式员工相比,被派遣劳动者往往受到较多的歧视。

再次,加强对被派遣劳动者的隐私保护。

最后,对可以实行劳务派遣用工制度的工作进行分类,并按照分类在劳务派遣的实务操作上进行规范,使得劳务派遣制度不管应用到哪个具体行业中,都能够最大限度地保障被派遣劳动者的权利。

【参考文献】

日本《工人派遣法》,1985 年 6 月通过,1986 年 7 月 1 日正式实施。

中小企业雇员权利保护问题研究

——基于企业社会责任角度

吴建梅*

【摘　要】 企业社会责任问题是20世纪初以来发达资本主义国家理论界探讨和争议的问题,而中小企业雇员权利保护问题是企业的社会责任研究的重要问题之一。因此,从企业社会责任的角度来研究我国的企业雇员权利保护制度有着重大意义。中国中小企业雇员权利保护状况令人担忧;同时,中小企业承担雇员保护责任存在立法缺陷和主客观缺陷。因此,构建中小企业雇员权利保护体系需要从立法和实践两方面入手。立法方面,要完善配套立法,加强法律的操作性;实践方面,要完善中小企业雇员权利保护的其他相关措施,加强政府引导和信息支持,加强中小企业自律,加强文化建设,强化工会作用和完善监督机制。

【关键词】 中小企业　雇员权利保护制度　企业社会责任　国际标准

一、企业社会责任和雇员权利保护

(一)企业社会责任与雇员权利保护

目前,对于企业社会责任的概念阐述,众说纷纭。从法学角度分析,有学者认为企业社会责任是企业不能仅仅以最大为股东营利或赚钱作为自己唯一的目的,而应以最大限度地增进股东利益以外的其他社会利益。[①] 另外有学者认为企业社会责任指企业在谋求股东利润最大化外所负有的维护

* 吴建梅:女,西南政法大学经济法硕士,律师助理,擅长企业、金融保险领域。

① 刘俊海:《公司的社会责任》,法律出版社1999年版,第6页。

和增进社会利益的义务。[②] 笔者认为，明确企业社会责任的概念关键在于明确“利益相关者”的范围。

国内有学者将“利益相关者”归结为以下几方面：(1)对雇员的责任；(2)对消费者的责任；(3)对债权人的责任；(4)对环境、资源的保护与合理利用的责任；(5)对所在社区经济社会发展的责任；(6)对社会福利和社会公益事业的责任。[③] 笔者赞成该观点，企业社会责任中的利益相关者应该是广义上的，涉及很多方面，具体调整的时候需要相关的法律法规来共同调整。

从企业社会责任的角度分析，企业对其雇员进行保护是从企业社会责任中的“利益相关者”概念中引申出来的，雇员作为“利益相关者”的一员，企业在承担社会责任时要求对其权利进行保护。

从我国的相关法律法规角度分析，企业雇员作为劳动者，根据《劳动法》第 3 条规定，笔者认为，具体而言，雇员作为劳动者，在具体劳动中其权利主要包括以下几方面：

1. 劳动权。就业是民生之本，是劳动者其他权利的基础。就业才有收入，才能发展。我国《宪法》第 42 条规定：“中华人民共和国公民有劳动的权利和义务。国家通过各种途径，创造劳动就业条件，加强劳动保护，改善劳动条件，并在发展生产的基础上，提高劳动报酬和福利待遇。”

2. 平等就业和选择职业的权利。我国《宪法》第 33 条第二款规定：“中华人民共和国公民在法律面前一律平等。”《劳动法》第 12 条作了类似规定。

3. 取得劳动报酬的权利。我国《劳动合同法》第 30 条规定：“用人单位应当按照劳动合同约定和国家规定，向劳动者及时足额支付劳动报酬。用人单位拖欠或者未足额支付劳动报酬的，劳动者可以依法向当地人民法院申请支付令，人民法院应当依法发出支付令。”

4. 休息、休假的权利。我国《宪法》第 43 条规定：“中华人民共和国劳动者有休息的权利。国家发展劳动者休息和休养的设施，规定职工的工作时间和休假制度”。《劳动法》第 38 条、第 40 条具体对休息权利进行了规定。

5. 获得劳动安全卫生保护的权利。我国《劳动法》第 52 条规定：“用人单位必须建立健全劳动安全与卫生制度，严格执行国家劳动安全与卫生规程、标准。”同时，《劳动合同法》第 32 条还强调了劳动者的拒绝权利。

6. 接受职业技能培训的权利。我国《宪法》第 42 条第四款规定：“国家

② 卢代富：《企业社会责任的经济学与法学分析》，法律出版社 2002 年版，第 96 页。

③ 同上，第 101 页。

对就业前的公民进行必要的劳动就业训练。”

7.享受社会保险和福利的权利。我国《宪法》第45条第一款规定:“中华人民共和国公民在年老、疾病或者丧失劳动能力的情况下,有从国家和社会获得物质帮助的权利。国家发展为公民享受这些权利所需要的社会保险、社会救济和医疗卫生事业。”《劳动法》第73条第一款也作了具体规定。

8.参加和组织工会的权利。工会代表和维护劳动者的合法权益,依法独立地开展工作。《工会法》第3条明确规定:“在中国境内的企业、事业单位、机关中以工资收入为主要生活来源的体力劳动者和脑力劳动者,不分民族、种族、性别、职业、宗教信仰、教育程度,都有依法参加组织工会的权利。”

9.和用人单位进行平等协商的权利。《劳动合同法》第4条、第6条都规定了劳动者的协商权利。

(二)中小企业雇员权利保护的特殊性

中小企业雇员权利保护,顾名思义,无非就是将雇员权利保护的承担主体限定为中小企业。鉴于中小企业的特殊性,有学者认为,鉴于通过外在市场的约束促使其履行社会责任的制度常常会失灵,所以应当加强立法和司法,将其行为纳入相对于大企业更加严格的监控下。[①] 由此,笔者认为,对中小企业的雇员权利保护应更为严格。

较之一般意义上的雇员权利保护体系,在法律制度构建上,中小企业员工权利保护与其有相似性。但是,笔者认为,就中小企业的特点分析,中小企业由于规模小,经营以流动客户为主,奉行“船小好掉头”理念,较之大企业有灵活经营、管理高效等优势外,也存在着许多缺陷。因此,中小企业雇员权利保护体系的特殊之处更多体现在实践中的政府的扶持性,企业自律性和社会监督性。

二、SA8000制度与我国中小企业雇员权利保护制度的比较

随着国际化进程的加快,中小企业的竞争对手已经不限于国内企业,而要参与国际竞争必然要遵守国际游戏规则,否则将会造成如前所举例的悲剧。这就要求我们在构建中小企业雇员权利保护体系时引进相关国际标准的要求,找出差距所在,“对症下药”。

① 卢代富:《企业社会责任的经济学与法学分析》,法律出版社2002年版,第278页。

SA8000 标准[①],虽然目前国际劳工组织和其他国际标准机构并未将其作为强制性标准执行,而是一种自愿执行标准,但我们并不能因此而忽视其重要性。SA8000 的具体内容要求符合世界的发展趋势,且 SA8000 制度所关注的劳工问题也是我国目前较为突出的一个问题,所以笔者认为,要结合我国现有的有关雇员权利保护法律法规来探讨我国中小企业雇员权利保护体系的构建。

(一)关于童工标准

SA8000 标准对童工的定义是任何十五岁以下的人。若当地法律规定最低工作年龄或义务教育年龄高于十五岁,则以较高年龄为准。若当地法律规定最低工作年龄是十四岁,符合《国际劳工组织公约》第 138 条有关发展中国家的例外规定,则以较低年龄为准。[②] 同时,标准要求公司不可雇用童工或支持雇用童工的行为,规定公司要采取相关具体措施保证其受教育,无论工作地点内外,公司不可置儿童或青少年工人于危险、不安全或不健康的环境中。

我国 1982 年《宪法》第 49 条明确规定了保护儿童权益,“婚姻、家庭、母亲和儿童受国家的保护。”我国《劳动法》第 15 条明确规定:“禁止单位招用未满 16 周岁的未成年人。文艺体育和特种工艺单位招用未满 16 周岁的未成年人必须依国家的规定,履行审批手续,并保障其接受义务的权利”, 此外,《劳动法》还规定了企业违反使用童工应承担一定的法律后果,如第 94 条、95 条。

可见,与 SA8000 标准相比,我国把童工限定为“未满 16 周岁”,调整对象的范围更大,甚至可以说保护的范围更大。但是 SA8000 制度强调的是“任何十五岁以下的人”,排除了例外情况的存在,相较于《劳动法》第 15 条的例外规定有所不同。

---

① SA8000(Social Accountability 8000 International Standard 的简称),即为社会责任,是由美国 CEPA(经济优先认可委员会),现为社会责任国际(SAI)制定的社会责任标准。SA8000 主来源于国际劳工组织公约、世界人权宣言和联合国儿童权利公约。其主要内容涉及:童工、强迫性劳动、健康与安全、结社自由和集体谈判权、歧视、惩戒性措施、劳动时间、工资、管理体系等。

② 《SA8000 标准要求》, 阿里巴巴资讯 http://info.china.alibaba.com/news/detail/v3-d5301166.html,2007 年 9 月 22 日访问。

(二)关于强制雇佣

SA8000 标准禁止一切形式的强迫活动,规定企业不得进行或支持使用强制劳工或在雇佣中使用诱饵或要求押金,企业必须允许雇员轮班后离开并允许雇员辞职。

我国《劳动合同法》第 3 条明确规定,"订立劳动合同,应当遵循合法、公平、平等自愿、协商一致、诚实信用的原则。依法订立的劳动合同具有约束力,用人单位与劳动者应当履行劳动合同约定的义务。"《劳动法》第 17 条作了类似规定,同时规定了劳动合同无效的具体情形,更好地保护了劳动者的合法权益,如《劳动合同法》第 26 条。

此外,针对用人单位的强制雇佣行为,为了保护劳动者的合法权益,我国还规定了劳动者解除劳动合同的权利,如《劳动合同法》第 38 条规定。《劳动法》第 96 条、《刑法》第 244 条还规定了企业违反法律规定,对雇员进行强制雇佣要承担的法律责任。

可见在强制雇佣方面,我国的法律法规和标准要求相近,基本健全。

(三)关于健康安全

SA8000 标准要求企业必须提供安全、健康的工作环境,并采取必要的措施,尽最大的可能减少工作环境中的危害隐患,确保对员工事故伤害的保护,健康安全教育,卫生清洁维持设备和常备饮用水等要求。①

我国《劳动法》第 52 条规定:"用人单位必须建立健全劳动安全与卫生制度,严格执行国家劳动安全与卫生规程、标准。"此外,针对特殊群体——未成年工、女工的劳动保护,我国先后颁布了《未成年工劳动保护规定》、《女职工劳动保护规定》。同时,《劳动合同法》第 32 条还强调了劳动者的拒绝权利。

可见,我国对于有关劳动者健康安全的保护作了详细规定,且较之 SA8000 制度规定,甚至更加细致具体。

(四)关于工人结社自由和集体谈判权

SA8000 标准要求公司应尊重所有员工自由组建和参加工会以及集体

---

① R·Rutherford Smith ,"Social Responsibility: A Term we Can Do Without",Business and Society Review,1998,p.3.

谈判的权利。并且当结社自由和集体谈判权受到法律限制时,公司应向所有员工提供类似渠道以获得独立和自由的结社和谈判权。

自由结社权是我国公民的一项基本权利。我国《宪法》第35条明确规定:“中华人民共和国公民有言论、出版、集会、结社、游行、示威的自由”。

我国劳动者行使这些权利主要是依靠“工会”的形式进行,《工会法》第3条明确规定:“在中国境内的企业、事业单位、机关中以工资收入为主要生活来源的体力劳动者和脑力劳动者,不分民族、种族、性别、职业、宗教信仰、教育程度,都有依法参加组织工会的权利。”《劳动合同法》第4条、6条,《公司法》第55条、56条、121条、122条也都明确规定了公司在决策相关利益时要听取工会和职工的意见。

尽管我国法律对工人的结社权作了详细的规定,但在组织形式上与SA8000标准的要求有差别。根据《工会法》的要求,我国各级工会的组成都是在上一级工会批准下成立的,且要接受全国总工会的统一领导,然而,根据SA80000标准是“员工自由”组成的。

(五)关于劳动时间

公司在任何情况下都不能经常要求员工一周工作超过48小时,并且每7天至少应有一天休假;每周加班时间不超过12小时,除非在特殊情况下及短期业务的需要时不得要求加班;且保证加班能获得额外的补贴。

我国《劳动合同法》第31条规定:“用人单位应当严格执行劳动定额标准,不得强迫或者变相强迫劳动者加班。用人单位安排加班的,应当按照国家有关规定向劳动者支付加班费。”《劳动法》第36条、41条都作了类似规定。《劳动合同法》第68条还创新规定了“非全日制用工”的工作时间。同时,《劳动法》其他条款还规定了延长工作时间的条件及计薪和补偿措施,如第42条、45条规定。

(六)关于薪酬制度

SA8000标准规定公司支付给员工的工资不得低于法律或行业的最低应保低标准,并满足员工的基本要求,并以员工方便的形式支付;对工资的扣除不能是惩罚性的证不采取纯劳务的性质的合约安排或虚假的学徒制度以规避有关法律所规定的对员工应尽的义务。

我国《劳动合同法》第30条规定,“用人单位应当按照劳动合同约定和国家规定,向劳动者及时足额支付劳动报酬。用人单位拖欠或者未足额支付劳动报酬的,劳动者可以依法向当地人民法院申请支付令,人民法院应当依法发出支付令。"《劳动法》第48条规定了最低工资制度,并且国务院在2004年5月1日还颁布了专门的《最低工资规定》。

同时,《劳动法》第51条还明确了在法定节假日和其他时间用人单位依法支付工资,新颁布的《劳动合同法》第20条还强调了试用期工资。

此外,《劳动合同法》第85条还规定了用人单位未支付劳动报酬、经济补偿等的法律责任,强化了用人单位的责任。

可见,我国的法律对此项规定相对完善,并且建立了相关的社会保障制度,有着明显的中国特色。

(七)关于就业歧视的禁止

SA8000标准规定公司在雇用、薪酬、训练机会、升迁、解雇或退休等事务上,不可从事或支持任何基于种族、社会阶级、国籍、宗教、残疾、性别、性别取向、工会会员资格或政治关系的歧视行为;公司不可干涉员工遵奉信仰和风俗的权利,和满足涉及种族、社会阶级、国籍、宗教、残疾、性别、性别取向和工会的信条、政治需要的权利;公司不可允许带有强迫性、威胁性、凌辱性或剥削性的性行为,包括姿势、语言和身体的接触。

我国《宪法》第33条第二款规定:"中华人民共和国公民在法律面前一律平等。"《劳动法》第12条、13条都作了类似规定。

虽然我国的法律强调了劳动者的平等地位,但是我们也应该看到我国目前存在的户籍歧视问题。因此,解决户籍歧视问题,推进户籍制度改革迫在眉睫。

(八)关于惩戒性措施

SA8000标准要求,公司不可从事或支持肉体上的惩罚、精神或肉体胁迫以及言语凌辱。

我国《劳动合同法》第88条规定:"用人单位有下列情形之一的,依法给予行政处罚;构成犯罪的,依法追究刑事责任;给劳动者造成损害的,应当承担赔偿责任:(一)以暴力、威胁或者非法限制人身自由的手段强迫劳动的;(二)违章指挥或者强令冒险作业危及劳动者人身安全的;(三)侮辱、体罚、殴打、非法搜查或者拘禁劳动者的;(四)劳动条件恶劣、环境污染严重,给劳动者身心健康造成严重损害的”。《劳动法》第90条、96条作了类似规定。[①]

此外,在《民法通则》、《刑法》中对公民的人格权保护作了规定,使得对劳动者的保护更为全面。

三、构建中小企业雇员权利保护体系

(一)完善相关立法,增强法律的操作性

目前,如前比较分析,我国有关雇员权利保护的法律体系相对完善,但也存在不足。我国调整劳动关系的法律主要是两部法律:《劳动法》和《劳动合同法》。两者从体系上看,《劳动合同法》是《劳动法》的子法之一,它跟《劳动法》构成普通法和特别法的关系;从调整对象上看,《劳动法》是调整劳动关系以及与劳动关系密切相联系的其他关系的法律规范的总称,《劳动合同法》是关于劳动合同的法律,两者存在调整对象上的重复性;从法律颁布时间上看,《劳动合同法》是新法;从内容上看,虽然《劳动合同法》遵循了《劳动法》的立法精神,但是在具体实施细则方面,两者的内容存在冲突。因此,在具体适用法律的过程中,处理好两者的关系非常重要。一般而言,在法律的适用上面,特别法优于普通法,也即《劳动法》和《劳动合同法》都有规定的,适用《劳动合同法》的规定,《劳动合同法》没有规定而《劳动法》有规定的,则适用《劳动法》的相关规定。

虽然,《劳动合同法》的颁布弥补了《劳动法》的很多缺陷,但是我国目前实施的劳动法律中仍存在很多不足,主要表现为配套立法缺失,可操作性不强。笔者认为要完善我国目前的劳动法律保护制度,必须做到:

1.修改《劳动法》。我国现行的《劳动法》制定于1994年,于1995年1月1日实施,是根据当时我国计划经济体制向现代市场经济体制转变之初,人们包括立法者对市场经济条件下劳动领域可能出现的主要问题难以全面预料、更无处理有关问题的经验的条件制定的,显然,随着市场经济的发展,已经不适应我国目前的国情。我国现行《劳动法》已不能适应市场经济发展

① 具体参见《劳动法》第90条规定:“用人单位违反本法规定,延长劳动者工作时间的,由劳动行政部门给予警告,责令改正,并可以处以罚款。”第96条规定,“用人单位有下列行为之一,由公安机关对责任人员处以十五日以下拘留、罚款或者警告;构成犯罪的,对责任人员依法追究刑事责任:(一)以暴力、威胁或者非法限制人身自由的手段强迫劳动的;(二)侮辱、体罚、殴打、非法搜查和拘禁劳动者的。”

的要求,在保障劳动者合法权益方面存在很多问题,如《劳动法》规定的每周工作时间是44小时,根据1995年《国务院关于修改〈国务院关于职工工时的规定〉的规定》第3条规定:“职工每日工作8小时、每周工作40小时。”从法律体系上讲,行政法规的规定不得与法律相冲突,但实际上国务院的“40小时”规定却是符合国际劳工组织的标准的。笔者认为,解决的办法是修改《劳动法》。

2.完善配套立法。以保护劳动者权益的主要法律《劳动法》为例,我国目前的《劳动法》是纲要式的劳动基本法,不是劳动法典,而纲要式的劳动基本法是框架性的、粗线条的,对劳动关系的调整主要是制定原则,相对于市场经济条件下的多样化和复杂化具体劳动关系的处理,可操作方面存在欠缺,因此要想使《劳动法》得到较好的实施,就必须制定大量的子法将其规定的各项法律制度细化,这样才能具体明确企业对劳动者承担哪些社会责任,如何保护雇员权利,如可以制定相关的《劳动监察法》、《劳动争议处理法》等重要的劳动法律。同样,《劳动合同法》在颁行后也迫切需要完善其配套法律。

任何一部新法从颁行到执行都有一个过渡阶段,劳动法律也不例外,但是由于劳动法律直接关系到劳动者的切身利益,如何在这个过渡阶段保护劳动者的合法权益是我们应该关注的问题。以新颁行的《劳动合同法》为例,作为一部全面保护劳动者权益的法律,该法律在颁布之初就面临着“执行障碍”。为了规避《劳动合同法》第14条“无固定期限劳动合同”,先是2007年9月深圳华为技术有限公司鼓励7000余名工作满8年的老员工,在2008年元旦之前,都要办理主动辞职手续,竞聘后再与公司签订1-3年的劳动合同。10月22日,沃尔玛全球采购中心发出裁员通知,全球共有200多名员工将被“无原则解雇”,其中中国员工占总数一半左右。11月8日,日本媒体报道称,因中国《劳动合同法》实施后,奥林巴斯公司将不能再随意解雇工人及雇佣临时工,奥林巴斯即将关闭位于中国的一家相机工厂,并迁往越南建厂。[①] 因此,笔者认为,新法颁行后关键在于加强新法的现实操作性。

---

① 封面文章:“保护劳动者——新《劳动合同法》解读和释义”,《中国经济周刊》2007年第44期,第16页。

(二)完善中小企业雇员权利保护的其他相关措施

其实,我国目前的现实问题主要不是在于法律的不完善,而在于“有法不守”。尤其是中小企业,由于本身规模限制导致的利润的有限性和意识的局限性,在追求利润时往往忽略企业的雇员权利保护。主要体现为:在童工问题上,雇佣童工的现象不在少数;强制雇佣的现象更是屡禁不止;企业钻法律的漏洞,如新《劳动合同法》实施以后,一些企业为规避法律中的无固定期限劳动合同要求,出现“华为集体辞工事件”,我国工人的权利意识薄弱,许多权利不知道如何行使。此外,以企业雇员为代表的企业社会责任,除了一部分可以依靠强制力执行的法律责任外,还有很大一部分是道德责任,因而单靠法律规定的方式难以实现中小企业的雇员权利保护,更多时候还在于企业的自觉遵守。但是企业自觉性又是一个不确定的概念,从某种意义上看,中小企业雇员权利保护的推行似乎完全依赖于企业的“良心发现”,如何有效地在中小企业中进行雇员权利保护成为笔者关注的核心问题。

由此,笔者认为,较之大企业,中小企业雇员权利保护体系构建上的独特之处更多体现在实践中的政府的扶持性,企业自律性和监督机制上的社会合作性。

1. 加强政府引导和信息支持

从企业社会责任概念提出的背景来看,其基于的是凯恩斯的“国家干预理论”。企业社会责任提出的原因在于企业为追求利润而滥用了经济力量,企业滥用经济力量实质上是市场失灵的表现,因而政府在强化企业的社会责任中有重要作用。笔者认为政府在中小企业雇员权利保护方面的工作在于:

(1)信息支持。中小企业由于自身规模的限制,很难进行大规模的信息收集工作,政府就应该积极地提供有关政策法规、技术信息、市场信息,尤其是一些国际上的规定,如 SA8000 标准。如德国就专门设立德国工商大会、韩国设立振兴公团为中小企业提供信息咨询服务。[①] 甚至一些欧洲国家还专门建立了中小企业实施企业社会责任战略方法(SME KEY)[②]。

---

① 郑之杰,吴振国,刘学信:《中小企业法研究》,法律出版社 2002 年版,第 290 页。

② SME KEY(欧洲中小企业实施企业社会责任战略方法)是一种在欧洲推行的供中小企业、中小企业联盟以及其他任何代表性渠道的在线支持工具,包括商业案例、评估指南、中小企业负责任的商业实践库。参见欧洲企业社会责任协会——中国企业社会责任网(http://www.csr-china.org/html/csrorg/17_59_57_74.asp),2007 年 7 月 2 日访问。

(2)鼓励引导。政府要向承担雇员保护责任的中小企业提供各种适当税收优惠和鼓励等措施。

一是加强政府的舆论引导作用。政府可利用多种媒体,制造舆论,正面宣传,注重发挥中国传统儒商文化中的“以人为本”、“君子爱财,取之有道”的精义,结合现代企业社会责任理念,对中小企业进行正确的舆论引导。

二是政策优惠。政府适时出台一些优惠政策,充分运用税收和财政杠杆进行调整,激励中小企业承担雇员权利保护责任。目前,中小企业承担雇员保护责任客观上的主要障碍就是资金缺乏问题。因此,政府应制定政策降低中小企业在国有银行贷款的门槛,同时给予政策优惠,鼓励多种资本进入银行业,扩大中小企业的融资渠道。以浙江义乌稠州商业银行为例,其就是在当地政府鼓励下发展的地方银行,其设立的目的就是为小企业提供信贷支持,着力打造“小企业主办社”。经过实践证明,其在当地已经发挥了巨大作用。

三是政府扶持作用。资金不足是制约企业承担雇员权利保护责任的“瓶颈”问题。如对 SA8000 的认证中,意大利四个省的地方政府鼓励企业开展认证,并对中小企业的认证提供资助。美国设有扶持中小企业发展的专项资金。我国政府也可以考虑参照国外做法,对中小企业进行资金扶持,当然我国政府提供有关资金支持应结合我国的实际,可以采用间接方式或借助于社会中介机构。

2.加强中小企业自律

中小企业是承担社会责任的主体,因此也是承担雇员权利保护责任的主体,是促进中小企业雇员权利保护体系建立的内因。在市场经济条件下,政府对经济的调控作用是有限的,此外,企业雇员权利保护的问题更多的时候涉及企业自身的治理结构、企业文化、经营理念等内部问题,因此,中小企业雇员权利保护,必须发挥中小企业的自律作用。

(1)转变观念,高度重视企业的雇员权利保护问题。中小企业管理者应从中小企业发展过程中深层次的矛盾对立统一规律来认识中小企业进行雇员权利保护的重要意义。SA8000 标准已经成为一种非关税壁垒,随着经济全球化的推进,劳工标准是一个新的竞争点。合理的工作条件和良好的劳资关系是一种有利的竞争优势。许许多多的事例已经向中国的企业敲响了警钟,无视企业的社会责任,无视企业雇员权利保护必将在国际竞争中处于不利地位。

(2)建立支撑中小企业雇员权利保护的管理体系。中小企业在进行雇员权利保护时,要把建立相应的企业管理体系作为一项长期的任务来抓。首先,中小企业要完善企业内部的管理制度,坚持以人为本,将企业保护雇员权利的各项要求纳入到企业管理体系中;其次,建立企业履行雇员权利保护责任的信息管理机制,广泛收集国内外相关企业和本行业相关企业雇员保护的规章制度,吸取经验,建立相关对策体系;建立同中小企业雇员权利保护体系相应的企业治理结构,加强企业的自律作用,尤其要发挥工会的作用;遵守劳动法规,切实改善劳动环境;最后,重视员工的培训,雇员权利保护需要员工自身的参与,可以采取专家讲解的形式组织工人学习了解自身的权利和救济手段。

(3)发挥中小企业行业协会的作用。CSC9000T 的推广实施,标志着中国纺织工业协会在引导行业走新型工业化道路,以行业自律形式推行企业社会责任的模式建立。因此,笔者认为,可以借鉴 CSC9000T 的模式,发挥行业协会的优势,通过发挥行业协会的作用来进行雇员权利保护。

3.加强文化建设

企业文化对企业实现企业自身目标的意义重大,已被众多的企业界和学界人士所认识。从一定意义上说,企业文化是企业立身于社会所必需的精神支柱,它不仅能够理解企业内部的运行行情,而且还能向企业家、企业管理的领导者指出什么是企业最重要的问题。[①]

正如前所分析,目前在中小企业间普遍存在的轻视雇员权利保护的现象根源于中小企业文化缺失和中小企业经营者意识缺乏。因此,强化中小企业文化的建设是构建中小企业雇员权利保护体系的有效途径。

强化中小企业企业文化建设,发挥中小企业在构建中小企业雇员权利保护体系的能动性,笔者认为,中小企业可以从以下几方面入手:

是更新经营理念。首先是更新领导者理念。如前分析,造成中小企业忽视雇员权利保护的一个重要原因在于中小企业领导者认识上的缺陷。要从根本上实现“以短期利益和利润为唯一追求的目的”的管理理念向“以企业利润和企业社会利益双赢为追求目的”转变。

二是更新经营理念。从目前的社会形势来看,中小企业以利润为唯一目的的传统经营理念已经不适应社会的要求。中小企业要想在新的环境中求生存、谋发展,不但在生产经营方面要有战略眼光,还要紧跟时代的步伐,并用国际上的标准要求自己的生产,因此,中小企业在经营过程中必然要重

① 刘光明:《企业文化》,经济管理出版社 2006 年版,第 6 页。

视承担进行企业雇员权利保护的重要性。

三是更新管理理念。科学的管理理念是企业文化发挥作用的有效保障。科学的管理理念要求充分发挥中小企业中监事会和工会等机构的监督作用,重视中小企业内部民主制度,要求在中小企业的内部建立相关的行为准则、奖惩制度和保障制度,对员工进行综合管理,为员工创造尽可能舒适的工作环境。科学的管理理念通过现有的福利建设,保障职工基本生活,发挥员工的积极性,将员工的价值观与企业的价值观进行整合,形成企业合力,最终实现企业取得利润和企业承担雇员权利保护责任的双赢。

企业文化是推进企业承担雇员权利保护责任的原动力。在构建中小企业雇员权利保护责任的过程中,我们要牢牢抓住"企业文化建设"这个有效途径,充分发挥中小企业在构建中小企业雇员权利保护体系中的能动性。

4.强化工会作用

工会的基本作用是代表和维护劳动者合法权益,新颁布的《劳动合同法》第4条就规定工会在维护劳动者权益方面的作用。可见,工会在中小企业雇员权利保护中发挥着非常重要的作用。但是由于中小企业自身认识、资金缺乏等问题,使得工会在中小企业中的作用并未得到发挥。笔者认为可以参照日本的模式,来完善中小企业工会制度。

日本中小企业的雇主是多种多样的,有联合式的、有家族式的。为了争取就业和待遇平等,在19世纪50年代的上半期,日本总评决定成立全国一般工会,其主要任务是组织中小企业的职工入会,维护中小企业职工的利益。从建会开始,一般工会通过对职工进行"团结起来,与雇主进行斗争"的教育,并且通过配置专职工会活动家进行建会指导,广泛开展社会宣传,利用工会活动开展宣传,利用网络开展宣传等形式帮助中小企业建立企业性和区域性的工会,从而很好地维护了中小企业劳动者的权益。[①]

因此,笔者认为,鉴于我国中小企业规模小、资金少、认识有限的问题,同时根据最新颁布的《劳动合同法》第53条规定:"在县级以下区域内,建筑业、采矿业、餐饮服务业等行业可以由工会与企业方面代表订立行业性集体合同,或者订立区域性集体合同。"第54条规定:"行业性、区域性集体合同对当地本行业、本区域的用人单位和劳动者具有约束力。"在组建中小企业工会,建立集体协商制度的过程中,可以通过成立行业工会、区域工会的形

① 《日本中小企业工会组建情况》,中国劳动资讯网,http://www.51labour.com/labour-law/show-15484.html,2008年4月2日访问。

式,开展区域性或者行业性的集体协商制度,维护中小企业雇员权利。

5.完善监督机制

(1)加强政府监督。在中小企业承担雇员权利保护责任中,政府要充分发挥监督职责。企业数目庞大、分布广泛,而政府力量有限,不可能时时处于实际执法状态中。因此,要充分发挥政府的监督作用。政府监督范围主要包括企业的法律责任和道德责任。政府可以采用定期监督与不定期监督的方式,利用政府公权力地位,对中小企业承担雇员保护责任进行全方位的监督。笔者认为,可借鉴欧洲一些国家的做法,将自然资源、人力资源、生态环境和社会收益四个核算内容作为会计要素,规范、完善相关会计账簿,实行不再以经济绩效作为唯一核心内容的新的会计制度,转变企业以追求经济绩效为唯一目标的模式。此外,还可以建立中小企业承担雇员权利保护信息登记制度,通过登记,对未完全承担雇员权利保护责任的中小企业进行重点监控。

(2)加强舆论监督和个人监督。在中小企业承担雇员权利保护责任中,政府的监督作用和企业的自律作用是有限的,因此,加强新闻媒体的舆论监督和个人的监督有着重要意义。舆论监督是在西方被称为继立法权、行政权、司法权之后的第四种权利。近年来,随着中央电视台《焦点访谈》、中央人民广播电台《新闻纵横》及人民日报《社会观察》这些中国权威媒体的舆论监督栏目的相继创办,舆论监督以一种崭新的面目出现在民众面前发挥着其他监督形式无可替代的强大威力。新闻媒体的监督以其及时性、有效性、广泛性,发挥着重要作用。尤其是在我国未建立健全的社会监督体制下,借助媒体的作用来监督中小企业雇员权利保护有着重要的意义。

此外,个人的监督也有着非常重要的意义,在SA8000标准中,起着重要作用的一方是劳动者,劳动者应该充分发挥自己的监督作用,维护自身的权利。

【参考文献】

[1] 卢代富.企业社会责任的经济学与法学分析.北京:法律出版社,2002.

[2] 王振中,李仁贵.诺贝尔奖经济学家学术传略.广东:广东经济出版社,2002.

[3] 斯蒂芬·P·罗宾斯.管理学(第四版).北京:中国人民大学出版社,1997.

[4] 哈罗德·孔茨,海因茨·韦里克.管理学.北京:经济科学出版社,1993.

[5] 刘俊海.公司的社会责任.北京:法律出版社,1999.

[6] 李立清,李燕凌.企业社会责任研究.北京:人民出版社,2005.

[7] 阿奇B·卡罗尔,安K·巴克霍尔茨.企业与社会——伦理与利益相关者管理.黄煜平译.北京:机械工业出版社,2004.

[8] 李昌麒.经济法学.北京:中国政法大学出版社,2002.

[9] 郑之杰,吴振国,刘学信.中小企业法研究.北京:法律出版社,2002.

[10] 刘光明.企业文化.北京:经济管理出版社,2006.

[11] 周国银,张少标.SA8000:2001社会责任国际标准实施指南.北京:海天出版社,2002.

[12] 约翰·P·科特,詹姆斯·L·赫斯克特.企业文化与经营业绩.北京:华夏出版社,1997.

[13] 刘继峰,吕家毅.企业社会责任内涵的扩张与协调.人大复印资料,2004(12).

[14] R· Rutherford Smith. "Social Responsibility: A Term we Can Do Without." *Businness and Society Review*, 1998.

[15]Joseph, F. Bradley "the role of trade association and professional business society in America", 1965.

[16] 王瑾.CSC900T与SA8000比较.绍兴文理学院院报.2007(5).

[17] 封面文章.保护劳动者——新《劳动合同法》解读和释义.中国经济周刊,2007(44).

集体协商机制中工会法律地位的再思考

吴红列*

【摘　要】 在市场经济条件下的集体协商劳动关系中，工会应当证明自己确实可以代表员工的利益和愿望，并且其法律主体地位应该具有实然法意义上的严格界定——这不仅是法律意义上的要求，更是实践意义上的需求。因此，我们需要对集体协商劳动关系中工会组织的法律地位重新思考，并有一个正确和适当的认识：在最大限度维护劳动者利益的同时，确立工会正当的法律地位和充分的独立自治权，以保证集体协商机制能兼顾公正和效率，得以不断地发展和完善。

【关键词】 集体协商　工会　劳动关系

集体协商，在国外又称"集体谈判"，是劳资双方签订集体合同的前提。而集体协商的当事人则是职工推举的代表或代表职工的工会指派的代表与用人单位方的代表，其中双方当事人相互承认对方代表的合法性和对各自主体的代表性是进行集体协商的基本条件。在发达的市场经济国家，无论理论研究或立法实践都强调职工对工会组织合法性的承认是集体协商的基础，在其劳动法中都有关于工会承认的规定。因为他们的用人单位往往可能同时存在多个工会组织，这些工会组织都有自己相对独立的员工群体。多个工会组织是否能够对员工有代表性，则需要首先予以确认，只有这样集体谈判达成的协议才能够得到有效实施。因此，工会法律地位的确立对于集体协商机制的顺利运作至为关键。

就我国的情况而言，全国组成统一的工会组织，均属于中华全国总工会的组织系统，在同一个用人单位也只有一个合法的工会组织。因此，一般说

* 吴红列：男，浙江广播电视大学法律系毕业，兼职律师，擅长劳动法。

来不需要对集体协商当事人代表的承认,即工会代表职工进行集体协商具有当然合法性。因此,在国内的理论研究中往往忽略了“工会对员工是否真具有代表性”这一法律实然性问题的深入探讨和阐释,同样的立法实践中也缺失了对工会在集体协商中法律地位的严格界定。但是,在市场经济条件下的集体协商劳动关系中,工会应当证明自己确实可以代表员工的利益和愿望,并且其法律主体地位应该具有实然法意义上的严格界定——这不仅是法律意义上的要求,更是实践意义上的需求。在现阶段的企业中,尤其在一些外资企业中,对这个最基本问题的忽略往往导致集体协商乃至集体合同流于形式,从而极大地影响了和谐企业劳动关系的发展。因此,我们需要重新思考集体协商劳动关系中工会组织的法律地位问题。

一、经济体制转变下工会法律地位的再认识

随着改革开放的深化以及现代企业制度与社会主义市场经济体制的初步建立,我国的企业所有形式除了国有企业、集体企业之外,还有私人企业。这使得企业中原有单一的劳动关系发生了深刻的变化,原有的职工与国家企业之间的劳动关系已经逐步为企业所有者与雇员之间的劳动关系所替代。而工会是劳动关系的产物,尤其是集体劳动关系的产物,[①] 其性质必将随着劳动关系的变化而变化。

很显然,在市场经济体制下,无论企业所有者一方还是雇员一方,都是市场主体,即都是私法意义上的主体。两者之间所产生的劳动关系,从本质上看是一种纯粹的契约关系,其所维护的权利也是私权利。而工会作为劳动者一方代表参与集体协商,其在集体协商中的权利来源从理论上讲,是每一个参加工会的劳动者放弃自己一定的个人权利(即私权利),把它让渡给工会而形成的。因此,在集体协商劳动关系中,工会所行使的权利主要是由多个私权利组成的权利束,是私权利的一种特殊形式。

同时,从集体协商本身来看,《劳动合同法》及相关法律只规定了集体协商的底线,即最低限度的劳动标准和劳动条件,而具体的集体合同内容需要

---

① 当我们谈到工会性质的时候,我们不能脱离劳动关系来谈工会的性质。作为集体劳动关系的一方,它不可能凭空产生,作为工人的代表,它是在与雇主进行集体协商和谈判的过程当中显示自己的存在的。详见孙德强:《中国现代工会法律制度构建》,中国法制出版社 2007 年版,第 143 -155 页。

工会代表劳动者和企业所有者一方在最低标准之上进行协商和谈判,这是基于双方平等自愿的基础之上完成的。同时任何一方都不能直接运用公共权力来强制对方同意或履行,这显然是符合契约自由的私法原则的。因此在当下的集体协商劳动关系中,社会主义市场经济体制要求工会是作为私法人的身份介入其中的,它代表的是具有私人权利的劳动者一方。这和计划经济体制下,工会所具有参与管理国家事务、代表国家维护职工福利的公法人性质是有本质的区别的。

二、工会私法人法律地位的缺失和影响

在市场经济条件下,集体协商和政府、工会(劳动者)和资方(用人单位)三方协商机制势在必行。在此背景下,我国法律直接规定了工会享有集体谈判权,《工会法》强调了工会在协调劳资关系中的作用,明确规定“工会通过平等协商和集体合同制度,协调劳动关系,维护企业职工的权利”,“工会代表职工与企业以及实行企业化管理的事业单位进行平等协商,签订集体合同”;《劳动合同法》进一步明确规定“集体合同由工会代表职工一方与用人单位订立”。

但事实上,工会往往兼有维权职能和管理职能,且从目前法律规定来看,公法意义上的管理职能明显大于维权职能。《工会法》是我国工会的基本法,其第1条所确定的立法宗旨是“为保障工会在国家政治、经济和社会生活中的地位,确定工会权利义务,发挥工会在社会主义现代化建设事业中的作用,根据宪法,制定本法”。同时第5条有关工会任务的规定强调“工会组织和教育职工依照宪法和法律的规定行使民主权利,发挥国家主人翁的作用,通过各种途径和形式,参与管理国家事务、管理经济和文化事业、管理社会事务;协助人民政府开展工作,维护工人阶级领导的、以工农联盟为基础的人民民主专政的社会主义国家政权”。由此可见,《工会法》所强调和维护的是工会作为公法人的法律地位。而对于工会私法人的法律地位没有明显规定,尤其忽略了劳动关系中工会权利的源权利,即工会会员(劳动者)权利的界定和保护,使得在集体协商劳动关系中工会作为私法人的法律地位缺失。

这种缺失造成了在集体协商劳动关系中,多数企业工会往往较多地介入企业管理机构内部,工会委员会中拥有很高比例的高层管理人员,职工代表大会作为民主管理的关键性组织与作为企业工会的角色之间也存在着一

定程度的混淆,因而企业工会更倾向于在企业结构内部协调雇员和管理方的利益分歧,而不是代表工会成员与管理方进行协商谈判。

同时工会私法人法律地位的缺失也导致了集体协商中谈判主体的谈判权削弱,如前所述《工会法》和《劳动合同法》中强调的是工会的协商权,并非谈判权。因而在发生劳动纠纷和劳动争议时,这些规定就显得苍白无力。近年来我国各地因集体劳动争议引发的群体性事件时有发生,由于私权利的缺失,工会对劳动者的代表性和其维权职能无法充分体现,明显暴露出集体协商制度中工会地位的尴尬。

而且,工会法律地位的不确定性,也造成了集体协商机制中主体的不明确,从而使得劳动者对于合同签订和合同谈判认可的程度大大降低。在港台外商投资企业中,职工和企业劳动合同的签订率不到80%;即使签订了劳动合同,也经常出现违反工人意愿的现象,近20%的工人认为在劳动合同中存在着违反本人意愿的行为。① 这就使得集体合同的实效性减弱,集体谈判形同虚设,集体劳动争议会进一步加剧。

三、集体协商机制中工会法律地位的确立

集体协商从本质上说就是在市场经济条件下,劳动者参与社会决策过程的重要渠道。② 这种协商机制对于劳动关系的协调具有十分重要的意义,突出表现在工会这一社团组织的存在,能够弥补单个劳动者的微不足道,通过社会运动的方式将劳动者阶层的集体利益反映到社会规则的制定上,使得劳动者的利益团体加入到政府(权力)和企业(资本)的谈判、协调和博弈中来,真正实现三方协商的原则,从而形成公平有效的三方利益平衡和利益协调。

由此可见,在市场经济条件下的集体协商机制中,首先是劳动者自愿组织,并通过劳动者权利让渡而形成的一个多数劳动者的权利束,继而在该权利束上形成工会这一特殊的社会团体组织。它是介于政府和市场主体之间的社会组织体,相对于政府组织和企业而言,工会具有非营利性和自治性的特点。这也决定了在集体协商机制中,工会职能趋向单一性,即工会在集体

---

① 王高社,赵志平:《集体谈判制度推行中的问题与对策》[J],《经济问题探索》,2005年第2期,第121-123页。

② 温德姆勒:《工业化市场经济国家的集体谈判》[M],中国劳动出版社1994年版。

协商劳动关系中的维权职能。

因此,工会在集体协商机制中的法律地位,首先取决于法律对于其源权利的确认。然而从我国《工会法》的结构和内容来看,基本没有涉及对工会会员(即劳动者)权利和义务的规定。虽然《工会法》为工会设定了义务,但由于没有涉及会员的切身利益,相对比较空泛。在《工会法》中没有规定工会会员在工会中享有什么权利,应当如何行使自己的权利,更没有规定如果工会违反了法定义务,工会应当对会员承担什么样的法律责任。这种法律缺失,造成了现行《工会法》只能调整工会对外部的关系,即工会与政府、企业的关系,而无法调整工会内部的关系,即工会与工会会员的关系,从而割裂了工会权利与其源权利之间的关系,使工会权利义务丧失了存在的基础,导致其在集体协商机制中法律主体地位的合法性受到质疑。因此,在《工会法》中应当对工会会员的权利和义务作一专门的规定,同时确立与之对应的工会的权利和义务,从而在法律上确认工会权利的合法来源,约束工会真正以劳动者的意志为转移,使工会在集体协商机制中的合法性地位得到法律和制度上的保障。

其次,明确工会作为社会团体的私法人性质,是工会在集体协商机制中的法律地位确立的基本前提。工会在集体协商机制中的活动领域主要是经济领域,而且其主要涉及的劳动关系也是带有私法性质的经济关系。我国工会是具有政治性质的特殊社会团体,因此一直兼有管理和维权双重职能。在计划经济体制下,这种双重性职能所带来的法律地位不确定性还不明显。但随着市场经济的不断发展,工会所具有的政治性色彩和半官方性质的管理职能,使得其很难以独立的权利主体地位来接受劳动者个人权利的让渡,从而很难真正进入到当下的经济生活中。因此,工会一定要处理好参与政治活动和维护职工权益之间的关系,明确其在经济生活中私法人性质的社会团体角色,从而加强工会自身在社会经济生活中的独立性。只有这样,工会才能在集体协商劳动关系中正当地承接劳动者个人权利的让渡,确立其在集体协商机制中的法律地位。

最后,工会在集体协商机制中法律地位的确立,必须依托于工会职能的单一性,即依托于工会的维权职能。改革开放以后,中华全国总工会对全国职工状况进行了几次调查,结果显示职工对工会工作的不满意或非常不满意率有逐步上升的趋势。[①] 这表明工会的职能和独立性在不断弱化,或者使其不再具备保护职工利益的能力,无法保护职工的权益,或者使其不愿保护职工利益。这种现象的产生,主要是由于随着市场经济的不断发展,政府对经济的直接干预减少,企业和劳动者在经济生活中的主动性大大增加,原有计划经济下工会的管理职能被削弱。由此决定了工会原来所具有的管理和维权双重职能必须发生变化,以适应新的经济形势。在社会化大生产日益复杂的现代经济关系中,尤其是在调整私权利关系的集体协商机制中,工会必须强化其维权职能,通过维权赢得职工的信任和委托,真正成为职工的代言人。因此,维权职能是工会法律地位得以确立的唯一依托。

总之,随着社会主义市场经济建设的进一步深化,工会必须顺应社会经济体制的转变,进一步理清思路,把维权职能作为其首要职能。在集体协商机制中,强化其作为私法人社会团体在经济生活中的作用,逐步确立其劳动者利益代表的法律地位,从而实现市场经济体制下工会制度设计的价值内涵,即在最大限度维护劳动者利益的同时,确立工会正当的法律地位和充分的独立自治权,以保证集体协商机制能兼顾公正和效率,并得以不断发展和完善。

① 1992年不满意或非常不满意率为46.7%,而1997年上升到50%。来自“职工对工会工作的评价和期望”,1997年中国职工状况调查(综合卷),西苑出版社1999年版。

劳动合同法热点问题分析及防范

曹 军 刘 营*

【摘 要】 新颁布的《劳动合同法》对《劳动法》进行了补充、细化甚至颠覆,引起社会各界的巨大反响。本文试对《劳动合同法》中的无固定期限劳动合同、劳动者承担违约金的适用范围和劳务派遣等热点问题进行分析和解读,并提出应对措施。

【关键词】 劳动合同法 热点问题 应对措施

《劳动合同法》已于2008年1月1日起施行,它对1994年《劳动法》进行了补充、细化甚至颠覆,进一步提高了对劳动者的保护力度,提升了用人单位人力资源管理的成本,引起社会各界的巨大反响。本文试对《劳动合同法》几个热点问题进行分析和解读。

一、无固定期限劳动合同

无固定期限劳动合同是用人单位与劳动者约定无确定终止时间的劳动合同。此处的"无确定终止时间"是指劳动合同没有约定一个明确的终止时间,劳动合同期限的长短在签订劳动合同时不能确定,而并不是没有终止时间,一旦双方协商一致解除或者出现了法定情形的,无固定期限劳动合同同样也能够解除。由此可见,无固定期限劳动合同并不是没有终止时间的"铁饭碗"。

* 曹 军:男,清华大学法律硕士、安徽大学法学专业学士,专职律师,曾为多家企业重大经营决策、投融资、企业公司化改制、公司并购、产权界定及评估、重大工程建设项目和房地产项目提供法律服务。

刘 营:男,北京大学法律硕士,专职律师,主要专业领域为招投标法律事务、经济与刑事案件诉讼、劳动仲裁与诉讼。

(一)无固定期限劳动合同的订立

用人单位与劳动者协商一致,可以订立无固定期限劳动合同。有下列情形之一,劳动者提出或者同意续订、订立劳动合同的,除劳动者提出订立固定期限劳动合同外,应当订立无固定期限劳动合同。劳动者要求订立无固定期限劳动合同的,用人单位不得拒绝,必须订立。

1.劳动者在该用人单位连续工作满十年的。

适用本条规定,主要注意两点:第一,劳动者在同一用人单位中连续工作满十年,与签订劳动合同的次数和所订劳动合同的期限没有关系,即使原劳动合同有效期未届满,只要符合工作满十年的要求,劳动合同双方当事人就有权提出订立无固定期限劳动合同。第二,工作必须是连续的,中间不得间断。如果工作时间累计满足十年的要求,但中间有较大间隔(具体认定标准,尚未出台),则不属于连续工作的情形,不适用该条规定。

2.用人单位初次实行劳动合同制度或者国有企业改制重新订立劳动合同时,劳动者在该用人单位连续工作满十年且距法定退休年龄不足十年的。

本项针对的是用人单位初次实行劳动合同制度和国有企业改制重新订立劳动合同的情形,也适用事业单位初次实行聘用制劳动合同的情形。

3.连续订立两次固定期限劳动合同,且劳动者不符合因其过错用人单位可以单方解除劳动合同的情形(见《劳动合同法》第三十九条和第四十条第一项、第二项),续订劳动合同的。

适用本项,需注意到用人单位可终止合同的权限为第一次合同到期时,连续订立两次固定期限劳动合同后,签订第三次合同时,如劳动者要求订立无固定期限劳动合同,用人单位不能拒绝,必须订立。所以,在订立第二次固定期限劳动合同时,实际上和已订立无固定期限劳动合同并无太大区别。此处,续订立固定期限劳动合同的次数,自《劳动合同法》施行后再次续订固定期限劳动合同时起算。

4.用人单位自用工之日起满一年不与劳动者订立书面劳动合同的,视为用人单位与劳动者已订立无固定期限劳动合同。

视为已订立无固定期限劳动合同不等于双方就可以不签订书面合同,《劳动合同法》要求劳动合同书面化,即使已经"视为"已订立无固定期限劳动合同,双方仍需签订书面无固定期限劳动合同,否则用人单位需每月支付两倍工资。另外需注意,如果劳动者为达到签订无固定期限劳动合同的目的,故意不与用人单位签订固定期限劳动合同,导致双方自用工之日起满一年未订立书面劳动合同的,笔者认为不应适用本规定,用人单位不必承担因劳动者的恶意而造成的不利后果。在这种情况下,用人单位应当注意收集和保存证据,以便避免承担相应的法律责任。

(二)用人单位依法解除无固定期限劳动合同的情形

用人单位解除无固定期限劳动合同的情形与解除其他形式劳动合同没有区别。此处,笔者对较为典型的解除情况予以分析说明。

1.某些情况下,用人单位可以单方解除劳动合同,无需承担任何责任。

(1)劳动者在试用期间被证明不符合录用条件的。

用人单位根据该条规定解除劳动合同时,具有举证证明劳动者不符合录用条件的义务。因此,用人单位应当制定规章制度,将录用条件明确具体化。同时,对于劳动者在试用期内不符合录用条件的行为,用人单位应当及时收集和保存证据,以避免不必要的争议。

(2)劳动者以欺诈、胁迫的手段或者乘人之危,使用人单位在违背真实意思的情况下订立或者变更劳动合同,致使劳动合同无效的。

劳动者的欺诈手段,基本上是提供虚假资料,如假文凭、假证件、假经历等,因此,用人单位应当建立行之有效的入职审查制度。

(3)劳动者被依法追究刑事责任的。

法律仅限于被追究刑事责任的情况,而将劳动教养、刑事拘留、行政拘留均排除在外。对于被人民检察院免予起诉的或被人民法院依据刑法规定免予刑事处分的劳动者,用人单位可依该规定解除劳动合同。劳动者被人民检察院作出不予起诉决定的,用人单位不能依本规定解除劳动合同。

2.在一些情况下,用人单位提前三十日以书面形式通知劳动者本人或者不能提前三十日以书面形式通知劳动者本人时,额外支付劳动者一个月工资后,可以解除劳动合同,用人单位解除劳动合同时,应当向劳动者支付经济补偿。

(1)劳动者不能胜任工作,经过培训或调整工作岗位,仍不能胜任工作的。

此处的“调整工作岗位”是不需劳动者同意的,实践中用人单位在适用时需注意劳动者不能胜任工作的,需要经过培训或调整工作岗位的程序,只有在培训或者调整工作岗位后,仍不能胜任工作时才可解除劳动合同。

(2)劳动合同订立时所依据的客观情况发生重大变化,致使劳动合同无法履行,经用人单位与劳动者协商,未能就变更劳动合同内容达成协议的。

解除劳动合同之前劳动合同双方当事人须经协商程序,用人单位具有举证义务,未经协商而直接解除劳动合同的,视为违法解除劳动合同。

(三)应对措施

1.为了更好地管理订立无固定期限劳动合同的劳动者,用人单位应当根据劳动合同法的相关规定,建立健全一套完备的规章制度,制定合理、科学的工作岗位考核制度。

2.用人单位应当根据不同类型的劳动者,合理选择确定劳动合同的期限,避免短期劳动合同。为减少无固定期限劳动合同的数量,保持用人的稳定性,防止因频繁更换劳动者而加大劳动管理成本,用人单位可以考虑适当延长每一次固定期限劳动合同的期限。

3.在第一次劳动合同期限届满时,如果用人单位需要与劳动者订立第二次固定期限劳动合同的,应当慎重予以考虑。

二、劳动者承担违约金的适用范围

违约金是合同法中违约责任的一种主要形式,是运用于合同法领域的一项较为完善的法律制度,充分体现了当事人意思自治的原则。但是,在劳动合同领域,由于违约金制度与劳动者的自由择业权相冲突,企业不能随意为劳动者设定违约金。我国《劳动合同法》第二十五条规定,劳动合同中可以设定违约金的情形只有两种:一是用人单位为劳动者提供专项培训并与劳动者约定了服务期,劳动者违反服务期约定的;二是劳动者违反竞业限制义务的。除此之外,劳动合同双方当事人无权设定劳动者承担违约金的条款。

(一)劳动合同双方当事人在订立专项培训违约金条款时,应当注意以下几点:

1.只有在用人单位为劳动者提供专项培训时,该违约金条款才适用。

此处的专项培训是指专业技术培训,包括专项的专业知识和职业技能培训,例如为操作进口的生产线,将劳动者送到国外进行系统的操作流程培训等。用人单位对劳动者进行的必要岗前培训、普通职业培训以及规模和范围较小的技术培训均不属于专项培训。

2.关于服务期限的确定。

劳动合同并没有对服务期限作出具体规定,服务期限可以由劳动合同双方当事人协议确定。在约定专项培训的劳动合同里,劳动合同双方当事人一般会确定一个明确的服务期限,并规定劳动者在服务期限内离职的,应当支付违约金。劳动合同双方当事人在确定专项培训条款时,没有明确服务期限,仅规定劳动者离职应承担违约金责任的,应如何处理?对此,笔者认为,在这种情况下,服务期限应当被认定为与劳动合同期限一致,劳动者只要在劳动合同有效期内离职,就应当承担违约金责任。

3.违约金的金额限制。

《劳动合同法》第二十二条规定,违约金的数额不得超过用人单位提供的培训费用。用人单位要求劳动者支付的违约金不得超过服务期尚未履行部分所应分摊的培训费用。

(二)劳动合同双方当事人在订立竞业限制违约金条款时,应当注意以下几点:

1.竞业限制的经济补偿必须在解除或者终止劳动合同后支付,不能包含在工资内。这是因为,竞业限制条款生效后,限制了劳动者离职后的就业范围,给劳动者带来一些经济损失,为挽回劳动者的经济损失,用人单位应当在解除或者终止劳动合同后开始支付经济补偿金。

2.竞业限制经济补偿金必须在竞业限制期限内支付,支付周期为每月一次,"提前支付""按季度支付"等约定均不合法。竞业限制的具体期限由劳动合同双方当事人协商确定,但最长不得超过两年。

3.对于该种情况下的违约金数额,法律并没有作明确规定,可以由劳动合同双方当事人自由约定。

4.竞业限制的人员只能限于用人单位的高级管理人员、高级技术人员和其他负有保密义务的人员,对于用人单位的普通职工,由于不接触商业秘密和核心技术,没有必要对其在合同中约定竞业限制条款,而且,如果每一位劳动者均给予一份经济补偿金,用人单位也无力承受。

5.用人单位未按照约定在劳动合同解除或者终止后支付竞业限制经济补偿金的,竞业限制条款失效,劳动者将不再受其约束。

另外,需要说明的是,上述两种情形的规定仅仅是限定劳动者承担违约金的情况,对于用人单位承担违约金的情况,劳动合同法并没有加以限制,劳动合同双方当事人可以协商约定。

(三)应对措施

1.我国劳动合同法仅规定了两种劳动者承担违约金的情况,除此之外,劳动合同双方当事人无权约定由劳动者承担违约金的形式,否则,约定无效。劳动合同法的这一规定并不代表用人单位因劳动者的违约行为产生的损害无法得到赔偿。劳动者违反合同规定,给用人单位造成损失时,用人单位可以要求其承担损害赔偿责任。因此,在不能约定违约金的情况下,用人单位应当加强管理,平时应当注意收集和保存因劳动者违约行为而给用人单位造成实际损失的证据,以便维护单位的合法权益。

2.用人单位与劳动者约定了专项技术培训违约责任后,应当保管好培训方开具的发票、劳动者参加培训产生的其他合理费用的证明材料,以作为劳动者违约终止合同后计算违约金的证据。

三、劳务派遣的规范与限制

劳务派遣通常是指劳务派遣单位与派遣劳动者签订派遣合同,在得到派遣劳动者同意后,使其在被派遣企业指挥监督下提供劳动。劳务派遣涉及三方关系,即派遣单位与被派遣劳动者、派遣单位与接受派遣劳动者的单位即用工单位、用工单位与被派遣劳动者三方关系。派遣单位与被派遣劳动者之间存在的是劳动关系;派遣单位与用工单位之间为民事关系;用工单位与被派遣劳动者之间是工作关系。

(一)劳务派遣适用于临时性、辅助性或者替代性的工作岗位

《劳动合同法》第六十六条规定:“劳务派遣一般在临时性、辅助性或者替代性的工作岗位上实施”。可见,劳动合同法对劳务派遣用工的岗位进行了限制,该条规定对目前大量使用派遣劳动者的单位具有很强的约束力。劳务派遣一般限定在辅助性、临时性和替代性的工作岗位上,目的是通过劳动合同法的调整使劳务派遣只能成为劳动力市场的补充,使其既满足用工单位临时的需要,又满足劳动者的需要。但是笔者认为,此处法条中使用了“一般”的规定,而未采用具有强制效力的“应当”,可见并非强制性规定,实际操作中本条的灵活性比较大。

(二)劳务派遣单位应与被派遣劳动者订立两年以上的固定期限劳动合同

劳动合同的期限本应该由劳动合同双方当事人约定,但是,劳动合同法为了保护被派遣劳动者的利益,强制要求订立两年以上的固定期限劳动合同,因此,劳动合同双方当事人应当予以遵守。另外,关于劳务派遣单位与被派遣劳动者连续订立两次固定期限劳动合同后,是否可以订立无固定期

限劳动合同？有人认为，根据劳动者意愿可以签订无固定期限劳动合同，这是一般性规定；在“劳务派遣”一节中又规定劳务派遣单位要与被派遣劳动者签订二年以上固定期限劳动合同，这属于特殊规定，特殊规定应当优先适用，被派遣劳动者不能与劳务派遣单位签订无固定期限劳动合同，也就是说只能永远签订二年以上的固定期限劳动合同。笔者认为，派遣单位也是劳动合同法所称的用人单位，应当履行用人单位对被派遣劳动者的义务。劳动合同法规定的用人单位的应尽义务，派遣单位均应当执行，这是一个大前提，包括符合无固定期限劳动合同签订条件时，应当签订无固定期限劳动合同。

（三）被派遣劳动者享有与用工单位的劳动者同工同酬的权利

实践中，为节约劳务成本，用工单位对被派遣劳动者往往以身份计酬，不实行同工同酬，被派遣劳动者的工资待遇往往比同一工作岗位同工种的“正式员工”的工资待遇低很多，身份歧视问题突出。同时，有些用人单位为了规避对被派遣劳动者必须同工同酬的规定，将某些岗位全部实行劳务派遣，使用人单位内部的“同工”彻底消失，从而使“同酬”失去基础。笔者认为该种方式不符合劳动合同法的规定，根据《劳动合同法》第六十三条的规定，对于被派遣劳动者的报酬，用工单位无同类岗位的，应当参照用工单位所在地相同或者相近岗位劳动者的劳动报酬确定。

（四）应对措施

对于“同工同酬”原则，笔者认为应理解为，对于同一工作岗位上付出等量劳动的被派遣劳动者，应当享有按照用工单位同一能级标准取得与用工单位的劳动者大致相当劳动报酬的权利，而不能机械地理解为被派遣劳动者的劳动报酬与用人单位的劳动者完全一样。因此，为了既节约劳务成本，又不违反劳动合同法所确定的“同工同酬”原则，用人单位应当明确和细化岗位及相应的能级标准，制定每一能级详细的取得条件，这些条件可以包括劳动者在学历、工作年限、劳动熟练程度、工作能力、劳动业绩、对用工单位的贡献等，不论是用工单位的正式职工还是劳务派遣工，均以该能级标准衡量，同一能级的劳动报酬相同。在这种情况下，由于劳务派遣工与用工单位的劳动者往往在诸多方面存在差距，达不到用工单位的较高能级标准，而只能取得较低能级标准的劳动报酬，但该种规定是建立在公平公正的基础上的，笔者认为并不违反劳动合同法所确定的同工同酬原则。

用工单位必要时可以考虑将某些工作内容整体外包,这样既节约了管理成本,又可以获得专业的服务,而且不再受劳动合同法关于劳务派遣规定的约束。

《劳动合同法》力求推动书面劳动合同的订立,促进用人单位及时足额支付劳动报酬;对试用期、保密及竞业限制、未明确规定劳动报酬及劳动条件时的处理、解除劳动合同时经济补偿的支付以及非全日制用工等制度进行了补充和完善;首次对劳务派遣进行立法规制。新法实施后,用人单位只有主动迎接劳动关系管理理念颠覆性的挑战,才能有效提升企业人力资源管理水平,建立和谐的员工关系,避免和防范劳资冲突引发的法律风险。

论非标准劳动关系下的工伤事故责任主体

童奇涛*

【摘　要】 本文通过四川籍建筑民工魏某某在上下班途中,受到机动车事故伤害后,因难以提出与用工单位存在劳动关系(包括事实劳动关系)的证明材料,几经波折,难以工伤认定的案例解析,论述劳动关系与雇佣关系的逻辑结构,劳动关系与雇佣关系竞合时,交通事故与工伤事故的竞合,应依法补差,用人单位为工伤事故单位,与用工单位的非标准劳动关系是工伤认定申请的一个证据,我国《劳动合同法》的颁布实施,为处置竞合事故打开了绿灯。

【关键词】 非标准劳动关系　劳动合同法　雇佣关系　工伤事故　劳务派遣

一、两份泥工承包协议非标准劳动关系的证据,也是工伤认定申请的证据

2007年4月9日,四川籍民工魏某某,由泥工包工头加某某直接雇佣。魏某某在杭州A建设集团有限公司(以下简称A公司)承建的海威国际工地做泥工,A公司与加某某签订一份泥工承包协议。2007年7月3日早晨,加某某指派魏某某到杭州B建设集团有限公司(以下简称B公司)承建的海越大厦工地做泥工,该公司与加某某也签订一份泥工承包协议。2007年7月3日18时10分,魏某某下班,18时30分,在下班途中遭遇交通事故,造成其急性重度颅脑损伤,下颌骨骨折损伤。住院治疗87天,伤势稳定后,经浙江法会司法鉴定事务所鉴定为九级残疾。滨江区交警大队事故责

* 童奇涛:男,专职律师。

任认定书认定双方在此事故中为同等责任。2007年10月22日,魏某某向滨江区劳动保障行政部门申请工伤认定,该部门认为,事故之日其在B公司工地劳动,事故单位是B公司,应到拱墅区劳动保障行政部门申请工伤认定。申请人五次申请,五次不予受理。理由是未能提交劳动合同文本复印件,同一工地的两个证人又被加某某搞定,不予作证。在魏某某为A公司干了82.5工的情况下,A公司与包工头仍然没有让其有任何事实劳动关系的证据在手,使其闯了五关,迷津五关。劳动法律、法规为劳动者设计的种种保障措施,在非法用工主体的行为下,工伤认定变成烫手的山芋。只有实行《劳动合同法》,雪中送炭,坚持主体标准与行为标准相结合的逻辑结构,才能及时处置工伤事故。在《劳动合同法》颁布实行后,"只要劳动者和用工主体在劳动过程中发生强弱对比的从属性的社会关系,一般就可以纳入到劳动法的保护范围"①。只有这样做,工伤认定才会给申请人带来人身利益。我国《劳动合同法》是对《劳动法》的进一步完善。《劳动合同法》实施后,企业不签订劳动合同的,不仅不能规避法律风险,还会增加法律风险,②如该法第82条第一款之规定:用人单位自用工之日起超过一个月不满一年未与劳动者订立书面劳动合同的,应当向劳动者每月支付二倍的工资。如该法第14条第三款之规定,不签劳动合同,满一年的,导致无固定期限劳动合同条件的成立。劳动合同已是一把双刃剑,不签劳动合同,有的公司认为不会被套牢,可以规避法律,自由处置员工的录用与辞退,不用缴税,不用缴社保费,即使员工上告,也会因缺乏证据而不了了之。其实不然,公司负担、家庭负担会更重,会引发激烈的社会矛盾,公司的商业秘密、竞业限制条款无法着落。我国对劳动合同制度是实行书面合同制,建立劳动关系却未签订劳动合同的称为事实劳动关系,同样适用全部的劳动法基准,《劳动合同法》将其作为一种违法用工形态,规定了严厉的法律责任③。

劳动关系是指劳动者与用人单位之间为实现劳动过程而发生的劳动与生产资料相结合的社会关系。标准劳动关系是最常见的劳动关系,是劳动关系的标准化、书面化、行政化、合同化。《劳动合同法》规范的非标准化劳动关系包括劳务派遣和非全日制用工两种形式。派遣公司的劳务派遣,是

---

① 董保华:《劳动法精选案例六重透视》,中国劳动社会保障出版社2006年版,第12页。

② 石先广:《劳动合同法——深度释解与企业应对》,中国法制出版社2007年版,第29页。

③ 董保华,杨杰:《劳动合同法的软着陆——人力资源管理的影响与应对》,中国法制出版社2007年版,第32页。

派遣员工在用工公司的工地劳动,接受管理,以完成劳动力和生产资料相结合的一种特殊用工方式,一种人力资源配置,一种劳务经济,发生工伤事故,由派遣公司负责处理。本案中,派遣公司是A公司,A公司是法定的为包工头和员工参保单位,A公司与魏某某存在三个月的事实劳动关系,如果7月3日不受伤,还将长时间保持下去。A公司依法应签劳动合同,未签,应承担不利后果。魏某某只能由A公司为其办理一份社保,其他受派遣公司无条件再为魏某某办理第二份社保,故,公司事故单位只能是A公司,而不是B公司,魏某某被派遣在B公司工地劳动三日,B公司无时间、无资料办理社保。至于A公司和包工头不签合同、不参保,是违法用工,不能免除对受伤员工的工伤保险待遇的替代责任。A公司积极举出两份与包工头的泥工承包协议,证明工伤事故单位是B公司,这是孤立地、简单地看问题,要纯粹以工地为工伤认定标准,不是以合同用人、社保参保为标准。签合同、参保,是A公司应办而不办事项,也是A公司的法定义务,故,A公司应承担替代责任。因包工头无安全资质,脱离劳务公司,直接雇工派工到各公司工地劳动是非法用工,应与A公司承担连带责任。我国《劳动合同法》第59条规定:"劳务派遣单位派遣劳动者应当与接受以劳务派遣形式用工单位(以下称用工单位)订立劳务派遣协议。劳务派遣协议应当约定派遣岗位和人员数量、派遣期限、劳动报酬和社会保险费的数额与支付方式以及违反协议的责任。用工单位应当根据工作岗位的实际需要与劳务派遣单位确定派遣期限,不得将连续用工期限分割订立数个短期劳务派遣协议。"本条规定标准的劳务派遣应当有协议,约定用人单位与用工单位对派遣员工的责任。在本案中,A、B两公司通过与包工头加某某签订的两份泥工承包协议完成雇工派工的非标准的劳务派遣任务,应当纳入标准的劳务派遣的规制中,依法管理。两份泥工承包协议是非标准的劳务派遣协议,应当由A、B两公司再签订标准的劳务派遣协议,明确参保责任方。两份泥工承包协议是调节劳动力的非标准劳动关系的证据,也是工伤认定的直接证据。

二、劳动关系与雇佣关系竞合时,依法应差额补偿受伤员工的损失

雇佣关系,是指一种经济的、法律的、社会的、心理的以及政治的关系。在这种关系中,雇员投入自己的时间和专业知识为雇主谋利,以此换取一系

列个性化的经济的和非经济的报酬[①]。本案中,员工与包工头是雇佣关系,魏某某也于2007年3月29日起诉包工头进行人身损害赔偿,在这一纠纷中,包工头固执地认为自己不承担任何责任,并请律师出庭,在工伤难以认定的情况下,在雇员受害赔偿纠纷中,抗辩不予赔偿。

我国《劳动合同法》第二条规定,劳动合同的主体包括个体经济组织。我国《工伤保险条例》第二条明确规定,有雇工的个体工商户依照条例规定参加工伤保险。个体经济组织和个体工商户无营业执照的经营为非法用工。本案包工头既不是劳务公司经理,也不是有照个体户。其雇工派工在建筑工地劳动是非法用工,因主体资格不明,造成工伤认定申请难以受理。本案中,使这一块非标准劳动关系的劳动争议只能走诉讼程序。A公司依法应当办理社会保险,并应由A公司的劳务公司承担对外的劳务派遣功能,并与各公司签订劳务派遣合同,包工头因其无证照就无资质签订派工合同。其所雇佣之人也主体不合法,造成难以申请工伤认定。就非标准劳动关系而论,包工头的行为也是非法用工行为。且劳动法律、法规规定,建筑企业必须与民工订立劳动合同,参加工伤保险。故包工头的雇员魏某某依法就是A公司的员工,A公司与包工头违反一系列劳动、法律法规,迫使其员工难以在受伤之后得到工伤救济,并且A公司一口咬定,派到其他工地劳动二日后受伤,与原公司的事实劳动关系即已解除,用不着通知,用不着补偿一分钱,甚至连工资争议应承担的250元仲裁费至今也不予支付给申诉人,申诉人魏某某不得不申请强制执行。魏某某与包工头是雇佣关系,与A公司是劳动关系,这是劳动关系与雇佣关系的竞合,也是建筑工地劳动市场的多元化的反映,受伤员工这一年来靠捡废品换钱度日,而工地项目部的几个人,餐餐十几个菜,且禁止员工炒菜。A公司固执地认为下班后遭遇交通事故与公司和承包工头无关,请律师抗辩说,魏某某下班所骑的路线比另一条路线长500米,而且事故现场有半斤青菜,就认为其走的不是必经路线,不能认定工伤。故,包工头不能赔一分钱。上述理由是不成立的,魏某某当时已经昏迷,其手机被窃,没有证人证明其买过菜,事故现场有半斤青菜就认定其买菜,是犯了推不出的逻辑错误。菜也许是有人故意丢在那里,也许是司机买的菜。总之,几种可能性都是存在的,而魏某某没有买菜,可以通过相关证据佐证:一、是公司对员工宿舍管理非常严格,禁止用电炉,发

① [英]菲利普·李维斯,阿德里安·桑希尔,马克·桑得斯:《雇员关系:解析雇佣关系》,东北财经大学出版社2005年版,第5页。

现电炉即没收。故,魏某某既无炊具,也不存在炒菜之事实,何来买菜之说;二、只派到工地劳动几日,无专人引路,路线不熟,魏某某自认为过区政府的路线是最便捷的,不是有意过菜场。事实上,所走之道也是必经路线。工伤认定久拖不决,完全是包工头拒不提交非标准劳动关系的证据所致。本案证明,心理维度、法律维度是雇佣关系和谐的桥梁,心理契约、雇用合同在雇佣关系中至关重要,雇用合同的法定最底标准,即是雇主、雇员的权利、义务是雇佣关系兜底条款。最底一词就意味着雇用合同中可以包括比法定的最底标准更慷慨的条款和条件。雇员的权利是雇用合同的中心,雇用条款必须符合《劳动合同法》基本准则,雇佣关系的雇员安全因素与雇员的劳动时间维度密切相关,且雇主的权力贯穿于整个雇佣管理中,行使着许多不合法的实际权力,应结合《劳动合同法》相关规定,建立健全工会的申诉和惩戒制度,雇员的合法权益才能得到基本的保障。

三、交通事故赔偿与工伤事故补偿的竞合,依法应补差额

本案交通事故车主是河北省新河县人,司机是温州市瓯海区人,本田250型二轮摩托车未保险。为送达方便,节省时间,只起诉肇事司机。杭州市公安局交警支队滨江大队杭公(交)认字【2007】第00047号交通事故认定书认定事故双方是同等责任。侵权赔偿是四六开,受害人魏某某只得到60%的赔偿,所赔偿的钱只够支付护理费、一年的生活费、后续治疗费。魏某某本人54岁,从事城市建筑劳务20多年,由于各公司不给民工办理暂住证,魏某某在本案中失去了重大的暂住证利益。74岁的母亲,11岁的女儿靠亲朋接济。家庭生活已经是特困特贫。作为注册地、经营地、参保地在滨江的用人单位A公司和实际用工单位B公司至今也不给一分钱的救济。迫使受害人走上仲裁、诉讼程序,请求得到司法救济。在救济有差额时,应以工伤保险待遇补差。本案纠纷还有一场与泥工包工头的官司,也难以赔偿到位。只能进行工伤认定申请,实行工伤保险待遇补差,才能得到公正的救济,保障受伤员工的基本身份利益。本案中,魏某某2007年7月3日早晨5点起床,6时许赶到海越工地劳动 ,18时10分下班,在回宿舍途中遭遇交通事故,且负同等责任,在这一责任比例中,A公司和包工头负全部责任。用人单位指使魏某某加班加点,每工时间长达10小时,双休日不休息,每日拖着十分疲惫的身体下班,不进行安全生产培训,不进行交通安全警示教育,不关心员工的生活,不对员工的车辆进行安全检查,消除隐患,而是进

行一系列规避法律的方式,由包工头做纯粹的劳动力交易,是劳动关系失去企业化、社会化、政治化、家庭化,使公司成为一个壳公司,没有一丝的人文精神,固执地认为公司大门外的伤亡事故与公司无关,在A公司管理方式有重大瑕疵的情况下,在A公司直接安排、使用、派遣到海越工地劳动的情况下,A公司完全是工伤事故单位,用工单位B公司与A公司构成非标准事实派遣的劳动关系,调剂使用几天劳动力,使B公司难以掌握被派民工的身份资料而无法参保,这也是包工头故意隐瞒证据所致。故,B公司不是法定的工伤事故单位。在交通事故与工伤事故竞合时,A公司应支持魏某某积极向肇事者索赔,同时,应承担工伤保险待遇的替代责任,支付必要的差额。

从工业化经济发展到全球化经济,非标准劳动关系已全面走向市场,如第二职业、远程就业、各建筑工地调节劳动力等,是多重劳动关系理论的实践。非标准劳动关系应当纳入《劳动合同法》的保护范围,本案中,A公司与B公司不仅存在着法律上、政策上的联系,也存在着合同上的联系,如劳动力派遣,项目部经理调剂。对非标准劳动关系的探索,形成制度管理,习惯管理、和谐劳动市场、及时解决纠纷具有重大的实际意义。“协调劳动关系既要建立和完善劳动合同制度,通过劳动合同明确权利义务,并对违反劳动合同的行为人进行一定制裁,使之受到处罚”[①],才能真正有和谐的劳动市场。在劳动市场多元化的时代,泥工包工头简单地雇工派工,同时在五个工地承包,是违法用工,极大地损害了雇工的利益,应当禁止。由泥工包工头的本公司的劳务公司替代派工,应当纳入《劳动合同法》劳务派遣的规制中,积极地健康发展。在派遣、派工、用人、用工等单位竞合时,要从保护劳动者合法权益的宗旨出发,以人为本,在交通事故与工伤事故竞合时,要由签订劳动合同和参保的第一责任人,即用人单位承担工伤事故的处理责任,未参保的,承担替代责任。用工单位是第二责任人,承担连带责任。《劳动合同法》的颁布实施,对劳动市场是雪中送炭,对《劳动法》是锦上添花,为竞合事故的处理打开了全程的绿灯,是我国劳动法律、法规重大集成,对全面规范劳动市场,发展劳动市场具有重大的现实意义。

---

① 黎建飞:《劳动与社会保障法教程》,中国人民大学出版社2007年版,第104页。

论劳动争议案件的证明责任

邱　坤　胡湘英*

【摘　要】　本文通过对普通民事案件证明责任的概述，及对劳动争议案件证明责任特殊性的分析，结合我国现行有关劳动争议案件证明责任的规定，总结出劳动争议案件证明责任的适用原则。本文按照该适用原则，结合劳动争议案件的具体情况进行了分类分析，并对劳动争议双方当事人在承担证明责任时应注意的事项进行了总结性的提示，以期对劳动争议的最终有效处理起到促进作用。

【关键词】　证明责任　劳动争议案件证明责任

一、证明责任概述

民事诉讼中的证明责任，又称举证责任，是指当事人对自己提出的主张，有提供证据并加以证明的责任。如果当事人未能尽到上述责任，则有可能承担因事实真伪不明而导致的某种对其不利的法律后果。证明责任的基本含义包括以下三层：第一，当事人对自己提出的主张，应当提供证据；第二，当事人自己提供的证据，应当能够证明其主张的内容；第三，若当事人对自己的主张不能提供证据或提供证据后不能证明自己的主张，将可能导致对自己不利的法律后果。

设立证明责任的目的，在于使当事人真切地感受到举证的压力，从而强有力地促使当事人积极举证，以打破事实真伪不明的状态，从而使法院等裁判机构能够在查清事实的基础上，合法、公正、及时地解决争议，保护双方当事人的合法权益；证明责任的作用，主要是为当事人的证明活动、为当事人

* 邱　坤：女，专职律师。
胡湘英：女，律师助理。

在诉讼中展开进攻和防御提供依据;为确定应由哪一方当事人首先提出证据提供依据;为法院正确评价当事人的证明情况、以决定应要求哪一方当事人继续举证提供依据;引导法院在事实真伪不明的状态下作出裁判。①

证明责任的分配,是指按照一定的标准,将事实真伪不明的风险,在双方当事人之间进行分配,使双方当事人各自负担一些事实真伪不明的风险。证明责任分配的核心问题是应当按照什么样的标准来分配证明责任,使其既符合公平、正义的要求,又能使诉讼较为迅速地完成。我国理论和司法实践中对证明责任的分配,一般遵循这样的基本原则:法律有明文规定的,依照法律;法律没有明文规定的,根据公平和诚实信用原则进行合理分配。

我国民事诉讼法对证明责任分配规定了"谁主张,谁举证"的一般原则,《民事诉讼法》第64条第一款规定,"当事人对自己提出的主张,有责任提供证据"即是对这一原则的规定和体现。除此之外,我国民事诉讼法还规定了证明责任分配一般原则的例外情形,即"举证责任倒置"。举证责任倒置,是指在民事诉讼的一些特殊案件中,因负有证明责任的一方提供证据确有困难的,而依照法律规定由对方当事人向法院提供证据,负担证明责任。这一原则,适用于因受客观条件限制,原告既无举证的条件、也无举证的能力,相反被告却有条件、有能力举证的情形。该原则的适用,是为了平衡双方当事人的举证利益,更好地保护社会弱者的合法权益。《最高人民法院关于民事诉讼证据的若干规定》第四条对八种侵权案件证明责任的规定;第六条对劳动争议案件几种情况证明责任的规定,即是对这一原则的具体体现。

二、劳动争议案件证明责任的特殊性

(一)劳动争议案件的特殊性

劳动争议是指劳动关系双方当事人因实现劳动权利和履行劳动义务而发生的纠纷,又称劳动纠纷,是用人单位与劳动者之间在执行劳动法律、法规或履行劳动合同过程中,就劳动权利和劳动义务关系所产生的争议。②

劳动关系的特殊性决定了劳动争议案件证明责任的特殊性。劳动关系

① 参见江伟:《民事诉讼法》,高等教育出版社、北京大学出版社2000年版,第202页。

② 参见詹建军:《什么是劳动纠纷》,http://www.nglssl.com/Article/ArticleShow.asp? ArticleID=2845。

是一种特殊的社会关系，不同于普通的民事法律关系，其特殊性表现在：劳动关系的双方当事人之间，存在着签约时的平等性和签约后的不平等性。具体而言就是，在劳动合同签订前，劳动者有选择用人单位的权利，用人单位也有选择劳动者的权利，此时，双方的签约地位是平等的；当双方签订劳动合同、发生劳动关系之后，双方的地位就开始转向了不平等。——因为用人单位是劳动者的管理者、指挥者，劳动者必须接受并服从单位的监督和管理，单位与职工之间形成了一种管理与被管理的关系，[①] 劳动者和作为劳动组织的单位之间，是服从管理和统一指挥的隶属关系。这样，劳动关系的纵横交错性决定了发生劳动争议的当事人之间，既有横向平等关系，也有纵向隶属关系，因而劳动争议案件证明责任也有其特殊性。

劳动争议案件的处理程序中，劳动者和用人单位双方的法律地位在事实上是处于不平等状态的，双方的维权能力也是不对等的。第一，在劳动争议处理程序中，劳动者多数情况下是一个个体，此时就与掌握大量人力、物力和财力的作为组织体的用人单位相比处于弱者地位，其在劳动争议处理程序中的对抗能力远不及用人单位；第二，由于在劳动关系中的管理者地位，用人单位掌握着更多的信息和证据，例如人事档案、用工花名册、考勤记录、考核结果、工资发放材料等，劳动者无法提供或者很难举证，此种证据在劳动争议案件中用人单位就具有比劳动者强得多的举证能力；第三，劳动争议处理程序中，劳动者与用人单位的关系，或者是处于劳动关系尚未解除而仍然处于用人单位的管理之下，或者是处于劳动关系已解除要求用人单位支付经济赔偿（补偿）等情况下，这时劳动者在劳动争议处理程序中的行为，或者仍然直接受制于用人单位，或者需要用人单位履行后合同义务、支付金钱义务等，使劳动者基于维系双方庭后关系考虑，在劳动仲裁或司法程序中不可能与用人单位不顾一切地奋力抗争。基于上述事实，劳动争议案件中，若仍然适用“谁主张、谁举证”的一般民事案件的证明责任原则，对于劳动者来说就是有失公平的。

（二）劳动争议案件证明责任与民事案件证明责任的异同

在我国，劳动争议案件在性质上仍归属于民事案件，劳动争议的双方当事人因为存在横向平等关系，因此，也在一定程度上适用民事诉讼的证明责任分配原则。在民事诉讼中，证明责任分配以“谁主张、谁举证”原则为主，

① 陈勤：《试论劳动争议案件中的举证责任倒置》，《中国劳动》2003 年第 12 期。

"举证责任倒置"原则为辅。而劳动争议案件中,基于劳动关系纵横交错的特性以及双方当事人在法律地位及证明能力上不对等的现实,证明责任的分配应依劳动争议的性质不同而分别确定,不应一概而论,不应先入为主地区分谁主谁次。

具体而言:从劳动关系的纵横交错性考虑,对于劳动争议中因平等关系产生纠纷的事实,就应适用"谁主张、谁举证"的原则,由主张的一方承担证明责任;对于因隶属关系产生纠纷的事实,应适用"举证责任倒置"的原则。此外,还应考虑双方当事人法律地位及证明能力上不对等的现实,依据当事人对证据的控制情况、收集能力的强弱来分配对相关事实的证明责任。

民事诉讼中,证明责任的分配还有一项重要的原则,即公平和诚实信用原则。《最高人民法院关于民事诉讼证据的若干规定》第七条即是对这一原则的规定:"在法律没有具体规定,依本规定及其他司法解释无法确定举证责任承担时,人民法院可以根据公平原则和诚实信用原则,综合当事人举证能力等因素确定举证责任的承担。"这一原则应同样适用于劳动争议案件。事实上,对劳动争议双方证明能力的考量、区分也正是对这一民事证明责任原则的运用,这一原则的正确运用,也充分体现了劳动法的立法精神。

三、劳动争议案件证明责任的分配

(一)我国相关法律确定的证明责任分配原则

《劳动争议调解仲裁法》出台之前,相关法律法规等对劳动争议案件证明责任的分配也曾作出过具体规定。2001 年 4 月 30 日起施行的《最高人民法院关于审理劳动争议案件适用法律若干问题的解释》(法释[2001]14 号)第十三条,及 2002 年 4 月 1 日起施行的《最高人民法院关于民事诉讼证据的若干规定》第六条都规定:"因用人单位作出开除、除名、辞退、解除劳动合同、减少劳动报酬、计算劳动者工作年限等决定,而发生劳动争议的,由用人单位负证明责任",明确了上述 6 种情形适用"举证责任倒置"原则,由用人单位负担证明责任。

国务院颁布,2004 年 1 月 1 日起施行的《工伤保险条例》第 19 条规定:"用人单位与劳动者或者劳动者直系亲属对于是否构成工伤发生争议的,由用人单位承担举证责任。"规定了对构成工伤的争议事实,适用"举证责任倒置"由用人单位承担证明责任。

劳动和社会保障部颁布，于2005年5月25日起实施的《关于确立劳动关系有关事项的通知》(劳社部发〔2005〕12号)中第二条规定，在认定劳动关系存在的相关事实上，“工资支付凭证、社保记录、招工招聘登记表、报名表、考勤记录的有关凭证，由用人单位负举证责任”。

2006年10月1日起施行的《最高人民法院关于审理劳动争议案件适用法律若干问题的解释(二)》(法释〔2006〕6号)中对“劳动争议发生之日”的证明责任进行了明确的界定，规定在劳动关系存续期间，因工资支付发生的争议及因劳动关系解除或终止发生的争议，由用人单位承担争议发生之日的举证责任，如单位不能举证证明，则按劳动者主张权利的时间为争议发生之日，此条规定了对“劳动争议发生之日”的事实，由用人单位承担证明责任。

上述规定都是对劳动争议案件中“举证责任倒置”原则适用情形的具体规定。按照这些规定出台的时间及对单位证明责任的逐步加大，可以看出劳动争议案件中“举证责任倒置”原则适用范围扩大的趋势，但这些规定较为零散，对劳动争议案件证明责任分配的原则，都未最终予以明确，所以在实践中仍较难把握。

劳动争议案件证明责任的分配原则，最终通过2008年5月1日起施行的《劳动争议调解仲裁法》得以明确。该法第六条规定：“发生劳动争议，当事人对自己提出的主张，有责任提供证据。与争议事项有关的证据属于用人单位掌握管理的，用人单位应当提供；用人单位不提供的，应当承担不利后果。”这一条，是对劳动争议案件证明责任分配原则的确定，在确定劳动争议案件“谁主张、谁举证”一般原则的同时，进一步明确扩大和增加了单位的证明责任。与此前关于劳动争议案件证明责任的规定相比，是对原有“举证责任倒置”适用情形的进一步扩大化。

(二)劳动争议案件证明责任分配的具体把握

《劳动争议调解仲裁法》中对证明责任分配原则的确定，既继承了“谁主张、谁举证”的一般民事案件证明原则，也充分体现了劳动争议案件证明责任的特殊性。按照这一立法精神和指导原则，劳动争议案件证明责任的分配，具体可以按照案件的类型区别对待。

第一，对因属于平等关系而产生的争议，比如劳动者辞职、自动离职或履行劳动合同而发生的争议案件，应适用“谁主张、谁举证”的原则，由主张权利的一方承担证明责任。

第二,法律法规等有明确规定的情形应适用“举证责任倒置”。具体包括:因用人单位作出的辞退、解除劳动合同、减少劳动报酬、计算劳动者工作年限等决定而发生的劳动争议案件;用人单位与劳动者或者劳动者直系亲属对于是否构成工伤发生争议的事实;证明劳动关系存在的工资支付凭证、社保记录、招工招聘登记表、报名表、考勤记录的有关凭证;对“劳动争议发生之日”的事实,都应由用人单位负证明责任。[①]

第三,对因属于隶属关系而产生的劳动争议,比如用人单位拖欠劳动者工资、不提供相应的福利待遇,或不为职工提供劳动安全、卫生条件,或不为女职工提供特殊劳动保护而发生的争议案件等,因劳动者处于被管理者的地位,并且是因管理与被管理关系而产生的争议,这类案件,应适用“举证责任倒置”原则,由用人单位承担证明责任。

第四,对证据由用人单位掌握管理的,如用人单位制订的规章制度是否合法合理、职工的档案材料、工资发放记录、考勤记录、职工考评情况等都处于用人单位的管理之中,因此应适用“举证责任倒置”原则,由用人单位承担证明责任。

第五,对依照相关规定仍无法确定证明责任如何分配的,应当按照公平原则和诚实信用原则,综合当事人举证能力等因素确定证明责任的承担。

(三)当事人双方在劳动争议证明责任中应注意的问题

1.劳动者承担证明责任时的注意事项

劳动者在面对劳动争议时,不应抱有由单位承担主要证明责任的心态,而应积极从各方面保存、搜集相关证据,这样才能够弥补自身弱势的不利因素,才能够更好地保护自己。主要可以从以下方面考虑搜集证据:

(1)来源于用人单位的证据,如与用人单位签订的劳动合同、用人单位解除或终止劳动关系的通知书、单位发放的考勤卡、工资卡、工作证等证明材料;

(2)来源于其他主体的证据,如职业中介机构的收费字据、单位同事的证言等;

(3)来源于有关社会机构的证据,如发生工伤或职业病后的医疗诊断证明或者职业病诊断证明书、职业病诊断鉴定书、向劳动保障行政部门寄出举报材料的邮局回执,社险机构的证明单位曾经给予缴纳社会保险的记录等;

---

① 陈大钢,王鑫等:《劳动争议仲裁与诉讼实务》,广东经济出版社2002年版。

(4)来源于劳动保障部门的证据,如劳动保障部门告知投诉受理结果或者查处结果的通知书等。[①]

2.单位承担证明责任时的注意事项

由于用人单位在证据提供中往往处于证据的控制、掌管者地位,有时也因此反而更不利于证据被采纳,因为单位提供的证据经常被怀疑是事后补作或是单方制作的;相关证人,也因多为本单位的劳动者,而被认为与单位具有利害关系,使得证人作出的对单位有利的证言不易得到采纳。

所以,单位应在日常管理中就加强规范内部管理制度,对涉及劳动争议的事项更应严格按照法律规定的程序操作,避免将来发生纠纷时,没有相关证据可寻。例如对辞退的事实承担证明责任,单位就应在作出辞退决定时完全按照程序(包括本单位规章制度中规定的程序)进行、保存相关证据,包括:作出辞退决定的原因(被辞退者严重违反单位的规章制度或其他应辞退的理由);作出辞退程序方面的证据(单位负责人的意见、若规定了会议讨论决定程序的,应有会议纪要及相关人员的签名、是否需有工会或职工代表大会的意见记录等);作出辞退处理的决定书;辞退决定书送达被辞退者本人的相关证据(被辞退者的签收证明或拒收情况的记录等)。

对于单位主张劳动者辞职、自动离职的事实,系按照“谁主张、谁举证”原则由单位负担证明责任,单位应注意保存劳动者的辞职报告、劳动者自动离职的事实记录(比如相关考勤、工作的停滞或由他人代理的相关事实等);单位的审批手续(对辞职的审批、对离职或连续不到岗的处理情况记载等)。

对于除了证人证言之外,没有其他证据形式可以证明案件事实的,用人单位则应注意运用第三方证据来固定争议事实,如公安机关的报警记录,所在街道、居委会的调解记录,工会组织、律师的见证,等等。

总之,单位应从规范自身的管理方面,对涉及劳动争议的处理程序规范化、透明化,并注意保存书证、物证等证据,这样就能够对事实的证明形成证据链条,就能够更有效地在劳动争议中承担证明责任。

综上所述,劳动争议案件的证明责任既应适用普通民事案件的一般证明责任原则,又有自身的特殊性。在劳动争议的处理实践中应具体分析把握,承担证明责任的双方当事人也应在劳动关系存续中、劳动争议发生之前就注意对证据的保存。然而,无论劳动争议的证明责任如何分配、证明责任如何承担,都是为了劳动争议更加公平、合理、有效地解决,所以都不应脱离

---

① 参见《劳动者维权应注意保留有关证据》,http://www.001law.com/file/14/3114.html。

一般民事案件处理的公平和诚实信用原则。

【参考文献】

[1] 江伟.民事诉讼法.北京:高等教育出版社、北京大学出版社,2000.
[2] 陈大钢,王鑫.劳动争议仲裁与诉讼实务.广州:广东经济出版社,2002.
[3] 陈勤.试论劳动争议案件中的举证责任倒置.中国劳动,2003(12).
[4] 谢德成.劳动法与社会保障法.北京:中国政法大学出版社,2005.
[5] 曾湘泉.劳动经济学.上海:复旦大学出版社,2003.

律师行业管理篇

“创业创新”战略与律师法律服务

张晟杰*

【摘　要】“创业富民、创新强省”是浙江省委在应对浙江发展省情和国内外发展大环境所作出的一项重大举措。律师在围绕服务创业、促进创新方面大有可为：一方面，创业创新使得新型法律问题层出不穷，为律师拓展自身业务领域、深化执业能力提供了空间；另一方面，律师围绕创业创新提供法律服务，更能有效控制创业创新过程中的法律风险，为创业创新保驾护航。

【关键词】　创业创新　律师　法律服务

21世纪是“创业时代”，更是“创新时代”。国家间的竞争将聚焦在创业创新水平上。于中国而言，没有任何时候比今天更需要创业，更重视创新。从政策倡导上升至国家战略，创业创新已成为华夏强音。在资源、生态、人口等众多因素制约下的中国，只有走自我创业、自主创新的发展之路，才能实现中华民族的伟大复兴。

我省第十二次党代会二次全会提出，要坚定不移地走创业富民、创新强省之路①。浙江人历来以善于创新、善于创业闻名于世，历来以敢为人先、勇于挑战而争抢前列。创新创业，既是我省三十年来改革开放实践所形成的浙江精神的集中体现，更是我省今后继续健康发展走在前列的现实路径。

面对这样一个时代强音，作为经济建设领域的重要角色，律师既能感受到担负的责任，也能发现面临的机会与挑战。如何抓住这个时代节拍，发展我省律师法律服务业，笔者结合所在的浙江君安世纪律师事务所的一些实践，作一下几点浅薄的论述。

---

* 张晟杰：省直律协党总支委员，常务理事，专职律师。

① 《创业富民　创新强省——热烈祝贺省党代会胜利闭幕》，《浙江日报》，2007年6月17日。

一、律师应积极宣传和运用法律,为构建和谐社会、打造平安浙江,为创业创新提供一个稳定和谐的社会环境,作出积极的贡献

创业创新、富民强省首先要有一个稳定和谐的社会环境,省委决定提到,保障民安也是创业创新的一项工作内容。律师作为切实接触民情的一个群体,通过法律服务,化解各类矛盾纠纷,在推动社会经济稳定发展、民主法治建设等方面具有不可替代的作用。

1.律师能第一时间接触和了解民情动态,对于一些突发性事件和重大群体纠纷,基于职业敏感可以预先感觉,在事态未恶化前可以与政府有关部门沟通、协商,以使局势得到有效控制。同时,律师基于其特殊的身份,更易于与群众进行沟通。因此,应积极引导劝解群众,理性地看待问题,依法处理纠纷。

2.关注与民生密切相关的权益保护的法律服务。按照"学有所教、劳有所得、病有所医、老有所养、住有所居"的要求,重点关注义务教育、医疗事故、劳资关系、房屋租售、社会保障方面的纠纷,积极维护弱势群体的合法权益。律师运用自身法律知识,为弱势群体提供法律服务十分有优势。例如,我所结合《劳动合同法》的颁布施行,进行了相应的宣传。一方面组织律师进行研读,将要点提纲、焦点问题等汇编成册分发给客户;另一方面,邀请专家组织客户进行培训,帮助企业单位规范用工制度。其次,针对我所客户中以建筑企业居多的特点,考虑到建筑行业劳资问题较为突出,指派律师为多家企业作讲座。一方面对项目经理进行法治意识培养,另一方面与当地劳动保障部门一起进行安全生产和工伤事故防范的培训,提高建筑企业和职工的风险防范能力和应急能力。不仅有效地保护了劳动者的利益,更通过对企业主的法律知识的传授,使其自觉按照法律规定处理劳资关系的觉悟大大提高。

3.参与信访值班和陪同领导下访工作,认真完成法律援助和死刑复核案件。法律援助是我们律师业肩负的一项神圣的社会责任和使命,死刑复核案件又是最为彰显人权和法治的司法环节。而参与信访值班和陪同领导下访是我省律师业的一项特色,为有效化解社会矛盾发挥了特殊的作用[①]。

4.积极投身参政议政,为民主与法治建设群策群力。省委决定指出,发展社会主义民主,健全社会主义法治是推进创业创新的内在要求。律师作为一个较普通群众更熟悉国家法律和政策的理性群体,有能力在政治参与、

---

① 陈杭平:《"涉法信访"刍议》,《法制与社会》2008年第5期。

民主管理方面发挥积极作用,同时有义务为维护司法公正、高效、权威,为创业创新提供法治保障作出努力[①]。

二、律师应积极投身于"创业创新"活动。一方面要为创业者、创新行业提供有效的法律服务,为创业创新保驾护航;另一方面要抓住机遇,及时调整,扩大法律服务市场,深化法律服务内容

1.省委决定指出,人民群众中蕴藏着无穷的创业创新热情、智慧和力量,要通过法律等手段,鼓励和支持人民群众自主创业创新,说明中小企业和个人是创业创新的重要力量,因此,我所理解积极有效地为中小企业和个人提供相关法律服务是对创业富民最直接的贡献。

首先,利用在法律服务方面的专业特长,通过多种途径为中小企业提供法律服务。我所作为省中小企业网法律服务专栏特约律师事务所和省中小企业创业创新法律顾问单位,王进、沈雄杰等律师坚持为网上用户提供免费的法律咨询服务,为中小企业发展献计献策。同时与余杭区招商局合作,指派律师为其下属的中小创业者提供相应培训,并与江干区四季青街道联系,与其辖区内的中小企业进行定期的交流。为此,我所于2007年8月,被杭州市政府评为"2006年度杭州中介服务业示范企业",于2007年12月,被中国中小商业企业协会评为服务中小企业发展全国优秀律师事务所,笔者被评为服务中小企业发展全国优秀律师。

其次,侧重于对个人创业者中的高层次高技术人才的服务。推进创业创新关键在于人才。我所这些年来在加强与本市大专院校合作,在创业创新人才培育方面做了一些尝试,如2005年我所完成了与浙江工业大学法学院的合作,成立了"浙江工业大学法学院实习基地",为法学人才培养提供实务支持。2006—2007年间,先后指派律师为浙江财经学院、浙江金融职业学院等多所高校的教师、学生、干部、党员开办讲座、做报告等,内容涉及"依法治国是构建和谐社会根本之途"、"法律职业者的基本素质"、"物权法与学校后勤管理"等。

2.保障创新成果的合法权益,促进公平、规范的市场秩序是律师在创业创新活动中的主要任务。

首先,创新的根本是自主创新。提高自主创新能力、建设创新型国家是国家发展战略的核心,是转变经济发展模式的中心环节。自主创新最突出的表现是知识产权,包括技术、标准、品牌。因此,知识产权保护是律师为创

---

① 郑春乃:《论律师参政议政》,《中国司法》2006年第10期。

新服务的首要工作。

其次,我省经济发展的特点是民企多、涉外性强、民间资本雄厚、投资活跃,这些省情也要求我们有效地提供各类新型的法律服务,诸如境外投融资、金融衍生产品、重大项目、企业内部治理结构等。

在这方面,我所也做了些有意义的探索。其一,2006 年,我所顺应杭州区域发展规划需要,搬迁到钱江新城,成为"杭州市中央商务区(江干)中介服务业发展中心"的代表单位。该区域分别辐射萧山的民营企业、下沙的外资企业和滨江的高新技术企业,这些企业是创业创新的重要力量。我所通过这些区域优势,一方面更好地为这些企业提供法律服务,另一方面也是为我所的业务转型打好基础。其二,积极投身于动漫、数字电视等新型产业的法律服务实践。如为中南卡通公司提供法律服务,涉及卡通人物的著作权、商标权、衍生产品保护及许可经营、音像制品的营销等。该公司为杭州动漫产业的龙头企业,中央、省、市等各级领导先后前往参观考察。因此,该公司的相关法律服务具有同行业的示范效应。为此,我所组织了一个工作班子,并专门派遣了一名律师长期驻守该公司。另外,我们还尝试接触数字和网络技术的应用方面的法律服务,如为杭州网通和华数电视提供相关服务,也专门派驻了律师。

3.律师行业应抓住机遇、积极深化法律服务内容、扩大法律服务范围、发展和提升律师服务业。

创业富民、创新强省是省委的一项重大举措,也是我省将来一段时期里经济建设方面的指导思想,综观决定内容,省委提出的进一步解放思想、转变经济发展方式和建设先进文化等方针涉及政治、经济、文化等多个领域,因此,为我们律师行业的发展既提出了挑战,也带来了机遇。概括起来,密切相关的主要有:民营经济的上台阶新飞跃;资源要素配置改革,包括土地、水权、环保、能源、农村金融、资本市场等;国际投资贸易及区域性合作;技术、标准、品牌为核心的知识产权保护;产业结构优化升级和现代服务业的培育发展;节能、环保为核心的生态经济建设;以数字和网络技术应用为基础的新兴文化产业。这些新兴领域或经济转型均给我们提出了要求,也为我们带来了新的法律服务市场。尤其对于青年律师,如何借助知识结构优势,发挥自己在新兴服务领域的长处,抓住发展机会,值得我们研究、探讨。

三、律师及律师事务所应与社会服务业相适应进行自我创新创业

近年来,律师队伍数量稳步增长,律师队伍素质不断提高,但律师业与当今社会服务业的发展要求之间还有再适应的过程,律师业自身有再创业、再创新的内在要求。律师的法律服务理念、手段和方式还须进行再创新，以适应新形势的发展要求；律师服务机构还须不断创业，发展成为上层次、上规模的法律服务机构，从而提高法律服务的效率和质量，更好地适应全社会的发展趋势。对于这一点，我所近年来也作了一些摸索和尝试。

1.转变业务模式，逐步实现专业化分工、团队协作。

经过几年的发展，我所在业务发展、人员规模和事务所品牌等方面都取得了长足的进步，但也出现了发展“瓶颈”。对此，本所逐步在转变业务模式，起先是组建了七个专业指导委员会，每个合伙人负责一个，每个律师自愿申报两个专业，进行案件质量的专门化管理和业务的松散性合作。随后是进一步实现全所业务融通：一方面在现有人员和业务的基础上，组建专业团队。另一方面个人现有和未来开拓的客户所产生的诉讼和非诉讼业务将一律按专业划分交由相应的专业团队具体承办。原则上不允许跨团队办案，除非相应的专业团队认为需要其他专业团队予以协作。

2.加强律师为企业自主创新的知识产权服务的技能培养。

知识产权律师应具备复合的知识结构和丰富的阅历，除了熟悉相关法律规定外，还要了解相关专业基础知识，深入了解服务内容，多积累办案经验教训。要有创新精神和创造性思维，具备团队精神，注重合作。对此，我所主要从几个方面着手：

我所主要合伙人的母校中南财经政法大学校长吴汉东教授是国内目前知识产权法律理论研究权威人士之一，该校设有专门的知识产权保护研究机构，基于此渊源，我所与该校加强联系，组织部分律师旁听了吴汉东教授在省委党校“整顿和规范市场经济秩序、加强知识产权保护”专题研讨班和在中国法学会于杭州召开的“2008年企业知识产权战略管理与纠纷诉讼法律实务专题研讨会”上的两次讲座。我所依托省直律协知识产权专业委员会秘书处设立于我所的便利，成立专门的知识产权团队，定期举办知识产权沙龙活动，通过多种途径，学习相关知识。同时，与境外知识产权保护服务机构建立合作和交流，如与香港麦坚时律师行知识产权法律事务部门建立了长期协作关系，先后合作办理了“bodyshop”商标抢注转让事务、惠普商标侵权等若干法律事务，通过合作得到了学习和锻炼。积极参与办理知识产权案件，较有影响的有中南卡通公司关于品牌许可使用合同纠纷案、浙江大光明眼镜公司商标争议纠纷案等，积累了一定的经验①。

① 李道演：《外星人“天眼”的烦恼靠法律来解》，《浙江法制报》2008年3月28日。

3.加强人力资源的培养和储备。省委决定指出人力资源建设是创业富民、创新强省的关键,同样律师事务所创业创新的关键也在于律师素质的提高,对事务所人才的储备,我所遵循的是"扎下根,引进来,走出去"的原则。

扎下根,就是对青年律师进行扎扎实实的培养。为此,我所一是建立了科学合理的薪金制,有提成、年薪、定额等多种薪酬模式可供选择,供青年律师根据自身发展情况而定;二是建立了团队专人培养制度,年轻律师必须纳入团队而有专人负责指导,避免了无人管理放任自流;三是定期培训和自我交流结合,事务所每月安排一次业务学习,每周安排一次业务讨论。

引进来,就是对外招聘人才。如为了加强知识产权方面的力量,我所于2007年吸引了刘春田的弟子、中国人民大学博士应振芳律师加盟;同时,我所连续多年向吉林大学、中国人民大学、浙江大学等八所重点高校的法学专业研究生发出招聘函,邀请他们加盟我所,每年均有学生来应聘和落户;另外,我所还出台了相应的引进人才激励机制。

走出去,就是将律师送出去培训。先后出资支持梅宁等三名律师参加省政府组织的反倾销人才培训,出资选派李明律师至英国学习。设立了专项的培训基金,出资支持多人参加国内的各项培训交流。

“促进律师行业中人才培养和人才队伍建设”专题调研报告

章晓洪*

作为向社会提供法律服务的特殊行业，随着上世纪80年代律师制度的恢复，我国的律师行业在改革开放的不断深入，以及国家的民主与法制建设的逐步完善的过程中得到了较大的发展。在我国律师行业近三十年的发展过程中，律师队伍不断壮大，高素质的律师人才不断涌现。律师的业务范围也在不断拓宽，服务范围不仅涉及诉讼领域而且涉及非诉讼领域，并承办了大量的新类型的法律业务。特别是党的“十五”大确立的“依法治国，建设社会主义法治国家”的大方略，更是极大地推动了律师行业的发展。

一、律师行业队伍现状及发展趋势

截至2008年6月，浙江省直律协共有47家律师事务所，共有执业律师930名。其中，专职执业律师747名，兼职执业律师183名；省直律协的47家律师事务所中，有18家律师事务所单独建立了中共党支部，4家律师事务所建有中共联合党支部。经统计，在执业律师中，共有中共党员301名。经过近三十年的发展，律师人才队伍逐渐呈现出年轻化、知识化、专业化的趋势，律师人才队伍发展稳定。

1.律师行业人才数量不断增加，律师后备资源充裕。随着近几年浙江省经济发展的不断加快，浙江省律师行业逐渐成熟，执业律师人数不断增加。省直律协2006年底、2007年底分别共有执业律师862、930名。

此外，律师后备资源充裕，申请执业律师人员不断增加。根据浙江省律师协会的统计，报名参加2008年度申请律师执业人员集中培训班的学员人

* 章晓洪：男，浙江省律师协会副会长，专职律师。

数达到1300多人,超过了以往最多人数年份的三倍以上。

2.执业律师学历层次逐步提高,专业素质不断提升。近年来律师行业的发展和新型律师业务的出现,对执业律师的理论知识、职业教育、专业技能等方面都提出较高的要求。这都要求执业律师主动"深造"、"充电",通过不断提升自身的业务能力,以适应不断发展的法律服务市场的需要。省直律师协会执业律师的学历层次在近几年逐步提高,有相当数量的高层次学历律师人才涌现。

3.律师人才队伍年轻化趋势明显。根据我们对省直律师事务所为期一个月的调查统计,我们发现浙江省直律师事务所的律师队伍,明显地体现了这一趋势。省直47家律师事务所中,共有青年律师204人。其中,男性律师127人,占62.25%,女性律师77人,占37.75%;204名青年律师中,年龄在30岁以上的共有114人,占55.88%,年龄在30岁以下的有90人,占44.12%;经过调查,我们还发现上述青年律师中,拥有大专学历的3人,占1.47%,拥有本科学历的160人,占78.4%;拥有研究生学历的41人,占20.13%。

4.专业化趋势越来越明显。律师业务专业化发展是社会分工细化的必然产物,是法律服务适应市场发展的内在要求,也是一种国际趋势。在发达国家,律师业分工十分细致,大多数律师、律师事务所都有自己的专业定向。而面对市场开放的需要,我国的律师行业也日益体现这一趋势。近几年,随着法律服务市场的成熟,我省律师事务所的法律服务市场日益细化。作为提供法律服务的自然人个体,执业律师的专业侧重趋势也越来越明显,为新型业务,如证券、期货、知识产权等非诉讼业务提供法律服务的执业律师越来越多,专业分工越来越细化。

二、存在和面临的困难及问题

从发展趋势来看,律师行业人才培养和人才队伍建设总体上呈现积极健康的发展态势。但是,我们认为从本行业长远发展来看,律师行业人才的培养及人才队伍的建设,仍旧存在一些困难和需要解决的问题,主要有以下几个方面:

(一)律师人才培养定位不明

目前律师人才培养体制显得有些混乱,关键是律师人才培养定位不清。

律师人才培养,没有真正区分高层次学术类律师人才、复合型实务类律师人才、专业化辅助类律师人才三大类律师人才培养的各自定位。

(二)律师人才培养与法律实践脱节

由于历史的原因,我国的法律人才培养制度相对落后。除法律硕士以外,我国的法学本科生是直接从高中生录取的,缺乏社会经验,也缺乏其他学科的基础知识。从目前看来,法律人才培养注重理论教学,忽视甚至漠视实践教育,以至于培养出来的法律人才,尤其是刚进入律师行业的法律人才除了解基本的法学理论外,缺乏解决实际法律问题的经验和相关知识。尽管律师执业前需要经过一年的执业实习,但相对于纷繁复杂的律师行业,这种实习仍旧显得捉襟见肘。

(三)培养专业方向与市场专业化需求脱节

目前的法律人才培养模式,基本采用"大法学教育"。该培养模式被改革者戏称为"普法型"教育。从教学实践看,我国目前高校专科、本科、研究生法学专业设置雷同,培养模式单一,培养出来的学生没有自己的专业特色。从市场需求的方向来看,精细化、专业化成为法律服务行业的必然趋势。因此这种"普法型"的培养模式,培养出来的法律人才专业化程度不够。从整体来看,目前省直律师事务所的多数律师,还是综合型的,基本业务类型都参与,但难以真正做到精、细、专,难求更高的服务质量和效率。

(四)市场利益导致律师人才队伍结构不合理

由于法律服务市场具有其自身的特点,不同方向的业务的回报导致法律人才队伍的结构存在不合理的现象。这主要表现在两个方面:第一,地域和执业场所的欠合理分布。目前律师行业的高素质法律人才主要集中在经济发达城市,而对于小城市和农村的法律服务需求回应不够。第二,专业领域分布的不合理。虽然我们强调专业化是律师行业今后的发展趋势,但从事某一领域的律师多,并不说明专业化程度高。目前大家都争抢证券、金融、知识产权、房地产、投资、涉外等回报丰厚的业务,而淡视传统业务,从长远看,这对于律师承担社会责任、维护公平正义,对于法律人才的培养而言,都是不利的。

(五)继续教育体制仍有待建立

随着市场经济的建立与完善,法律服务业务的增长点发生了巨大变化。证券、金融、知识产权、房地产、投资、涉外等业务逐渐成为律师业的主要收入来源。如果固守原有的一些专业特长,从事原有业务,不及时更新知识结构,提高知识水平,执业律师将无法进入法律服务的高端和高收入领域,因此,律师继续教育制度亟须建立。

三、促进律师行业人才发展和发挥作用的总体思路

律师行业属比较特殊的一类行业。该行业人才的发展和发挥作用,对于维护公民、法人或者其他组织的合法权益,维护社会公平、正义,维护法律的尊严等方面具有重要意义。

我们认为要促进律师行业人才发展和发挥作用,总体思路体现在以下方面:

(一)改进高等法学教育中律师人才培养体制

不论是英美法系国家,还是大陆法系国家,作为一个完善的法律人才培养体制,应当既包括通识教育,又包括职业教育,正确处理二者的关系,是目前整个法学教育(当然包括律师人才培养)健康发展的重要前提。

我国对律师人才本科阶段的教育,在这方面长期以来存在的主要问题是将二者分割开,对立起来,加之高等法学培养体制下,缺乏对律师服务行业市场专业需求和专业方向的调研、预测,这使得很多高校培养的律师人才不会起草合同、不会办案。其原因在于高校过多强调通识教育和综合素质的培养,缺乏必要的律师职业教育和律师实务训练(1 至 2 个月的专业实习,并不能替代系统的职业教育和专业技能的训练),因此必须针对这种职业教育"缺位现象"做调整和改进。

当然,也要注意把握律师职业教育和律师实务训练的度和量,以免岗位培训阶段的任务过多地挤进律师教育阶段。相对于上述"缺位现象",这种"错位"的结果同样会影响法律本科学生系统学习和掌握律师职业所必需的法律学科知识体系,影响律师人才的发展和发挥作用。

(二)建立和完善律师职业培训制度和律师继续教育制度

国家司法考试制度在法律人才培养体制中占承前启后的关键地位。因此,首先要进一步完善统一司法考试制度,并将其与更具有针对性的律师职业培训制度结合起来。

同时,必须加强律师执业培训制度。按照国家有关法律和规章制度,已取得国家统一司法考试资格证书人员要成为执业律师,还必须接受一年的培训,并在此期间参加律师执业培训。但是,从全国范围来看,这种职业培训存在一定程度的走过场的现象,接受培训者的学习态度也有待改进。因此仍需强化律师执业培训,以免其流于形式。

此外,律师行业主管部门和行业协会必须尽快建立起完整的律师从业人员终身化的继续教育制度,依托社会资源,通过制度规范学习形式,保证学习时间、学习质量和学习效果,并定期开展继续教育,以制度促进和保障律师人才的发展和发挥作用。

四、对律师行业人才成长和发挥作用的政策和建议

第一,改革目前的法律人才培养模式。根据法律服务市场需求和发展趋势,结合人才培养的定位及目标,有针对性地进行法律专业人才的培养和专业方向的培养,是改善目前法律人才培养现状,促进律师行业人才发展的第一环节。

第二,建立专门的律师职业培训制度。从目前国外的通例来看,培养有一定文化素养又具有较高法律技能的执业律师需要 6 年左右的时间。在日本和德国,大学法律系主要是素质教育,毕业后要真正从事律师职业,还要再经过 2 年以上的职业训练。在美国,素质教育放在法学院之前的大学本科,然后用 3 年时间进行职业教育。这两种模式都表明律师的实际培养时间大致在 6 年以上。所以,在通识教育之外,应建立专门的律师职业培训制度,建立相应的律师职业培训机构,而不能把职业培训任务放在高等教育学校的通识教育环节。这对于促进律师人才的发展和发挥作用极为必要。

第三,要注重对律师人才的政治素质教育。律师是靠知识、技能和责任心来为客户服务的。律师的责任心是对社会负责、对客户负责,也是对自己负责的一个重要条件。要做到高度的责任感,必须提高其政治素质。这里我们理解的政治素质就是通过维护法律的尊严和社会的整体利益,自觉履

行各种法定义务和道德义务,积极承担自己应尽的法律责任、社会责任和道德责任,竭尽全力维护当事人的合法权益,进而维护社会稳定,推动社会前进。政治素质是执业律师的内核,其道德涵养是靠政治内核支撑的,缺乏政治素质支撑作为执业律师是不可能对他人、对社会尽责任的。所以,我们要以抓政治素质教育为方向,调整、引导律师的价值取向。

第四,注重对律师的专业素质培养,提高其业务水平。律师执业涉及两个层面:一个是法律层面:一个是社会或市场需求层面。这首先要求律师必须有过硬的专业知识。通过自主学习,律协、律所培训,继续职业教育等方式,使自己打下夯实的专业基础。之后,再通过培训、学习等方式,不断提升律师人才面对社会和市场需求的能力,提升自己的业务水平。

第五,要注意律师人才资源的战略储备和可持续发展。国家和有关主管部门应当根据对市场需求的调查和统计,结合今后法律服务市场的发展趋势,对律师行业人才队伍的结构进行合理引导,以改变目前律师行业人才结构不合理的状况。另外,对于体现社会公平公正的专业领域和传统业务,以及今后可能会成为律师行业发展增长点的新兴业务,给予不同形式的支持和扶持,以便实现律师行业的特定专业和方向的人才储备,保证律师行业人才资源的可持续发展。

后　　记

英国科学家培根说:“我们不应该像蚂蚁,单只收集;也不可像蜘蛛,只从自己肚中抽丝;而应像蜜蜂,既采集又整理,这样才能酿出香甜的蜂蜜来。”一些好律师之敬业精神真如一只勤劳的蜜蜂。执业多年,我们深深感到,律师代理案件中的思路和实务技能是一门综合性较强的学问。

本书所载案例,都是浙江省省直律师亲自代理主办的。出版此案例,能总结各律师成功的办案经验与体会,以利于日后的工作,也利于与同行、读者切磋交流,抛砖引玉,求得共同进步。本书与《律师经典案例》为姊妹系列,本书重律师实务理论,后者重律师实务、经验和技能,姊妹书系列相辅相成。在条件成熟时,姊妹书系列将再出新书。

在本书的编写过程中,金炜亮参与帮助整理,谨在此致以深深的感谢。

由于水平有限,本书难免有不当之处,故祈望专家、同行和读者指正,不胜荣幸!

本书编委会

2008 年 7 月